지역농협 6급 필기합격을 위한
추가 학습 자료 4종

본 교재 인강 **2만원 할인쿠폰**

46CD 454A E86A 736S

해커스잡 사이트(ejob.Hackers.com) 접속 후 로그인 ▶ 사이트 우측 상단 [나의정보] 클릭 ▶ [나의 쿠폰] 클릭 ▶
[쿠폰/수강권 등록]에 쿠폰번호 입력 ▶ 해당 강의 결제 시 적용

* 쿠폰 이용 기한: 2025년 12월 31일까지
* ID당 1회에 한해 등록 가능
* 이벤트 강의 / 프로모션 강의 적용불가 / 쿠폰 중복할인 불가

인적성검사
모의 테스트[PDF]

7UR2 82HA 3WZ9 84NW

지역농협 6급
합격족보[PDF]

2N8H AJ13 PXZ6 T5C9

해커스잡 사이트(ejob.Hackers.com) 접속 후 로그인 ▶ 사이트 메인 중앙 [교재정보 - 교재 무료자료] 클릭 ▶ 교재 확인 후 이용하길 원하는 무료자료의 [다운로드] 버튼 클릭 ▶
위 쿠폰번호 입력 후 다운로드

무료 바로 채점 및 성적 분석 서비스

해커스잡 사이트(ejob.Hackers.com) 접속 후 로그인 ▶ 사이트 메인 상단 [교재정보 - 교재 채점 서비스] 클릭 ▶
교재 확인 후 채점하기 버튼 클릭

바로 이용 ▲

* 이 외 쿠폰 관련 문의는 해커스공기업 고객센터(02-537-5000)로 연락 바랍니다.

해커스공기업과 함께
지역농협 6급 최종 합격!

공기업 궁금증 해결
**공기업
취업 GUIDE**

48시간 내로 답변
**강의/교재
1:1 질문하기**

해커스공기업의
최종 합격
시스템

빠르게 전하는 채용 소식
**채용공고
실시간 알림 서비스**

기업별 대비 전략
**채용 대비
무료 라이브**

합격자의 취업 성공 노하우
합격스펙&자소서

무료 실력진단을 통한 합격전략
**인적성&NCS
레벨테스트**

해커스
지역농협 6급
NCS 기출동형 모의고사

해커스공기업

서문

지역농협 6급 NCS, 어떻게 준비해야 하나요?

지역농협 6급 NCS는 시험 유형별 출제 경향이 모두 다르고, 지역마다 출제되는 시험 유형에 변동 가능성이 있습니다. 때문에 단순히 문제를 많이 풀어보는 것만으로는 시험을 충분히 대비하기 어렵습니다. 따라서 시험 유형별 실전 문제를 풀어 보며 최신 출제 경향을 정확하게 익히고, 자신의 취약점을 파악해 보완하는 것이 중요합니다.

지역농협 6급 NCS의 최신 출제 경향을 반영한 문제를 통해 효과적으로 실전에 대비할 수 있도록,
본인의 약점을 확실히 파악하고 시험 전까지 완벽하게 극복할 수 있도록,
체계적인 시간 관리 연습으로 빠르고 정확하게 실전 문제를 풀 수 있도록,

해커스는 수많은 고민을 거듭한 끝에
「해커스 지역농협 6급 NCS 기출동형모의고사」를 출간하게 되었습니다.

「해커스 지역농협 6급 NCS 기출동형모의고사」는

01 최신 출제 경향을 반영한 교재로, **지역농협 6급 NCS에 보다 철저하게 대비할 수 있습니다.**

02 **지역별 시험 유형에 맞게 구성된** 기출동형모의고사 6회분을 통해 단기간에 실전 대비를 할 수 있습니다.

03 취약 영역 분석표를 통해 자신의 약점을 파악하여 취약 영역을 중점적으로 학습함으로써 약점을 극복할 수 있습니다.

04 해커스공기업 사이트(public.Hackers.com)에서 무료 제공하는 인적성검사 모의 테스트로 인적성검사까지 대비할 수 있습니다.

「해커스 지역농협 6급 NCS 기출동형모의고사」를 통해 지역농협 6급 필기전형의 합격을 이루고
성공적인 취업을 향해 한 걸음 더 나아가기를 바랍니다.

해커스 취업교육연구소

목차

NCS 기출동형모의고사 문제집

약점 보완 **해설집** (책 속의 책)

 OMR 답안지 [부록]

 인적성검사 모의 테스트 (PDF)

 지역농협 6급 합격족보 (PDF)

해커스공기업 사이트(public.Hackers.com) 접속 후 로그인 ▶ 상단의 [교재 무료자료] 클릭 ▶ 본 교재의 자료 [다운로드] 클릭하여 이용

4가지 필승 비법!

1 최신 지역농협 6급 NCS 문제로 **전략적**으로 **실전**에 **대비**한다!

NCS 기출동형모의고사(6회분)

교재 수록 모의고사는 총 6회분으로, 가장 최근 시험의 출제 경향이 반영된 기출동형 모의고사로 구성하여 실전에 완벽하게 대비할 수 있다.

OMR 답안지

OMR 답안지에 직접 답을 체크하여 풀어 보면서 실전 감각을 극대화할 수 있다.

3일 완성 학습 플랜

하루에 2회씩 기출동형모의고사를 모두 풀고 난 후 해설을 통해 틀린 문제와 풀지 못한 문제를 다시 한번 꼼꼼히 확인함으로써 단기간에 효과적으로 지역농협 6급 직무능력평가(NCS)를 대비할 수 있다.

	날짜	학습 내용
1일	__월__일	□ 1회 풀이 및 채점 □ 1회 복습 □ 2회 풀이 및 채점 □ 2회 복습
2일	__월__일	□ 3회 풀이 및 채점 □ 3회 복습 □ 4회 풀이 및 채점 □ 4회 복습

3일 완성 맞춤형 학습 플랜

본 교재에서 제공하는 '3일 완성 학습 플랜'에 따라 학습하면 혼자서도 단기간에 전략적으로 지역농협 6급 직무능력평가(NCS)를 대비할 수 있다.

2 상세한 해설로 완벽하게 정리한다!

약점 보완 해설집

문제집과 해설집을 분리하여 보다 편리하게 학습할 수 있으며, 모든 문제에 대해 상세하고 이해하기 쉬운 해설을 수록하여 체계적으로 학습할 수 있다.

빠른 문제 풀이 Tip & 더 알아보기

'더 알아보기'로 관련 이론 및 개념까지 폭넓게 학습할 수 있고, '빠른 문제 풀이 Tip'을 통해 복잡한 수치 계산 문제를 빠르게 푸는 방법까지 익힐 수 있다.

3 취약점은 반복 훈련으로 극복한다!

취약 영역 분석표

취약한 영역을 파악하고, 틀린 문제를 반복하여 풀면서 취약 영역에 대한 집중 학습을 할 수 있다.

취약 영역 분석표

영역별로 맞힌 개수와 정답률을 적고 나서 취약한 영역이 무엇인지 파악해 보세요.
정답률이 60% 미만인 취약한 영역은 틀린 문제를 다시 풀어보면서 확실히 극복하세요.

영역	의사소통능력	수리능력	문제해결능력	자원관리능력
맞힌 개수	/16	/15	/15	/8
정답률	%	%	%	%

※ 정답률(%) = (맞힌 개수/전체 개수) × 100

무료 바로 채점 및 성적 분석 서비스

해커스공기업 사이트(public.Hackers.com)에서 제공하는 '무료 바로 채점 및 성적 분석 서비스'를 통해 응시 인원 대비 본인의 성적 위치를 확인할 수 있다.

1회 기출동형모의고사

정답

p.40

01	②	의사소통능력	16	①	의사소통능력	31	②	수리능력	46	①	문제해결능력
02	②	의사소통능력	17	④	수리능력	32	①	문제해결능력	47	③	자원관리능력
03	①	의사소통능력	18	④	수리능력	33	③	문제해결능력	48	③	자원관리능력
04	②	의사소통능력	19	④	수리능력	34	②	문제해결능력	49	④	자원관리능력
05	③	의사소통능력	20	②	수리능력	35	②	문제해결능력	50	④	자원관리능력
06	③	의사소통능력	21	②	수리능력	36	④	문제해결능력	51	④	자원관리능력
07	①	의사소통능력	22	④	수리능력	37	②	문제해결능력	52	④	자원관리능력
08	①	의사소통능력	23	④	수리능력	38	③	문제해결능력	53	④	자원관리능력
09	③	의사소통능력	24	②	수리능력	39	④	문제해결능력	54	②	자원관리능력

4 동영상강의와 온라인 자료를 활용한다!

NCS 지역농협 6급 인강

해커스공기업 사이트(public.Hackers.com)에서 유료로 제공되는 본 교재 동영상강의를 통해 교재 학습 효과를 극대화할 수 있다.

유형 1 점수 척도형

다음 문항을 읽고 ① 전혀 아니다, ② 그렇지 않다, ③ 그렇다, ④ 매우 그렇다 중에서 본인에게 해당된다고 생각하는 것을 선택하여 표기하시오.

1	여럿사람에게 얽히게 대한다.	①	②	③	④
2	화를 참지 못하는 편이다.	①	②	③	④
3	적은 것을 여럿이 나누는 것보다는 한 사람에게 주는 것이 좋다.	①	②	③	④
4	나는 어린 시절 친구가 별로 없었다.	①	②	③	④
5	타인의 충고를 잘 받아들이는 편이다.	①	②	③	④
6	나에게 주어진 일에 대해서 보람을 느낄 때가 많다.	①	②	③	④
7	어린 시절 어두운 밤길도 별로 두려움 없이 잘 다녔다.	①	②	③	④
8	어린 시절 부모로부터 칭찬보다 꾸지람을 더 들었다.	①	②	③	④
9	나에게 맡겨진 일 이외에는 관심이 없다.	①	②	③	④
10	남들이 쉽게 배우는 것을 나는 어렵게 배우는 편이다.	①	②	③	④
11	물건을 보면 평가하고 연구하려는 마음이 생긴다.	①	②	③	④
12	물품의 규격이 정확하지 않은 것은 사지 않는다.	①	②	③	④
13	학교에는 형식적인 것이 많다고 생각한다.	①	②	③	④
14	규격이 정확한 것보다는 다소 융통성이 있는 것이 좋다.	①	②	③	④

인적성검사 모의 테스트

해커스공기업 사이트(public.Hackers.com)에서 무료로 제공하는 '인적성검사 모의 테스트'를 통해 직무능력평가(NCS)뿐만 아니라 인적성검사까지 대비할 수 있다.

학습 플랜

※ 자신에게 맞는 일정의 학습 플랜을 선택하여 학습 플랜에 따라 매일 그날에 해당하는 학습 분량을 공부하고, 학습 완료 여부를 □에 체크해 보세요.

3일 완성 학습 플랜

하루에 2회씩 기출동형모의고사를 모두 풀고 난 후 해설을 통해 틀린 문제와 풀지 못한 문제를 다시 한번 꼼꼼히 확인함으로써 단기간에 효과적으로 지역농협 6급 직무능력평가(NCS)를 대비할 수 있다.

	날짜	학습 내용
1일	__월 __일	□ 1회 풀이 및 채점 □ 1회 복습 □ 2회 풀이 및 채점 □ 2회 복습
2일	__월 __일	□ 3회 풀이 및 채점 □ 3회 복습 □ 4회 풀이 및 채점 □ 4회 복습
3일	__월 __일	□ 5회 풀이 및 채점 □ 5회 복습 □ 6회 풀이 및 채점 □ 6회 복습

* 심화 학습을 원한다면, 해커스공기업 사이트(public.Hackers.com)에서 유료로 제공되는 본 교재 동영상강의를 수강하여 심화 학습할 수 있다.

7일 완성 학습 플랜

하루에 1회씩 기출동형모의고사를 모두 풀고 난 후 해설을 통해 틀린 문제와 풀지 못한 문제를 다시 한번 꼼꼼히 확인하고, 전 회차를 다시 복습함으로써 지역농협 6급 직무능력평가(NCS)에 완벽하게 대비할 수 있다.

	날짜	학습 내용
1일	__월 __일	□ 1회 풀이 및 채점 □ 1회 복습
2일	__월 __일	□ 2회 풀이 및 채점 □ 2회 복습
3일	__월 __일	□ 3회 풀이 및 채점 □ 3회 복습
4일	__월 __일	□ 4회 풀이 및 채점 □ 4회 복습
5일	__월 __일	□ 5회 풀이 및 채점 □ 5회 복습
6일	__월 __일	□ 6회 풀이 및 채점 □ 6회 복습
7일	__월 __일	□ 1~6회 복습

* 심화 학습을 원한다면, 해커스공기업 사이트(public.Hackers.com)에서 유료로 제공되는 본 교재 동영상강의를 수강하여 심화 학습할 수 있다.

농협 소개

미션

농협법 제1조

농업인의 경제적·사회적·문화적 지위를 향상시키고, 농업의 경쟁력 강화를 통하여 농업인의 삶의 질을 높이며, 국민경제의 균형 있는 발전에 이바지함

비전

농업이 대우받고 농촌이 희망이며 농업인이 존경받는 '함께하는 100년 농협'
· 농업인과 국민, 농촌과 도시, 농축협과 중앙회, 그리고 임직원 모두 협력하여 농토피아를 구현하겠다는 의지
· 60년을 넘어 새로운 100년을 향한 위대한 농협으로 도약하겠다는 의지

인재상

시너지 창출가	항상 열린 마음으로 계통 간, 구성원 간에 상호존경과 협력을 다하여 조직 전체의 성과가 극대화될 수 있도록 시너지 제고를 위해 노력하는 인재를 의미한다.
행복의 파트너	프로다운 서비스 정신을 바탕으로 농업인과 고객을 가족처럼 여기고 최상의 행복 가치를 위해 최선을 다하는 인재를 의미한다.
최고의 전문가	꾸준한 자기계발을 통해 자아를 성장시키고, 유통·금융 등 맡은 분야에서 최고의 전문가가 되기 위해 지속적으로 노력하는 인재를 의미한다.
정직과 도덕성을 갖춘 인재	매사에 혁신적인 자세로 모든 업무를 투명하고 정직하게 처리하여 농업인과 고객, 임직원 등 모든 이해관계자로부터 믿음과 신뢰를 받는 인재를 의미한다.
진취적 도전가	미래지향적 도전의식과 창의성을 바탕으로 새로운 사업과 성장동력을 찾기 위해 끊임없이 변화와 혁신을 추구하는 역동적이고 열정적인 인재를 의미한다.

5대 핵심가치

농업인과 소비자가 '함께 웃는 유통 대변화'	소비자에게 합리적인 가격으로 더 안전한 먹거리를, 농업인에게 더 많은 소득을 제공하는 유통개혁 실현
미래 성장동력을 '창출하는 디지털 혁신'	4차 산업혁명 시대에 부응하는 디지털 혁신으로 농업·농촌·농협의 미래 성장동력 창출
경쟁력 있는 농업, '잘사는 농업인'	농업인 영농지원 강화 등을 통한 농업경쟁력 제고로 농업인 소득 증대 및 삶의 질 향상
지역과 함께 만드는 '살고 싶은 농촌'	지역 사회의 구심체로서 지역사회와 협력하여 살고 싶은 농촌 구현 및 지역경제 활성화에 기여
정체성이 살아 있는 '든든한 농협'	농협의 정체성 확립과 농업인 실익 지원 역량 확충을 통해 농업인과 국민에게 신뢰받는 농협 구현

농협이 하는 일

교육지원 부문	농업인의 권익을 대변하고 농업 발전과 농가 소득 증대를 통해 농업인 삶의 질 향상에 도움을 주고 있다. 또한 '또 하나의 마을 만들기 운동' 등을 통해 농업·농촌에 활력을 불어넣고 농업인과 도시민이 동반자 관계로 함께 성장·발전하는 데 기여하고 있다.
경제 부문	농업인이 영농활동에 안정적으로 전념할 수 있도록 생산·유통·가공·소비에 이르기까지 다양한 경제사업을 지원하고 있다. 경제사업 부문은 크게 농업경제 부문과 축산경제 부문으로 나누어지며, 농축산물 판로확대, 농축산물 유통구조 개선을 통한 농가소득 증대와 영농비용 절감을 위한 사업에 주력하고 있다.
금융 부문	농협의 금융사업은 농협 본연의 활동에 필요한 자금과 수익을 확보하고, 차별화된 농업금융서비스 제공을 목적으로 하고 있다. 금융사업은 시중 은행의 업무 외에도 NH카드, NH보험, 외국환 등의 다양한 금융 서비스를 제공하여 가정경제에서 농업경제, 국가경제까지 책임을 다해 지켜나가고 있다.

지역농협 6급 채용 소개

모집 시기

· 지역농협 6급 신입사원 채용은 2021년부터 전국동시채용으로 변경되었다.

· 모집 시기는 변동 가능성이 있다.

지원 자격 및 우대 사항

기본 자격	· 연령, 학력, 학점, 어학점수 제한 없음 · 채용공고일 전일 기준 본인 또는 부모 중 1인의 주민등록상 주소지가 응시가능 주소지 내에 있는 자 · 남자는 병역필 또는 면제자에 한함 · 일반관리직(영농지도) 채용 직렬의 경우 농과계 졸업(예정)자 * 단, 영농지도 업무와 직접 관련 없는 축산·수산·산림·식품가공·농업경제 등 관련 학과(전공) 제외

우대 사항	· 「NH 영 서포터즈」 중 연도 말 활동 우수 수상자
	  * 단, 범농협(농축협, 중앙회 및 계열사) 입사지원으로 기 우대적용을 받은 자는 제외(1회에 한함)
	· 일반관리직 채용 직렬의 경우 유통관리사 1급, 물류관리사, 농산물 품질관리사 자격증 소지자
	  * 단, 일반관리직(영농지도/농약판매), 전문직 지원 시 우대하지 않음

※ 2023년 상반기 채용 기준

채용전형 절차

서류전형 ▶ 필기전형 ▶ 면접전형 및 신체검사 ▶ 최종합격

서류전형

· 채용공고문에 따라 접수 기간에 지원서 및 자기소개서를 작성하여 접수하는 단계이다.

· 지원서 입력 시 응시 지역의 채용 단위 중 하나를 선택해야 한다. (채용 단위별 중복 지원 불가)

· 블라인드 채용을 실시하여, 차별적 요인이 발생할 수 있는 학력, 학점, 어학, 자격증 등의 항목을 입사지원서에 기재하지 않게 하였다.
단, 필수 응시 자격이 요구되는 일부 직렬 지원자는 학력, 자격증 정보를 기재해야 한다.

· 지원서 접수 후 온라인 인적성검사(Lv1)를 시행하며, 서류전형 및 온라인 인적성검사 합격자에 한해 필기시험에 응시하게 된다.

필기전형

· 채용의 적정성 여부 판단 및 직무에 필요한 능력을 측정하기 위한 단계이다.

· 필기전형은 직무능력평가(NCS)와 인적성검사(Lv2)로 구성되어 있다.

면접전형 및 신체검사

· 적합한 인재 선발을 위한 최종 단계로, 농협이 추구하는 인재상 부합 여부 및 잠재적 역량과 열정 등을 평가하는 단계이다.

· 면접은 하루에 진행되며, 1차 면접(인성 면접), 2차 면접(주장 면접)으로 나누어 실시한다.

· 안내받은 장소에서 주어진 기간 내 신체검사를 진행해야 한다.

최종합격

· 합격자 중 결격사유가 없는 자를 최종 합격자로 선정한다.

※ 출처: 농협 채용 사이트

지역농협 6급 채용전형별 합격 가이드

1 서류전형

■ 서류전형 소개

입사지원서 및 자기소개서를 통해 지원자의 가치관, 역량, 직무 이해도 등을 평가하는 단계이다.

■ 서류전형 구성 및 특징

입사지원서와 자기소개서를 작성해야 하며, 서류전형 평가 결과에 따라 필기시험의 응시 여부가 결정된다.

입사지원서	직무를 성공적으로 수행할 지원자를 선별하기 위한 것으로, 채용공고문을 통해 모집하는 분야의 직무수행에 필요한 교육, 경력, 경험, 성과, 자격 등을 기재할 수 있도록 구성되어 있다.
자기소개서	지원자의 지원 동기 및 조직 적합성, 직무수행능력을 평가하기 위한 질문 문항으로 구성되어 있다. 지원자가 작성한 자기소개서는 입사지원서에서 작성한 교육, 경력, 경험, 성과, 자격 등에 대한 사실 여부 판단에 활용되며 작성한 내용은 지역농협의 기준에 따라 평가된다.

■ 서류전형 대비 전략

① 지원 직무와 자신과의 적합성 여부를 객관적으로 판단한다.

채용공고문을 확인하고 본인이 지원하고자 하는 직무를 수행하는 데 필요한 자격과 능력을 갖추었는지 확인한다. 만약 직접적인 직무 관련 경험이 없다면 자신의 경험을 토대로 잠재력을 발현시킬 수 있는 직무인지 확인하도록 한다.

② 자기소개서 작성 시 두괄식으로 명확하고 간결하게 작성하는 것이 좋다.

자기소개서 질문에 대한 답변을 명확하게 전달하기 위해서는 결론부터 먼저 제시하고, 그 이후에 결론을 뒷받침하는 근거를 제시하는 구조로 작성하는 것이 좋다. 또한, 자기소개서를 작성할 때는 시간의 흐름에 따른 나열 방식은 지양하고, 자신의 지원 동기와 조직 적응력 등을 잘 드러낼 수 있는 내용을 선별하여 간결하게 작성하도록 한다.

③ 자기소개서 작성 후, 제출 전에 스스로 첨삭을 해 본다.

자기소개서를 제출하기 전에 자신의 주장, 생각, 경험 등이 분명히 드러나는지, 작성한 문장에서 의문점이 떠오르지 않는지 다시 한번 확인하도록 한다. 또한, 주어와 서술어의 호응이 올바른지, 맞춤법 및 띄어쓰기가 정확한지 마지막으로 확인한다.

2 필기전형

필기전형 소개

지역농협 6급 필기전형은 직무능력평가(NCS)와 인적성검사로 구성되어 있다.

구성	영역	평가요소
직무능력평가 (NCS)	의사소통능력	문서이해능력, 문서작성능력, 경청능력, 의사표현능력, 기초외국어능력
	수리능력	기초연산능력, 기초통계능력, 도표분석능력, 도표작성능력
	문제해결능력	사고력, 문제처리능력
	자원관리능력	시간관리능력, 예산관리능력, 물적자원관리능력, 인적자원관리능력
	조직이해능력	경영이해능력, 조직체제이해능력, 업무이해능력, 국제감각
인적성검사	인성	가치관

※ 2023년 상반기 시험 기준

필기전형 특징

① 지역별로 상이한 시험 유형

지역농협 6급 시험 유형은 60문항/60분, 60문항/70분, 70문항/70분 시험 세 가지로 나뉜다. 지역별로 출제되는 시험 유형이 다르며, 지역별 시험 유형은 고정되어 있지 않고 변동될 가능성이 있다.

② 농협 및 농업 관련 문제 출제

농협의 조직현황, 진행 사업 등 농협 관련 지식을 평가하는 문제가 다수 출제되며, 농협 및 농업과 관련된 자료나 글이 문제에 제시되기도 한다.

지역별 2023년 필기전형 출제 영역 일람표

① 60문항/70분

· 2023년 상반기: 경기, 대전, 충북, 충남세종, 광주, 전남, 대구, 경북, 울산

구성	영역	문항 수	제한 시간
직무능력평가 (NCS)	의사소통능력	60문항	70분
	수리능력		
	문제해결능력		
	자원관리능력		
	조직이해능력		
인적성검사	인성	151문항 또는 210문항	20~30분

※ 인적성검사 문항 수 및 제한 시간은 지역에 따라 달라질 수 있음

② 60문항/60분

· 2023년 상반기: 서울, 인천, 강원, 전북, 제주

구성	영역	문항 수	제한 시간
직무능력평가 (NCS)	의사소통능력	12문항	60분
	수리능력	12문항	
	문제해결능력	12문항	
	자원관리능력	12문항	
	조직이해능력	12문항	
인적성검사	인성	151문항 또는 210문항	20~30분

※ 인적성검사 문항 수 및 제한 시간은 지역에 따라 달라질 수 있음

③ 70문항/70분

· 2023년 상반기: 경남

구성	영역	문항 수	제한 시간
직무능력평가 (NCS)	의사소통능력	70문항	70분
	수리능력		
	문제해결능력		
	자원관리능력		
	조직이해능력		
인적성검사	인성	151문항 또는 210문항	20~30분

※ 인적성검사 문항 수 및 제한 시간은 지역에 따라 달라질 수 있음

■ 직무능력평가(NCS) 출제 유형

영역	문제 유형	유형 설명
의사소통능력	어휘력	어휘의 의미를 고려해 문맥에 맞는 어휘를 판단하고, 여러 어휘 간의 의미 관계를 유추하는 문제
	문서작성기술	어법에 대한 지식을 바탕으로 올바르게 문서를 작성 및 수정하는 문제
	독해력	문서의 중심 내용과 세부 내용을 이해하고, 문서에 대한 이해를 통해 업무를 수행하는 문제
	기초외국어	문서이해나 문서작성, 의사표현, 경청 등 의사소통을 외국어로 파악하는 문제
수리능력	기초연산	주어진 조건을 이용하여 식을 세우고 답을 도출하는 문제
	수/문자추리	주어진 숫자, 문자, 기호 등에 적용된 규칙을 파악하여 빈칸에 들어갈 알맞은 숫자 또는 문자를 유추하는 문제
	도표분석	주어진 도표를 분석하거나 항목의 값을 이용하여 계산하는 문제
문제해결능력	사고력	주어진 조건을 바탕으로 내용의 옳고 그름을 판단하거나 결론을 도출하는 문제
	문제처리	주어진 상황과 정보를 바탕으로 문제의 해결 방안을 도출하는 문제
자원관리능력	자원계산	주어진 자료를 분석하여 업무 수행에 소요될 자원의 양을 계산하는 문제
	자원분석	자원에 관한 자료를 종합적으로 검토하여 최선의 방안 및 자원관리 방법을 결정하는 문제
조직이해능력	조직체제	조직체제에 대한 이해를 바탕으로 부서별 담당 업무를 파악하는 문제
	경영이해	조직의 운영과 관련된 기본적인 경영 지식이 출제되는 문제

■ 직무능력평가(NCS) 합격 전략

① 응시할 지역의 시험 유형을 파악한다.

지역농협 6급 직무능력평가(NCS) 시험 유형은 60문항/60분 시험, 60문항/70분 시험, 70문항/70분 시험 세 가지로 나뉜다. 지역별로 출제되는 시험 유형이 다르며, 지역별 시험 유형은 변동될 가능성이 있다. 따라서 자신이 응시할 지역의 최근 시험 유형을 파악하고 해당 시험 유형에 맞춰 연습을 하되, 시험 유형이 변동될 수 있음을 염두에 두고 다른 시험 유형에도 대비하는 것이 좋다.

② 한국산업인력공단 NCS 직업기초능력 워크북을 확인한다.

NCS는 업무 수행에 필요한 능력을 체계화한 것으로 한국산업인력공단에서는 이 능력들에 대한 기본적인 이해를 도울 수 있는 워크북을 제공하고 있다. 이를 확인하여 핵심이론을 숙지하는 것이 NCS 학습의 첫걸음이다.

※ NCS 직업기초능력 워크북 다운로드 : 국가직무능력표준 사이트(www.ncs.go.kr) 접속 ▶ [NCS 소개] 클릭 ▶ [직업기초능력] 클릭 ▶ 영역별 학습자용/교수자용 파일 클릭

③ 응시할 지역의 시험 유형에 따라 시간 안배 연습을 한다.

모든 유형의 시험에 영역별 제한 시간이 없으나, 유형별로 출제 문항 수와 제한 시간이 다르므로 자신 있는 영역과 취약한 영역을 고려하여 시간을 적절히 배분하고 문제를 푸는 연습을 하는 것이 중요하다.

3 면접전형

면접전형 소개

지역농협 6급 면접은 서류전형과 필기시험을 보완하여, 농협이 추구하는 인재상과의 부합 여부 및 지원자의 잠재적 역량과 열정 등을 평가하는 단계이다.

면접전형 구성 및 특징

지역농협 6급 면접은 블라인드 집단 면접으로 진행된다.

1차 면접(인성 면접)	기본 인성, 지원 동기, 시사 상식 등 공통 질문과 개별 질문에 대한 답변 내용을 평가한다.
2차 면접(주장 면접)	농협, 경제/경영 상식, 시사 상식 등 제시된 특정 주제에 대한 지원자의 답변 내용을 평가한다.

면접전형 대비 전략

① 자신을 분명하게 드러낼 수 있는 자기소개를 준비한다.

약 1분의 짧은 시간 내에 자신을 분명하게 드러낼 수 있는 자기소개를 미리 준비한다. 자신의 개별 신상과 관련된 내용을 나열하기보다는 자신을 표현할 수 있는 키워드를 준비하거나 농협의 인재상 및 비전과 관련지어 자신의 입사 후 포부를 포함하여 마무리하는 식의 자기소개를 준비하는 것이 좋다.

② 지역농협 면접 기출 질문에 답변하는 연습을 한다.

인성, 가치관, 직무 관련 질문들은 매해 면접에서 반복적으로 나오는 경향이 있으므로 지역농협 면접 기출 질문을 찾아보고, 이에 대해 답변하는 연습을 해야 한다.

③ 농협의 최근 사업 방향 및 농협 관련 시사 이슈를 파악한다.

면접 전에 농협의 최근 사업부 변화나 농협과 관련된 사회적 이슈에 대해 미리 찾아보고, 이와 관련된 기본적인 내용을 틈틈이 숙지해 두어야 한다. 또한, 경제/경영 분야의 개념을 학습해 두는 것이 좋다.

④ 최신 사회적 이슈나 농업 관련 이슈에 대한 자신의 의견을 정리한다.

2차 면접에서는 최신 사회적 이슈 또는 농업 관련 이슈에 대한 자신의 주장을 이야기하거나 찬성 또는 반대 의견을 이야기해야 한다. 이에 대비하기 위해 최근에 사회적으로 크게 논란이 되었던 문제나 농업 관련 문제에 대한 자신의 견해를 정리해보고, 찬성과 반대의 관점을 모두 정리해 두는 것이 좋다.

⑤ 두괄식으로 답변하는 연습을 한다.

자신의 의견을 명확하게 전달하기 위해 결론부터 먼저 말한 후, 결론을 뒷받침하는 근거를 말하는 연습을 해야 한다.

지역별 2023~2013년 면접 출제 문제

자신이 지원할 지역의 면접 기출 질문을 확인하고, 답변하는 연습을 해 본다.

① 서울 면접 출제 문제

1차 면접	· 자기소개를 해보시오. · 자기계발 활동으로 무엇을 하고 있는가? · 생활의 신조는 무엇인가? · 결혼관은 무엇인가? · 자신이 원하는 배우자의 조건은? · 갑자기 10억 정도의 일확천금이 생기게 된다면 어떻게 할 것인가? · 살면서 가장 후회되는 것은? · 가장 감명 깊게 읽은 책은 무엇인가? · 어떤 각오로 농협에서 일할 것인가? · 농협에서 어떤 일을 하고 싶고, 어떻게 성장할 것인가? · 희망하는 연봉은 어느 정도인가? · 농협에 대해 어떻게 생각하는가? · 농협의 단점은 무엇이라고 생각하는가? · 축협 한우프라자에 방문해 본 적이 있는가? · 농협의 향후 발전 방향은 어떤 것으로 생각하는가? · 농협과 삼성그룹에 동시에 합격하게 된다면, 어디에 입사할 것인가? · 주말에 농촌 봉사활동을 할 수도 있는데 할 수 있겠는가? · 본인이 농협에서 근무하고 있는데 본인의 어머니가 가진 천만 원의 여유자금을 금리 7%인 타 은행에 예치하려고 한다면, 어떻게 해서 어머니가 농협으로 천만 원을 예치할 수 있도록 할 것인가? · 조직 생활이란 무엇이라고 생각하는가? · 상사와 갈등이 있다면 어떻게 해결할 것인가? · FTA를 체결한 이후, 수출을 활성화할 방안은 무엇인가? · FTA에 대응하기 위해 농협은 어떤 준비를 해야 하는가? · 애플의 CEO 스티브 잡스에 대해 어떻게 생각하는가? · 하나로마트에서 수입산 바나나를 판매하는 것에 대해 어떻게 생각하는가? · 사회 환원과 봉사의 차이에 대해 설명해보시오. · 지급유예(모라토리엄)에 대해 설명해보시오. · 구상권에 대해 설명해보시오. · SSM에 대해 설명해보시오. · 그린오션에 대해 설명해보시오. · 버핏세에 대해 설명해보시오. · 은행세에 대해 설명해보시오. · 더블딥에 대해 설명해보시오.

2차 면접	· 자립형 사립고 폐지에 대한 찬성 또는 반대 의견을 말하시오.
	· 기초선거구 정당 공천제 폐지에 대한 찬성 또는 반대 의견을 말하시오.
	· 밀양 송전탑 건설에 대한 찬성 또는 반대 의견을 말하시오.
	· 대형마트 주말 의무 휴업(영업 규제)에 대한 찬성 또는 반대 의견을 말하시오.
	· 농협의 수입 농산물 판매에 대한 찬성 또는 반대 의견을 말하시오.
	· 한중 FTA에 대한 찬성 또는 반대 의견을 말하시오.
	· 대학기부금 입학제에 대한 찬성 또는 반대 의견을 말하시오.
	· 정리해고에 대한 찬성 또는 반대 의견을 말하시오.
	· 오디션 프로그램에 대한 찬성 또는 반대 의견을 말하시오.

② 인천 면접 출제 문제

1차 면접	· 자기소개를 해보시오.
	· 지원동기는 무엇인가?
	· 자신이 생각하는 성실함이란 무엇인가?
	· 존경하는 인물은 누구이며, 그 사람으로 인해 어떤 영향을 받았는가?
	· 자신의 장점(특기)은 무엇인가?
	· 자기계발 활동으로 무엇을 하고 있는가?
	· 체력(건강)관리는 어떻게 하는가?
	· 동아리 활동을 해 본 적이 있는가? 맡았던 직책과 어려웠던 점은 무엇이었는가?
	· 결혼한 후 배우자와 가사분담을 어떻게 할 것인가?
	· 봉사활동 경험이 있다면 느꼈던 점은 무엇인가?
	· 도전적이거나 창의적으로 무엇을 이루어 낸 성과가 있는가?
	· 농업과 관련된 경험이 있는가?
	· 조직 생활에서 중요한 것은 무엇이라고 생각하는가?
	· 상사가 부당한 것을 요구할 때 해결 방안은 무엇인가?
	· 어떤 각오로 농협에서 일할 것인가?
	· 농협의 최근 이슈는 무엇인가?
	· 농협이 다른 기업과 비교해 더 성장할 수 있는 방향은 무엇인가?
	· 농협은행 지점에 방문해 본 적이 있는가? 직원들의 친절도는 타 은행에 비해 어떠한가? 개선할 점은 없는가?
	· 농협의 성장 가능성과 잠재력은 무엇이라고 생각하는가?
	· 한국 경제의 문제점은 무엇이라고 생각하는가?
	· 햇살론에 대해 어떻게 생각하는가?
	· FTA에 대해 어떻게 생각하는가?
	· 성과연봉제에 대해 설명해보시오.
	· 쌀 직불금에 대해 설명해보시오.
	· 스미싱에 대해 설명해보시오.
	· G20에 대해 설명해보시오.
	· 옐로우칩에 대해 설명해보시오.
	· 바나나 현상에 대해 설명해보시오.
	· 립스틱 효과에 대해 설명해보시오.
	· 무어의 법칙에 대해 설명해보시오.

2차 면접	· 특정 지역을 선택한 후, 그 지역에서 나오는 특산품과 관광객을 유치하기 위한 전략을 말하시오.
	· 초·중·고교생의 9시 등교제에 대한 찬성 또는 반대 의견을 말하시오.
	· 농협의 수입 농산물 판매에 대한 찬성 또는 반대 의견을 말하시오.
	· 농촌의 고령화를 해소하기 위해 청년층의 농촌 유입을 유도할 수 있는 방안에 대해 말하시오.

③ 경기 면접 출제 문제

· 자신이 농협에 적합한 이유가 무엇인가?
· 지원동기는 무엇인가?
· 스스로 무언가를 한 경험이 있는가?
· 원하지 않는 부서로 배정되면 어떻게 할 것인가?
· 남을 위해 무엇을 한 경험이 있는가?
· 자신이 가장 박식하다고 여기는 분야는 무엇인가?
· 일을 제외하고 개인적으로 이루고 싶은 일은 무엇인가?
· 존경하는 역사적 인물은 누구인가?
· 입사를 위해 준비한 것은 무엇인가?
· 거짓말을 한 경험이 있는가? 거짓말을 했던 이유는 무엇인가? 다시 그 상황에서 선택할 수 있다면 어떻게 할 것인가?
· 존경하는 인물은 누구이며, 그 사람으로 인해 어떤 영향을 받았는가?
· 살면서 가장 올바른 의사결정은 무엇이었는가?
· 조직을 위해 헌신했던 경험이 있는가?
· 조직 내 첨예한 갈등이 생겼을 때는 언제이며, 그 상황을 어떻게 해결했는가?
· 오늘 옆 지원자와 얘기를 한 적이 있는가? 있다면 옆 지원자가 사교적이라고 생각하는가?
· 자기계발 활동으로 무엇을 하고 있는가?
· 봉사활동 경험이 있다면 느꼈던 점은 무엇인가?
· 자신이 손해를 보게 되더라도 정직하게 행동했던 경험이 있는가?
· 성공의 기준은 무엇인가?
· 희망하는 연봉은 어느 정도인가?
· 바람직한 직장 분위기 조성을 위해 필요한 것은 무엇인가?
· 상사가 진행하는 일이 본인의 생각과 다르다면 어떻게 할 것인가?

1차 면접
· 농협이 하는 사업에 대해 자신이 알고 있는 것을 말해보시오.
· 농협이 하는 사업에 대해 어떻게 생각하는가?
· 농협인으로서 갖춰야 할 품성(덕목)은 무엇이라고 생각하는가?
· 농협에 노동조합이 필요하다고 생각하는가?
· 농산물의 가격은 어떻게 책정되어야 한다고 생각하는가?
· 하나로마트에서 수입 농산물을 판매하는 것에 대해 어떻게 생각하는가?
· 잡셰어링에 대해 설명해보시오.
· 인구절벽에 대해 설명해보시오.
· 공동화 현상에 대해 설명해보시오.
· 식물공장에 대해 설명해보시오.
· 레몬마켓에 대해 설명해보시오.
· 6차산업에 대해 설명해보시오.
· 치킨게임에 대해 설명해보시오.
· 임금피크제에 대해 설명해보시오.
· 농지의 기능에 대해 설명해보시오.
· 워킹푸어에 대해 설명해보시오.
· 미국의 양적 완화 정책에 대해 설명해보시오.
· SSM에 대해 설명해보시오.
· 저관여제품에 대해 설명해보시오.
· 딤섬본드에 대해 설명해보시오.
· 한국의 기준금리에 대해 설명해보시오.
· 갈라파고스 이론에 대해 설명해보시오.
· 크라우드 펀딩에 대해 설명해보시오.
· 바이오시밀러에 대해 설명해보시오.

1차 면접	· 농협의 역사와 나아갈 방향에 대해 설명해보시오. · 우리나라 농업의 현안과 시사점을 설명해보시오.
2차 면접	· 핀테크 산업의 전망에 대한 본인의 의견을 말하시오. · 농촌 창업 육성 방안에 대한 본인의 의견을 설명해보시오. · 농협 특화 금융상품에 대해 설명해보시오. · 금리인상에 대한 본인의 의견을 말하시오. · 스마트팜의 해외 사례를 국내에 적용할 방안에 대해 말하시오. · GMO 식품에 대한 자신의 견해와 GMO 식품으로 인한 피해를 최소화할 방안에 대해 말하시오. · 핀테크로 인해 변화된 환경과 그에 대한 금융권(은행)의 대응 방안을 말하시오. · 대형마트 주말 의무 휴업(영업 규제)에 대한 찬성 또는 반대 의견을 말하시오. · 정리해고에 대한 찬성 또는 반대 의견을 말하시오. · 인원 감축과 임금삭감 중 하나를 선택해야 한다면, 어떤 것을 선택할 것인지 말해보시오. · 학교 체벌 금지에 대한 찬성 또는 반대 의견을 말하시오. · 협동조합의 의의와 농협의 발전 방향에 대해 설명해보시오. · 코로나19의 영향으로 경제가 침체되고 있는 와중에 주식 시장이 호황인 이유를 설명해보시오. · 무점포 비대면 거래에 대한 지역농협의 대처 방안에 대해 설명해보시오. · 사회적 이슈를 수용할 때 객관성을 지키는 방법을 설명해보시오.

④ 강원 면접 출제 문제

1차 면접	· 자신의 장점(특기)은 무엇인가? · 지원동기는 무엇인가? · 취득한 자격증을 말해보시오. · 생활신조는 무엇인가? · 봉사활동 경험이 있다면 느꼈던 점은 무엇인가? · 갑자기 10억 정도의 일확천금이 생기게 된다면 어떻게 할 것인가? · 개인이 아닌 팀으로 일해본 경험과 그 과정에서 얻은 것은 무엇인지 설명해보시오. · 농협을 다섯 글자로 표현해보고, 그 이유를 설명해보시오. · '농협'으로 2행시를 지어보시오. · 지역농협은 어떤 기관이라고 생각하는가? · 지역농협이 개선해야 할 점은 무엇이라고 생각하는가? · 농협은행이 아닌 지역농협에 지원한 이유는 무엇인가? · 경제파트와 신용파트가 분리가 되면 경제파트는 어떻게 이익을 내야 할 것인가? · 농협의 인재상에 대해 말해보시오. · 농협에 입사하면 어떤 업무를 하고 싶은가? · 농협의 장단점은 무엇이라고 생각하는가? · 농협에 입사하기 위해 준비한 것은 무엇인가? · 고객이 막무가내로 화를 낼 경우 어떻게 대응할 것인가? · FTA에 대해 설명해보시오. · DTI에 대해 설명해보시오. · 하이브리드 채권에 대해 설명해보시오. · 군청과 농협의 차이에 대해 설명해보시오. · 순이자마진에 대해 설명해보시오. · 피치마켓에 대해 설명해보시오. · 좀비기업에 대해 설명해보시오. · 자본잠식에 대해 설명해보시오.

1차 면접	· 블랙스완에 대해 설명해보시오.
	· 협동조합에 대해 설명해보시오.
	· 지금까지 가족, 친구, 친척, 지인에게 받은 칭찬 중 최고의 칭찬은 무엇인가?
	· 편견으로 인해 타인과 생긴 갈등을 어떻게 풀 것인가?
	· 본인 삶의 가치관이 무엇인가?
2차 면접	· 지하철 여성 전용칸에 대한 찬성 또는 반대 의견을 말하시오.
	· 지상파 중간광고 도입에 대한 찬성 또는 반대 의견을 말하시오.
	· 베이비박스에 대한 찬성 또는 반대 의견을 말하시오.
	· 기부금 세제 혜택에 대한 찬성 또는 반대 의견을 말하시오.
	· 대형마트 주말 의무 휴업(영업 규제)에 대한 찬성 또는 반대 의견을 말하시오.
	· 한중 FTA에 대한 찬성 또는 반대 의견을 말하시오.
	· 개인회생제도에 대한 찬성 또는 반대 의견을 말하시오.
	· 무상급식/보육에 대한 찬성 또는 반대 의견을 말하시오.

⑤ 대전 면접 출제 문제

1차 면접	· 자기소개를 해보시오.
	· 지원동기는 무엇인가?
	· 자신의 장단점은 무엇인가?
	· 자신의 장점(특기)은 무엇인가?
	· 결혼한 후 배우자와 가사분담을 어떻게 할 것인가?
	· 봉사활동 경험이 있다면 느꼈던 점은 무엇인가?
	· 농협이 하는 사업에 대해 자신이 알고 있는 것을 말해보시오.
	· 농협의 장단점은 무엇이라고 생각하는가?
	· 농협이 수행해야 할 사회적 책임은 무엇이라고 생각하는가?
	· 농협에 입사하면 어떤 업무를 하고 싶은가?
	· FTA에 대해 설명해보시오.
	· PF에 대해 설명해보시오.
	· 립스틱 효과에 대해 설명해보시오.
	· 노블레스 오블리주에 대해 설명해보시오.
	· 버핏세에 대해 설명해보시오.
	· 사이드카에 대해 설명해보시오.
2차 면접	· 제주 해군기지 설립에 대한 찬성 또는 반대 의견을 말하시오.

⑥ 충북 면접 출제 문제

1차 면접	· 자기소개를 해보시오. · 자신의 장점(특기)은 무엇인가? · 지원동기는 무엇인가? · 최근에 인상 깊게 읽은 책은 무엇인가? · 인생의 멘토는 누구인가? · 결혼한 후 배우자와 가사분담을 어떻게 할 것인가? · 인간관계에서의 중요한 점은 무엇이라고 생각하는가? · 바람직한 직장 분위기 조성을 위해 필요한 것은 무엇인가? · 희망 연봉과 그 이유에 대해 말해보시오. · 농협에 입사하면 어떤 업무를 하고 싶은가? · 외곽 지역으로 발령을 받게 된다면 어떻게 할 것인가? · 상사가 불합리한 일을 시킬 때 어떻게 하겠는가? · 상사와 갈등이 있다면 어떻게 해결할 것인가? · 농협에서 근무할 경우 농협은 주5일제를 전면적으로 실시하지 않고 있으므로 주말에 근무할 수도 있는데 이에 대해 어떻게 생각하는가? · 농협은행 지점에 방문해 본 적이 있는가? 있다면 어느 지점이었는가? · 여러 업무 중 자신이 싫어하는 업무에 배정되었을 때 어떻게 할 것인가? · 고객이 막무가내로 화를 낼 경우 어떻게 대응할 것인가? · 배춧값 폭락으로 한 농민이 농협에 배추를 가져와 판매해달라고 할 경우 어떻게 대응할 것인가? · 인구절벽에 대해 설명해보시오. · 핀테크에 대해 설명해보시오. · FTA에 대해 어떻게 생각하는가? · 쌀 한 가마니의 가격은 얼마인가? · 양적 팽창에 대해 설명해보시오. · MOT에 대해 설명해보시오. · 커플링 효과에 대해 설명해보시오. · 노블레스 오블리주에 대해 설명해보시오. · PF에 대해 설명해보시오. · GCF에 대해 설명해보시오. · 워킹푸어에 대해 설명해보시오. · 쌀 직불금에 대해 설명해보시오. · 출구전략에 대해 설명해보시오. · 지금까지 본인의 견해를 지지받은 경험을 말해보시오. · 본인의 주장이 좋은 평가를 받았던 경험을 말해보시오.
2차 면접	· 지역축제와 농협은 어떤 관련이 있는지 설명하고, 지역축제 활성화를 위해 농협이 해야 할 일에 대해 말하시오. · 스쿨존 내 호텔 건립 허용에 대한 찬성 또는 반대 의견을 말하시오. · 범죄 수사 시 휴대전화 감청에 대한 찬성 또는 반대 의견을 말하시오. · 원자력 발전소 설립에 대한 찬성 또는 반대 의견을 말하시오.

⑦ 충남세종 면접 출제 문제

1차 면접

· 친해지기 어려운 사람은 어떤 사람인가?
· 의견이 서로 다를 때 어떤 방식으로 조율하는가?
· 농협인으로서 가져야 하는 자세는 무엇인가?
· 한류문화에 대한 본인의 의견을 말해보시오.
· 삼권분립에 대해 설명해보시오.
· 자신이 친구에게 영향력을 끼친 경험을 말해보시오.
· 많이 알려진 사람 중에 자신과 성격이 유사한 사람을 소개해보시오.
· 직장의 의미는 무엇이라고 생각하는가?
· 동아리 활동 경험에 대해 말해보시오.
· 자신의 장점을 말하고, 그것을 농협 업무에 어떻게 접목할 수 있는지 말해보시오.
· 자기계발 활동으로 무엇을 하고 있는가?
· 가장 존경하는 사람에 대해 말해보시오.
· 힘들었던 경험이 있는가? 있다면 어떤 일이었으며 어떻게 극복하였는가?
· 살아오면서 부모님을 제외하고 본인에게 도움을 준 사람은 누구인가?
· 최근 본 뉴스에서 가장 인상 깊었던 것은 무엇이었는가?
· 조직 생활에서 중요한 것은 무엇이라고 생각하는가?
· 농협에 입사하기 위해 어떤 노력을 했는가?
· 농협에 입사 후에 어떤 계획을 갖고 있는가?
· 어떤 각오로 농협에서 일할 것인가?
· 농협에 입사하여 어떤 업무를 맡고 싶은가?
· 자신의 역량 중에 어떤 역량이 입사 후에 고객들에게 어필할 수 있을 것인가?
· 회사 생활을 하면서 실수를 한다면 어떻게 할 것인가?
· 팀원 중 업무 능력이 낮은 사람이 있다면 어떻게 할 것인가?
· 자신을 상품화하여 고객에게 판매한다면 어떤 상품으로 어떻게 판매할 것인가?
· 아침에 시험장에 왔을 때 농협의 느낌은 어땠는가?
· 지역농협이 타 시중은행과 다른 점이 무엇인가?
· 농협, 농촌, 농업과 관련된 경험이 있는가?
· 농협이 하는 사업에 대해 자신이 알고 있는 것을 말해보시오.
· 농협인으로서 갖춰야 할 품성(덕목)은 무엇이라고 생각하는가?
· 세대 갈등을 경험한 적이 있는가? 있다면 어떻게 극복하였는지 설명해보시오.
· 혼자 할 때보다 팀으로 일함으로써 시너지를 발휘한 경험이 있는가?
· 직장생활을 하면서 착한 거짓말이 필요할 때가 있다고 생각하는가?
· 체리피커에 대해 설명해보시오.
· 디마케팅에 대해 설명해보시오.
· 사물인터넷에 대해 설명해보시오.
· 자유학기제에 대해 설명해보시오.
· 추심에 대해 설명해보시오.
· 헤지펀드에 대해 설명해보시오.
· 파레토 법칙에 대해 설명해보시오.
· 이중곡가제에 대해 설명해보시오.
· 하우스푸어에 대해 설명해보시오.
· 8:2의 법칙에 대해 설명해보시오.
· 90:9:1의 법칙에 대해 설명해보시오.
· ODM에 대해 설명해보시오.
· TPP에 대해 설명해보시오.
· 애그플레이션에 대해 설명해보시오.

- 분수효과에 대해 설명해보시오.
- 구제역의 정의와 해결 방안에 대해 설명해보시오.
- 쌀 직불금에 대해 설명해보시오.
- 수직농장에 대해 설명해보시오.
- 녹비작물에 대해 설명해보시오.
- 역전세난에 대해 설명해보시오.
- 본인 삶의 가치관이 무엇인가?
- 농협에 대해 알고 있는 것을 말하고, 그에 대해 본인이 할 수 있는 노력은 무엇인가?
- 코로나19가 농협과 농업에 미치는 영향과 그에 대한 본인의 의견을 설명하시오.
- 본인의 인생에서 가장 중요한 사건을 말해보시오.
- 평소에 즐겨 보는 유튜브 채널은 무엇인가?

2차 면접
- 은행 PB 상품 구축 방안에 대한 본인의 견해를 말하시오.
- 탄소중립 시대에 대한 본인의 견해를 말하시오.
- 4차 산업혁명 시대에서 농협이 발전할 수 있는 방안에 대한 본인의 견해를 말하시오.
- 농협이 청소년 금융 교실을 운영하고 있을 때, 어떠한 전략으로 추진할 것인지 말하시오.
- 다양한 농협 홍보 채널 중에서 자신이라면 어떤 채널을 이용할 것인지 말하시오.
- (현재 농식품의 트렌드가 제시되고) 농식품을 트렌드에 맞게 어떻게 홍보할 것인지 말하시오.
- (크라우드 펀딩의 개념이 제시되고) 크라우드 펀딩의 장점과 농업에 어떻게 크라우드 펀딩을 활용할 수 있는지와 크라우드 펀딩을 이용하여 어떻게 투자를 끌어낼 수 있는지를 말하시오.
- 귀농 인구가 감소하는 이유와 귀농 인구를 증가시킬 방안을 말하시오.
- 추석 이후로 농가들의 실적이 나빠지고 있는데, 홈쇼핑에서 어떤 제품을 팔면 좋을지 말하시오.
- 도농 교류의 일환으로 특성화 도시 조성 및 여러 가지 사업을 펼치고 있지만 정작 관광객들은 해외로 나가는데 이에 대한 대처 방안을 말하시오.
- 지상파 광고 총량제에 대한 찬성 또는 반대 의견을 말하시오.
- 흉악범의 신상 공개에 대한 찬성 또는 반대 의견을 말하시오.
- 대체휴일제의 도입에 대한 찬성 또는 반대 의견을 말하시오.
- 선행학습 금지법에 대한 찬성 또는 반대 의견을 말하시오.
- 무상급식/보육에 대한 찬성 또는 반대 의견을 말하시오.
- 제4 이동통신사의 허가에 대한 찬성 또는 반대 의견을 말하시오.
- 살충제 달걀 파동과 관련하여 농협이 양계농가에 도움을 줄 수 있는 방법에 대해 말하시오.
- 농협은 AI, 구제역 등 가축방역 앱을 운영하고 있다. 다른 창의적인 앱에 대한 아이디어를 말하시오.
- 아프리카돼지열병으로 인한 돼지고기 가격 변동 추이를 예상하고, 이러한 질병 발생 시 농협이 해야 할 일에 대해 말하시오.

⑧ 광주 면접 출제 문제

1차 면접
- 지원동기는 무엇인가?
- 자신의 장점(특기)은 무엇인가?
- 농협에 지원한 이유는 무엇인가?
- 다른 사람의 의견을 수용한 경험은 무엇인가?
- 코로나19가 끝나면 가장 하고 싶은 일은 무엇인가?
- 가장 존경하는 사람은 누구인가?
- 10년 후 자신의 모습은?
- 인간관계에서의 중요한 점은 무엇이라고 생각하는가?
- 봉사활동 경험이 있다면 느꼈던 점은 무엇인가?
- 성공은 무엇이라고 생각하는가?

1차 면접	· 결혼한 후 배우자와 가사분담을 어떻게 할 것인가? · '농협'이라고 하면 생각나는 것을 말해보시오. · 상사가 불합리한 일을 시킬 때 어떻게 하겠는가? · 농협에 입사하면 어떤 업무를 하고 싶은가? · 상사가 진행하는 일이 본인의 생각과 다르다면 어떻게 할 것인가? · FTA에 대해 설명해보시오. · 임금피크제에 대해 설명해보시오. · DTI에 대해 설명해보시오. · 옐로칩에 대해 설명해보시오. · 콜금리에 대해 설명해보시오.
2차 면접	· 대출금 확대에 따른 농협의 대처 방안에 대한 본인의 견해를 말하시오.

⑨ 전북 면접 출제 문제

1차 면접	· 지원동기는 무엇인가? · 교양을 쌓은 경험에 대해 말해보시오. · 신뢰를 얻었던 경험에 대해 말해보시오. · 행복의 기준은 무엇인가? · 성공의 기준은 무엇인가? · 무언가를 열심히 했던 기억이 있는가? · 가장 존경하는 사람은 누구인가? · 인간관계에서의 중요한 점은 무엇이라고 생각하는가? · 결혼한 후 배우자와 가사분담을 어떻게 할 것인가? · 농협에 대해 어떻게 생각하는가? · 농협의 장단점은 무엇인가? · 어떤 각오로 농협에서 일할 것인가? · 농협에 입사하면 어떤 업무를 하고 싶은가? · 상사가 불합리한 일을 시킬 때 어떻게 하겠는가? · 입사하게 되면 상사, 동료, 후배집단이 생기게 된다. 집단들의 우선순위와 그 이유를 말해보시오. · 농협의 유니폼에 대해 어떻게 생각하는가? · 농협을 찾은 고객에게 어떻게 인사하겠는가? · 농협이 개선해야 할 점은 무엇이라고 생각하는가? · 농협이 더 발전하려면 어떻게 해야 한다고 생각하는가? · FTA에 대해 설명해보시오. · 바나나 현상에 대해 설명해보시오. · 후원금과 뇌물의 차이에 대해 설명해보시오. · 립스틱 효과에 대해 설명해보시오. · 유리천장에 대해 설명해보시오. · 경제민주화에 대해 설명해보시오. · 쌀 직불금에 대해 설명해보시오. · 핀테크에 대해 설명해보시오. · 4차산업혁명에 대해 설명해보시오. · 수직농장에 대해 설명해보시오.
2차 면접	· 농촌 활성화 방안에 대한 본인의 견해를 말하시오. · 국내 농산물이 나아가야 할 방안에 대한 본인의 견해를 말하시오. · 청년 농업인 유입 방안에 대한 본인의 견해를 말하시오.

2차 면접

· 금융 마케팅 방안에 대한 본인의 견해를 말하시오.
· 밀양 송전탑 건설에 대한 찬성 또는 반대 의견을 말하시오.
· 여성의 군 복무 의무제에 대한 찬성 또는 반대 의견을 말하시오.
· 원자력 발전소 설립에 대한 찬성 또는 반대 의견을 말하시오.
· 설악산 국립공원 케이블카 설치에 대한 본인의 견해를 말하시오.
· TV 프로그램 중간에 삽입되는 중간광고에 대한 본인의 견해를 말하시오.

⑩ 전남 면접 출제 문제

1차 면접

· 자신의 장점은 무엇인가?
· 자신을 어느 정도 신뢰하는가?
· 자신의 직업관은 무엇인가?
· 상대방에게 신뢰를 받은 경험은 무엇인가?
· 입사 후 하고 싶은 일은 무엇인가?
· 세계화 시대에서 농업은 어떻게 될 것으로 생각하는가?
· 어려운 사람을 도운 경험이 있는가?
· 디지털 시대로 변하는 상황에 맞추어 농협은 어떻게 변해야 하는가?
· 농협이 하는 사업 중 가장 긍정적으로 평가하는 것은 무엇인가?
· 자신이 끈기를 가지고 끝까지 노력했던 경험은 무엇인가?
· 사람들과 친해지기 위한 자신만의 방법은 무엇인가?
· 함께 일하기 싫은 사람은 어떤 사람인가?
· 자신만의 향후 목표는 무엇인가?
· 혼자 여행을 다녀온 경험에 대해 말하시오.
· 10년 후 자신의 모습은?
· 자신의 가치를 돈으로 환산한다면 얼마인가?
· 가장 감명 깊게 본 책이 있다면 무엇인가?
· 봉사활동 경험이 있다면 느꼈던 점은 무엇인가?
· 성공의 기준은 무엇인가?
· 가장 존경하는 사람은 누구인가?
· 자신의 가치를 높이기 위해 노력했던 경험과 그 성과는 무엇이었는가?
· 공무원의 공금횡령에 대해 어떻게 생각하는가?
· 가장 최근에 본 뉴스에서 인상 깊었던 뉴스와 이에 대한 자기 생각을 말하시오.
· 직장동료와 갈등이 있다면 어떻게 해결할 것인가?
· 주5일제에 대해 어떻게 생각하는가?
· 농협에 입사하기 위해 어떤 노력을 했는가?
· '농협' 하면 떠오르는 것은 무엇인가?
· 농협 하나로마트를 운영하면서 주변 상권과의 마찰이 예상될 때, 어떻게 해결해 나갈 것인가?
· 농협인으로서 갖춰야 할 품성(덕목)은 무엇이라고 생각하는가?
· 여러 업무 중 자신이 싫어하는 업무에 배정되었을 때 어떻게 할 것인가?
· 외곽 지역으로 발령을 받게 된다면 어떻게 할 것인가?
· 첫 월급을 받으면 어떻게 쓰겠는가?
· 고객이 방문하여 불편사항을 토로하면 어떻게 할 것인가?
· 업무를 처리하다 실수를 했을 때 어떻게 대처할 것인가?
· 팜스테이에 대해 설명해보시오.
· 쌀 직불금에 대해 설명해보시오.
· 6차산업에 대해 설명해보시오.
· 잡셰어링에 대해 설명해보시오.

1차 면접	· 알뜰 주유소에 대해 설명해보시오. · 후원금과 뇌물의 차이에 대해 설명해보시오. · 출구전략에 대해 설명해보시오. · 순이자마진에 대해 설명해보시오. · 세이프가드에 대해 설명해보시오. · 미소금융에 대해 설명해보시오. · 승자의 저주에 대해 설명해보시오. · 양적 완화에 대해 설명해보시오. · 모라토리엄에 대해 설명해보시오. · 한우 이력제에 대해 설명해보시오. · 녹비작물에 대해 설명해보시오. · 역전세난에 대해 설명해보시오.
2차 면접	· 대출 증가로 인한 농협의 대응 방안에 대해 본인의 견해를 말하시오. · 저금리 시대에서의 농협의 대응 방안에 대해 본인의 견해를 말하시오. · 비대면 물류 및 금융에 대해 본인의 견해를 말하시오. · 농산물 마케팅 방안에 대해 본인의 견해를 말하시오. · 청년 농업인 유입 방안에 대한 본인의 견해를 말하시오. · 1인 가구 증가에 따른 부작용에 대한 대응 방안을 말하시오. · 1인 방송에 대한 본인의 견해를 말하시오. · 로컬푸드 홍보 방안에 대해 말하시오. · 공무원 연금 개혁안에 대한 찬성 또는 반대 의견을 말하시오. · 초·중·고교생의 9시 등교제에 대한 찬성 또는 반대 의견을 말하시오. · 기초선거구 정당 공천제 폐지에 대한 찬성 또는 반대 의견을 말하시오. · 대형마트 주말 의무 휴업(영업 규제)에 대한 찬성 또는 반대 의견을 말하시오. · 상속법 개정안에 대한 찬성 또는 반대 의견을 말하시오. · 사내 유보금 과세에 대한 찬성 또는 반대 의견을 말하시오. · 무상급식/보육에 대한 찬성 또는 반대 의견을 말하시오. · 선거연령 하향에 대한 본인의 견해를 말하시오. · 아프리카돼지열병으로 인한 파급효과와 대처방안에 대해 말하시오.

⑪ 대구 면접 출제 문제

1차 면접	· 지원동기는 무엇인가? · 자신의 장점(특기)은 무엇인가? · 가장 존경하는 사람은 누구인가? · 인간관계에서의 중요한 점은 무엇이라고 생각하는가? · 성공이란 무엇이라고 생각하는가? · 농협에 입사하면 어떤 업무를 하고 싶은가? · 은행세에 대해 설명해보시오. · SSM에 대해 설명해보시오. · DTI에 대해 설명해보시오. · 사이드카에 대해 설명해보시오. · 사회적 기업에 대해 설명해보시오. · 임금피크제에 대해 설명해보시오. · 출구전략에 대해 설명해보시오. · 밴드왜건 효과에 대해 설명해보시오. · 바나나 현상에 대해 설명해보시오.

⑫ 경북 면접 출제 문제

1차 면접

· 자신의 강점은 무엇인가?
· 친구들이 말하는 자신의 장점은 무엇인가?
· 가장 존경하는 사람은 누구인가?
· 성공의 기준은 무엇인가?
· 희망하는 연봉은 어느 정도인가?
· 첫 월급을 받으면 어떻게 쓰겠는가?
· 남들이 꺼리는 일을 나서서 도맡아 처리한 경험이 있는가?
· 봉사활동 경험이 있다면 느꼈던 점은 무엇인가?
· 조직을 위해 헌신한 경험이 있는가?
· 농협에 지원하기로 결심한 계기는 무엇인가?
· '농협'이라고 하면 생각나는 것을 말해보시오.
· 농협의 핵심가치에 대해 말해보시오.
· 농협의 인재상에 대해 말해보시오.
· 농협의 장점은 무엇이라고 생각하는가?
· 농협이 더 발전하려면 어떻게 해야 한다고 생각하는가?
· 힘든 일을 하게 될 수도 있는데 할 수 있겠는가?
· 자신이 성과를 잘 낼 수 없는 업무가 계속해서 주어질 경우 어떻게 할 것인가?
· 껄끄러운 상사와 일해본 경험이 있는가?
· 나이 많은 동료와 함께 일해본 경험이 있는가?
· 상사와 갈등이 있다면 어떻게 해결할 것인가?
· 농협에 대해서 주변에서 비판하는 내용이 있다면 무엇인가?
· 어떤 각오로 농협에서 일할 것인가?
· 최저 임금 인상에 대해 어떻게 생각하는가?
· NLL에 대해 어떻게 생각하는가?
· 레몬마켓에 대해 설명해보시오.
· 구황작물에 대해 설명해보시오.
· 선지급에 대해 설명해보시오.
· 임금피크제에 대해 설명해보시오.
· 햇살론에 대해 설명해보시오.
· 예대마진율에 대해 설명해보시오.
· 노상권 청구에 대해 설명해보시오.
· 후원금과 뇌물의 차이에 대해 설명해보시오.
· 순환출자에 대해 설명해보시오.
· 경제민주화에 대해 설명해보시오.
· 쌀 직불금에 대해 설명해보시오.
· 스태그플레이션에 대해 설명해보시오.

2차 면접

· 양심적 병역거부에 대한 찬성 또는 반대 의견을 말하시오.
· 운동선수의 군 면제에 대한 찬성 또는 반대 의견을 말하시오.
· 대형마트 주말 의무 휴업(영업 규제)에 대한 찬성 또는 반대 의견을 말하시오.
· 제주 해군기지 설립에 대한 찬성 또는 반대 의견을 말하시오.
· 합법적 낙태 허용에 대한 찬성 또는 반대 의견을 말하시오.
· 성폭행범의 신상공개에 대한 찬성 또는 반대 의견을 말하시오.
· 고졸 채용확대에 대한 찬성 또는 반대 의견을 말하시오.
· 교내 휴대폰 사용에 대한 본인의 견해를 말하시오.

⑬ 부산 면접 출제 문제

1차 면접	· 자기소개를 해보시오. · 가장 존경하는 인물은 누구인가? · 직업관은 무엇인가? · 자신의 장단점은 무엇인가? · 자신이 원하는 배우자의 조건은? · 자신이 좋아하는 사람의 유형과 싫어하는 사람의 유형은 무엇인가? · 농협에 입사하기 위해 어떤 노력을 했는가? · 상사와 갈등이 있다면 어떻게 해결할 것인가? · 농협이 하는 사업에 대해 자신이 알고 있는 것을 말해보시오. · 농협인으로서 갖춰야 할 품성(덕목)은 무엇이라고 생각하는가? · 고객이 막무가내로 화를 낼 경우 어떻게 대응할 것인가? · SSM에 대해 설명해보시오. · DTI에 대해 설명해보시오. · 경제민주화에 대해 설명해보시오. · NIM에 대해 설명해보시오. · 구상권에 대해 설명해보시오. · GMO에 대해 설명해보시오. · 다우지수에 대해 설명해보시오. · 헤지펀드에 대해 설명해보시오. · 더블딥에 대해 설명해보시오.
2차 면접	· 결혼이나 취업을 위해 성형을 하는 것에 대한 찬성 또는 반대 의견을 말하시오.

⑭ 울산 면접 출제 문제

1차 면접	· 성격의 장단점은 무엇인가? · 특기는 무엇인가? · 가장 존경하는 사람은 누구인가? · 자기계발 활동으로 무엇을 하고 있는가? · 봉사활동 경험이 있다면 느꼈던 점은 무엇인가? · 직업관은 무엇인가? · 농협의 장단점은 무엇이라고 생각하는가? · 농협이 하는 사업에 대해 아는 것을 모두 말해보시오. · 어떤 각오로 농협에서 일할 것인가? · 농협인으로서 갖춰야 할 품성(덕목)은 무엇이라고 생각하는가? · 상사와 갈등이 있다면 어떻게 해결할 것인가? · 농협에 입사하면 어떤 업무를 하고 싶은가? · 콜금리에 대해 설명해보시오. · 더블딥에 대해 설명해보시오. · 모기지론에 대해 설명해보시오. · 헤지펀드에 대해 설명해보시오. · SSM에 대해 설명해보시오. · FTA에 대해 설명해보시오. · GMO에 대해 설명해보시오.

1차 면접

· 자기소개를 해보시오.
· 자신의 장점은 무엇인가?
· 인생에서 꾸준히 노력해 본 것이 무엇인가?
· 지원한 지역을 지원한 이유가 무엇인가?
· 농촌 지역을 여행한 경험을 말해보시오.
· 농협에서 아쉬운 점과 보충해야 할 점을 말해보시오.
· 대인관계에서 가장 중요한 것은 무엇이며 그것을 어떻게 길렀는가?
· 자신의 인생에 가장 큰 영향을 미친 사건과 그 이유는 무엇인가?
· 타인을 위해 가장 크게 희생해 본 경험은 무엇인가?
· 전공은 무엇이고, 어떤 자격증을 취득했는가?
· 학창시절에 가장 집중적으로 준비한 것은?
· 가장 감명 깊게 본 영화 혹은 책이 있다면 무엇인가?
· 혼자 할 때보다 팀으로 일함으로써 시너지를 발휘한 경험이 있는가?
· 첫 월급을 받으면 어떻게 쓰겠는가?
· 자신보다 나이가 많은 사람을 설득해 본 경험이 있는가?
· 회사 생활을 하면서 실수를 한다면 어떻게 할 것인가?
· 농협이 하는 사업에 대해 자신이 알고 있는 것을 말해보시오.
· 농협의 장단점은 무엇이라고 생각하는가?
· 농협의 인재상에 대해 말해보시오.
· 농협이 수행해야 할 사회적 책임은 무엇이라고 생각하는가?
· 농협에 입사하면 어떤 업무를 하고 싶은가?
· 농협에서 10년 후 자신이 무엇을 하고 있을 것이라고 생각하는가?
· 힘든 일을 하게 될 수도 있는데 할 수 있겠는가?
· 축사에서 악취가 많이 나는 문제가 발생할 경우, 어떻게 해결할 것인가?
· 고객이 터무니없는 요구를 할 때 어떻게 대응할 것인가?
· 스미싱에 대해 설명해보시오.
· 바이럴 마케팅에 대해 설명해보시오.
· 브렉시트에 대해 설명해보시오.
· 출구전략에 대해 설명해보시오.
· 구제역에 대해 설명해보시오.
· FTA에 대해 설명해보시오.
· 자신의 지역에서 나는 특산물 중 한 가지를 고르고, 그 특산물의 판매량을 어떻게 늘릴 것인지에 대해 설명해보시오.
· 이상기후 현상에 대해 설명해보시오.
· 핀테크에 대해 설명해보시오.

2차 면접

· 탄소중립 실천 방안에 대한 본인의 견해를 말하시오.
· 6차산업 활성화를 위해 농협과 정부가 나아갈 길에 대해 말하시오.
· 폭염에 대비하기 위해 농협이 해야 할 일에 대해 말하시오.
· 쌀 소비량 부진의 주된 이유와 해결 방안을 말하시오.
· 농촌 고령화의 이유와 해결 방안을 말하시오.
· 농업마케팅 방안과 발전 방향을 말하시오.
· 농산물 판매를 촉진하는 방안을 말하시오.
· 농민 월급제에 대한 찬성 또는 반대 의견을 말하시오.
· 주민등록번호 폐지에 대한 찬성 또는 반대 의견을 말하시오.
· 비만세 부과에 대한 찬성 또는 반대 의견을 말하시오.

· 어린이집 CCTV 설치 의무화에 대한 찬성 또는 반대 의견을 말하시오.
· 대학생들의 무분별한 스펙 쌓기 문제에 대한 찬성 또는 반대 의견을 말하시오.

⑯ 제주 면접 출제 문제

1차 면접

· 지원동기는 무엇인가?
· 자신의 장점은 무엇이고, 그것을 농협 업무에 어떻게 접목할 수 있는지 말해보시오.
· 농협은행이 아닌 지역농협에 지원한 이유는 무엇인가?
· 농협의 사회공헌과 가치창출에 대해 말해보시오.
· 자신의 5년 후 모습에 대해 말해보시오.
· 농협인으로서 갖춰야 할 자질은 무엇이고, 그 근거가 되는 사례는 무엇인지 말해보시오.
· 요즘 즐겨보는 드라마가 있다면 무엇인가?
· 외곽 지역으로 발령을 받게 된다면 어떻게 할 것인가?
· 체력(건강)관리는 어떻게 하는가?
· 자신만의 고객관리 전략은 무엇인가?
· 기저효과에 대해 설명해보시오.
· 더블딥에 대해 설명해보시오.
· 광해군과 인조반정에 대해 설명해보시오.
· 풍년과 기근에 대해 설명해보시오.
· 출구전략에 대해 설명해보시오.
· 커플링전략에 대해 설명해보시오.
· DTI에 대해 설명해보시오.
· 애그플레이션에 대해 설명해보시오.
· 헤지펀드에 대해 설명해보시오.
· 바나나 현상에 대해 설명해보시오.
· RCEP에 대해 설명해보시오.
· 구글세에 대해 설명해보시오.

2차 면접

· 원자력 발전소 설립에 대한 찬성 또는 반대 의견을 말하시오.
· 초·중·고교생의 9시 등교제에 대한 찬성 또는 반대 의견을 말하시오.
· 단통법에 대한 찬성 또는 반대 의견을 말하시오.
· 반값 등록금제 시행에 대한 찬성 또는 반대 의견을 말하시오.
· 여성의 군 복무 의무제에 대한 찬성 또는 반대 의견을 말하시오.
· 결혼이나 취업을 위해 성형을 하는 것에 대한 찬성 또는 반대 의견을 말하시오.
· 인원 감축과 임금삭감 중 하나를 선택해야 한다면, 어떤 것을 선택할 것인지 말해보시오.
· 6차산업의 활성화 방안에 대해 말하시오.
· 자연재해에 관한 농협의 대처방안에 대해 말하시오.

NCS 기출동형모의고사

1회 기출동형모의고사

제한 시간(70분)을 참고하여 문제 풀이 시작과 종료 시각을 정하고,
실전처럼 모의고사를 풀어보세요.

시　　분 ~ 　　시　　분 (총 60문항/70분)

- 본 모의고사는 총 60문항으로 구성되어 있으며, 70분 이내로 모든 문제를 풀어야 합니다.
- 의사소통능력, 수리능력, 문제해결능력, 자원관리능력, 조직이해능력 문제가 출제됩니다.
- 모의고사 마지막 페이지에 있는 OMR 답안지와 해커스잡 애플리케이션의 모바일 타이머를 이용하여 실전처럼 모의고사를 풀어본 후, p.71에 있는 '무료 바로 채점 및 성적 분석 서비스' QR코드를 스캔하여 응시 인원 대비 본인의 성적 위치를 확인해 보시기 바랍니다.

01 다음 밑줄 친 부분과 바꿔 쓸 수 있는 것은?

> 그는 어렵게 공천을 받아 국회의원 선거에 출마하였으나, 막강한 후보와 맞붙는 바람에 큰 표 차로 <u>떨어지게</u> 되었다.

① 낙상하게   ② 낙방하게   ③ 쇠락하게   ④ 쇠퇴하게

02 다음 밑줄 친 단어 중 의미가 서로 비슷한 것을 모두 고르면?

> ㉠ <u>난숙한</u> 귤이 바구니에 담겨 있다.
> ㉡ 귤을 바구니에 <u>덜퍽지게</u> 담아 놓았다.
> ㉢ 바구니에 담긴 귤들이 <u>숙수그레했다.</u>
> ㉣ 귤 바구니가 다소 <u>빈약해</u> 보였다.
> ㉤ 귤이 바구니에 <u>소담하게</u> 쌓여 있다.

① ㉠, ㉢   ② ㉡, ㉤   ③ ㉣, ㉤   ④ ㉠, ㉡, ㉣

03 다음 밑줄 친 부분과 바꿔 쓸 수 있는 것은?

> 검찰은 용의자를 자기 마음대로 <u>다루어</u> 범죄를 저지르는 제삼의 인물이 있을 것으로 추측하였다.

① 조종하다   ② 지휘하다   ③ 조절하다   ④ 종용하다

04 다음 밑줄 친 단어와 같은 의미로 사용된 것은?

> 저 멀리서 익숙한 목소리가 들린다.

① 멀쩡하던 컴퓨터가 갑자기 말을 듣지 않는다.
② 천둥소리를 듣고 놀라서 잠이 다 깨버렸다.
③ 성격이 원만하고 교우관계가 좋다는 평을 들었다.
④ 그 아이는 부모님 말씀을 잘 듣지 않았다.

1회

2회

05 다음 밑줄 친 단어와 같은 의미로 사용된 것은?

> 주변이 아무리 소란스러워도 그는 수학 문제를 푸는 데 여념이 없다.

① 상자를 단단히 싸매고 있던 보자기를 풀었다.
② 평생의 한을 풀게 돼서 정말 행복했다.
③ 누군가가 비밀번호를 풀고 출입 제한 구역에 잠입했었다.
④ 내용이 너무 어려워서 쉽게 풀어서 설명해 주었다.

3회

4회

5회

6회

06 다음 밑줄 친 단어를 한자로 바르게 표기한 것은?

> 대통령은 농업단지를 방문하여 수출농업 육성을 위해 노력하겠다는 의지를 표명하였다.

① 依支 ② 意志 ③ 意義 ④ 決意

해커스 지역농협 6급 NCS 기출동형모의고사

07 다음 의미에 해당하는 한자성어를 고르면?

> 남의 권세를 빌려 위세를 부림

① 호가호위(狐假虎威) ② 득의양양(得意揚揚) ③ 허장성세(虛張聲勢) ④ 권모술수(權謀術數)

08 다음 빈칸에 들어갈 단어로 적절한 것은?

> 타인이 자신에게 관심을 보이거나 기대를 하게 되면 이에 부응하기 위해 노력을 하여 좋은 결과를 얻거나 능률이 향상되는 것을 '피그말리온 효과'라고 일컫는데, (   ) 낮은 성적을 유지하던 학생이 선생님의 지속적인 격려에 힘입어 성적이 향상되는 것이 여기에 속한다.

① 이를테면   ② 그러므로   ③ 게다가   ④ 그뿐 아니라

09 다음 중 어법상 적절하지 않은 문장을 모두 고르면?

> ㉠ 교육은 부나 명예를 얻기 위한 수단이 아닌 잠재력과 소질을 계발하기 위한 원동력이 되어야 한다.
> ㉡ 현재 자동차 운전면허 발급과 갱신에 부과되는 비용이 지나치게 많다는 지적이 쏟아지고 있다.
> ㉢ 우리 학교의 야간 수업을 듣는 학생 중 70% 이상이 직장인임에도 불구하고 출석율이 매우 높다.
> ㉣ 스승의 날을 맞이하여 고등학교 동창들끼리 모여 20년만에 담임 선생님을 뵈러 가기로 하였다.
> ㉤ 다이어트 계획을 짤 때 같은 운동이더라도 운동량에 따라 소모되는 칼로리량이 다름을 고려해야 한다.

① 1개   ② 2개   ③ 3개   ④ 4개

10 다음 중 맞춤법에 맞지 않는 것은?

① 핏불테리어는 상대를 한번 물면 절대 놓지 않는다.
② 독자들은 소설가가 만들어낸 허구의 세계에 빠져들었다.
③ 일단은 그가 하라는대로 잠자코 있을 수밖에 없었다.
④ 다음 주에 사업차 지방에 갈 일이 있어 회의를 앞당겼다.

11 상생협력처 사회공헌부에서 근무하는 귀하는 보고서 작성 방법을 참고하여 상사에게 보고할 주간 업무 보고서의 초안을 작성하였다. 보고서의 일부를 수정하여 내용을 보완하고자 할 때, 가장 적절하지 않은 것은?

[보고서 작성 방법]

- 업무를 진행하는 과정에서 작성되는 경우가 많으므로 도출하고자 하는 핵심 내용을 구체적으로 제시한다.
- 간결하고 핵심적인 내용을 도출하는 것이 최우선이므로 내용이 중복되지 않도록 주의한다.
- 도표나 그림을 활용하여 복잡한 내용을 간결하게 작성한다.
- 참고자료는 정확하게 제시한다.
- 보고서는 개인의 역량을 평가하는 기본요인이므로 제출 전 최종점검을 한다.
- 업무상 상사에게 제출하는 문서이므로 궁금한 점에 대한 질문을 받을 수 있음을 인지하고 이에 대비한다.

<table>
<tr><td colspan="4" align="center">9월 4주 차 주간 업무 보고</td></tr>
<tr><td>기간</td><td colspan="3" align="center">20X2. 10. 1.(월)~20X2. 10. 5.(금)</td></tr>
<tr><td>작성자</td><td align="center">김은혜</td><td align="center">부서명</td><td align="center">사회공헌부</td></tr>
<tr><td>하반기
주요 사업</td><td colspan="3">1. 지역아동센터 학습환경 개선(20X2. 9. 1.~20X2. 11. 20.)
2. 신재생에너지 가로등 설치(20X2. 10. 1.~20X2. 12. 10.)</td></tr>
<tr><td colspan="4" align="center">내용</td></tr>
</table>

1. 지역아동센터 학습환경 개선 사업

가. 금주 월요일에 심사 관련 업무 완료하였으며, 이어서 집행 관련 업무 진행 중
　　- 구체적인 심사 기준은 작년 공고문을 참고하여 하기 첨부한 사업 공고문에 수록하였으며, 공고문에 제시된 심사 기준에 따라 별도의 심사위원회가 진행하였음

나. 현장 방문
　　- 10. 3.(수)~10.17.(수) 동안 지역아동센터 학습환경 개선 사업에 선정된 경인 지역 6개소를 방문하여 현장 실사를 진행할 예정이며, 본인과 공은지 사원이 함께 수행하여 추후 관련 내용을 보고할 예정임

2. 신재생에너지 가로등 설치 사업

가. 기획 업무
　　1) 금주 금요일에 안전 취약 지역 신재생에너지 가로등 설치 사업 기획안 확정(완료일: 10. 5.(금))

나. 사업 공모
　　1) 사업 지원 대상자 선정을 위한 심사위원회를 섭외하여 다음 주 중으로 계약 체결 완료 예정(완료 예정일: 10.12.(금))
　　2) 다음 주 수요일까지 공고문 초안 작성하여 부장님께 검토 요청 예정(사업공고 예정일: 10. 12.(금))
　　　- 사업 개요, 지원 대상, 신청서 접수 방법, 신청서 접수 기간, 심사 기준을 반드시 포함하도록 하며, 구체적인 심사 기준은 하기 첨부한 작년 공고문을 참고하도록 함

3. 참고자료
　- 20X1년 지역아동센터 학습환경 개선 사업 공고문.docx
　- 20X2년 지역아동센터 학습환경 개선 사업 공고문.docx

---

① 업무 진행 과정이 구체적으로 드러나지 않으므로 '1. 가.'의 세부 업무 진행 상황과 완료일을 추가한다.
② '2. 가.'에 업무 완료일이 중복되므로 '금주 금요일에'를 삭제하여 중복된 내용 없이 간결하게 작성한다.
③ 복잡한 내용이 나열되고 있으므로 '1. 나.'의 기간, 업무, 완료일, 담당자를 구분하여 표로 제시한다.
④ 보고서의 참고자료명은 최대한 간결하게 제시해야 하므로 참고자료명을 '사업 공고문 2부'로 수정한다.

12 다음 대화를 논리적 순서대로 알맞게 배열한 것은?

> (A) No, Not at all. I'd be glad to give a hand.
> (B) Can I help you organize your desk?
> (C) Sure. If you don't mind.

① (A) − (B) − (C)
② (B) − (A) − (C)
③ (B) − (C) − (A)
④ (C) − (B) − (A)

13 다음 대화의 빈칸에 들어갈 말로 적절한 것은?

> A: Are you going to Ann's housewarming party today?
> B: Yeah, I'll be there.
> A: _____
> B: Well, I'll give her household items like boxes of tissues.

① Why do you give household items?
② What's it all about?
③ What's the problem?
④ What are you going to give her?

14 다음 글의 주제로 가장 적절한 것은?

> 판소리란 소리꾼 한 명이 부채를 든 채 고수의 북장단에 맞추어 창, 아니리, 발림을 통해 서사적인 이야기를 구연하는 우리나라 고유의 민속악을 일컫는다. 판소리가 언제 어디에서 시작되었는지 명확하게 알기는 어렵다. 17세기 중·후반 무렵 굿을 하며 무당이 읊는 노래를 새로운 형태로 창조한 것에서 유래되었을 것으로 추정하기도 하며, 오늘날 연주 형태와 비슷한 조선 영조 대의 판소리 연주와 당대 지어진 춘향가의 내용을 근거로 영조 재위 초기부터 시작되었을 것이라고 여기기도 한다. 여러 가지 설(說)이 있으나 가장 유력한 것은 판소리가 무가(巫歌)에서 비롯되었다는 견해이며, 이야기를 소리로 표현해내는 서사무가(敍事巫歌)가 판소리 형성에 가장 큰 영향을 미쳤을 것으로 보인다. 오늘날 전해지는 서사무가의 연주 장면과 그 장면을 통해 알 수 있는 조선 후기 무당과 광대의 사회적 위치, 대우 등은 판소리가 시작된 시점을 추측해 볼 수 있게 한다. 또한, 서사무가의 형식을 볼 때 판소리와 동일한 장편 구비서사시이고, 창과 아니리를 통해 이야기를 구연할 때의 음악적 장단이나 선율의 구조, 창법 등도 판소리와 비슷하여 서사무가와 판소리가 깊은 연관이 있음을 알 수 있다. 서사무가와 판소리는 그 연주 형태의 변화 측면에서도 비슷한 점이 있다. 본래 서사무가는 구연자가 혼자 북을 치고 그 장단에 맞추어 단조로운 가락으로 구송(口誦)하는 구송창 형태였는데, 청중의 규모가 커지면서 말과 창을 교차 진행하면서 반주자의 장단에 맞추어 몸짓을 곁들이는 연희(演戲)창 형태로 바뀌었다. 판소리 역시 초기에는 구송창 형태였으나 점차 오늘날 판소리 같은 연희창 형태로 바뀌었다는 것이 기록으로써 남아있다. 이렇게 공연 방식과 방식의 변모 과정이 유사하다는 것은 서사무가에서 판소리가 시작되었다는 강력한 근거로 볼 수 있다. 한편 서사무가의 영향을 받아 형성된 판소리는 18세기 이후의 음악성이 두드러지던 소리 광대들에 의해 수준 높은 공연 예술로 발전하였으며, 서민들 사이에서 구전으로 전승되다가 19세기 말경부터는 문학적 내용을 담아 더욱 세련된 형태로 변모해 도시의 지식인들 사이에서도 큰 인기를 누렸다.

① 판소리의 구성요소 및 형식적 특징
② 서사무가와 판소리에 투영된 사회상
③ 판소리의 연주 형태 및 예술적 의의
④ 판소리의 역사적 기원이 되는 서사무가

15 다음 글의 내용과 일치하지 않는 것은?

> 우리나라의 전통적인 시가 양식 중 가장 오래된 갈래인 시조는 고려 시대에 시작된 것으로 추정된다. 시조가 본격적으로 지어지고 발전한 시기는 조선 시대였는데, 조선 전기와 후기에 따라 성행하던 시조의 주제와 형태, 시조의 중심 향유층 등이 다른 모습을 보인다. 조선 전기에 성행하던 시조는 일반적인 3장 6구 형식의 평시조로, 그것의 향유층이 양반 중심이 됨에 따라 주제 또한 학문, 임금에 대한 충성심, 자연의 아름다움 등이 주를 이루었다. 자연과 학문을 노래한 이황의 〈도산십이곡〉, 4계절에 따라 변하는 자연의 모습과 그 속에서 삶의 행복을 이야기하는 맹사성의 〈강호사시가〉가 그 예이다. 조선 후기에는 조선 전기와는 다른 형태의 시조가 성행하기 시작했는데, 그것이 바로 사설시조이다. 사설시조는 중장과 종장이 평시조에 비해 길지만 3장 구분은 가능하며, 율조를 따르지 않고 사설체의 어조를 사용한다는 특징이 있다. 사설시조는 서민인 상인, 부녀자, 기생 등을 비롯해 중인, 몰락한 양반 등 다양한 계층에서 향유되었으며, 부패한 양반을 풍자하는 〈두터비 파리를 물고〉, 임을 향한 사랑을 드러내는 〈귀또리 저 귀또리〉와 같이 그 주제 또한 매우 다양한 양상을 보였다.

① 이황의 시조 〈도산십이곡〉은 평시조이다.
② 사설시조는 서민층을 시작으로 여러 계층에 전파되었다.
③ 사설시조는 초장, 중장, 종장을 구분할 수 있다.
④ 시조가 처음 등장한 것은 고려 말기로 추측된다.

16 다음 글의 서술상 특징으로 가장 적절한 것은?

> 역사를 바라보는 관점은 매우 다양하지만, 크게 객관적 의미의 역사와 주관적 의미의 역사 두 가지로 나눌 수 있다. 전자의 경우 역사적 자료 그 자체에 충실하면서 사료를 분석하는 데 있어 개인의 편견이나 선입견을 담지 않고 객관적인 입장에서 역사를 서술하는 관점이다. 이는 독일의 역사학자인 랑케에 의해 발전되었으며, 흔히 실증주의 사관이라고도 불린다. 랑케는 역사가란 사실을 전달하는 역할을 하는 사람이기 때문에 이를 위해 사료를 엄밀하게 점검하여 그 신뢰성을 확보하여야 하며, 중립적인 태도로 사료 그 자체를 서술해야 한다고 주장하였다. 이와 달리 주관적 의미의 역사는 역사가의 학문적 검증에 의해 선별된 자료들을 주관적으로 재구성하여 서술하는 관점을 말한다. 따라서 역사 연구 과정에서 역사가의 주관과 가치관이 필연적으로 포함될 수밖에 없으며, 과거 사실은 역사가가 어떻게 해석하느냐에 따라 달리 표현되기 때문에 상대주의 사관이라고 불리기도 한다. 대표적인 역사학자로는 에드워드 카가 있는데, 그는 자신의 저서인 〈역사란 무엇인가〉에서 역사란 과거와 현재의 끊임없는 대화로 역사가와 과거 사실이 상호작용한 결과라고 논하였으며 역사의 주관적 재구성을 강조하였다. 객관적 의미의 역사와 주관적 의미의 역사 중 어느 것이 더 옳은 관점이라고 말할 수는 없다. 그러나 과거 사실을 바르게 이해하여 연구하기 위해서는 역사를 기록하는 다양한 관점을 이해하고 역사가가 어떠한 관점을 갖고 역사를 기록하였는지를 파악할 필요가 있다.

① 서술 대상에 대한 상반된 주장을 대조하는 방식으로 논지를 전개하고 있다.
② 서술 대상에 대한 두 가지 의견을 제시한 후 하나의 의견을 옹호하고 있다.
③ 서술 대상으로 인한 부정적인 결과를 다양한 예시를 제시하며 설명하고 있다.
④ 서술 대상에 대해 예상되는 다른 의견을 비판함으로써 주장을 강화하고 있다.

17 광희는 두부 가게에서 1모당 정가가 2,000원인 두부 10모를 구매하려고 한다. 마감 이벤트로 총 구매금액의 10%를 할인받고 추가로 두부 2모를 더 받았을 때, 광희가 가지고 있는 두부 1모당 할인율은?

① 10% ② 15% ③ 20% ④ 25%

18 한 아파트에서 물탱크에 물을 가득 채우려고 한다. A 호스로만 물을 가득 채우려면 9시간이 걸리고, B 호스로만 물을 가득 채우려면 12시간이 걸린다. 처음 2시간 동안은 A, B 호스만 이용해 물을 넣다가 이어서 C 호스도 추가로 이용해 1시간 동안 물을 넣어 물탱크를 가득 채웠다고 한다. C 호스로만 물을 가득 채울 때, 걸리는 시간은?

① 2시간 ② 2시간 12분 ③ 2시간 20분 ④ 2시간 24분

19 은진이는 쪽지 시험으로 OX형 3문제와 사지선다형 2문제를 풀었다. 채점 결과 5문제 중 적어도 2문제 이상 맞힐 확률은? (단, 사지선다형 문제의 정답은 1개이다.)

① $\frac{9}{128}$ ② $\frac{21}{64}$ ③ $\frac{83}{128}$ ④ $\frac{43}{64}$

20 다음 A, B, C 3명의 대화 내용을 모두 고려하였을 때, A의 나이는?

- A: 내 나이가 셋 중에 가장 많고, C가 셋 중에 가장 나이가 적네.
- B: 내 나이는 C와 1살 차이가 나고, 내 나이의 십의 자리 수와 일의 자리 수를 바꾸어 만든 숫자에서 내 나이를 빼면 45가 돼.
- C: 나와 A의 나이는 9살 차이가 나고, 나는 20대야.

① 33세 ② 35세 ③ 37세 ④ 39세

1회

2회

3회

4회

5회

6회

해커스 지역농협 6급 NCS 기출동형모의고사

21 반지름의 길이가 4인 구 모양의 공 내부에 지름의 길이가 4인 구슬이 들어있다. 내부에 있는 구슬의 부피를 제외한 공의 부피는 구슬의 부피의 몇 배인가?

① 6배   ② 7배   ③ 8배   ④ 9배

22 노트를 제작하여 판매하는 회사가 있다. 노트 한 권을 제작하는 데 드는 비용은 800원이고, 노트 제작 시 발생하는 불량률은 2%이며, 불량품은 판매할 수 없다. 노트를 1,000권 제작하여 순수 이익이 67만 원 이상이 되려면 노트 한 권의 가격이 최소한 얼마 이상이어야 하는가?

① 1,200원   ② 1,300원   ③ 1,400원   ④ 1,500원

23 부산으로 가는 버스는 매일 오전과 오후에 모두 출발하며, 오전에 출발하는 버스는 3대, 오후에 출발하는 버스는 5대가 있다. 입사 동기인 5명이 부산으로 여행을 가기 위해 같은 날 오전에 출발하는 팀과 오후에 출발하는 팀, 두 팀으로 나누어 버스 티켓을 예매할 때, 버스 티켓을 예매하는 방법은 총 몇 가지인가? (단, 각 버스 좌석은 한 자리씩 남아 있다.)

① 525가지   ② 1,325가지   ③ 3,800가지   ④ 6,600가지

24 영수가 1월 31일에 가입한 복리이자 금융상품은 매월 말 4%씩 이자가 붙는다. 이 상품은 연말에 총 발생이자가 20만 원 이상일 경우 발생이자의 10%를 세금으로 지급해야 한다. 매월 말 10만 원씩 입금했을 때, 12월 31일에 영수가 세금을 지급한 후 최종적으로 받을 수 있는 금액은 약 얼마인가? (단, $1.04^{12} ≒ 1.60$이다.)

① 134만 원   ② 147만 원   ③ 148만 원   ④ 150만 원

25 20XX년 1월 1일부터 ○○카드를 이용하고 있는 A의 1분기 이용실적과 ○○카드 포인트 적립 방법이 다음 과 같을 때, 20XX년 1분기에 적립된 월평균 포인트는 약 얼마인가? (단, 가입 첫 달에는 전월 이용실적이 없는 것으로 간주하며, 포인트는 소수점 아래 자리를 버림하여 계산한다.)

[A의 20XX년 1분기 이용실적]

구분	1월	2월	3월
이용실적	834,000원	1,132,000원	756,000원

[○○카드 포인트 적립 방법]

구분	전월 이용실적			
	30만 원 미만	30만 원 이상 100만 원 미만	100만 원 이상 200만 원 미만	200만 원 이상
적립률	0.7%	0.8%	0.9%	1.0%

※ 당월 적립 포인트(P) = 당월 이용실적 × 전월 이용실적에 대한 적립률

① 6,804P   ② 7,232P   ③ 8,066P   ④ 8,537P

26 다음은 제품 a, b, c, d의 선호도를 조사한 결과이다. 전체 가중평균점수가 66점일 때, a의 평균점수는?

제품	a	b	c	d
평균점수(점)	( )	70	60	65
참여자 수(명)	30	20	30	20

① 55점   ② 60점   ③ 65점   ④ 70점

다음 제시된 수의 일정한 규칙을 찾아 빈칸에 들어갈 알맞은 수를 고르면?

$$\frac{1}{4} \quad 1 \quad (\quad) \quad 2 \quad 1 \quad 4 \quad 2$$

① $\frac{1}{4}$　　　　② $\frac{1}{2}$　　　　③ 1　　　　④ 2

28 다음 각 행의 숫자가 규칙에 따라 나열되어 있을 때, 1,000 ＋ A × B의 값을 구하면?

$$2 \quad 4 \quad 8 \quad 16 \quad 32 \quad A \quad 128$$
$$-5 \quad B \quad 1 \quad 4 \quad 7 \quad 10$$

① 828　　　　② 860　　　　③ 872　　　　④ 904

29 제시된 문자의 규칙을 찾아 빈칸에 들어갈 알맞은 문자를 고른 것은?

$$N \quad T \quad E \quad U \quad (\quad)$$

① M　　　　② N　　　　③ O　　　　④ P

30 다음은 국내 전체 광고 시장의 규모를 파악하기 위해 광고 형태별 광고비를 집계한 자료이다. 다음 중 자료에 대한 설명으로 옳지 않은 것을 모두 고르면?

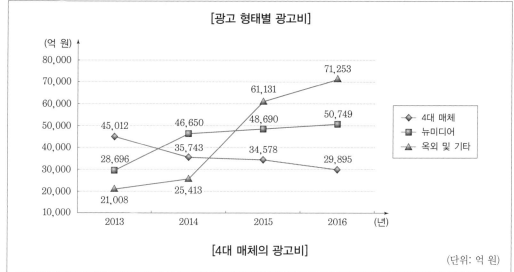

[광고 형태별 광고비]

[4대 매체의 광고비]

(단위: 억 원)

구분	2013년	2014년	2015년	2016년
TV	31,883	20,825	19,194	16,632
라디오	2,155	2,667	2,742	2,771
신문	8,075	7,867	8,703	6,509
잡지	2,899	4,384	3,939	3,983

a. 조사한 4대 매체의 광고비 중 뉴미디어 광고비와 전년 대비 증감 추이가 같은 매체는 2개이다.

b. 연도별로 광고비가 많은 순서에 따른 광고 형태별 순위에서 옥외 및 기타의 광고비 순위가 바뀐 해에 TV 광고비의 전년 대비 감소율은 같은 해 잡지 광고비의 전년 대비 감소율보다 크다.

c. 조사한 기간 중 4대 매체의 광고비에서 라디오 광고비가 차지하는 비중이 가장 낮은 해는 2016년이다.

d. 신문 광고비는 2014년에 전년 대비 208억 원 감소하였고, 2015년에 전년 대비 836억 원 증가하였다.

① a, b   ② a, c   ③ a, b, c   ④ b, c, d

31 다음은 1년간 1회 이상 봉사활동에 참여한 성인 자원봉사자의 연도별 참여 증감률에 대한 자료이다. 2015년 성인 자원봉사자 수가 2,000명일 때, 2018년 성인 자원봉사자 수는 약 몇 명인가? (단, 소수점 첫째 자리에서 반올림하여 계산한다.)

[연도별 자원봉사 참여 증감률]

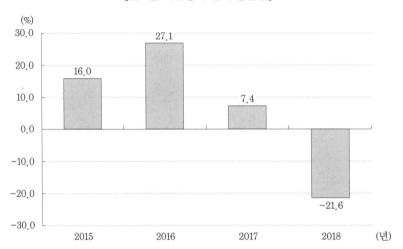

※ 참여 증감률은 자원봉사자 수의 전년 대비 증감률을 의미함
※ 출처: e-나라지표(행정안전부, 자원봉사자 등록 및 활동 현황)

① 1,868명 　　　 ② 2,140명 　　　 ③ 2,483명 　　　 ④ 2,945명

32 다음 설명에 해당하는 논리적 오류의 유형으로 적절한 것은?

> 참과 거짓을 증명할 수 없거나 증명하기 어려운 명제에 대해 자의적 판단하에 그 명제의 내용을 참 또는 거짓으로 주장하는 오류이다. 증명할 수 없거나 증명되지 않은 대상은 존재하지 않는다는 의미가 아니라 검증의 범위를 벗어난 대상을 논리적으로 판단한다면 참인지 거짓인지 '모른다'가 되어야 한다는 말이다.

① 무지의 오류
② 애매성의 오류
③ 논점 일탈의 오류
④ 성급한 일반화의 오류

33 다음 중 A의 논증에 대한 B의 대응을 가장 잘 설명한 것은?

> A: 최근 한 국회의원이 라디오방송에서 군대 기피 현상이 나타나는 것을 비판하며 젊은이들에게 국방의 의무를 강조하는 발언을 했습니다. 그런데 군대를 면제받은 그가 하는 주장이라 그런지 설득력이 떨어지더군요.
>
> B: 그 국회의원이 어떤 이유로 군대를 면제받았는지는 알려지지 않았습니다. 그런데 단지 그가 군대를 면제받은 사람이라는 점 때문에 그의 의견이 타당한지를 따져보지 않고 무시하는 것은 올바른 태도가 아니라고 생각합니다.

① A가 상대방의 논증에 직업을 연관시키는 오류를 범했음을 언급하고 있다.
② A가 논증과 논증하는 사람을 분리하여 판단한 것에 대해 비판하고 있다.
③ A가 주장 자체를 비판하지 않고 주장한 사람을 공격하고 있음을 지적하고 있다.
④ A가 상대방의 주장보다 자신의 상황을 먼저 고려하고 있음을 공격하고 있다.

34 다음 명제가 모두 참일 때, 항상 옳은 것은?

> • 해물탕을 좋아하는 사람은 수산시장에 자주 간다.
> • 수산시장에 자주 가는 사람은 회를 좋아한다.
> • 낚시를 좋아하지 않는 사람은 바다에 살지 않는다.
> • 해물탕을 좋아하지 않는 사람은 바다에 살지 않는다.
> • 낚시를 좋아하는 사람은 회를 좋아한다.
> • 비린내를 싫어하는 사람은 수산시장에 자주 가지 않는다.

① 바다에 사는 사람은 회를 좋아하지 않는다.
② 수산시장에 자주 가지 않는 사람은 바다에 살지 않는다.
③ 낚시를 좋아하는 사람은 수산시장을 자주 간다.
④ 해물탕을 좋아하지 않는 사람은 회를 좋아하지 않는다.

35 다음 전제를 읽고 반드시 참인 결론을 고르면?

전제	공격적인 성향이 강하지 않은 모든 동물은 무리 생활을 한다.
	무리 생활을 하지 않는 어떤 동물은 육식 동물이다.
결론	

① 어떤 육식 동물은 공격적인 성향이 강하지 않다.
② 공격적인 성향이 강한 어떤 동물은 육식 동물이다.
③ 공격적인 성향이 강하지 않은 어떤 동물은 육식 동물이다.
④ 모든 육식 동물은 공격적인 성향이 강하지 않다.

36 다음은 관리부 신입사원(이상화, 우경화, 원훈희, 이정윤, 신수정) 5명이 각자 1장씩 소지하고 있는 카드의 정보이다. 신입사원 소지 카드 관련 정보를 모두 고려하였을 때, 신입사원과 신입사원이 소지한 카드명을 바르게 연결한 것은?

[신입사원 소지 카드 목록]

카드명	종류	연회비	할인 혜택(총결제액 기준)		
			커피 전문점	영화관	교통비
THE-K	신용카드	10,000원	20%	4,500원	10%, 월 최대 7,000원
THE-A	하이브리드카드	2,000원	10%	3,000원	5%, 월 최대 5,000원
THE-W	체크카드	없음	10%	15%	5%, 월 최대 7,000원
THE-F	체크카드	없음	5%	20%	10%, 월 최대 5,000원
THE-Q	신용카드	5,000원	15%	5,000원	5%, 월 최대 7,000원

[신입사원 소지 카드 관련 정보]

- 원훈희 사원과 이상화 사원은 서로 다른 종류의 카드를 소지하고 있다.
- 이정윤 사원이 이번 달에 카드로 결제한 교통비는 138,500원이고, 카드 혜택으로 할인받은 금액은 6,925원이다.
- 우경화 사원의 카드는 연회비가 있으며, 원훈희 사원의 카드는 연회비가 없다.
- 우경화 사원은 이정윤 사원보다 최대로 할인받을 수 있는 교통비 금액이 더 적다.
- 원훈희 사원이 커피 전문점에서 12,300원을 카드로 결제한 후 카드 혜택으로 할인받은 금액은 1,230원 미만이다.
- 이상화 사원과 이정윤 사원은 서로 같은 종류의 카드를 소지하고 있지 않다.
- 신수정 사원의 카드 연회비는 이상화 사원보다 비싸다.

① 이정윤, THE-F
② 신수정, THE-A
③ 원훈희, THE-W
④ 이상화, THE-Q

37 박 씨는 가로, 세로 길이가 같은 하나의 밭을 두 개의 줄을 이용하여 A, B, C, D 네 구역으로 나눈 후, 서로 다른 농작물을 심었다. 제시된 조건을 모두 고려하였을 때, A, B, C, D 네 구역에 심어진 각 농작물이 바르게 짝지어진 것은?

- A, B, C, D 네 구역은 서로 다른 크기의 직사각형 모양이다.
- 면적이 가장 큰 구역에 수수를 심지 않았다.
- 가지와 수수를 심은 면적의 합은 참깨와 콩을 심은 면적의 합보다 크다.
- 참깨와 콩을 심은 구역은 서로 접해있지 않다.
- 면적이 두 번째로 큰 구역은 D가 아니다.
- 면적이 가장 작은 구역은 A이다.
- 콩을 심은 구역보다 면적이 작은 구역은 한 개뿐이다.
- A는 C와 접해있지 않다.

① A – 가지   ② B – 참깨   ③ C – 콩   ④ D – 수수

38 다음은 회사 동기인 A, B, C, D, E 다섯 명의 진술이다. 이 중 한 명만 진실을 말했을 때, 진실을 말한 사람과 지각한 사람을 올바르게 짝지은 것은? (단, 지각한 사람은 한 명이다.)

- A: E가 지각했어.
- B: 나는 지각하지 않았어.
- C: B는 거짓을 말하고 있어.
- D: A는 진실을 말하고 있어.
- E: C는 거짓을 말하고 있어.

	진실을 말한 사람	지각한 사람
①	B	C
②	B	E
③	C	B
④	C	E

39 지희, 지아, 시아, 수지, 유라 5명의 옷 사이즈는 S, M, L, XL, XXL 중 하나이며, 옷 사이즈가 작은 사람부터 순서대로 줄을 설 예정이다. 다음 조건을 모두 고려하였을 때, 항상 옳은 것은?

- 5명의 옷 사이즈는 서로 다르다.
- 옷 사이즈는 S, M, L, XL, XXL 순으로 커진다.
- 지아는 지희의 사이즈 바로 다음으로 큰 사이즈의 옷을 입는다.
- 시아는 XL 사이즈를 입는다.

① 유라는 지희보다 뒤쪽에 줄을 선다.
② 지희는 L 사이즈를 입는다.
③ 수지는 첫 번째 순서로 줄을 설 수 없다.
④ 지아는 두 번째 또는 세 번째 순서로 줄을 선다.

40 연중무휴로 문을 여는 사내 휘트니스 센터에서 월요일부터 토요일까지 스피닝, 아쉬탕가, 에어로빅, 줌바댄스, 필라테스, 핫요가 중 하루에 한 가지씩 서로 다른 운동 프로그램을 운영하고, 일요일에는 자율 운동만 개방하고 있다. A, B, C, D, E 다섯 명이 운동 프로그램을 수강하고 있으며, 프로그램은 중복 수강이 가능하다. 다음 조건을 모두 고려하였을 때, 항상 옳지 않은 것은?

- A는 월요일, 수요일, 금요일 운동 프로그램에 참여하며, 줌바댄스와 필라테스는 수강하지 않는다.
- B는 핫요가를 수강하고 3일을 쉰 다음 스피닝을 수강한다.
- C는 수요일에만 운동 프로그램에 참여하며, 에어로빅을 수강한다.
- D는 화요일, 목요일, 토요일 운동 프로그램에 참여하며 하루는 아쉬탕가를 수강한다.
- E는 목요일에만 운동 프로그램에 참여하며, 아쉬탕가와 필라테스는 수강하지 않는다.

① A와 B는 일주일 중 2일 이상 같은 요일에 운동 프로그램에 참여한다.
② E는 줌바댄스를 수강한다.
③ D는 운동 프로그램에 혼자 참여하는 날이 있다.
④ A는 에어로빅을 수강하지 않는다.

41 동훈, 준상, 희경, 도연 네 사람은 애완동물로 강아지, 고양이, 앵무새, 뱀을 기른다. 각자 두 종류의 애완동물을 한 마리씩 기른다고 할 때, 항상 옳은 것은?

- 동훈이와 희경이가 각자 기르는 애완동물의 다리 수의 합은 같다.
- 도연이가 강아지를 기르면 준상이도 강아지를 기른다.
- 네 사람은 강아지와 고양이 중 한 종류는 반드시 기르고, 강아지와 고양이를 함께 기르지 않는다.
- 희경이는 앵무새를 기르고, 희경이와 도연이가 각자 기르는 애완동물은 서로 다르다.
- 준상이와 희경이가 각자 기르는 애완동물 중 한 종류는 같고, 다리 수의 합은 다르다.

① 동훈이와 희경이가 기르는 애완동물은 모두 같다.
② 도연이는 앵무새를 기른다.
③ 희경이는 고양이를 기른다.
④ 준상이와 희경이는 강아지를 기른다.

42 팀장 A는 수습을 마친 신입사원 B의 업무를 평가하여 수습 통과 여부를 결정하려고 한다. 제시된 업무평가 방법을 고려하였을 때, 신입사원 B의 **최종 업무평가 점수**는? (단, 소수점 둘째 자리에서 반올림하여 계산한다.)

[업무평가 방법]
- 최종 업무평가 점수는 100점 만점으로 환산하여 평가한다.
  - 업무 점수는 20점, 능력 점수는 30점, 태도 점수는 40점 만점이다.
  - 업무 점수의 가중치는 1.6, 능력 점수의 가중치는 1.3이다.

[B의 업무평가표]

구분	업무		능력			태도			
	달성률	퀄리티	기획력	판단력	창의력	책임감	규율성	협력성	적극성
점수	10점	6점	7점	8점	3점	5점	10점	2점	7점

① 58.7점　　② 64.4점　　③ 65.8점　　④ 73.0점

1회

2회

3회

4회

5회

6회

해커스 지역농협 6급 NCS 기출동형모의고사

43 다음 자료를 읽고 SWOT 분석 결과의 강점에 해당하는 내용을 모두 고르면?

SWOT 분석이란 기업 내부의 강점(Strength)과 약점(Weakness), 기업을 둘러싼 외부의 기회(Opportunity)와 위협(Threat)이라는 4가지 요소를 규정하고 이를 토대로 기업의 경영전략을 수립하는 기법이다. SO(강점-기회) 전략은 시장의 기회를 활용하기 위해 강점을 적극 활용하는 전략이고, WO(약점-기회) 전략은 약점을 보완하며 시장의 기회를 활용하는 전략이다. ST(강점-위협) 전략은 시장의 위협을 회피하기 위해 강점을 활용하는 전략이고, WT(약점-위협) 전략은 시장의 위협을 회피하고 약점을 최소화하는 전략이다.

내부환경 외부환경	강점(Strength)	약점(Weakness)
기회(Opportunity)	SO(강점-기회) 전략	WO(약점-기회) 전략
위협(Threat)	ST(강점-위협) 전략	WT(약점-위협) 전략

[○○항만공사의 SWOT 분석 결과]

강점(Strength)	• 해공운송이 가능한 국제공항과 인접한 지리적 접근성 • 신항 개장을 통한 항만 인프라 확대
약점(Weakness)	• 단순한 사업구조로 인해 임대료·사용료에 집중된 수익구조 • 취약한 배후단지 및 물류기반시설로 인한 항만 경쟁력 약화 • 신항의 항만시설을 운영하고 관리할 전문인력 부족
기회(Opportunity)	• 세계 경제 개선으로 인한 컨테이너 물동량 증가 추세 • 동북아시아 경제 활성화 및 임해 지역 중심의 물류·생산 거점 이동 추세
위협(Threat)	• 컨테이너 선박의 대형화 경향 • 노후화된 항만 시설에 대한 지역사회의 민원 발생 • 중국과 지리적으로 인접한 국내 항만공사 간의 경쟁 심화

㉠ 해안의 얕은 수심으로 인해 선박 통행이 제약된 입지 조건
㉡ 환경친화적 항만 운영 경력
㉢ 소속 항구의 자유무역지역 내 투자 규모 확대
㉣ 육로 교통망과의 우수한 연계성

① ㉠, ㉢   ② ㉡, ㉢   ③ ㉡, ㉣   ④ ㉢, ㉣

44 귀하는 ○○은행 기획부에 근무하며 11월 8일에서 14일 사이에 진행할 재테크 세미나를 기획하게 되었다. 11월 2주 차 세미나실 예약 현황과 팀장님의 지시를 토대로 세미나실을 예약할 때, 귀하가 판단한 내용으로 가장 옳지 않은 것은?

[11월 2주 차 세미나실 예약 현황]

구분	8일(일)	9일(월)	10일(화)	11일(수)	12일(목)	13일(금)	14일(토)
12:00~13:00							
13:00~14:00	예약		예약				
14:00~15:00	예약		예약		예약		
15:00~16:00		예약				예약	
16:00~17:00	예약		예약	예약			예약
17:00~18:00							
18:00~19:00		예약	예약		예약		
19:00~20:00				예약		예약	
20:00~21:00							
21:00~22:00	예약						

※ 예약: 예약 완료

[재테크 세미나 일정]

구분	1차	2차
소요 시간	3시간	2시간

팀 장: 재테크 세미나는 참가자들이 대부분 직장인으로 예상되어 평일에는 17시 이후에 시작하고, 1차와 2차 세미나는 서로 다른 요일에 시간대가 같지 않도록 기획해 주세요. 또한, 매일 12시부터 13시, 17시부터 18시는 세미나실 예약이 불가능하다고 합니다. 마지막으로 참가자들의 복습시간을 고려해 1차 세미나를 진행한 후 4일이나 5일 뒤에 2차 세미나를 진행해 주세요.

① 가장 빠른 일자에 세미나를 진행한다면 1차 세미나는 9일 19시에 시작하겠군.
② 평일 12시부터 18시까지는 제외하고 나머지 시간으로 알아봐야지.
③ 13일 20시에 2차 세미나를 진행할 수 있겠어.
④ 1차 세미나를 평일에 진행하면 2차 세미나는 14일에 진행해야겠네.

45 다음은 ○○공사가 운영하는 지하철 호선별 환승역 중 일부를 나타낸 자료이다. 박 사원이 서울역에서 2호선에 위치한 강남역으로 이동할 때, 최소 환승 횟수는?

[호선별 환승역]

구분	1호선	2호선	3호선	4호선	5호선	6호선	7호선	8호선
1호선	–	시청	종로3가	서울역	X	X	X	X
2호선	시청	–	교대	사당	왕십리	합정	건대입구	잠실
3호선	종로3가	교대	–	충무로	종로3가	약수	고속터미널	가락시장
4호선	서울역	사당	충무로	–	동대문역사문화공원	삼각지	이수	X
5호선	X	왕십리	종로3가	동대문역사문화공원	–	청구	군자	천호
6호선	X	합정	약수	삼각지	청구	–	태릉입구	X
7호선	X	건대입구	고속터미널	이수	군자	태릉입구	–	X
8호선	X	잠실	가락시장	X	천호	X	X	–

※ ○○공사가 운영하는 구간이 아니거나 환승역이 없는 경우 'X' 표시함

① 0회   ② 1회   ③ 2회   ④ 3회

46 ○○공사는 도시별 철도 이용자 수와 철도 이용률을 고려하여 정차역을 신설할 도시를 결정하려고 한다. 정차역 신설 계획안의 일부가 다음과 같을 때, 옳은 것은?

[정차역 신설 계획안]

1. 개요
   – 도시별 인구수와 철도 이용률을 고려하여 정차역을 신설할 도시를 결정하기 위함

2. 도시 선정 기준 우선순위
   1) 2023년 현재 철도 이용자 수가 24,000명 이상인 도시
   2) 최근 3년간 철도 이용률의 전년 대비 평균 증감률이 2.5%p 이상인 도시
   ※ 2가지 선정 기준을 모두 충족한 정차역을 신설할 도시의 후보로 선별하며, 선별된 후보 도시 중 우선순위에 따라 정차역을 신설할 도시를 결정함

3. 도시별 정보

[도시별 인구수]

(단위: 명)

구분	2020년	2021년	2022년	2023년
A 도시	29,900	30,400	30,800	30,200
B 도시	35,700	35,700	35,500	35,100
C 도시	41,100	40,800	40,300	39,700
D 도시	45,000	44,400	43,500	44,200
E 도시	32,700	32,400	31,900	31,300

[도시별 철도 이용률]

(단위: %)

구분	2020년	2021년	2022년	2023년
A 도시	66	69	67	74
B 도시	60	66	68	69
C 도시	59	62	58	64
D 도시	53	52	59	61
E 도시	65	67	65	72

※ 철도 이용률(%) = (철도 이용자 수 / 인구수)

---

① B 도시는 2가지 선정 기준을 모두 충족하여 정차역을 신설할 도시의 후보로 선별된다.
② A 도시는 최근 3년간 철도 이용률의 전년 대비 평균 증감률이 2.5%p 미만으로 도시 선정 기준을 충족하지 못한다.
③ C 도시는 2023년 현재 철도 이용자 수가 24,000명 미만으로 도시 선정 기준을 충족하지 못한다.
④ E 도시는 2023년 현재 철도 이용자 수가 5개 도시 중 가장 적다.

47 오미소 대리는 월요일에 서울 본사에서 출발하여 대전 지점을 거쳐 울산 지점으로 이동하며 각 지점에서 진행되는 회의에 참석한 후, 출장 마지막 날에는 본사에서 진행되는 회의에 참석할 예정이다. 오미소 대리는 출장 중 하루에 한 번만 열차를 이용하고, 회의 시작 직전에 도착하도록 열차를 선택하려 한다. 각 역에서 회사까지 이동하는 데 20분씩 걸린다고 할 때, 오미소 대리가 출장 동안 지출하는 열차 운임은?

[회의 일시]

구분	대전 지점	울산 지점	서울 본사
날짜 및 시작 시각	6/10(월) 11:00	6/11(화) 14:00	6/12(수) 15:00

[KTX·SRT 구간별 열차 운행표]

구분	서울 → 대전		대전 → 울산		울산 → 서울	
	출발 시각	소요 시간	출발 시각	소요 시간	출발 시각	소요 시간
KTX	09:45	1시간	13:03	1시간	11:23	2시간 20분
SRT	09:20		11:47		12:33	

[KTX·SRT 구간별 열차 운임표]

구분	서울 → 대전	대전 → 울산	울산 → 서울
KTX	23,700원	30,100원	53,500원
SRT	20,100원	27,100원	46,800원

① 94,000원 ② 97,600원 ③ 100,700원 ④ 103,700원

48 다음은 H 회사의 신입사원 채용에 관한 면접 전형 평가 기준이다. 20XX년 상반기 신입사원의 채용 인원은 3명일 때, 20XX년 상반기에 채용된 신입사원을 모두 고르면?

[면접 전형 평가 기준]

- 합격자 선발 기준
  - 합격 배수: 채용 인원의 1배수 선발
  - 직무 면접 점수와 필기 전형 점수의 합인 총점이 높은 응시자 순으로 합격함
  - 동점자는 성품, 직무 적합성, 조직 적합성, 성장 가능성 순으로 점수를 비교하여 점수가 높은 응시자가 합격함

- 배점

구분	만점	비고
직무 면접 점수	100점	성품 25%, 직무 적합성 25%, 조직 적합성 25%, 성장 가능성 25%의 가중치를 적용하여 합산함
필기 전형 점수	50점	필기시험 점수의 50%를 적용함

[H 회사 면접 전형 결과]

구분	직무 면접 항목별 점수				필기시험 점수
	성품	직무 적합성	조직 적합성	성장 가능성	
갑	95점	85점	90점	80점	80점
을	85점	90점	95점	80점	95점
병	80점	95점	80점	95점	85점
정	85점	75점	90점	80점	88점
무	75점	85점	80점	100점	100점
기	85점	80점	85점	85점	98점
경	90점	80점	85점	80점	98점
신	100점	85점	75점	100점	80점
임	85점	90점	85점	90점	82점
계	90점	90점	90점	90점	84점

① 갑, 을, 신　　② 갑, 임, 계　　③ 을, 무, 경　　④ 무, 기, 경

49 워크숍 기획을 담당하게 된 안지민 사원은 김선주 팀장의 요청사항에 따라 깃발을 제작 주문하려고 한다. 안지민 사원이 깃발을 주문하게 될 제조사와 재무팀에 청구할 총 깃발 제작 비용은?

보낸 날짜	20△△. 08. 30.
보낸 사람	김선주 〈SUNJOO@business.com〉
받는 사람	안지민 〈JIMIN@business.com〉
제목	깃발 주문 요청

안 사원, 워크숍에서 사용할 깃발을 주문해야 해요. 참가하는 모든 회원사의 기업명을 정확하게 확인하여 총 20개의 회사기를 제작 주문해 주세요. 이 중 반절은 아이리스 원단을 사용하여 세로형으로 양면 제작하고, 3개의 색으로 구성되도록 제작해 주세요. 나머지는 비로도 원단을 사용하여 표준형으로 단면 제작하고, 2개의 색으로 구성되도록 해 주세요. 단면으로 제작하는 깃발은 십자가 가로봉과 삼각받침 세트를 추가하고, 양면으로 제작하는 깃발은 봉황 가로봉과 원형받침 세트를 추가하는 것이 좋겠어요.

제가 전달드리는 첨부파일을 확인하신 후 두 제조사 중 더 저렴한 곳에 주문해 주시고, 재무팀에 전체 비용 청구해 주세요. 아, 두 제조사 모두 20개 이상 주문 시 배송비는 무료예요. 그리고 전체 비용이 600만 원 이상일 경우, A 사는 80만 원 할인이 적용되고, B 사는 전체 비용의 10% 할인이 적용되는 점 참고해 주세요.

〈첨부파일〉

[깃발 제작 비용 정보]

1. 기본 비용(개당 제작 단가)

구분	우승기	단체기	행사기	회사기	경축기
A 사	120,000원	140,000원	130,000원	160,000원	140,000원
B 사	130,000원	140,000원	140,000원	170,000원	150,000원

2. 추가 비용(개당 제작 단가)

1) 디자인별 비용

구분	색 구성			양/단면	
	1개	2개	3개	단면	양면
A 사	10,000원	15,000원	20,000원	20,000원	50,000원
B 사	5,000원	10,000원	20,000원	15,000원	40,000원

2) 사이즈별 비용

구분	미니형(50cm × 70cm)	표준형(80cm × 110cm)	세로형(55cm × 140cm)
A 사	5,000원	20,000원	25,000원
B 사	5,000원	10,000원	20,000원

3) 옵션 비용

구분	가로봉			부품 세트		원단		
	봉황	용	십자가	삼각받침	원형받침	비로도	면 벨벳	아이리스
A 사	15,000원	20,000원	20,000원	40,000원	90,000원	30,000원	50,000원	80,000원
B 사	25,000원	30,000원	30,000원	60,000원	90,000원	10,000원	40,000원	60,000원

① A 사, 5,850,000원　② A 사, 6,450,000원　③ B 사, 6,030,000원　④ B 사, 6,570,000원

50 물적 자원을 바람직하게 활용하지 못한 사례로 가장 적절하지 않은 것은?

① 교사인 철희는 수업 기자재를 분실하였으나 해당 수업 전까지 기자재를 재구매하였다.

② 지혜는 지갑에 넣어 둔 줄 알았던 주민등록증이 지갑에 들어있지 않아 할아버지 제사에 필요한 정종을 구매하지 못하였다.

③ 형식이는 A4 용지를 보관해 두었던 창고에 빗물이 새 A4 용지를 사용할 수 없게 되어 더욱 품질이 좋은 A4 용지를 구매하였다.

④ 사내 워크숍 물품 관리 담당인 미희는 점심 식사 때 사용할 젓가락이 모자랄 것을 대비하여 여분 젓가락을 구매하였다.

1회

2회

3회

4회

5회

6회

해커스 지역농협 6급 NCS 기출동형모의고사

51 다음 각 빈칸에 들어갈 단어를 차례대로 나열한 것은?

실제 업무수행에서의 자원은 시간, 예산, 물적자원, 인적자원으로 분류되며, 모든 유형의 자원은 공통적으로 (   )을 가진다. 따라서 자원을 효과적으로 확보하고 유지 및 활용하기 위해서는 자원 관리능력을 습득하는 것이 매우 중요하다. 또한, 경쟁력을 갖추기 위하여 낭비되는 자원을 제대로 활용하려는 자세가 필요하다. 자원 낭비요인은 매우 다양하지만 크게 충동적이고 즉흥적인 비계획적 행동, (   ) 추구, 자원에 대한 인식 부재, 노하우 부족 4가지로 나눌 수 있다.

① 무한성 – 과시성

② 내구성 – 우연성

③ 제한성 – 필연성

④ 유한성 – 편리성

52 귀하는 발전 설비를 가동시키고 순 발열량을 바탕으로 설비 효율을 측정하는 업무를 담당하고 있으며, 자사는 귀하가 담당하고 있는 발전 설비 중 하나를 선정하여 신제품으로 출시하려고 한다. 귀하가 업무 결과와 소비자 조사 결과를 바탕으로 자사에 하나의 발전 설비를 제안하려고 할 때, 제안하기에 가장 적절한 것은?

A 에너지회사는 최근 개발한 발전 설비를 시장에 출시할 예정이다. 설비를 시장에 출시하기 전에 A 에너지회사는 소비자로부터 발전 설비 구매 결정에 영향을 미치는 요인을 조사했고, 결과에 따라 네 가지 발전 설비 중 설비 효율이 가장 높은 하나의 모델을 선정하여 시장에 출시할 계획이다.

[발전 설비 가동 결과]

구분	사용 원재료	총 발열량	순 발열량
가 모델	원유	10,500kcal/kg	9,500kcal/kg
나 모델	휘발유	7,500kcal/L	7,000kcal/L
다 모델	LNG	13,000kcal/kg	11,000kcal/kg
라 모델	무연탄	4,500kcal/kg	4,400kcal/kg

※ 설비 효율(%)은 총 발열량 대비 순 발열량으로 나타냄

① 가 모델   ② 나 모델   ③ 다 모델   ④ 라 모델

53 하반기 신입사원 교육 업무를 담당하고 있는 최 대리는 신입사원을 대상으로 사내 교육을 진행한 후에 외부 업체 교육을 진행하려고 한다. 최 대리가 신입사원 교육을 위해 선정한 외부 업체는?

[교육 담당 업체 선정요건]

- 신입사원 A~J 총 10명이 9일간의 교육에 모두 참석할 수 있도록 업체를 선정해야 한다.
- 신입사원은 주말 출근을 할 수 없으므로 월요일부터 금요일까지 교육을 진행할 수 있는 업체로 선정해야 한다.
- 총 교육 비용이 가장 낮은 업체를 선정해야 한다.
- A~C는 연구팀, D~F는 재무팀, G~J는 기획팀에 소속되어 있으며, 각 팀의 업무 일정을 고려하여 업체를 선정해야 한다.
- 신입사원을 대상으로 4일까지 사내 교육이 진행되므로 신입사원은 5일부터 외부 업체 교육에 참석할 수 있다.

[업무 일정표]

SUN	MON	TUE	WED	THU	FRI	SAT
					1	2
					외근(D)	
3	4	5	6	7	8	9
	출장 (재무팀 전원)	오후 반차(J)			워크숍 (연구팀 전원)	
10	11	12	13	14	15	16
17	18	19	20	21	22	23
	출장(A)	출장(A)			연차(F)	
24	25	26	27	28	29	30
				출장(B)	출장(C)	

[업체별 특성]

구분	교육 가능 일정	비용	특이 사항
가	4일~15일	1,120,000원	• 주별 교육 비용이며, 주 단위로 계약 가능함 • 5인 이상 교육 시 총비용에서 25% 할인됨
나	6일~22일	198,000원	• 일별 교육 비용이며, 일 단위로 계약 가능함 • 오전에만 교육을 진행함
다	8일~29일	1,890,000원	• 교육 10일당 비용이며, 10일 단위로 계약 가능함
라	12일~29일	24,000원	• 인원당 하루 교육 비용이며, 일 단위로 계약 가능함 • 5인 이상 교육 시 총비용에서 20% 할인됨

① 가   ② 나   ③ 다   ④ 라

54 N 기업에 재직 중인 이 대리는 강 팀장으로부터 지시를 받고 환경 기술 세미나에 참석하고자 한다. 세미나에 참석한 사원들은 모두 세미나 장소 부근의 N 기업 제휴 숙박업소에서만 숙박하고, 이 대리는 총출장비가 최소로 소요되는 숙박업소를 예약하였을 때, 이 대리와 신입사원 5명의 총출장비는?

[제3회 환경 기술 세미나 개요]

• 일자 및 장소

구분	일자	장소
1회차	20XX년 4월 9일(목)~4월 10일(금)	대전 ○○컨벤션센터 1층
2회차	20XX년 4월 15일(수)~4월 16일(목)	전주 □□컨벤션센터 2층
3회차	20XX년 4월 20일(월)~4월 21일(화)	부산 △△컨벤션센터 1층

※ 세미나는 회차별 동일한 프로그램 및 내용으로 진행됨

• 등록 기간 및 방법
  1) 등록 기간: 20XX년 2월 3일(월)~2월 14일(금), 매일 09시부터 18시까지
  2) 등록 방법: 공식 홈페이지에서 온라인 접수 후 세미나 당일 안내데스크에서 명찰 발급
  3) 유의사항: 각 회차 중 한 회차만 선택하여 접수 가능하며, 오프라인 등록 및 현장 등록은 불가함

[N 기업 제휴 숙박업소 정보]

구분	숙박		식사		위치
	비용	투숙 가능 인원	가격	종류	
A 호텔	102,000원/박	6명	10,000원/인	한식	전주 □□컨벤션센터 부근
B 호텔	118,000원/박	6명	8,000원/인	뷔페	대전 ○○컨벤션센터 부근
C 호텔	62,000원/박	3명	7,000원/인	중식	부산 △△컨벤션센터 부근
D 호텔	51,000원/박	3명	8,000원/인	양식	전주 □□컨벤션센터 부근
E 호텔	48,000원/박	3명	11,000원/인	뷔페	부산 △△컨벤션센터 부근
F 호텔	125,000원/박	6명	6,500원/인	일식	대전 ○○컨벤션센터 부근

※ 숙박비와 투숙 가능 인원은 한 객실당 숙박비와 투숙 가능 인원이고, 식사비는 한 끼당 식사비에 해당함

강 팀장: 이 대리님, 4월에 제3회 환경 기술 세미나가 개최된다는 안내문 확인하셨죠? 우리 회사에서 매년 참석하는 세미나인데, 올해는 일정상 이 대리님이 신입사원 5명과 1박 2일로 다녀와야 할 것 같아요. 세미나가 3회차까지 열리지만 회차별로 동일한 프로그램과 내용으로 진행되므로 한 회차만 참석하시면 됩니다. 어느 회차에 참석하든 관계없기 때문에 숙박업소의 위치에 따라 참석할 회차를 선택해 주세요. 출장비에는 숙박비와 식사비만 포함되고, 출장이 1박 2일일 경우 식사비는 첫째 날 석식과 둘째 날 조식만 지원된다는 점 잊지 마세요.

① 192,000원 ② 198,000원 ③ 203,000원 ④ 208,000원

55 다음 중 농협이 축산물의 가공 및 유통단계 혁신을 위해 시행 중인 노력이 아닌 것은?

① 안정적으로 축산물을 공급하고 원활하게 유통하기 위하여 축산물 공판장과 가공 공장을 운영하고 있다.

② 산지와 소비지의 판매가격이 연동된 온라인 직영 축산물쇼핑몰 농협라이블리를 운영하고 있다.

③ 축산유통단계별 위생관련 법정교육을 실시하기 위해 NH하나로목장을 오픈하였다.

④ 우리 고기만을 100% 사용하는 농협 축산 분야의 최장수 대표 브랜드인 농협목우촌을 운영하고 있다.

1회
2회
3회

56 다음 ⊙~©의 설명에 해당하는 농기구를 바르게 연결한 것은?

> ⊙ 곡식을 그러모으고 펴거나, 밭의 흙을 고르거나 아궁이의 재를 긁어모으는 데에 쓰는 丁자 모양의 농기구
>
> ⓒ 땅을 파거나 흙을 고르는 데 쓰는 ㄱ자 모양의 농기구
>
> © 긴 막대기 한끝에 달린 나뭇가지 두세 개로 곡식의 이삭이나 껍질을 두드려 낟알을 떠는 데 쓰는 농기구

4회
5회
6회

	⊙	ⓒ	©
①	괭이	고무래	도리깨
②	괭이	도리깨	고무래
③	고무래	도리깨	괭이
④	고무래	괭이	도리깨

해커스 지역농협 6급 NCS 기출동형모의고사

57 다음 중 분석의 대상이 되는 항목들을 서로 중복되지 않으면서도 모였을 때는 각각의 합이 완전한 전체를 이루도록 하는 분석적 사고 방법은?

① VRIO 분석　　　② 파레토 법칙　　　③ MECE 원칙　　　④ 피터의 원리

58 다음 글의 빈칸에 들어갈 말로 가장 적절한 것은?

( )은 국제표준화기구(ISO)에서 추진하고 있는 기업의 사회적 책임에 대한 국제표준이다. 이는 모든 사회 조직과 기업의 활동 및 의사결정이 소속 사회의 이익이 되도록 환경, 인권, 노동 등과 관련된 책임을 규정한 것이다. 구체적으로는 산업, 정부, 소비자, 노동, 비정부기구 등 7가지의 경제 주체를 대상으로 인권이나 노동 관행, 환경, 공동체 참여와 개발 등 7가지 의제를 사회적 책임으로 정의하여 이에 대한 실행지침을 담고 있다. 이는 국제표준화기구가 2005년 11월 1일에 처음으로 발표한 이후 꾸준히 진행되었으며, 국제표준에 어긋난 행동을 취할 경우 국제사회의 판단 기준에 따라 무역 마찰을 빚을 수 있다.

① ISO 9000　　② ISO 9001　　③ ISO 14000　　④ ISO 26000

59 사업에서 경쟁우위를 확보하기 위한 조직의 경영전략 중 대표적인 것이 마이클 포터의 본원적 경쟁전략이다. 다음 ㉠~㉢의 설명에 해당하는 마이클 포터의 본원적 경쟁전략의 유형을 바르게 연결한 것은?

㉠ 조직이 생산한 상품이나 서비스를 고객에게 가치 있고 독특하게 인식되도록 하는 전략
㉡ 타사에서 소홀히 대하고 있는 한정된 시장을 공략하는 전략
㉢ 대량생산이나 새로운 생산기술을 개발하여 해당 산업에서 유리한 위치를 선점하는 전략

	㉠	㉡	㉢
①	집중화 전략	원가우위 전략	차별화 전략
②	집중화 전략	차별화 전략	원가우위 전략
③	차별화 전략	원가우위 전략	집중화 전략
④	차별화 전략	집중화 전략	원가우위 전략

60 다음 글의 빈칸에 들어갈 말에 대한 설명으로 가장 적절하지 않은 것은?

> 지혜가 있는 사람을 뜻하는 호모 사피엔스는 현생 인류의 직접적인 조상에 해당하는 종(種)으로 분류된다. 호모 사피엔스는 약 4~5만 년 전부터 지구 곳곳에 분포되어 후기 구석기 시대 문화를 발달시켰는데, 가장 주목할 만한 점은 그들의 사냥방식이 (   )적인 형태를 갖추었다는 것이다. 호모 사피엔스는 불을 활용하여 자신보다 큰 동물을 몰아 사냥한 이후 생활 근거지로 되돌아오는 등 활용 가능한 모든 자원을 체계적으로 다루어 생활 양식을 유지했다. 또한, 이들은 집단을 이루어 집단 내부와 집단 외부 사이에서 사회적 행위를 주고받았을 것으로 추측되며, 이는 현대의 원시 집단에 가까운 형태였을 가능성을 시사한다.

① 두 사람 이상이 공동의 목표를 달성하기 위해 구성된 행동의 집합체를 의미한다.
② 공식성에 따라 제도적으로 결성된 집단과 인간관계를 토대로 형성된 집단으로 나뉜다.
③ 구성원은 목적을 달성하기 위해 서로 협력하고 외부 환경과 긴밀한 관계를 형성한다.
④ 영리성에 따라 분류할 때 학교, 병원, 시민단체 등은 영리 목적으로 형성된 것이다.

약점 보완 해설집 p.2

무료 바로 채점 및 성적 분석 서비스 바로 가기
QR코드를 이용해 모바일로 간편하게 채점하고 나의 실력이
어느 정도인지, 취약 부분이 어디인지 바로 파악해 보세요!

2회 기출동형모의고사

제한 시간(70분)을 참고하여 문제 풀이 시작과 종료 시각을 정하고,
실전처럼 모의고사를 풀어보세요.

시   분 ~   시   분 (총 60문항/70분)

- 본 모의고사는 총 60문항으로 구성되어 있으며, 70분 이내로 모든 문제를 풀어야 합니다.
- 의사소통능력, 수리능력, 문제해결능력, 자원관리능력, 조직이해능력 문제가 출제됩니다.
- 모의고사 마지막 페이지에 있는 OMR 답안지와 해커스잡 애플리케이션의 모바일 타이머를 이용하여 실전처럼 모의고사를 풀어본 후, p.103에 있는 '무료 바로 채점 및 성적 분석 서비스' QR코드를 스캔하여 응시 인원 대비 본인의 성적 위치를 확인해 보시기 바랍니다.

01 다음 밑줄 친 단어와 의미가 유사한 것은?

> 그녀의 <u>농농한</u> 향수 냄새가 온 방에 퍼졌다.

① 그윽한   ② 은은한   ③ 짙은   ④ 싱그러운

02 다음 밑줄 친 단어와 의미가 반대되는 것은?

> 해수욕장 측은 피서객들의 <u>안전</u>을 위해 우천 시에는 바다 입수를 금지하였다.

① 평안   ② 불편   ③ 위험   ④ 균일

03 다음 밑줄 친 단어와 같은 의미로 사용된 것은?

> 금메달을 목에 건 그 선수의 얼굴에는 기쁨이 가득 <u>차</u> 있었다.

① 확신에 <u>차</u> 있는 그의 목소리에 모두 귀를 기울였다.
② 사람들이 가득 <u>찬</u> 지하철은 몹시 더웠다.
③ 결과물이 양에 <u>차지</u> 않아서 속상했다.
④ 수강 인원이 다 <u>차서</u> 학원에 등록할 수 없었다.

04 다음 밑줄 친 부분과 바꿔 쓸 수 있는 것은?

> 그 선수는 눈 깜짝할 새에 상대 팀의 타자를 삼진으로 <u>가볍게 물리쳤다</u>.

① 휩쓸었다   ② 일축했다   ③ 몰아쳤다   ④ 공격했다

05 다음 의미에 해당하는 한자성어를 고르면?

> 재앙과 근심, 걱정이 바뀌어 오히려 복이 됨

① 千載一遇   ② 轉禍爲福   ③ 長久之計   ④ 針小棒大

1회 2회 3회 4회 5회 6회

06 다음 빈칸에 들어갈 단어로 적절한 것은?

> 청년취업난이 가중될수록 젊은 세대들의 경제적 어려움 또한 심화하고 있다. 이로 인해 젊은 세대들이 경제적으로 부모로부터 독립하려 하지 않고, (   ) 결혼까지 기피하게 되면서 경기 침체와 저출산이라는 사회적 문제가 나타나고 있다.

① 반면에   ② 요컨대   ③ 대신에   ④ 심지어

07 다음 빈칸에 들어갈 단어로 가장 적절한 것은?

> 팀에 새로 들어온 신입사원은 꼼꼼하지 못한 성격으로 몇 차례 사고를 쳤던 전적이 있다. 오늘 새로운 프로젝트를 기획하는 과정에서 업무 담당자를 잘못 기입하여 또다시 (   )을/를 일으켰다.

① 사단   ② 사상   ③ 사태   ④ 사달

해커스 지역농협 6급 NCS 기출동형모의고사

08 음향기기를 제조하는 B 기업은 새로 개발한 스피커 출시를 준비하고 있다. 출시에 앞서 B 기업의 기술개발팀은 제품에 동봉될 설명서의 초안을 작성해 고객지원팀에 검토를 요청하였다. 다음 설명서를 검토한 고객지원팀 직원의 반응으로 가장 적절하지 않은 것은?

[제품 구성]

- 멀티 스피커 본체 1개
- Mini USB 전원용 케이블(1m) 1개
- 보조 스피커 1개
- 3.5 Stereo 3극 연결 케이블(1m) 1개
- 제품설명서 1부

[제품 본체 명칭]

구분	전면	후면	측면
윗부분	음향 출력구	전원 연결구	–
중간부분	전원 스위치	보조 스피커 연결구	음량 조절 버튼
아랫부분	전원 표시등	오디오 연결구	–

[제품 사용 방법]

1) 전원 연결하기: Mini USB 전원용 케이블의 한쪽을 전원 연결구에 연결하고, 다른 한쪽은 전원이 들어온 상태의 PC에 연결하면 스피커를 구동할 수 있습니다. (전원 표시등에 불이 들어오면 바르게 연결된 상태입니다.)
2) 음원 재생기기 연결하기: 3.5 Stereo 3극 연결 케이블의 한쪽을 오디오 연결구에 연결하고, 다른 한쪽은 PC, MP3 플레이어, MP4 플레이어, 스마트폰 등 음원 재생기기의 이어폰 잭에 연결합니다.
3) 재생 음원 감상하기: 스피커와 음원 재생기기가 연결된 상태에서 전원 스위치를 한 번 누르면 스피커를 통해 재생 음원을 감상할 수 있습니다.
4) 음량 조절하기: 재생 음원을 감상하는 중에 음량 조절 버튼을 이용하면 적절한 음량으로 음원을 감상할 수 있습니다.
5) 보조 스피커 연결하기: 보조 스피커를 연결하고 싶다면, 제품 본체의 보조 스피커 연결구에 보조 스피커의 연결 잭을 꽂으면 됩니다.

[제품 사용 시 주의 사항]

1) 제품 사용 전 반드시 설명서를 숙지하시오.
2) 제품의 표면은 중성세제를 묻힌 부드러운 천으로 닦으시오.
3) 제품이 직사광선에 노출되지 않도록 하시오.
4) 제품을 물기가 있는 곳에서 사용하지 마시오.
5) 제품을 임의로 분해하거나 개조하지 마시오.
6) 제품 사용 시 각 연결구에 케이블이 바르게 연결되어 있는지 확인하시오.

[제품 증상에 따른 조치 사항]

증상	조치 사항
소리가 나지 않을 경우	스피커와 PC에 Mini USB 전원용 케이블이 잘 연결되어 있는지, 스피커의 음량이 최소화되어 있는지 등을 확인하시오.
음량이 고르지 않을 경우	음원 재생기기에서 재생되는 음원 파일이나 3.5 Stereo 3극 연결 케이블이 손상되어 있는지 확인하시오.
심한 잡음이 들릴 경우	PC의 사운드 믹서와 스피커의 음량을 조절하시오.

① 갑 사원: '제품 증상에 따른 조치 사항' 항목의 '조치 사항'을 보면 한 문장에 여러 내용이 담긴 부분들이 있는데, 정확한 내용 전달을 위해서라도 한 문장에는 하나의 내용만 포함되도록 수정해야겠어요.

② 을 사원: 사용자의 빠른 이해를 위해 '제품 구성', '제품 본체 명칭' 항목에 제품 그림이나 사진을 포함하는 것이 어떨까요?

③ 병 사원: 설명서는 내용이 풍부할수록 사용자에게 친절하다는 느낌을 줄 수 있으므로, '제품 본체 명칭', '제품 증상에 따른 조치 사항' 항목을 표로 간단히 제시하기보다는 문장으로 풀어서 전달해야겠어요.

④ 정 사원: 전체 내용으로 보았을 때 제품 구입을 유도하기보다는 제품의 사용법을 자세히 알려주는 데에 목적이 있는 설명서네요.

09 다음 중 맞춤법에 맞지 않는 것은?

① 나뭇가지 끄트머리에 앉은 참새를 보았다.
② 키가 짤다랗고 얼굴이 허연 사내가 걸어왔다.
③ 열대야 때문에 며칠째 밤잠을 설쳤다.
④ 우리나라는 청년 창업 성공률이 매우 낮다.

10 다음 중 맞춤법에 맞지 않는 것은?

① 학교 다닐 때도 그 친구는 수학 밖에 모르는 학생이었다.
② 이 회사에서 일한 지가 벌써 10년이다.
③ 넓디넓은 바다를 보니 속이 후련하다.
④ 발표회에는 열 명 내지 스무 명의 직원들이 참석할 예정이다.

11 다음 대화에서 빈칸에 들어갈 B의 말로 적절한 것은?

A: Hello, this is NH Hotel. How may I help you?
B: Yes, I'd like to find out (   ) for next Monday.

① single or double
② if there's any room available
③ room appointment
④ that there is a vacancy

12 다음 대화를 논리적 순서대로 알맞게 배열한 것은?

(A) All right. Here you go.
(B) What would you like to drink?
(C) I'll have a coke.
(D) That will be two thousand won.

① (B) − (A) − (D) − (C)
② (B) − (C) − (D) − (A)
③ (C) − (B) − (D) − (A)
④ (C) − (D) − (A) − (B)

13 다음 글의 서술상 특징으로 가장 적절한 것은?

사구(沙丘)란 바람에 의해 운반되는 모래가 쌓여 형성되는 언덕 형태의 지형으로, 그 기준에 따라 다양한 유형으로 나눌 수 있다. 우선 사구는 이동성 유무에 따라 이동사구와 고정사구로 나뉜다. 이동사구는 모래가 이동하고 있어 현재 형성이 진행 중인 사구이고, 고정사구는 사구 위에 식생이 발달하여 모래의 이동이 멈춘 사구를 의미한다. 사구는 지형이 형성되는 장소에 따라 나뉘기도 하는데, 사막같이 건조한 내륙에서 만들어지는 내륙사구, 해안가의 모래가 쌓여 만들어지는 해안사구, 호숫가에 생기는 호반사구, 강가에 형성되는 하반사구가 바로 그것이다. 한편 사구는 형태에 따라서 바르한, 횡사구, 종사구, 성사구 등으로 그 명칭이 달라지기도 한다. 바르한은 가장 흔한 유형의 사구로 흔히 '사막'하면 떠오르는 초승달 형태의 사구를 가리킨다. 횡사구는 사구에 모래 공급이 과다할 때 바르한이 풍향에 대하여 직각으로 이어진 것을 가리킨다. 종사구는 횡사구와 반대로 풍향과 평행한 방향으로 형성되는 사구로 크기가 매우 큰 것이 특징이며, 성사구는 풍향이 일정하지 않은 곳에서 발달한 별 모양의 사구를 지칭한다.

① 사막을 구성하는 다양한 요소에 대해서 분석적으로 설명하고 있다.
② 사구가 완성되기까지의 과정을 시간의 흐름에 따라 서술하고 있다.
③ 다양한 분류 및 구분을 통해 사구를 설명하고 있다.
④ 그림을 그리듯이 사막의 전경을 생생하게 묘사하고 있다.

14 다음 글의 주제로 가장 적절한 것은?

일반적으로 낙관주의는 현실의 문제를 외면하면서 무조건적인 밝은 미래를 기대하는 태도인 반면, 스톡데일 패러독스는 비관적인 현실을 냉철하게 받아들이면서 앞으로 잘될 것이라는 뚜렷한 믿음을 바탕으로 현실을 이겨내는 합리적 낙관주의를 의미한다. 이 용어는 베트남 전쟁에서 포로로 잡혀갔으나, 언젠간 풀려나리란 굳건한 믿음을 가지고서 현실을 냉철하게 직시하고 대비하여 살아남은 미군 장교 제임스 스톡데일의 이름에서 유래하였다. 그러나 곧 풀려나리란 막연한 기대와 희망을 품고 아무런 대비 없이 상황을 낙관하던 그의 동료들은 반복되는 절망과 상실감을 이기지 못하고 수용소 내에서 생을 마감하였다. 또한, 합리적 낙관주의는 현실을 객관적으로 받아들이며, 목표 달성에 대한 강렬한 의지를 동반한다는 특징이 있다. 단순히 스트레스 상황을 회피하려는 비관주의와는 다르게 통제 불가능한 상황에서는 현실을 수용하되, 통제 가능한 상황에서는 적절한 대처를 하는 유동적인 태도를 보인다. 실제로 스톡데일은 작은 독방에 갇혀 수십 차례의 고문을 당하면서 포로로서 저항할 수 있는 일에는 완강히 저항하였으며, 부하들의 고독감을 해소하고자 내부 소통 체계를 만들어 동료들과 소통하였다. 이처럼 현실을 직시하고 동료와의 소통 등 통제 가능한 일에 대하여 최선의 대처를 하기 위한 그의 노력은 10년이 넘는 포로 생활을 하면서도 살아남을 수 있었던 비결로 꼽힌다.

① 특정 공간에 고립된 상황에 놓였을 때 다른 사람과 대화하는 것은 상황을 극복하는 데 큰 도움이 된다.
② 반복되는 좌절은 인간의 희망을 무너뜨리므로 실현되기 어려운 상황은 상상하지 않는 것이 이롭다.
③ 통제 불가능한 현실에 맞닥뜨리더라도 이겨낼 수 있다는 무조건적인 긍정적 사고를 하는 것이 좋다.
④ '근거 없는 막연한 희망'과 '현실을 직시하며 이겨내리란 신념을 잃지 않는 희망'은 다른 결과를 낳는다.

15 다음 글의 내용과 일치하는 것은?

딸꾹질은 횡격막과 호흡을 도와주는 근육이 경련하여 본인의 의지와는 관계없이 1분에 4회에서 60회 정도의 횟수로 특수한 소리가 나는 현상을 말한다. 횡격막과 갈비뼈 사이의 근육이 불수의적으로 급격하게 수축하여 숨을 쉬려고 할 때마다 성대가 닫혀서 소리가 나는 것이다. 동맥에 이산화탄소가 적을수록 딸꾹질 횟수가 늘어나기 때문에 숨을 들이쉬면 이산화탄소 농도가 낮아져 딸꾹질 횟수가 증가하고 숨을 참으면 이산화탄소 농도가 높아져 딸꾹질이 멈추거나 횟수가 감소하게 된다. 딸꾹질은 인간을 포함한 포유류에서 나타나는 증세로, 인간은 태아 상태일 때도 딸꾹질을 하는 것으로 알려져 있다. 유아나 소아, 성인보다 신생아에게 더 잦게 나타나며, 생후 1~2개월 된 신생아는 작은 온도 변화에도 쉽게 딸꾹질을 한다. 딸꾹질은 지속되는 기간에 따라 이틀 이내에 멎는 급성 혹은 일과성 딸꾹질, 이틀 이상 2개월 미만 동안 지속되는 지속성 딸꾹질, 2개월 이상 계속되는 난치성 딸꾹질로 분류된다. 급성 혹은 일과성 딸꾹질은 과식, 갑작스러운 기온 변화, 스트레스, 음주 등의 원인으로 인해 발생하고, 특별한 문제 없이 약간 불편한 정도에 그치며 저절로 멈춘다. 하지만 지속성 딸꾹질과 난치성 딸꾹질은 종양, 심근경색, 폐렴 등 특정 질환의 증상일 가능성이 있으므로 병원에서 검사를 받아볼 필요가 있다. 한편, 개복 수술을 한 환자가 딸꾹질을 하는 것은 굉장히 위험하며, 인공호흡기를 착용하고 있는 환자가 딸꾹질을 하게 되면 전체 호흡 순환에 문제가 생겨 호흡성 알칼리증이 발생할 수 있다.

① 급성 딸꾹질은 특정한 질환으로 인한 증상의 일종일 수 있기 때문에 검사를 받아보아야 한다.
② 호흡을 참으면 동맥의 이산화탄소 농도가 낮아져서 딸꾹질 횟수가 줄어들거나 딸꾹질이 멈춘다.
③ 포유류 중 인간에게서만 나타나는 증상인 딸꾹질은 신생아에 비해 성인에게 더 자주 발생한다.
④ 인공호흡기를 쓰고 있는 환자가 딸꾹질을 할 경우 전체 호흡 순환에 이상이 생길 가능성이 있다.

16 A 기업의 인사팀 J 대리는 상부로부터 올해의 연차 제도에 대한 안내문을 전달받았다. 이때, 안내문을 확인한 J 대리가 사원들의 질문에 답변한 내용으로 가장 적절하지 않은 것은?

[연차 제도 안내문]

구분	주요 내용
연차 유급휴가	1) 1년간 80% 이상 출근한 사원에게 15일의 유급휴가를 제공한다. 2) 계속하여 근로한 기간이 1년 미만인 사원 또는 1년간 80% 미만 출근한 사원에게 1개월 개근 시 1일의 유급휴가를 제공한다. 3) 만 3년 이상 계속하여 근로한 사원에게는 제1항에 따른 휴가에 최초 1년을 초과하는 계속 근로연수 매 2년에 대하여 1일을 가산한 유급휴가를 제공한다. 이 경우 가산휴가를 포함한 총 휴가 일수는 25일을 한도로 한다. 4) 연차 유급휴가는 1년간 행사하지 아니하면 소멸한다.
임신 및 출산휴가	1) 임신 중의 여성 사원에게 출산 전과 출산 후를 통하여 90일(한 번에 둘 이상 자녀를 임신한 사원의 경우에는 120일)의 출산전후휴가를 제공한다. 이 경우 휴가 기간의 배정은 출산 후에 45일(한 번에 둘 이상 자녀를 임신한 경우에는 60일) 이상이 되어야 한다. 2) 임신 중인 여성 사원이 유산 또는 사산한 경우로서 그 근로자가 청구하면 유산·사산 휴가를 제공한다. 3) 위 1~2항에 따른 휴가 중 최초 60일(한 번에 둘 이상 자녀를 임신한 사원의 경우에는 75일)은 유급으로 한다.
기타	1) 사원이 업무상의 부상 또는 질병으로 휴업한 기간은 출근한 것으로 본다. 2) 주말 및 공휴일에 근로한 경우 두 가지 선택 사항 중에서 한 가지를 선택하여 보상받을 수 있다. 2)−1 주말 및 공휴일 근로 시간에 해당하는 시간을 휴가로 제공한다. 2)−2 주말 및 공휴일 근로 시간에 해당하는 시간의 1.5배 가산된 임금을 지급한다.

① Q: 제가 업무상 거래처를 방문하는 길에 교통사고를 당하였습니다. 그날 거래처에 방문하지 못하였고, 그 후로 3일간 병원에서 경과를 지켜보느라 총 4일을 출근하지 못하였습니다. 이 경우 4일은 제 연차 유급휴가 일수에서 제외되는 것인가요?
　 A: 업무상 부상을 입은 경우에 해당하므로 4일은 모두 출근한 것으로 인정됩니다. 따라서 연차 유급휴가 일수에서 4일은 제외되지 않으므로 걱정하지 않으셔도 됩니다.
② Q: 임신 중에 몸이 안 좋아져 유산하게 되었습니다. 병원에서 안정을 취하라고 하는데, 혹시 이 경우에도 휴가를 받을 수 있을까요?
　 A: 임신 중 유산 또는 사산을 겪은 사원에게도 휴가가 주어지므로 유산 휴가를 청구해 주시면 됩니다.
③ Q: 업무가 많아 지난주 일요일에 근무했습니다. 총 6시간 근무를 하였는데, 이를 휴가로 환산하면 9시간인가요?
　 A: 주말에 근무한 경우 근무 시간에 해당하는 만큼만 휴가를 받으실 수 있습니다. 따라서 6시간의 휴가가 주어지게 됩니다.
④ Q: 현재 쌍둥이를 임신 중이며, 출산 예정일은 두 달 후입니다. 쌍둥이는 일찍 출산하는 경우가 많다고 하여 출산 전에 45일의 휴가를 쓰고자 합니다. 이 경우 출산 후 휴가 기간은 얼마인가요?
　 A: 임신한 사원의 경우 출산 전과 출산 후를 합쳐 90일의 휴가가 주어집니다. 따라서 출산 전에 45일의 휴가를 사용하시면, 출산 후에는 남은 45일의 휴가를 사용하실 수 있습니다.

17 △△대학교 중앙선거관리위원회인 미혜와 준호는 의과대학 학생회장 투표 용지를 개표하는 중이다. 미혜와 준호가 함께 90분 동안 개표를 완료할 예정이었으나, 미혜와 준호 모두 조별 과제를 수행하기 위해 준호가 먼저 혼자 1시간 동안 개표하고 이어서 미혜가 남은 표를 혼자 2시간 동안 개표해 완료하였다. 이때, 미혜가 혼자 전체 투표 용지를 개표할 때 걸리는 시간은?

① 1시간   ② 2시간   ③ 3시간   ④ 4시간

18 둘레의 길이가 696m인 타원 모양의 호수 둘레를 따라 6m 간격으로 일정하게 심긴 가로수를 8m 간격으로 조정하려고 한다. 기존에 심어진 가로수의 일부는 옮겨 심고, 불필요한 가로수는 제거하여 간격을 조정할 때, 옮겨 심어야 하는 가로수는 최소 몇 그루인가?

① 55그루   ② 56그루   ③ 57그루   ④ 58그루

19 다음 그림과 같은 직각삼각형 ABC를 선분 AC를 회전축으로 하여 회전체를 만들려고 한다. 만들어진 회전체의 부피가 $100\pi\text{cm}^3$일 때, 선분 AB의 길이는?

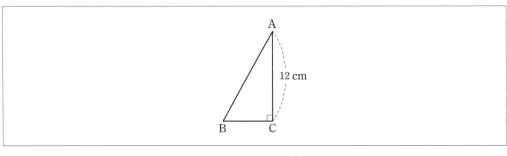

① 13cm   ② 14cm   ③ 15cm   ④ 16cm

20 수영장의 회원권은 3만 원이고 일일입장권은 5,000원이다. 회원권을 끊으면 매달 무료입장권을 5장씩 제공받을 수 있으며, 일일입장권을 30% 할인된 가격으로 구매할 수 있다. 회원권을 끊은 첫 달, 회원이 한 달 동안 수영장을 최소 몇 번 이용해야 비회원보다 이득이겠는가? (단, 회원권은 구매 후 지속적으로 사용 가능하다.)

① 7번   ② 8번   ③ 9번   ④ 10번

21 다음은 놀이공원 이용 요금 및 할인 혜택을 나타낸 것이다. 정환이가 친구들 4명과 함께 놀이공원을 방문하여 동일한 이용권 5장을 구매하려고 할 때, 어느 이용권을 구매하는 것이 유리하며 이때의 총 지불 금액은 얼마인가? (단, 정환이는 놀이공원을 10회 이상 방문하였고 나머지 4명은 모두 첫 방문이다.)

이용권	이용 요금	공동 할인 혜택	개인 할인 혜택	
		5인 이상 단체 고객	첫 방문 고객	10회 이상 방문 고객
A	40,000원	20% 할인	10% 할인	없음
B	45,000원	1인 무료	없음	50% 할인

※ 5인 이상 단체 고객이 이용권을 구매할 경우, 공동 할인 혜택이 적용된 후에 개인 할인 혜택이 중복 적용됨

① A - 144,000원 ② A - 147,200원 ③ B - 147,200원 ④ B - 157,500원

22 20년 전 아버지 나이는 20년 전 동생 나이의 3배이고 1년 후 아버지 나이는 1년 후 동생 나이의 2배보다 6살이 어리다고 할 때, 현재 아버지와 동생의 나이 차는?

① 28살 ② 30살 ③ 31살 ④ 33살

23 갑과 을 두 배송업체의 기본 배송비는 각각 2,500원과 4,500원이고, 배송할 물건의 무게가 5kg을 초과할 경우에는 초과 무게의 1kg당 각각 800원과 500원의 추가 요금을 받는다. 두 배송업체를 이용하여 5kg 이상의 물건을 배송하려고 할 때, 을의 배송비가 갑보다 저렴하려면 배송할 물건의 무게는 최소 몇 kg이어야 하는가? (단, 배송할 물건의 무게는 소수점 첫째 자리에서 반올림하여 계산한다.)

① 8kg ② 10kg ③ 12kg ④ 14kg

24 A는 1년 단기상품에 투자하여 원금의 12% 이익을 냈다. 다음 해에 A가 만기금액을 재투자하여 5% 손해를 볼 경우, A는 최종적으로 원금의 몇 % 이익을 보겠는가?

① 6.4% ② 6.8% ③ 7.2% ④ 7.6%

25 재희는 매달 1일에 받은 월급 300만 원에서 40%를 저축하고, 학자금 대출 상환금 60만 원을 낸다. 그런 다음 나머지 금액 중 일정한 비율을 생활비로 사용하고 남은 돈을 매달 말일에 다시 모두 저축하려고 한다. 재희의 저축률이 월급의 50% 이상일 때, 1일에 저축하고 상환금을 낸 나머지 금액에서 생활비로 사용한 비율은 최대 몇 %인가?

① 60%　　　　　② 65%　　　　　③ 70%　　　　　④ 75%

26 한 초등학교에 150명의 학생이 각각 50명씩 세 개의 반에 배정되어 있다. 세 반의 받아쓰기 점수 평균이 각각 60점, 95점, 85점일 때, 초등학교 전체의 평균 받아쓰기 점수는 얼마인가?

① 70점　　　　　② 75점　　　　　③ 80점　　　　　④ 85점

27 제시된 숫자의 규칙을 찾아 빈칸에 들어갈 알맞은 숫자를 고른 것은?

-2	-1	( )	0	0	3	18	22	176	181

① -3　　　　　② -2　　　　　③ -1　　　　　④ 0

28 제시된 숫자의 규칙을 찾아 빈칸에 들어갈 알맞은 숫자를 고른 것은?

10	4	8	3	6	( )	4	1	2

① 5　　　　　② 4　　　　　③ 3　　　　　④ 2

29 제시된 문자의 규칙을 찾아 빈칸에 들어갈 알맞은 문자를 고른 것은?

D	H	J	E	C	F	H	( )

① A　　　　　② B　　　　　③ C　　　　　④ D

30 다음은 근로자의 평균 연령 및 평균 근속연수와 학력별 상대적 임금지수에 대한 자료이다. 다음 중 자료에 대한 설명으로 옳지 않은 것은?

[근로자의 평균 연령 및 평균 근속연수]

[학력별 상대적 임금지수]

(단위: %)

구분	2010년	2011년	2012년	2013년	2014년	2015년	2016년
중졸 이하	84.7	81.5	80.6	82.3	74.7	77.6	79.8
고졸	100.0	100.0	100.0	100.0	100.0	100.0	100.0
초대졸	105.0	106.2	106.5	107.0	112.5	113.9	114.6
대졸 이상	155.2	153.0	153.6	153.1	153.8	162.7	160.7

※ 상대적 임금지수는 고졸 근로자의 임금을 100%로 볼 때 근로자의 학력별 임금을 상대적으로 비교한 지수임
※ 출처: KOSIS(고용노동부, 고용형태별근로실태조사)

① 근로자의 평균 연령이 처음으로 감소한 해에 대졸 이상 근로자의 상대적 임금지수는 전년 대비 증가했다.
② 중졸 이하 근로자와 고졸 근로자의 임금지수 격차가 가장 작은 해는 2010년이다.
③ 2012년부터 2016년까지 근로자의 평균 연령과 평균 근속연수는 매년 전년 대비 같은 증감 추이를 보인다.
④ 평균 근속연수의 전년 대비 증가율은 2016년과 2015년이 같다.

31 다음은 국가별 2021년 외국인 유학생 수와 국가별 2022년 외국인 유학생 수의 전년 대비 증감률을 나타낸 자료이다. 2022년 중국과 대만의 외국인 유학생 수의 차이는 약 몇 명인가?

[국가별 2021년 외국인 유학생 수]

(단위: 명)

구분	대만	인도	일본	중국	태국	필리핀	홍콩
학위과정	1,018	787	1,551	43,017	316	485	298
공동운영 교육과정	2	1	41	1,325	0	8	0
연수과정	1,143	175	2,173	22,126	316	161	562
합계	2,163	963	3,765	66,468	632	654	860

[국가별 2022년 외국인 유학생 수의 전년 대비 증감률]

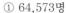

① 64,573명   ② 64,580명   ③ 64,753명   ④ 64,779명

32 다음 글의 빈칸에 들어갈 문제해결을 위한 기본적인 사고방식으로 옳은 것은?

> 일제강점기 시절 독립운동가로 활동했던 안중근은 1910년 3월, 옥중에서 동양평화 실현을 위한 동양평화론을 집필하였다. 이 책에는 한국과 중국, 일본 삼국이 수평적 연대에 따른 세력 균형을 오랫동안 지속할 수 있는 방법으로 삼국의 정치·경제적 다자간 통합을 제안하는 내용 등이 담겨있다. 당시 안중근은 동양평화론을 통해 세상을 바라보는 인식의 틀을 바꾸고, 새로운 관점에서 현 상황을 바라보는 사고방식인 (   )을/를 지향했음을 알 수 있다.

① 전략적 사고
② 분석적 사고
③ 발상의 전환
④ 내·외부자원의 활용

1회
2회
3회
4회
5회
6회

33 다음 전제를 읽고 반드시 참인 결론을 고르면?

전제	반려동물을 키우는 모든 사람은 마당이 있는 집에 산다.
	반려동물을 키우지 않는 어떤 사람은 청소를 자주 하지 않는다.
결론	

① 마당이 있는 집에 살지 않는 모든 사람은 청소를 자주 하지 않는다.
② 청소를 자주 하는 어떤 사람은 마당이 있는 집에 살지 않는다.
③ 마당이 있는 집에 살지 않으면서 청소를 자주 하는 사람이 있을 수 있다.
④ 청소를 자주 하는 모든 사람은 마당이 있는 집에 산다.

34 다음 결론이 반드시 참이 되게 하는 전제를 고르면?

전제	한식을 요리할 줄 아는 사람 중에는 일식도 요리할 줄 아는 사람이 있다.
결론	어떤 요리사는 일식을 요리할 줄 안다.

① 모든 요리사는 한식을 요리할 줄 안다.
② 한식을 요리할 줄 아는 사람은 모두 요리사이다.
③ 모든 요리사는 한식을 요리할 줄 모른다.
④ 어떤 요리사는 한식을 요리할 줄 안다.

해커스 지역농협 6급 NCS 기출동형모의고사

35 다음 명제가 모두 참일 때, 항상 참인 것은?

> • 어떤 암벽 등반가는 리더십을 잘 발휘하고 끈기가 있다.
> • 리더십을 잘 발휘하는 모든 사람은 다재다능하다.
> • 자신감이 높지 않은 모든 사람은 목표를 이루기 위해 끊임없이 노력하지 않는다.
> • 다재다능한 어떤 사람은 목표를 이루기 위해 끊임없이 노력한다.
> • 변화를 두려워하는 모든 사람은 끈기가 없다.
> • 자신감이 높은 모든 사람은 변화를 두려워하지 않는다.

① 다재다능한 모든 사람은 자신감이 높다.
② 목표를 이루기 위해 끊임없이 노력하는 어떤 사람은 변화를 두려워한다.
③ 리더십을 잘 발휘하는 어떤 사람은 자신감이 높지 않다.
④ 어떤 암벽 등반가는 변화를 두려워하지 않는다.

36 귀하는 경기도 내 각 지자체에서 주최하는 아래의 모든 축제를 참여할 예정이며, 일정상 일주일 중 토요일에만 참여할 수 있고, 하루에 2개 이상의 축제에 참여할 수 없다. 제시된 조건을 모두 고려하였을 때, 항상 옳지 않은 것은? (단, 올해 4월 3일은 월요일이다.)

[경기도 축제]

축제	양평 딸기축제	고양 국제꽃축제	군포 철쭉축제	이천 도자기축제	부천 진달래축제	과천 벚꽃축제
기간	1/15~5/31	4/28~5/14	4/28~4/30	4/28~5/14	4/8~4/9	4/10~4/20

> • 기간이 가장 짧은 축제부터 참여일을 우선적으로 결정한다.
> • 기간이 같은 축제의 경우 '꽃'과 관련된 축제에 먼저 참여한다.
> • 기간이 가장 긴 축제는 6개 축제 중 가장 마지막으로 참여한다.

① 귀하는 4월 15일에 과천 벚꽃축제에 참여한다.
② 귀하는 4월 22일에 양평 딸기축제에 참여한다.
③ 귀하는 4월 29일에 군포 철쭉축제에 참여한다.
④ 귀하는 5월 6일에 고양 국제꽃축제에 참여한다.

37 A, B, C, D는 토요일과 일요일 이틀 동안 체험 학습에 참여하였다. 참여하는 체험 학습에 따라 내야 하는 금액은 서로 달랐으며, 4명이 참여한 체험 학습의 총 금액은 토요일과 일요일 각각 100,000원이었다. 다음 조건을 모두 고려하였을 때, A가 체험 학습에 참여하면서 이틀 동안 냈을 최소 금액은?

- 체험 학습비는 5,000원 단위로 모두 유료였으며, 4명 모두 하루에 1가지 이상의 체험 학습에 참여하였다.
- 토요일에 C가 낸 금액은 15,000원이었다.
- A는 토요일과 일요일 모두 D보다 10,000원씩 더 냈다.
- B가 이틀 동안 낸 총 금액은 30,000원이었다.
- 일요일에 A와 C가 낸 금액의 평균은 35,000원이었다.

① 50,000원   ② 55,000원   ③ 60,000원   ④ 65,000원

38 ○○회사에서 1년간 개발해 오던 신제품을 출시하면서 신제품 홍보 행사를 개최하려고 한다. 행사는 10월 9일부터 10월 13일까지 총 5일간 진행되고, 연구개발팀 A, B, C와 마케팅팀 D, E, F, G, H, I 중 일부가 행사를 진행할 예정이다. 다음 중 직원들의 휴가 및 출장 일정을 모두 고려하여 5일 동안 행사 진행에 참여하는 전체 인원을 최소로 배치한 것은?

[휴가 및 출장 일정]

10/9(월)	10/10(화)	10/11(수)	10/12(목)	10/13(금)
	E 출장	E 출장	A 휴가, E 출장	E 출장

[행사 인원 배치 규칙]

- 이틀 연속으로 행사 인원에 배치될 수 없다.
- 신제품 기술 설명을 위해 연구개발팀에서 매일 1명 이상 배치되어야 한다.
- 연구개발팀 팀장인 A는 반드시 하루 이상 배치되어야 한다.
- 마케팅팀에서 매일 2명 이상 배치되어야 한다.
- D, E는 홍보 행사 총책임자로 월요일에는 반드시 배치되어야 한다.

	10/9(월)	10/10(화)	10/11(수)	10/12(목)	10/13(금)
①	A, D, E	B, F, G	C, D, H	A, F, G	B, D, H
②	A, D, E	B, F, G	A, D, H	B, F, G	A, D, H
③	C, D, E	B, F, G	E, H, I	B, D, F	C, G, H
④	C, D, E	B, F, G	A, D, H	C, F, G	A, D, H

39 a, b, c, d, e, f 6명이 A 사, B 사, C 사 세 회사 중 한 곳에 입사 지원을 했다. 다음 조건을 모두 고려하였을 때, 항상 옳지 않은 것은?

- 한 회사당 2명씩 입사 지원을 했다.
- b는 C 사에 지원하지 않았다.
- c와 e는 같은 회사에 지원했다.
- f는 A 사에 지원했다.

① 여섯 명이 세 회사에 지원하는 경우는 모두 4가지이다.
② b는 A 사에 지원했다.
③ c는 A 사에 지원하지 않았다.
④ a와 f가 같은 회사에 지원하지 않았다면, d가 지원하는 회사는 한 곳으로 결정된다.

40 5명의 지원자 A, B, C, D, E 중 최종 면접에 합격한 1명은 다음 주 월요일에 L 기업에 입사하게 된다. 2명은 거짓을 말하고 있고, 나머지 3명은 진실을 말하고 있을 때, 최종 면접에 합격한 사람은?

- A: D가 최종 면접에 합격했어.
- B: E는 입사할 수 없어.
- C: A가 입사하게 되었어.
- D: B와 C는 최종 면접에 불합격했어.
- E: C는 거짓을 말하고 있어.

① A   ② B   ③ C   ④ D

41 권세령, 김하진, 권혜민, 김형진, 변혜라, 정권식 6명이 카트 체험장에서 카트 경주를 했다. 다음 조건을 모두 고려하였을 때, 항상 옳은 것은?

- 6명은 동시에 출발했으며, 결승선을 동시에 통과한 사람은 없었다.
- 김형진과 권혜민의 순위 사이에 2명이 있다.
- 결승선을 가장 먼저 통과한 사람은 권혜민이 아니다.
- 변혜라는 김하진 바로 다음 순서로 결승선을 통과했다.
- 2위로 결승선을 통과한 사람은 권세령 또는 김하진이다.
- 정권식은 권세령보다 늦게 결승선을 통과했다.

① 권혜민과 권세령의 순위 사이에는 1명이 있다.
② 김하진은 권세령보다 순위가 높다.
③ 권혜민은 변혜라 바로 다음 순위이다.
④ 김하진이 정권식보다 순위가 높다면 변혜라는 3위이다.

42 다음은 A, B, C, D, E, F 6개 지역 간의 축산물 유통비용이다. 축산물은 모든 지역을 빠짐없이 한 번씩만 거쳐 유통되며, C 지역에서 출발하여 그다음으로 B 지역을 거쳐 마지막으로 A 지역에 최종 도달해야 한다. 유통비용이 최소인 경로로 이동할 때의 비용은? (단, E 지역은 네 번째 순서로 거쳐 가지 않는다.)

(단위: 만 원/100톤)

지역	A	B	C	D	E	F
A	–	30	22	3	11	5
B	30	–	35	20	13	21
C	22	35	–	16	9	8
D	3	20	16	–	10	31
E	11	13	9	10	–	4
F	5	21	8	31	4	–

① 71만 원/100톤 ② 73만 원/100톤 ③ 78만 원/100톤 ④ 86만 원/100톤

43 다음은 온라인 커뮤니티 카페의 회원 등급에 관한 자료이다. 자료와 [상황]을 근거로 판단한 내용으로 옳은 것만을 모두 고르면?

- 온라인 커뮤니티 카페 A는 회원 등급을 다음과 같이 구분하여 각각의 조건을 모두 충족할 경우에만 자동으로 회원 등급을 올리고 있다.

회원 등급별 충족 조건	회원 등급
출석 횟수가 100회 이상이면서 작성한 게시글이 20개 이상, 댓글이 70개 이상인 회원	VIP
출석 횟수가 60회 이상이면서 작성한 게시글이 10개 이상, 댓글이 30개 이상인 회원	골드
출석 횟수가 30회 이상이면서 작성한 게시글이 3개 이상, 댓글이 10개 이상인 회원	실버
그 밖의 회원	브론즈

※ 예 출석 횟수가 120회, 게시글 수가 15개, 댓글 수가 25개인 회원은 실버 등급임

[상황]

구분	출석 횟수(회)	게시글 수(개)	댓글 수(개)
갑	?	17	?
을	?	?	30
병	150	?	?

㉠ 회원 갑의 출석 횟수가 50회이고, 작성한 댓글 수가 80개일 경우 갑이 받은 회원 등급은 골드이다.
㉡ 회원 을의 출석 횟수가 20회이고, 작성한 게시글 수가 15개일 경우 을이 받은 회원 등급은 브론즈이다.
㉢ 회원 병이 작성한 게시글 수가 20개이고, 댓글 수가 80개일 경우 병이 받은 회원 등급은 VIP이다.
㉣ 갑, 을, 병이 현재 상황에서 받을 수 있는 가장 높은 회원 등급은 모두 VIP이다.

① ㉠, ㉢ 　　　② ㉡, ㉢ 　　　③ ㉡, ㉣ 　　　④ ㉢, ㉣

44 다음 중 문제를 해결하기 위해 개인에게 요구되는 기본 요소로 가장 적절하지 않은 것은?

① 체계적인 교육 훈련
② 문제 관련 지식에 대한 가용성
③ 문제 해결자의 도전 의식과 끈기
④ 문제에 대한 실행 중심적 접근

45 서울에 사는 지훈이는 KTX 또는 새마을호를 이용하여 부산에 갈 예정이다. 환승은 하차한 역에서 출발하는 기차로만 가능할 때, 지훈이가 서울역에서 부산역까지 기차로 이동할 수 있는 최단 거리는?

[KTX 노선도 및 역 사이 거리]

서울　광명　　천안아산　오송　　대전　　김천구미　　동대구　　울산　　　　부산

구분	거리	구분	거리
서울역~광명역	22km	서울역~김천구미역	233km
서울역~천안아산역	96km	서울역~동대구역	286km
서울역~오송역	124km	서울역~울산역	365km
서울역~대전역	159km	서울역~부산역	471km

[새마을호 노선도 및 역 사이 거리]

서울 용산 영등포　수원　　천안 조치원　대전　　　김천　　　대구 동대구　청도 밀양　　부산

구분	거리	구분	거리
서울역~용산역	3km	서울역~김천역	253km
서울역~영등포역	9km	서울역~대구역	323km
서울역~수원역	41km	서울역~동대구역	326km
서울역~천안역	96km	서울역~청도역	361km
서울역~조치원역	129km	서울역~밀양역	381km
서울역~대전역	166km	서울역~부산역	441km

① 401km　　　　② 408km　　　　③ 417km　　　　④ 434km

46 귀하는 학교 근처 건물에 문구점 입점을 위해 부동산에 문의했다. 부동산의 공인중개사인 갑은 제시된 건물별 정보와 입점 평가 점수표를 바탕으로 점수를 계산하여 총점이 가장 높은 건물을 추천하려고 할 때, 다음 중 귀하가 갑으로부터 추천받게 될 건물은?

[건물별 정보]

구분	A 건물	B 건물	C 건물	D 건물
월세 비용	70만 원	68만 원	80만 원	55만 원
학교 거리	1.2km	2km	0.7km	0.5km
공사 기간	34일	48일	42일	41일
공사 비용	16만 원/일	9만 원/일	12만 원/일	11만 원/일
도로변 위치 여부	O	X	X	X

※ 건물이 도로변에 위치한 경우 총점에서 1점 가산함

[입점 평가 점수표]

구분	5점	4점	3점	2점	1점
월세 비용	50만 원 미만	50만 원 이상 60만 원 미만	60만 원 이상 70만 원 미만	70만 원 이상 80만 원 미만	80만 원 이상
학교 거리	0.5km 미만	0.5km 이상 1km 미만	1km 이상 1.5km 미만	1.5km 이상 2km 미만	2km 이상
공사 기간	30일 미만	30일 이상 36일 미만	36일 이상 42일 미만	42일 이상 48일 미만	48일 이상
공사 전체 비용	400만 원 미만	400만 원 이상 450만 원 미만	450만 원 이상 500만 원 미만	500만 원 이상 550만 원 미만	550만 원 이상

※ 1) 총점 = (월세 비용 점수 × 0.2) + (학교 거리 점수 × 0.4) + (공사 기간 점수 × 0.1) + (공사 전체 비용 점수 × 0.3)

2) 총점이 같을 경우 공사 기간, 학교 거리, 공사 전체 비용, 월세 비용 순으로 우선순위를 두고, 점수가 더 높은 건물에 입점함

① A 건물   ② B 건물   ③ C 건물   ④ D 건물

47 2021년 1월 1일에 사원에서 대리로 승진한 김 대리는 월 급여액이 2020년보다 15% 인상되어 2,875,000 원이 되었다. 2020년에 이어 2021년에도 성과급을 지급받았다면, 2021년과 2020년에 지급받은 성과급의 차이는?

1회

2회

3회

4회

5회

6회

[등급별 성과 평가 점수 및 성과급 지급률]

구분		S 등급	A 등급	B 등급	C 등급	D 등급
성과 평가 점수		95점 이상	83점 이상 95점 미만	75점 이상 83점 미만	68점 이상 75점 미만	68점 미만
성과급 지급률	1~2급	170%	135%	95%	70%	35%
	3~4급	150%	120%	85%	60%	
	5급	135%	110%	75%	45%	

※ 성과급 = 평가 기간의 월 급여액 × 성과급 지급률

[직급별 직위]

구분	1급	2급	3급	4급	5급
직위	부장	차장	과장	대리	사원

[김 대리의 성과 평가 점수]

구분	개별 역량 점수	조직 기여도 점수
2020년	74점	63점
2021년	82점	77점

※ 성과 평가 점수 = (개별 역량 점수 × 0.7) + (조직 기여도 점수 × 0.3)

① 718,750원   ② 943,750원   ③ 1,150,000원   ④ 1,318,750원

해커스 지역농협 6급 NCS 기출동형모의고사

48 다음은 J 회사의 사무용품 신청 안내와 물품 재고 내역에 대한 자료, 그리고 연구팀의 10월 사무용품 신청 내역서이다. 다음을 고려하였을 때, 10월에 새로 구매해야 하는 물품으로 적절하지 않은 것은?

[사무용품 신청 안내]

- 사무용품 신청은 매달 25일까지이며, 신청 물품은 30일에 일괄적으로 팀 내 담당자에게 지급됩니다.
- 팀 내 사무용품 담당자는 신청 내역을 취합한 뒤, 물품 칸에 신청자의 이름과 수량을 적어서 제출합니다.
- 일부 물품의 경우 사용한 물품을 반납한 뒤 신청이 가능하며, 물건의 반납이 완료된 경우 '반납완료'를 병기하여 표시합니다.

  ※ 반납완료 후 신청 가능 품목: 연필, 보드마카, 네임펜, 수정테이프, 칼, 딱풀, 가위, 테이프
  (반납완료 후 신청 가능한 물품이 반납완료되지 않은 경우 신청 내역은 자동 이월됨)

[물품 재고 내역]

품명	옵션	재고
보드마카	검은색	3
네임펜	분홍색	3
	노란색	1
	파란색	2
테이프	양면테이프	2
	투명 박스 테이프	3
L자 파일	20매	3
3단 책꽂이	–	2
더블클립	특대	10
	대	20
	중	5
	소	30
포스트잇	대	5
	중	2

※ 재고가 있는 제품만 내역 조회됨

[연구팀 10월 사무용품 신청 내역서]

품명	옵션	성명(수량)
연필	HB	정재영(2, 반납완료) 한상명(1, 반납완료)
	B	

보드마카	검은색	김도연(2, 반납완료) 차정환(3)
	파란색	
	빨간색	
네임펜	분홍색	김도연(1, 반납완료) 조혜성(3, 반납완료)
	노란색	김도연(1, 반납완료)
	파란색	차정환(2, 반납완료)
수정테이프	–	김용일(1)
칼	–	
딱풀	–	정재영(1, 반납완료) 김다빈(2, 반납완료)
가위	–	
테이프	양면테이프	김다빈(3)
	투명 박스 테이프	차정환(2, 반납완료)
	노란 박스 테이프	
계산기	–	
낱장 파일	투명	
L자 파일	20매	김다빈(1) 조혜성(2)
3단 책꽂이	–	심익준(1)
더블클립	특대	심익준(5)
	대	
	중	차정환(7)
	소	
포스트잇	대	조혜성(2)
	중	김용일(1) 심익준(2)
	소	
플래그	중	
	소	김용일(3)
색연필	검은색	
	파란색	
	빨간색	
지우개	–	심익준(4)

① HB 연필　　　② 검은색 보드마카　　　③ 중 더블클립　　　④ 중 포스트잇

49 A, B, C, D 4개 기업의 인사 담당자들은 한 취업사이트에 올라온 12명의 공개 이력서를 확인하고 있다. 자사의 채용 조건을 충족하는 구직자에게 면접 제의를 하려고 할 때, 면접 제의를 받게 될 구직자는 총 몇 명인가?

[기업별 채용 조건]

구분	최종 학력	전공 계열	경력	자격증	기타 조건
A 기업	전문 학사 이상	공학 계열	무관	-	경기 지역 거주자
B 기업	학사 이상	인문 계열	무관	-	일본어 자격시험 600점 이상
C 기업	석사 이상	자연·공학 계열	3년 이상	전기기사	-
D 기업	학사 이상	무관	2년 이상	운전면허증	-

[구직자별 이력 사항]

성명	거주 지역	최종 학력	전공 계열	전공학과	경력	자격 사항
김서영	광주 서구	학사	사회 계열	정치외교학과	신입	일본어 자격시험 610점
이준희	서울 성북구	학사	예체능 계열	시각디자인학과	신입	시각디자인기사
김혜진	경남 창원시	학사	인문 계열	중국어학과	4년	운전면허증
박지민	경기 구리시	학사	자연 계열	물리학과	신입	-
한재연	강원 강릉시	학사	공학 계열	전자공학과	2년 6개월	운전면허증
손규민	인천 부평구	전문 학사	공학 계열	컴퓨터공학과	2년	정보처리기사
김지영	충북 청주시	학사	사회 계열	경영학과	1년 6개월	-
한지율	대전 서구	학사	인문 계열	국어국문학과	신입	일본어 자격시험 840점
최민	충남 천안시	석사	공학 계열	전기공학과	3년	전기기사
김하나	서울 마포구	전문 학사	사회 계열	행정학과	신입	운전면허증
황민규	전북 정읍시	석사	인문 계열	일본어학과	1년 6개월	일본어 자격시험 930점
이재원	경기 안산시	학사	공학 계열	화학공학과	신입	위험물산업기사

① 3명　　　　② 4명　　　　③ 5명　　　　④ 6명

50 다음 비용 항목 중 직접비용에 해당하는 항목을 모두 고르면?

| ㉠ 시설비 | ㉡ 인건비 | ㉢ 건물관리비 |
| ㉣ 원료와 장비 | ㉤ 보험료 | ㉥ 통신비 |

① ㉠, ㉡, ㉣   ② ㉠, ㉣, ㉤   ③ ㉡, ㉤, ㉥   ④ ㉢, ㉣, ㉥

51 분업의 단점으로 가장 적절한 것은?

① 직업 종류의 다양화
② 협동심 감소
③ 업무 효율성 증대
④ 전문성 극대화

52 다음 중 기업의 입장에서 작업 소요 시간의 단축으로 인해 얻을 수 있는 효과로 가장 적절하지 않은 것은?

① 생산성 향상   ② 가격 인상   ③ 위험 감소   ④ 시장 점유율 감소

53 다음은 '◇◇기업 창립 19주년 행사' 준비를 위한 회의록이다. 이 회의록을 바탕으로 회의에 참석하지 못한 홍규현 사원이 행사 준비 업무 일정에 대해 판단한 것으로 적절하지 않은 것은? (단, ◇◇기업은 주말에 근무하지 않는다.)

회의록					
회의 일시	2019년 10월 7일(월)	회의 장소	13층 2회의실	작성자	이연지 사원
참석자	• 기획팀: 이순복 팀장, 한지현 대리, 이연지 사원 • 홍보팀: 김호민 팀장, 주희진 대리, 이혜민 대리 • 디자인팀: 한예진 팀장, 안소현 대리 * 디자인팀 홍규현 사원은 출장 업무로 인해 불참				
안건	10월 25일(금)에 개최되는 '◇◇기업 창립 19주년 행사' 준비를 위한 팀별 업무 및 일정 수립				
회의 내용	1. '◇◇기업 창립 19주년 행사'의 팀별 담당 업무 내용 2. '◇◇기업 창립 19주년 행사' 업무 일정 관련 사항 – '◇◇기업 창립 19주년 행사' 준비 업무는 팀별로 진행하며, ○○프로젝트 완료일의 다음 근무일부터 최우선 순위로 진행함 – 팸플릿에 행사 프로그램 일정이 포함되어야 하므로 '행사 프로그램 구성' 업무가 완료된 후 '팸플릿 도안 제작' 업무를 진행함 – '행사 장소 사전 답사' 업무는 10월 22일(화)에 진행함				
참고 사항	• 현재 진행 중인 ○○프로젝트 완료일 – 기획팀: 10월 11일(금) – 홍보팀: 10월 14일(월) – 디자인팀: 10월 10일(목)				

1. '◇◇기업 창립 19주년 행사'의 팀별 담당 업무 내용

구분	담당팀	업무 내용	업무 소요 기간
1	디자인팀	현수막 도안 3개 제작/ 팸플릿 도안 1개 제작	현수막 도안 1개당 1일/ 팸플릿 도안 1개당 2일
2	홍보팀	회사 홈페이지 행사 안내문 업로드	1일
3	기획팀	행사 프로그램 구성	5일
4	홍보팀	경품 목록 작성 및 필요 물품 구매	2일
5	홍보팀	행사 장소 사전 답사	1일

① 세 팀의 행사 준비 업무일이 모두 중복되는 날은 하루이다.
② 홍보팀은 월요일에 행사 준비 업무를 진행하지 않는다.
③ 디자인팀이 행사 준비 업무에 소요하는 기간은 총 5일이다.
④ 10월 18일(금)에 행사 준비 업무를 진행하는 팀은 없다.

54 P 업체는 100명의 고객들을 대상으로 P 업체에서 생산하는 상품인 A, B, C, D에 대한 선호 순위 조사를 진행하였고, 상품 선호 1순위~4순위를 동일하게 응답한 고객을 한 집단으로 구분하여 응답자 수가 많은 집단부터 차례대로 결과를 나타냈다. 이 결과를 바탕으로 1차적으로 1순위 득표수가 많은 상품의 상위 두 가지 상품을 선정한 후, 2차적으로 선정된 두 가지 상품 중 집단별로 순위가 더 높은 상품의 득표수의 합이 더 큰 한 가지 상품을 P 업체의 내년 판매 주력 상품으로 선정하려고 한다. 다음 중 P 업체의 내년 판매 주력 상품으로 선정될 상품은?

[상품 선호 순위 조사 결과]

집단 구분	응답자 수	1순위	2순위	3순위	4순위
1	18명	C	B	A	D
2	17명	D	C	B	A
3	16명	D	B	C	A
4	14명	B	A	D	C
5	13명	D	C	B	A
6	12명	A	B	D	C
7	10명	A	D	B	C

① A   ② B   ③ C   ④ D

55 다음 빈칸에 들어갈 농협의 사업에 대한 설명으로 적절하지 않은 것은?

> 농협이 주관하는 농촌 체험 브랜드 (　　　)은/는 농촌·문화·관광이 결합한 농촌 체험 여행이다. 도시민들이 농가에서 숙식하며 농사, 농촌 생활, 문화, 관광 등을 체험할 수 있게 함으로써 농업인들에게는 농외소득 창출의 기회를 마련해주고, 도시민들의 농업과 농촌에 대한 이해를 제고하여 도농 상생의 장을 제공한다.

① 마을주민의 1/4 이상이 사업에 동의하고 5호 이상의 농가가 참여 가능한 마을이 사업 대상으로 지정될 수 있다.

② 사업에 참여한 농가가 음식판매업 또는 민박업으로 전업화하지 않은 마을은 사업 대상 지정이 취소될 수 있다.

③ 마을등급제를 위한 마을 평가 결과 60점 미만의 점수를 2회 이상 받은 경우에는 사업 대상 지정이 취소될 수 있다.

④ 사업자 대표가 농업협동조합법상의 조합원일 경우에 한해 사업 대상으로 지정될 수 있다.

56 다음 중 농협의 핵심가치에 해당하는 것의 총 개수는?

> ㉠ 경쟁력 있는 농업, 잘사는 농업인
> ㉡ 지역과 함께 만드는 살고 싶은 농촌
> ㉢ 미래 성장동력을 창출하는 디지털 혁신
> ㉣ 농업인과 소비자가 함께 웃는 유통 대변화

① 1개   ② 2개   ③ 3개   ④ 4개

57 다음은 A 기업 휴게실에서 이루어진 대화의 일부이다. 대화 내용을 참고하였을 때, 같은 부서에 속했을 가능성이 가장 높은 직원들을 바르게 짝지은 것은?

> 김 사원: 이번에 신제품 출시 관련해서 갑자기 발표회 잡힌 거 아시죠? 그것 때문에 얼마나 힘든지 모르겠어요. 너무 갑작스럽게 마련된 자리라 관리자분들 의전도 준비해야 하고, 회의 때 필요한 물품도 구입해야 하고, 이것저것 할 것이 너무 많다니까요.
>
> 이 사원: 저도 신제품 때문에 고생 중이에요. 원래 제 업무라고는 하지만, 판매 계획을 세우는 거나 판매 예산을 편성해서 보고하는 일은 할 때마다 어려운 것 같아요. 특히 이번에는 신제품이라 더 어려운 것 같아요. 박 사원은 요즘 어때요?
>
> 박 사원: 저도 뭐 요즘 바쁘죠. 요즘은 워낙 글로벌화가 되어서 신제품 출시를 할 때 해외 동시 출시를 노리는 경우가 많아요. 그렇다 보니 요즘 회사 전체적으로 해외 출장이 잦아져서 출장 업무 때문에 저한테 협조 요청하는 분들이 많아졌어요.
>
> 최 주임: 역시 다들 업무가 많으시네요. 관리자분들에게 들어보니 업무가 많다는 직원들 불만이 끊이질 않고 있다고 하더라고요. 실제로 퇴사하시는 분들도 많아서 요즘 일주일에 최소 2~3명은 퇴사신청서 제출하러 저희 팀에 오시는 것 같아요. 강 주임님도 요즘 많이 바빠요?
>
> 강 주임: 다행히 저는 요즘 신입사원 관리 업무만 하고 있어서 다른 분들에 비해 바쁜 것이 덜한 편이에요. 다만 걱정이 있다면 신입사원에게 재무제표 분석을 시켰는데, 그걸 많이 어려워하더라고요. 우리 팀은 기본적으로 재무제표를 분석할 줄 알아야 하는데 걱정이에요.

① 김 사원 – 박 사원   ② 김 사원 – 최 주임   ③ 이 사원 – 강 주임   ④ 최 주임 – 강 주임

58 N 기업은 현재 시장점유율은 높지만 시장성장률은 낮은 A 사업을 계속 진행해야 할지 결정하기 위해 BCG 매트릭스를 참고하여 전략을 수립하기로 하였다. 다음 중 N 기업이 수립할 수 있는 전략으로 적절한 것을 모두 고르면?

[BCG 매트릭스]

높음	Question mark	Star
낮음	Dog	Cash cow
	낮음	높음

시장성장률 (세로축), 시장점유율 (가로축)

㉠ 구축전략	㉡ 수확전략	㉢ 유지전략	㉣ 철수전략

① ㉠, ㉡ ② ㉠, ㉢ ③ ㉡, ㉢ ④ ㉢, ㉣

59 다음 중 환율 상승으로 인한 우리나라의 경제 상황에 대한 설명으로 가장 적절한 것은?

① 경상수지가 악화된다.
② 국내 물가가 하락한다.
③ 외채 상환 부담이 감소한다.
④ 한국을 여행하는 외국인이 증가한다.

60 다음 중 마이클 포터의 경쟁우위 전략에 대한 설명으로 가장 적절하지 않은 것은?

① 가격탄력성이 높은 구매자들이 많은 경우 비용우위 전략으로 경쟁력을 확보할 수 있다.
② 특정 시장을 목표로 하는 경우 차별화 전략을 펼치는 것이 적절하다.
③ 차별화 전략을 시행하는 기업은 고객화된 제품으로 형성된 고객의 높은 충성도를 이용하여 진입장벽을 강화할 수 있다.
④ 집중화 전략을 사용하는 기업은 해당 시장의 여건이 악화되면 기업의 위험이 급속도로 높아진다.

약점 보완 해설집 p.12

무료 바로 채점 및 성적 분석 서비스 바로 가기
QR코드를 이용해 모바일로 간편하게 채점하고 나의 실력이
어느 정도인지, 취약 부분이 어디인지 바로 파악해 보세요!

3회 기출동형모의고사

제한 시간(60분)을 참고하여 문제 풀이 시작과 종료 시각을 정하고,
실전처럼 모의고사를 풀어보세요.

시   분 ~   시   분 (총 60문항/60분)

- 본 모의고사는 총 60문항으로 구성되어 있으며, 60분 이내로 모든 문제를 풀어야 합니다.
- 의사소통능력, 수리능력, 문제해결능력, 자원관리능력, 조직이해능력 문제가 출제됩니다.
- 모의고사 마지막 페이지에 있는 OMR 답안지와 해커스잡 애플리케이션의 모바일 타이머를 이용하여 실전처럼 모의고사를 풀어본 후, p.143에 있는 '무료 바로 채점 및 성적 분석 서비스' QR코드를 스캔하여 응시 인원 대비 본인의 성적 위치를 확인해 보시기 바랍니다.

01 양팔 저울의 양쪽에 무게가 서로 다른 접시가 놓여 있다. 한쪽 접시에는 사과 한 개를, 다른 한쪽 접시에는 추를 올려서 사과의 무게를 재려고 한다. 오른쪽 접시 위에 사과 한 개를 올리고 왼쪽 접시 위에 추 600g 을 올렸을 때와 왼쪽 접시 위에 사과 한 개를 올리고 오른쪽 접시 위에 추 400g을 올렸을 때 모두 양팔 저울이 수평을 이루었다. 이때, 사과 한 개의 무게는?

① 200g   ② 350g   ③ 400g   ④ 500g

02 다음 명제가 모두 참일 때, 항상 옳지 않은 것은?

> • 해외여행 경험이 많은 사람들은 자신의 취향을 중요시한다.
> • 자신의 취향을 중요시하는 사람은 상대방의 의견을 쉽게 따르지 않는다.
> • 상대방의 의견을 쉽게 따르지 않는 사람들은 계획적이며, 휴식을 취하는 것 또한 중요시한다.
> • 자신의 취향을 중요시하지 않는 사람은 활동적이지 않다.
> • 활동적이지 않은 사람은 휴식을 취하는 것 또한 중요시하지 않는다.

① 계획적이지 않은 사람은 자신의 취향을 중요시하지 않는다.
② 상대방의 의견을 쉽게 따르는 사람은 해외여행 경험이 많다.
③ 휴식을 취하는 것을 중요시하지 않는 사람은 해외여행 경험이 많지 않다.
④ 활동적이지 않은 사람은 자신의 취향을 중요시하지 않는다.

03 다음 중 농약의 표시사항에 해당하는 것의 개수는?

> ㉠ '농약' 문자표기   ㉡ 농약의 명칭 및 제제형태   ㉢ 유효성분의 일반명
> ㉣ 농작물별 적용병해충   ㉤ 사용방법과 사용에 적합한 시기   ㉥ 제조 일자

① 3개   ② 4개   ③ 5개   ④ 6개

04 다음 글에서 설명하는 개념으로 가장 적절한 것은?

> 조직의 의사결정권과 책임이 조직의 하층 구조로 분산되는 것(Decentralized)을 의미한다. 이를 통해 관련 담당자는 일반적이고 상식적인 업무를 진행하고 최고 결정권자는 예외 사항에 몰두할 수 있어 업무 의사결정이 신속하게 이루어진다.

① 전문화   ② 집권화   ③ 부문화   ④ 분권화

05 자사 물류 시스템을 구축하지 못한 회사에 재직 중인 문 차장은 5개의 택배회사 중 한 곳을 협력 업체로 선정하여 전속 계약을 체결할 예정이다. 협력 업체를 선정하기 위해 평가항목인 서비스 능력, 보상 능력, 안정성, 만족도에 대한 평가점수를 매겼다. 평가항목별로 다음의 가중치를 부여하여 최종 점수가 가장 높은 택배회사를 협력 업체로 선정한다고 할 때, 문 차장이 선정하게 될 택배회사는?

[택배회사별 평가점수]

택배회사	서비스 능력	보상 능력	안정성	만족도
〈한일#〉	9점	5점	8점	3점
〈경&현〉	3점	8점	5점	7점
〈신부*〉	7점	9점	7점	4점
〈동성$〉	8점	5점	2점	9점

※ 항목별 평가점수는 최소 1점, 최대 10점으로 평가함

[평가항목별 가중치]

① 〈한일#〉   ② 〈경&현〉   ③ 〈신부*〉   ④ 〈동성$〉

06 다음 대화에서 B의 대답으로 적절한 것은?

A: Will this jacket shrink if washed?
B: _____

① No, it won't, but the color may run.
② It was no bother at all.
③ This jacket has a dark color.
④ This debate will run and run.

07 귀하는 임직원을 대상으로 한 조직이해능력에 대한 교육을 진행한 후 토의하는 시간을 가졌다. 기업의 지배 구조에 대해 팀원들이 나눈 대화 중 가장 적절하지 않은 이야기를 한 사람은?

A 팀장: 과거에는 기업의 소유권과 경영권이 결합되어 있어 소유주가 직접 경영을 하는 소유경영체제가 대부분이었지만, 최근에는 기업 규모가 커지면서 소유와 경영이 분리된 경우가 많은 것 같습니다. 소유경영체제는 과감한 경영 혁신과 투자 등이 가능하지만 독단적 경영에 대한 견제장치가 없다는 점이 단점으로 작용합니다.
B 대리: 전문경영체제도 성과 결과에 따라 유연하게 경영진을 교체하여 경영 효율을 높일 수 있다는 장점이 있지만, 소유주와 대리인 간의 정보 불균형과 불완전한 감시로 인해 발생하는 대리인 문제가 있죠.
C 주임: 여기서 대리인 문제로는 위임자가 대리인에 대한 정보 부족으로 인해 불합리한 의사결정을 하는 역선택과 기업의 이익보다는 자신의 이익을 위해 단기 실적에 집중하는 과정에서 발생하는 도덕적 해이 등이 있습니다.
D 사원: 하지만 대리인 문제는 스톡옵션을 도입하여 회계와 경영을 투명하게 감독하고, 사외이사제도로 소유주의 이해를 경영주의 이해와 일치시킴으로써 해결할 수 있습니다.

① A 팀장　　　　② B 대리　　　　③ C 주임　　　　④ D 사원

08 다음은 A, B, C, D, E 은행의 정기예금 특판 상품 금리에 대한 내용으로, 은행별 금리는 2% 이상 3% 이하로 모두 다르다. 제시된 조건을 모두 고려하였을 때, 항상 옳은 것은?

- C 은행과 E 은행의 금리 차이는 0.02%p이고, E 은행의 금리가 가장 높은 것은 아니다.
- C 은행과 D 은행의 금리 차이는 0.32%p이다.
- B 은행의 금리는 A 은행과 E 은행의 금리 차이와 D 은행의 금리를 합한 것과 같다.
- A 은행의 금리는 2.15%이고, D 은행과 0.5%p 차이가 난다.

① 정기예금 금리가 2.30% 이하인 은행은 두 곳이다.
② E 은행의 금리는 2.40% 이상이다.
③ 정기예금 금리가 두 번째로 낮은 은행은 C이다.
④ A 은행과 B 은행의 금리 차이는 0.66%p 이상이다.

1회

2회

3회

4회

5회

6회

해커스 지역농협 6급 NCS 기출동형모의고사

09 다음 글의 중심 내용으로 가장 적절한 것은?

　일반적으로 소비자들은 좋은 품질의 물건을 그에 맞는 가격에 구매하는 것을 합리적인 소비라고 생각한다. 그래서 소비자인 우리 또한 마트에 가게 되면 원하는 물건들이 놓여있는 진열대에서 물건의 가격을 하나하나 따져보곤 한다. 이때 우리는 진열대의 물건 중에서 지나치게 비싼 물건은 지갑 사정을 고려해서 제외하고, 다른 물건들보다 가격이 너무 싼 물건은 품질이 떨어질 것이라는 우려에서 제외한다. 그리고 최종적으로는 너무 비싸지도 싸지도 않은 가격의 제품을 골라 장바구니에 담으며 자신의 소비가 합리적이었다는 생각에 만족해한다. 하지만 이것을 합리적인 소비 방식이라고 단정 지을 수 없다. 가격은 제품의 품질을 반영해 매겨지는 것이 아니라 마트가 수립한 전략에 따라 매겨진 것이기 때문이다. 마트는 최저가나 최고가의 물건을 꺼리는 소비자의 심리를 미리 파악하여 특정 제품에 중간 가격을 책정한 후 소비자들이 그 제품을 소비하도록 유도한다. 즉, 우리가 적절한 가격에 샀다고 생각한 물건이 합리적인 소비의 결과가 아니라 마트가 수립한 전략에 휘말린 결과일 수 있는 것이다.

① 물건 구입 시 가격이 비싼 제품을 전적으로 배제하는 것은 합리적이지 못한 소비 방식이다.
② 소비자들은 물건의 가격이 품질에 합당하게 책정되었는지 판단할 수 있는 안목을 길러야 한다.
③ 합리적인 소비를 위해서는 물건의 품질보다는 가격을 중요하게 여기는 태도를 가져야 한다.
④ 적당한 값에 물건을 사는 것이 현명한 소비가 아닐 수도 있음을 인지해야 한다.

10 ○○공사의 경영 전략 자문을 맡은 귀하는 마이클 포터의 산업 구조 분석 모델을 활용하여 경영 전략을 수립하고자 한다. 이때, 잠재적 시장 참여자에 대한 진입장벽을 높일 수 있는 상황으로 가장 적절하지 않은 것은?

① 기술 개발 부문의 투자 규모를 줄인다.
② 다른 경쟁사의 제품과 차별점을 두어 고객의 충성도를 확보한다.
③ 제품 원가를 낮추어 타 경쟁사 대비 원가에 대한 우위를 차지한다.
④ 정부가 관련 사업의 규제 정책을 발표한다.

11 다음 중 직무 배당, 승진, 상벌, 근무 성적의 평가, 임금 등을 공정하게 처리해야 한다는 인사관리의 원칙은?

① 공정 보상의 원칙   ② 공정 인사의 원칙   ③ 종업원 안정의 원칙   ④ 창의력 계발의 원칙

12 다음은 어느 사무실의 직장인을 대상으로 하루 SNS 접속 시간을 조사하여 나타낸 도수분포표이다. 하루 평균 SNS 접속 시간이 63분일 때, 90분 이상 120분 미만이라고 응답한 직장인 수는?

접속 시간	직장인 수
0분 이상~30분 미만	6명
30분 이상~60분 미만	12명
60분 이상~90분 미만	14명
90분 이상~120분 미만	( )

① 3명   ② 5명   ③ 8명   ④ 10명

13 다음 중 문제의 원인을 더욱 세부적으로 파악하거나 해결 방안을 구체화할 때 도움이 되는 방법으로 가장 적절한 것은?

① 심층 면접 분석   ② Logic Tree   ③ 3C 분석   ④ SWOT 분석

1회

2회

3회

4회

5회

6회

14 다음 지문에서 설명하고 있는 내용과 관련이 있는 운동은?

> 우리농산물 애용운동이 본격적으로 시작된 기점은 1989년 8월 11일이다. 이날은 중앙본부 대강당에서 '우리농산물애용 캠페인 전진대회'가 개최되었다. 대의원 조합장, 시도지회장, 시군지부장과 본부 임직원 등 1,100여 명이 참석한 이 대회에서 농협은 우리농산물 애용을 위한 범국민적인 여론의 조성, 소비자단체와의 협력체제 구축, 수입농산물의 유해성에 대한 경각심 고취 등을 운동의 기본방향으로 삼았다.

① 새마을 운동
② 새농민 운동
③ 신토불이 운동
④ 농도불이 운동

해커스 지역농협 6급 NCS 기출동형모의고사

15 어느 회사는 매월 15일부터 말일까지 사무용품 신청을 받고, 신청받은 사무용품은 다음 달 10일에 일괄 지급한다. 직원 A, B, C, D, E가 4월 사무용품을 신청했을 때, 항상 옳은 것은?

[4월 사무용품 신청 안내]

- 사무용품 신청표의 기입란에 성명, 수량, 소속부서를 기재하여 신청합니다.
  ex. 홍길동(1, 전략기획부)
- 반납 후 신청 가능한 물품을 최초로 신청하는 경우, 소속부서 다음에 '최초신청'도 함께 기재해 주세요.
  ex. 홍길동(1, 전략기획부, 최초신청)
- 기입란에 이미 신청자가 있다면, 그다음에 이어서 기재해 주세요.
- 반납 후 신청 가능한 물품을 사용한 다음 동일한 사무용품을 신청하는 경우, 사용한 물품을 반납해야 새로운 물품으로 수령할 수 있습니다.
- 사무용품 반납 기한은 5월 5일까지입니다.

[4월 사무용품 신청표]

구분	품명	신청자
반납 후 신청 가능한 물품	형광펜	A(1, 전략기획부, 최초신청), B(2, 국내영업부, 최초신청)
	볼펜	E(1, 인재개발부), B(2, 국내영업부), A(3, 전략기획부), D(1, 해외사업부, 최초신청)
	가위	D(1, 해외사업부, 최초신청), A(1, 전략기획부)
	자	B(국내영업부, 최초신청)
반납 없이 신청 가능한 물품	색연필	C(1, 해외사업부), D(2, 해외사업부)
	수정 테이프	D(1, 해외사업부), E(2, 인재개발부), A(1, 전략기획부), B(2, 국내영업부)
	지우개	A(1, 전략기획부), B(1, 국내영업부), D(1, 해외사업부)
	메모지	C(2, 해외사업부), A(1, 전략기획부), E(1, 인재개발부)

① A는 신청한 형광펜과 가위를 둘 다 수령할 수 있다.
② C는 메모지를 신청한 적이 있다.
③ E가 사용한 사무용품을 모두 5월 10일에 반납하면, 수령할 수 있는 사무용품의 수량은 3개이다.
④ 지우개를 B보다 먼저 신청한 직원은 볼펜도 B보다 먼저 신청하였다.

16 총무부 소속인 귀하는 초과 근무 수당을 관리하는 업무를 담당하고 있다. 이 회사의 평일 근무 시간은 오전 8시 출근, 오후 5시 퇴근으로 규정되어 있고, 주말과 공휴일에 근무할 경우 휴무일 근무 수당을 적용한다. 8월 3주 차에 초과 근무를 한 마케팅부 직원들에게 지급할 초과 근무 수당의 총금액은?

[8월 3주 차 초과 근무 수당 관리대장]

근무 일자	부서	직급	성명	출근 시간	퇴근 시간
8월 14일 (월)	전략기획부	부장	장은지	08:00	19:00
8월 15일 (화)	마케팅부	사원	박준서	08:00	17:00
8월 15일 (화)	영업부	과장	이도윤	11:00	18:00
8월 17일 (목)	마케팅부	부장	장기훈	08:00	20:00
8월 17일 (목)	영업부	대리	이수아	08:00	20:00
8월 17일 (목)	마케팅부	대리	한주원	08:00	22:00
8월 19일 (토)	전략기획부	사원	최현우	12:00	18:00
8월 19일 (토)	마케팅부	대리	한주원	08:00	14:00

[초과 근무 수당 지급 단가]

직급	시간외근무 수당	휴무일 근무 수당
과장 이상	시간당 11,000원	시간당 15,000원
대리	시간당 10,000원	시간당 14,000원
사원	시간당 8,000원	시간당 12,000원

※ 시간외근무 수당은 규정된 근무 시간에서 2시간 이상을 추가로 근무한 경우에 한해 지급되며, 시간외근무를 했을 경우 총 초과 근무 시간에 대하여 시간외근무 수당을 적용함

① 139,000원 ② 247,000원 ③ 275,000원 ④ 298,000원

[17 - 18] 다음은 주요 시도별 우유 생산량과 2011년 유제품 섭취율에 대한 자료이다. 각 물음에 답하시오.

[주요 시도별 우유 생산량]

(단위: 톤)

구분	2011년	2012년	2013년	2014년	2015년
서울특별시	223	338	455	380	69
인천광역시	15,749	17,649	15,860	16,083	15,718
경기도	728,388	855,667	853,479	914,054	900,109
충청남도	346,241	377,402	373,759	394,873	384,303
강원도	74,577	87,247	87,787	91,517	91,497
대구광역시	9,833	10,235	8,164	8,065	6,600
전라남도	138,511	144,946	143,025	146,539	145,121
광주광역시	2,759	2,785	2,762	3,134	3,123
경상남도	127,756	132,500	134,493	142,411	134,806
부산광역시	3,968	4,224	4,063	4,018	3,727
제주도	17,676	17,818	16,902	18,701	18,635
합계	1,465,681	1,650,811	1,640,749	1,739,775	1,703,708

[2011년 행정구역별 유제품 섭취율]

(단위: %)

구분	전혀 먹지 않는다	주 1~2회	주 3~4회	주 5~6회	매일 먹는다
특·광역시	4.9	25.3	25.9	15.7	28.2
동부	4.9	27.1	23.4	16.3	28.3
읍·면부	5.0	27.5	21.1	18.8	27.6

[2011년 성별에 따른 유제품 섭취율]

17 다음 중 자료에 대한 설명으로 옳은 것은?

① 2011년 유제품을 주 1~2회 섭취하는 인구는 동부가 읍·면부보다 더 적다.

② 2013년 이후 대구광역시와 부산광역시의 우유 생산량 합은 인천광역시의 우유 생산량을 넘지 못한다.

③ 충청남도, 전라남도, 부산광역시 각각의 우유 생산량은 2013년과 2015년 모두 2년 전 대비 증가하였다.

④ 2011년 유제품을 주 5회 이상 섭취하는 비율은 남자가 여자보다 7%p 더 높다.

18 다음 중 자료에 대한 설명으로 옳지 않은 것을 모두 고르면?

> a. 인천광역시와 제주도 각각의 우유 생산량이 가장 큰 해와 가장 작은 해의 우유 생산량 차이는 인천광역시가 제주도보다 작다.
> b. 주요 시도별 우유 생산량의 상위 1위부터 5위까지 순위는 매년 동일하다.
> c. 2011년 남자와 여자의 인구수가 같을 때, 유제품을 전혀 먹지 않는 인구와 매일 먹는 인구의 합은 남자가 여자보다 많다.
> d. 2011년 특·광역시에서 유제품을 주 3회 이상 섭취하는 비율은 70%를 넘는다.

① a, b　　　　　② a, d　　　　　③ b, c　　　　　④ a, c, d

19 다음 중 농협이 추구하는 농촌의 미래상인 농토피아에 대한 설명으로 적절하지 않은 것은?

① 농업이 국민들에게 안전먹거리를 공급하는 필수 산업으로 대우받는다.
② 농업의 디지털 혁신으로 농촌이 미래의 일터·삶터·쉼터로서 희망이 된다.
③ 농업의 혁신과 공익적 가치 창출의 주체로서 농업인이 국민에게 존경받는다.
④ 환경친화적 농업기술이 보급되어 농업의 지속가능성이 강화된다.

20 A, B, C 유치원은 단팥빵을 구매하여 아이들 간식으로 활용하고자 한다. A 유치원에서는 8.5근, B 유치원에서는 80.1냥, C 유치원에서는 15.4파운드의 단팥빵을 구매했다고 할 때, 3개의 유치원에서 구매한 단팥빵 무게의 총합은? (단, 1kg당 1.7근, 26.7냥, 2.2파운드이다.)

① 12kg   ② 13kg   ③ 15kg   ④ 17kg

21 농협이 하는 일은 크게 교육지원 부문, 경제 부문, 금융 부문 세 가지로 나누어진다. 다음 중 경제 부문에 속하는 활동을 모두 고르면?

㉠ 산지유통혁신	㉡ 축산 기자재 공급 및 판매	㉢ 서민금융 활성화
㉣ 소비지유통 활성화	㉤ 농촌지역 농업금융 서비스 제공	㉥ 농업인 복지 증진

① ㉠, ㉡, ㉣   ② ㉠, ㉣, ㉥   ③ ㉡, ㉢, ㉤   ④ ㉣, ㉤, ㉥

22 다음 자료에서 설명하고 있는 교육 훈련 방법은?

> 이것은 기업 내의 교육 훈련 방법 중 하나로 피교육자가 직무에 종사하면서 지도 교육을 받게 되는 방식이다. 이것은 업무 수행이 중단되는 일이 없어 시간의 낭비가 적고 기업이 필요로 하는 교육 훈련을 할 수 있다는 장점이 있지만, 피교육자를 가르치는 지도자의 높은 자질을 필요로 하며 교육 내용의 체계화가 어렵다는 특징이 있다.

① OJT　　　　② Off-JT　　　　③ TWI　　　　④ EDP

1회　2회　3회　4회　5회　6회

23 퇴근 후 집에서 휴식을 취하며 뉴스를 보던 홍 대리는 본인이 졸업한 사립 고등학교에 대한 뉴스가 나오는 것을 보고 관심을 가지게 되었다. 홍 대리가 본 뉴스의 일부가 다음과 같을 때, 이와 관련 있는 개념에 대한 설명으로 가장 적절하지 않은 것은?

> …… 이것은 비단 ○○고등학교만의 문제가 아닙니다. ○○고등학교 외에도 일부 사립학교 법인들은 의도적으로 법정부담금 납부를 회피하고 있습니다. 사학법인은 사립학교 교직원의 건강보험, 연금부담금, 재해보상부담금 등을 부담해야 한다고 법에 규정되어 있습니다. 그렇지만 사립학교가 이 법정부담금을 내지 않을 경우 각 시·도교육청에서 이를 재정결함보조금이라는 명목으로 대신 내준다는 점을 노린 것입니다. 이렇다 보니 사학법인에서 내지 못한 돈을 국민의 세금으로 막고 있다는 비판이 끊이지 않고 있습니다. ……

① 정보를 가진 사학법인이 정보를 가지지 못한 국민의 이익에 반하는 행동을 취한 것이다.
② 이러한 경우를 두고 모럴 해저드, 즉 도덕적 해이가 발생했다고 한다.
③ 제시된 사례와 관련 있는 현상으로 인해 '레몬시장'이 형성된다.
④ 이를 해결하기 위해 '유인 설계'라는 개념이 제시되었다.

24 P 회사의 인사팀에서 근무하고 있는 귀하가 성과급 지급 기준에 대한 내용을 참고하여 직원들에게 성과급을 지급하였을 때, 정소라 과장과 홍종민 사원에게 지급한 성과급의 합은?

[성과급 지급 기준]

1) 평가 및 지급 대상
   – 전 직원

2) 평가 방법
   – 팀장의 경우 사장이 내부 평가 기준에 따라 지난 1년간 해당 팀장의 성과 및 역량 등을 평가함
   – 그 외 직원의 경우 팀장이 내부 평가 기준에 따라 지난 1년간 해당 직원의 성과 및 역량 등을 평가함

3) 평가 기준
   – 아래 표와 같이 평가 등급을 4단계로 분류하여 해당 등급의 지급률을 적용함

구분	평가 등급	지급률
S 등급	평가 결과 상위 15% 이내에 해당하는 사람	월 급여액의 170%에 해당하는 금액 (팀장의 경우에는 월 급여액의 180%)
A 등급	평가 결과 상위 15% 초과 45% 이내에 해당하는 사람	월 급여액의 120%에 해당하는 금액 (팀장의 경우에는 월 급여액의 150%)
B 등급	평가 결과 상위 45% 초과 60% 이내에 해당하는 사람	월 급여액의 80%에 해당하는 금액 (팀장의 경우에는 월 급여액의 110%)
C 등급	평가 결과 상위 60% 초과에 해당하는 사람	지급하지 않음

4) 연봉 지급 한도액
   – 아래 표와 같이 직급별 연봉 한도액 내에서 성과급을 지급하도록 함

구분	팀장	부장	과장	대리	사원
연봉 상한액	63,120,000원	53,260,000원	47,610,000원	39,390,000원	32,540,000원
연봉 하한액	52,800,000원	44,400,000원	39,600,000원	32,400,000원	26,400,000원

※ 1) 연봉 = (월 급여액 × 12) + 성과급
   2) 연봉 상한액을 초과하는 경우 성과급에서 삭감하도록 함

[A 팀 평가 등급 및 월 급여액]

구분	평가 등급	월 급여액
김민수 팀장	상위 26%	4,650,000원
윤정희 부장	상위 48%	3,920,000원
정소라 과장	상위 8%	3,490,000원
박현준 대리	상위 65%	2,770,000원
홍종민 사원	상위 30%	2,450,000원

① 8,190,000원　　② 8,475,000원　　③ 8,670,000원　　④ 8,873,000원

25 다음 중 BCG 매트릭스 유형에 대한 설명으로 가장 적절하지 않은 것은?

① Question mark: 성장률은 높지만 점유율이 낮아 시장 확대를 위한 전략적 투자가 필요한 신규사업이다.
② Star: 수익성이 높고 성장 기회가 많아 적극적이고 지속적인 투자가 이루어져야 하는 성공사업이다.
③ Dog: 잠재적 성장 가능성과 높은 수익성으로 공격적인 투자를 통해 규모를 확대해야 하는 투자사업이다.
④ Cash cow: 충분히 성장한 시장으로 기존 투자에 의해 꾸준하게 수익이 실현되는 자금원천사업이다.

26 다음 지문의 내용과 관련 있는 한자성어를 고르면?

> 중국 춘추·전국 시대 초나라의 무사가 양자강을 건너기 위해 배를 탔다. 귀한 칼을 지니고 있던 무사는 강을 건너던 도중에 실수로 칼을 물속에 빠트리고 만다. 무사는 허리춤의 단검을 빠르게 뽑아서 칼을 떨어트린 뱃전에 칼자국을 내기 시작했다. 사람들이 그 까닭을 묻자, "칼이 빠진 곳에 표시를 해둔 것이다."라고 답했다. 배가 건너편 목적지에 도착하자 무사는 칼자국이 있는 뱃전 아래 물속으로 뛰어들어 칼을 찾고자 했지만 찾을 수 없었다. 이에 사람들은 배가 움직인 것을 생각하지 않고 나중에 칼을 찾은 무사의 어리석은 행동을 비웃었다.

① 절차탁마(切磋琢磨)
② 각주구검(刻舟求劍)
③ 건곤일척(乾坤一擲)
④ 궁여지책(窮餘之策)

27 다음 중 농협의 사회공헌 활동에 대한 설명으로 가장 적절하지 않은 것은?

① 영농폐기물 수거: 농촌의 환경을 보호하기 위해 폐비닐, 폐농약 용기 등을 수거·처리하는 봉사활동
② 농협 장학관: 농업 관련 대학에서 교육받는 청년 농업인들을 위한 생활관
③ 농촌 다문화가정 모국 방문: 농촌 결혼이민자들이 모국에 방문할 수 있도록 항공권과 체재비를 지원하는 활동
④ 깨끗하고 아름다운 농촌 마을 가꾸기: 농촌 마을이 깨끗하고 아름다운 환경 및 경관을 제공함으로써 농업과 농촌의 공익적 가치를 창출하기 위한 활동

28 기획1팀, 기획2팀, 법무팀, 인사팀, 영업팀은 모두 다음 주 수요일 3시부터 5시까지 사용할 회의실을 예약하려고 한다. 다음 조건을 모두 고려하였을 때, 영업팀이 예약할 회의실은?

- 기획1팀은 13명, 기획2팀은 16명, 법무팀은 5명, 인사팀은 8명, 영업팀은 17명이 회의에 참석하며, 참석 인원을 수용할 수 있는 회의실을 예약한다.
- 각 층의 계단 바로 오른쪽에 위치한 회의실에서 다음 주 평일 오후에 면접이 진행될 예정이다.
- 계단 왼쪽에 위치한 2층 회의실에는 빔 프로젝터가 설치되어 있지 않다.
- 회의실별 최대 수용인원은 계단 왼쪽에 위치한 회의실이 10명, 오른쪽에 위치한 회의실이 20명이다.
- 101호, 102호, 206호는 내부 공사 중이므로 사용할 수 없다.
- 기획2팀, 인사팀, 영업팀은 빔 프로젝터가 설치된 회의실을 예약한다.
- 기획1팀과 기획2팀은 같은 층에 이웃한 회의실을 예약한다.

[회의실 배치도]

왼쪽	201호	202호	203호	계단	204호	205호	206호	오른쪽
	101호	102호	103호		104호	105호	106호	

① 103호   ② 106호   ③ 203호   ④ 205호

29 다음 밑줄 친 단어와 의미가 반대되는 것은?

> 많은 사람이 그의 <u>노회</u>한 면모에 혀를 내둘렀다.

① 노련   ② 교활   ③ 미숙   ④ 무구

30 다음 중 높임법에 맞지 않는 것은?

① 사장님의 말씀이 계시겠습니다.
② 동생은 어머니를 모시고 집에 갔다.
③ 희열아, 선생님께서 교무실로 오라신다.
④ 우리 할머니는 귀가 밝으시다.

31 다음 전제를 모두 고려하였을 때, 결론이 반드시 참이 되기 위해 필요한 전제를 고르면?

전제 1	탁구 경기를 관람하는 사람은 골프 경기를 관람하지 않는다.
전제 2	탁구 경기를 관람하지 않는 사람은 배드민턴 경기를 관람하거나 테니스 경기를 관람한다.
결론	골프 경기를 관람하는 사람은 테니스 경기도 관람한다.

① 배드민턴 경기를 관람하는 사람은 골프 경기도 관람한다.
② 테니스 경기를 관람하지 않는 사람은 탁구 경기도 관람하지 않는다.
③ 배드민턴 경기를 관람하는 사람은 탁구 경기도 관람한다.
④ 골프 경기를 관람하는 사람은 탁구 경기도 관람한다.

32 제시된 숫자의 규칙을 찾아 빈칸에 들어갈 알맞은 숫자를 고른 것은?

$$\frac{2}{3,087} \quad \frac{2}{441} \quad (\quad) \quad \frac{2}{9} \quad \frac{14}{9} \quad \frac{98}{9}$$

① $\frac{2}{63}$ ② $\frac{1}{9}$ ③ $\frac{2}{17}$ ④ $\frac{4}{9}$

33 다음 중 농협이 애그테크·농식품 분야의 청년 창업가 육성을 위해 애그테크·농식품 분야로의 창업을 희망하는 예비 창업가들을 지원하는 교육 프로그램은?

① N블링   ② NH Seed
③ 농협청년농부사관학교   ④ 돌아온 농활

34 ○○시가 올해부터 전기 절약 사업을 시행함에 따라 참여한 아파트들을 대상으로 전기 절약 평가를 진행하고 있다. 5개의 동으로 구성되어 있는 A 아파트가 전기 절약 사업에 참여했을 때, 제시된 전기 절약 평가 방법에 따라 평가한 A 아파트의 전기 절약 평가 총점은?

[전기 절약 평가 방법]

1. 전기에너지 세대수 점수
   - 세대수의 합에서 전기에너지 세대수의 합이 차지하는 비중으로 평가

구분	0~20%	21~40%	41~60%	61~80%	81~100%
점수	1	2	3	4	5

   ※ 전기에너지 세대는 스마트 계량기를 설치한 세대를 의미함

2. 전기 자동차 대수 점수
   - 전기 자동차 대수로 평가

구분	0~30대	31~60대	61~90대	91~120대	121대 이상
점수	1	2	3	4	5

3. 전기 자동차 충전소 개수 점수
   - 전기 자동차 충전소 개수로 평가

구분	0~10개	11~20개	21~30개	31~40개	41개 이상
점수	1	2	3	4	5

4. 전기 절약 만족도 점수
   - 만족도별 (점수 × 세대수)의 합 / 세대수의 합으로 평가

구분	매우 불만족	약간 불만족	보통	약간 만족	매우 만족
점수	1	2	3	4	5

5. 전기 절약 평가 총점
   총점 = (전기에너지 세대수 점수 × 6) + (전기 자동차 대수 점수 × 6)
   + (전기 자동차 충전소 개수 점수 × 3) + (전기 절약 만족도 점수 × 5)

[A 아파트 전기 사용량 관련 조사 결과]

1. 전기에너지 세대수

구분	1동	2동	3동	4동	5동
세대수	90	90	90	90	90
전기에너지 세대수	23	45	32	47	48

2. 전기 자동차 대수

구분	1동	2동	3동	4동	5동
전기 자동차 대수	8	13	11	9	18

3. 전기 자동차 충전소 개수

구분	1동	2동	3동	4동	5동
전기 자동차 충전소 개수	2	5	3	2	6

4. 전기 절약 만족도

구분	매우 불만족	약간 불만족	보통	약간 만족	매우 만족
세대수	33	48	56	152	161

① 49점 ② 52점 ③ 55점 ④ 58점

35 다음 중 맞춤법에 맞지 않는 것은?

① 오랫동안 참아왔던 불만이 폭발한 것이었다.
② 샌들이 강물에 떠내려가버리는 바람에 맨발로 있었다.
③ 식사는커녕 차 한 잔 마실 여유도 없을 만큼 바빴다.
④ 주요 시설물의 관리가 제대로 이루어지지 않았다.

36 다음은 ○○은행 회전예금 상품에 대한 자료이다. 세림이는 ○○은행 회전예금 상품에 가입기간 1년으로 300만 원을 예치하고 가입 7개월 후에 중도해지하였다. 회전주기는 2개월이고 주기마다 0.05%p씩 금리가 상승했을 때, 세림이가 받은 이자는 총 얼마인가? (단, 이자에 대한 세금은 고려하지 않는다.)

[○○은행 회전예금 상품 금리]

구분	내용			
기본금리	회전주기에 따른 기본금리			

구분	1개월 이상 3개월 미만	3개월 이상 6개월 미만	6개월 이상 12개월 미만	12개월 이상
기본금리(%)	0.25	0.30	0.40	0.45

※ 회전기간마다 계산한 이자를 원금에 가산하며 이자는 최초 원금에 대한 단리로 적용됨

가입 경과기간에 따른 중도해지금리

경과기간	중도해지금리
3개월 미만	0.1%
3개월 이상 6개월 미만	중도해지 기준금리 × 50% × 경과 월수 / 계약 월수
6개월 이상 9개월 미만	중도해지 기준금리 × 60% × 경과 월수 / 계약 월수
9개월 이상 11개월 미만	중도해지 기준금리 × 70% × 경과 월수 / 계약 월수
11개월 이상	중도해지 기준금리 × 80% × 경과 월수 / 계약 월수

(중도해지금리)

※ 1) 첫 회전기간 중도해지 기준금리는 가입일 당시 고시된 기본금리로 적용함
　　2) 1회전 이상 경과 후 중도해지 시 중도해지 기준금리는 회전기간 충족분에 대해 약정금리를 적용하고, 회전기간 미충족분에 대해 가입일 당시 고시된 기본금리로 적용함
　　3) 경과 월수는 중도해지 기준금리가 각각 적용되는 기간을 의미함

※ 회전예금은 가입기간에 상관없이 예금 가입기간 중 변동되는 금리를 기본금리에 적용하는 예금 상품임

① 2,850원　　　　② 3,075원　　　　③ 4,455원　　　　④ 6,300원

37 황 사원은 농·축협 지역본부 중 4개 지역이 참여하는 합숙 교육의 첫째 날 점심 주문을 담당하게 되었다. 황 사원은 상사의 지침에 따라 참석하기로 한 인원에 맞춰 음식 종류별로 주문 개수를 급하게 정리해 두고, 음식 주문 전에 주문 개수를 다시 검토할 예정이었다. 하지만 교육 전날 오전에 C 지역에서 직원 3명이 교육에 불참하게 되었다는 연락을 받아, 음식 주문 개수를 조정해야 할 필요가 생겼다. 황 사원이 정리해 둔 내역에서 조정한 사항으로 적절하지 않은 것은?

[합숙 교육 첫째 날 점심 관련 상사 지침]

- 직원들의 점심은 음료수(1.5L), 도시락, 봉지 견과류로 구성하도록 함
  - 봉지 견과류는 직원 1명당 2개, 음료수는 직원 4명당 1개, 도시락은 직원 1명당 1개를 제공
  - 만약 참석 인원이 4의 배수가 아니라면, 부족하지 않게 제공할 수 있도록 주문
    (즉, 5명이 참석한다면 음료수는 2개를 주문해야 함)
- 점심으로 제공하는 음식은 지역별로 박스 하나에 포장하여 지역을 구분하여 서로 다른 장소에서 식사할 수 있도록 함
  - 지역별로 봉지 견과류 5개를 여유분으로 주문
- 변동 사항이 발생할 수 있으므로 음식은 교육 전날 저녁에 주문하도록 함

[황 사원이 정리해 둔 주문해야 할 음식 개수]

지역(참석 인원)	음료수	도시락	봉지 견과류
A 지역(20명)	5개	20개	40개
B 지역(15명)	4개	15개	35개
C 지역(22명)	6개	21개	49개
D 지역(18명)	4개	18개	41개

① A 지역의 봉지 견과류 개수는 5개 늘려 주문해야 한다.
② B 지역의 음료수 개수는 1개 줄여 주문해야 한다.
③ C 지역의 도시락 개수는 2개 줄여 주문해야 한다.
④ D 지역의 음료수 개수는 1개 늘려 주문해야 한다.

38 다음은 ○○공사의 홍보실에서 근무하는 김성배 대리가 농산물 상품 판매를 촉진하고자 마케팅 대행 업체와 계약을 위해 홈페이지에 올린 공고문의 일부이다. 마케팅 대행 용역 입찰 공고와 심사 기준을 근거로 판단할 때, 김성배 대리가 채택할 마케팅 용역 업체는?

[마케팅 대행 용역 입찰 공고]

1) **사 업 명:** 농산물 상품 판매 사업 마케팅 대행
2) **사업내용:** 기획·운영, 제작, 광고·홍보 등
3) **사업기간:** 202X년 7월 1일~12월 31일
4) **참가자격:** 분야별 경력 10년 이상 인력 확보 기업
    ※ 핵심 분야: IMC 기획, 크리에이터, 웹 개발
5) **절   차:** 제안서 접수 → 제안설명회 → 우선협상대상자 선정 → 계약조건 협상 → 계약
6) **평가방법:** 평가위원회의 평가 결과, 기술 평가(80점)와 가격 평가(20점)를 합한 점수가 70점 이상
    인 업체 중 고득점 업체
7) **기타사항:** 기타 언급되지 아니한 사항은 계약규정에 의함
    문의사항은 홍보실 김성배 대리(02-1234-5678)에게 문의

[심사 기준]

기술 평가					가격 평가
수행 실적	기술·지식	인력·조직·관리	사업 계획	사후관리	
10점	25점	20점	15점	10점	20점

※ 평가 결과가 동점인 기업의 경우 가격 평가 점수가 더 높은 업체를 우선 선발함

[용역 업체 평가 점수]

구분	기술 평가					가격 평가
	수행 실적	기술·지식	인력·조직·관리	사업 계획	사후관리	
A 기업	8점	18점	15점	10점	6점	18점
B 기업	9점	16점	17점	12점	7점	16점
C 기업	10점	13점	18점	15점	7점	14점
D 기업	6점	19점	14점	8점	6점	20점

① A 기업　　　　　② B 기업　　　　　③ C 기업　　　　　④ D 기업

39 다음은 농협 연혁에 대한 내용 중 일부이다. 밑줄 친 ㉠~㉢ 중 문맥상 적절하지 않은 것은?

Nonghyup is an independent cooperative organization centered on farmers and is a representative cooperative in Korea that was launched as a ㉠comprehensive agricultural cooperative in 1961 and has grown with our agriculture and rural areas. Since its inception, Nonghyup has contributed to the ㉡development of agricultural and rural areas through continuous organization and business maintenance. In 2000, it established the "Integrated National Agricultural Cooperative System" by ㉢integrating the central organizations. In 2011, the 50th anniversary of its foundation, the National Agricultural Cooperative Federation Act was revised to specialize in economic projects and credit business systems to ㉣weaken its capacity to improve the actual rights and interests of local agricultural cooperatives and farmers.

① ㉠　　　　　② ㉡　　　　　③ ㉢　　　　　④ ㉣

40 다음 중 문제해결을 위한 방법에 해당하는 퍼실리테이션에 대한 설명으로 옳은 것을 모두 고르면?

㉠ 창조적인 해결 방법을 도출할 뿐만 아니라 구성원의 동기 및 팀워크가 강화되는 모습을 보인다.
㉡ 제3자는 사실과 원칙을 토대로 구성원을 지도하고 설득하며, 모두가 합의하는 일치점을 찾아내고자 한다.
㉢ 깊이 있는 커뮤니케이션을 통해 서로의 문제점을 이해하고 공감함으로써 창조적인 문제해결을 도모한다.
㉣ 자신의 의사를 직접적으로 표현하는 것은 문제해결을 위한 방법으로 바람직하지 않다고 여긴다.

① ㉠　　　　　② ㉠, ㉢　　　　　③ ㉡, ㉢　　　　　④ ㉢, ㉣

41 송 대리의 회사 근처에 있는 의약품 생산공장 중 W, X 공장은 월요일부터 토요일까지 주 6일간 근무하며, Y, Z 공장은 월요일부터 금요일까지 주 5일간 근무한다. 송 대리가 의약품 생산공장에 다음 주 월요일부터 신약 생산을 요청할 때, 신약 10,000개 생산을 가장 먼저 끝마칠 수 있는 공장은?

> ♧♧제약회사에 근무하는 송 대리는 피부 관련 신약 생산을 위해 의약 성분 및 의약품 생산공장을 선택하려고 한다. 신약에는 항진균제, 항생제, 소염제, 항알레르기제가 반드시 한 가지씩 포함되어야 하며, 송 대리는 가장 합리적인 선택을 통해 의약 성분 및 생산공장을 선택해야 한다.

[의약 성분별 정보]

구분		필요한 양	단가	효과	부작용
항진균제	A	3mg	260원/mg	중	없음
	B	5mg	240원/mg	중	있음
항생제	C	1mg	700원/mg	상	있음
	D	2mg	750원/mg	상	없음
	E	4mg	500원/mg	중	없음
소염제	F	5mg	600원/mg	중	있음
	G	2mg	750원/mg	중	없음
	H	3mg	730원/mg	상	있음
항알레르기제	I	4mg	1,250원/mg	상	있음
	J	1mg	1,500원/mg	중	없음

※ 1) 필요한 양은 신약 1개 생산 시 필요한 성분별 양을 의미함
2) 의약 성분별 가격 = 필요한 양 × 단가

[의약품 생산공장 정보]

구분	W 공장	X 공장	Y 공장	Z 공장
시간당 생산 개수	40개	36개	74개	69개
하루당 생산 시간	7시간	8시간	5시간	6시간

① W 공장　　　　　② X 공장　　　　　③ Y 공장　　　　　④ Z 공장

42 A가 3시간 일한 다음 이어서 B가 10시간 동안 일하여 완료한 작업을 A와 B 두 사람이 처음부터 함께 진행하면 완료하는 데 5시간이 걸린다. 이 작업을 B가 혼자 진행해서 완료하는 데 걸리는 시간은?

① 12시간 　　　　② 14시간 　　　　③ 15시간 30분 　　　　④ 17시간 30분

43 다음 의미에 해당하는 한자성어를 고르면?

겉보기에만 그럴듯하게 보이고 속은 변변하지 아니함을 이르는 말

① 동상이몽 　　　　② 명실상부 　　　　③ 인면수심 　　　　④ 양두구육

44 다음 밑줄 친 단어 중 의미가 서로 비슷한 것을 모두 고르면?

㉠ 동생은 야무진 아이로 소문나 있다. ㉡ 동생은 항상 명랑하고 쾌활하다. ㉢ 동생은 성격이 강팍한 편이다. ㉣ 동생은 성미가 걸걸한 것으로 유명하다. ㉤ 동생은 모든 일에 까다롭게 군다.

① ㉠, ㉡ 　　　　② ㉢, ㉤ 　　　　③ ㉣, ㉤ 　　　　④ ㉠, ㉣, ㉤

△△지점에 근무하는 50명의 직원은 연수원으로 1박 2일 워크숍을 떠날 예정이다. 귀하는 워크숍 기획을 맡아 윤 과장에게 워크숍 일정을 보고한 후 피드백을 받았다. 귀하가 연수원 예약을 위해 선지급해야 할 예약금은?

[연수원 이용 요금]

구분		요금	비고
식비		8,800원/식	1인 기준
숙박비	일반형	100,000원/박	4인실
	게스트하우스형	350,000원/박	12인실
강의실 대여료		400,000원/일	40인 기준, 기준 인원 초과 시 초과 인원당 10,000원 추가
빔 프로젝터 대여료		120,000원/일	–
컴퓨터 대여료		55,000원/일	–
운동장 사용료		200,000원/시간	–

※ 예약 시, 총 이용 요금의 11%를 예약금으로 선지급해야 함

윤 과장: 전달해 준 워크숍 일정 살펴봤어요. 연수원에 도착하는 시간이 오후 1시쯤이니 식사는 점심부터 다음 날 아침까지 1인당 3식으로 주문하면 되겠어요. 그리고 첫째 날에만 사용할 강의실에는 빔 프로젝터가 필요하니 미리 신청하도록 해요. 저녁 식사 전에 운동장에서 진행할 구기 종목 프로그램은 1시간으로 예정되어 있던데, 프로그램 진행하다 보면 지연될 수 있으니 넉넉히 2시간 예약해 놓으세요. 숙소의 경우, 게스트하우스형이 친목 도모를 위해서는 더 좋을 수도 있지만 요금이 조금 비싼 편이네요. 참여 인원 모두 일반형에 묵을 수 있도록 예약 진행해 주세요.

① 325,400원   ② 376,500원   ③ 400,400원   ④ 421,400원

46 다음 중 농협의 비료 관련 사업에 대한 설명으로 가장 적절하지 않은 것은?

① 농협은 창립 이듬해인 1962년부터 비료 사업을 시작하였다.

② 2018년에는 고령·여성·도시 농업인을 위해 10kg과 1kg 소포장 상품 8종을 개발해 공급하였다.

③ 화학이라는 명칭의 부정적 인식으로 인해 2019년부터는 화학비료 자체를 공급하지 않고 있다.

④ 화학비료 과다 사용으로 인한 토양오염을 방지하기 위해 매년 3월 11일을 흙의 날로 제정하는 데 앞장섰다.

47 다음은 아시아 국가의 수산물 어획량에 대한 자료이다. 제시된 국가 중 2016년에 수산물 어획량이 가장 큰 국가와 두 번째로 큰 국가의 수산물 어획량이 2016년 세계 수산물 어획량에서 차지하는 비중의 차이는 약 얼마인가?

[국가별 수산물 어획량]

(단위: 천 M/T)

국가별	2013년	2014년	2015년	2016년	2017년
한국	3,137	3,311	3,334	3,234	3,672
중국	70,663	73,684	76,017	78,338	79,935
홍콩	174	165	149	147	132
일본	4,764	4,753	4,595	4,342	4,296
세계	185,904	191,049	196,496	198,654	205,580

※ 출처: KOSIS(FAO, 수산물 어획량)

① 35.9%p   ② 36.5%p   ③ 37.2%p   ④ 37.8%p

48 다음은 5월 달력과 발전본부 구조기술처 소속인 A, B, C, D, E의 5월 스케줄 및 특이사항을 나타낸 자료이다. A, B, C, D, E가 5월에 팀 회의를 하려고 한다. 5월 스케줄 및 특이사항을 고려해 가장 빠른 날짜에 회의를 할 때, 5월 중 A~E가 모두 모여 팀 회의를 할 날짜는?

[5월 달력]

일	월	화	수	목	금	토
					1	2
3	4	5	6	7	8	9
10	11	12	13	14	15	16
17	18	19	20	21	22	23
24	25	26	27	28	29	30
31						

※ 1) 5/1(금)은 근로자의 날, 5/5(화)는 어린이날 공휴일로 휴무
　 2) 평일은 주말(토, 일)과 공휴일을 제외한 날을 의미함

[5월 스케줄 및 특이사항]

- A는 매주 금요일에 월성원자력본부로 출장을 간다.
- B는 5일과 13일, D는 12일과 26일에 당직을 설 예정이다.
- C는 4일부터 평일을 기준으로 3일에 한 번 외근을 한다.
- E는 7일과 11일에 연차가 예정되어 있다.
- 화요일에는 회의를 하지 않는다.
- 당직은 당일 오전 6시부터 다음 날 오전 6시까지 선 뒤 퇴근하며, 퇴근하는 날에는 출근하지 않는다.
- 당직 날에는 회의를 할 수 없다.

① 14일   ② 18일   ③ 20일   ④ 25일

49 24시간 편의점을 운영하는 E 점장은 주말 전 시간대와 평일 새벽 시간대에 2명의 인력이 필요하고, 그 외 시간대에는 1명의 인력이 필요하여 아르바이트생들을 고용하였다. E 점장이 편의점에서 근무하는 시간에는 인력 1명의 역할을 할 때, 고용한 아르바이트생들에게 지급할 일주일 동안의 총급여는? (단, 오후 9시부터 오전 6시까지의 시급은 6,500원, 그 외 시간대의 시급은 6,000원이다.)

[E 점장의 주간 근무 일정표]

구분	일	월	화	수	목	금	토
00:00~06:00	◆			◆			
06:00~12:00			◆				◆
12:00~18:00	◆	◆			◆	◆	◆
18:00~24:00						◆	◆

※ ◆ 표시된 시간대는 E 점장이 편의점에서 근무하는 시간을 의미하며, 새벽 시간대는 00:00~06:00임

① 1,060,500원　　　② 1,116,000원　　　③ 1,126,500원　　　④ 1,137,000원

50 A는 미소 여행사에서 1박 2일 여행 상품을 예약하였는데, 집안 사정으로 인해 여행 출발 10일 전에 상품을 환불하였다. 미소 여행사의 여행약관 일부와 A의 여행 계약서가 다음과 같을 때, A가 환불받은 금액은?

[미소 여행사 여행약관]

① 표준약관

제4조 계약의 구성

1. 여행계약은 여행 계약서와 여행약관·여행 일정표(또는 여행 설명서)를 계약 내용으로 합니다.
2. 여행 일정표(또는 여행 설명서)에는 여행 일자별 여행지와 관광 내용, 교통수단, 쇼핑 횟수, 숙박장소, 식사 등 여행 실시 일정 및 여행사 제공 서비스 내용과 여행자 유의사항이 포함되어야 합니다.

제5조 특약

여행업자와 여행자는 관계법규에 위반되지 않는 범위 내에서 서면으로 특약을 맺을 수 있습니다. 이 경우 표준약관과 다름을 여행업자는 여행자에게 설명해야 합니다.

제9조 최저 행사인원 미충족 시 계약해제

1. 여행업자는 최저 행사인원이 충족되지 아니하여 여행계약을 해제하는 경우 여행 출발 7일 전까지 여행자에 통지하여야 합니다.
2. 여행업자가 여행 참가자 수 미달로 전항의 기일 내 통지를 하지 아니하고 계약을 해제하는 경우 이미 지급받은 계약금 환급 외에 다음 각 목의 1의 금액을 여행자에게 배상하여야 합니다.
   1) 여행 출발 1일 전까지 통지 시: 상품 총가격의 30%
   2) 여행 출발 당일 통지 시: 상품 총가격의 50%

제15조 여행 출발 전 계약해제

1. 당사 또는 여행자는 여행 출발 전 여행계약을 해제할 수 있습니다. 이 경우 발생하는 손해액은 '소비자피해보상규정'(재정경제부 고시)에 따라 배상합니다.
   1) 여행자의 여행계약 해제 요청이 있는 경우(여행자의 취소 요청 시)
      (1) 여행 출발 20일 전(~20일)까지 통보 시: 상품 총가격의 10% 배상
      (2) 여행 출발 10일 전(19~10일)까지 통보 시: 상품 총가격의 15% 배상
      (3) 여행 출발 8일 전(9~8일)까지 통보 시: 상품 총가격의 20% 배상
      (4) 여행 출발 1일 전(7~1일)까지 통보 시: 상품 총가격의 30% 배상
      (5) 여행 출발 당일 통보 시: 상품 총가격의 50% 배상
   2) 당사의 취소 통보로 인한 여행 취소 손해배상
      (1) 여행 출발 20일 전까지 통보 시: 상품 총가격의 10% 배상
      (2) 여행 출발 10일 전까지 통보 시: 상품 총가격의 15% 배상
      (3) 여행 출발 8일 전까지 통보 시: 상품 총가격의 20% 배상
      (4) 여행 출발 1일 전까지 통보 시: 상품 총가격의 30% 배상
      (5) 여행 출발 당일 통보 시: 상품 총가격의 50% 배상

② 특별약관

제1조(여행 예약의 확정)

1. 여행자는 여행 상담 및 안내문을 확인 후 계약금을 통상 3일 이내에 입금하여 예약을 확정합니다.
2. 투어 예약의 경우 예약일 7일 이내에 취소 시 100% 환불 가능합니다.

제7조(취소 및 환불)

1. 미소 여행사 여행의 경우 여행자의 예약금 납부 후 요청사항에 맞추어 전 세계의 호텔과 항공 예약을 시작합니다. 따라서 위 계약사항을 취소할 경우에 발생하는 위약금의 책임은 여행자에게 있습니다.

2. 구매 취소 및 환불에 관하여 다음과 같이 위약금이 발생하며, 위약금을 제외한 금액이 환불됩니다.
　　– 예약금 입금 후 여행 출발 30일 전까지 취소할 경우 위약금 발생
　　– 여행 출발 15일~29일 전 취소: 여행 총경비의 25% 위약금 발생
　　– 여행 출발 1일~14일 전 취소: 여행 총경비의 30% 위약금 발생
　　– 여행 당일 취소 및 환불 불가
3. 여행자 보험 등 기타 추가 항목의 경우 여행 7일 전까지 전액 환불 가능합니다.
4. 위의 취소 규정과는 별도로 항공, 현지 호텔, 선택 내역의 경우 선예약이 필요한 상품이므로 국외 여행 표준약관 및 소비자보호법의 취소료 규정 외에 미소 여행사가 규정한 국외 여행 특별약관을 적용하여 아래와 같이 취소 위약금을 추가 징수한 뒤, 환불됩니다.
　　※ 특별약관일 경우, 표준약관보다 높은 수수료가 부과될 수 있으며, [하단 환불규정은 당사 국외 여행 표준약관보다 우선 적용]되는 특약규정입니다. 따라서, 국외 여행 표준약관 제5조(특약) 적용상품으로 '소비자분쟁해결기준'이 아닌 특별약관 환불 조건이 적용되는 상품 여부를 확인하셔야 합니다. 특별약관은 상품계약과 동시에 계약자의 약관 동의가 적용됩니다.

(1) 여행 출발 15일 전: 5%　　　　　　(2) 여행 출발 14일~10일 전: 10%
(3) 여행 출발 9일~5일 전: 50%　　　　(4) 여행 출발 4일~당일: 100%

국외 여행 계약서(여행자용)		
여행 상품명 및 기간	1박 2일 밤도깨비 여행 20XX. 08. 05.(목)~20XX. 08. 06.(금)	
보험 가입 등	영업보증, 금액: 22억 1천만 원	
여행 인원	6명	여행 국가/지역	대만/가오슝
여행 경비	• 기본 패키지+선택 패키지 경비 내역(추가 항목 제외) 　– 기본 패키지 성인 1인당: 259,000원 　– 선택 패키지 성인 1인당: 128,500원 　→ 6인 경비 총액: 2,325,000원 　※ 1) 선택 패키지 내역: 보트 투어(1인당 43,500원), 해피랜드(1인당 50,000원), 발 마사지(1인당 35,000원) 　　 2) 기본 패키지는 특가 상품으로 특약 규정 적용되며, 선택 패키지는 특별 예약 프로그램이므로 별도 취소료 규정 적용	
출발(도착) 일시	출발: 20XX. 08. 05.(목) (인천) 도착: 20XX. 08. 06.(금) (인천)	교통수단	항공기(기본)
숙박 시설	관광호텔: 3성급	식사 횟수	조식 1회, 중식 2회, 석식 1회
현지 안내원	유, 가이드 1인	현지 교통수단	미니버스(8인승), 기사 1인 포함

여행 경비 포함사항	필수 포함 항목	기타 추가 항목
	– 항공기 운임(1인 115,000원) – 숙박(1인 49,000원) – 식사(1인 70,000원) – 일정표 내 관광지 입장료 – 제세공과금을 포함한 세금 – 선택 내역	– 현지 안내원/기사 봉사료 – 호텔/식당 팁 – 쇼핑
		여행자 보험(최고 한도액: 1억 원) 가입, 1인 5,300원

| 특약
(위약금/취소료 규정) | 특가 상품으로 국외 여행 표준약관이 아닌 여행사의 특별약관이 적용됩니다.
※ 자사 규정 참고 | |

① 1,410,000원　　　② 1,452,000원　　　③ 1,550,400원　　　④ 1,627,500원

51 다음 글의 내용과 일치하지 않는 것은?

태양력은 지구가 태양의 둘레를 한 바퀴 도는 데 걸리는 시간을 1년으로 정한 역법으로 고대 이집트에서 최초로 사용되었다. 당시 이집트는 농경사회였기 때문에 나일강의 범람주기를 주의 깊게 살폈다. 그 결과 이집트인들은 나일강이 정기적으로 범람해 홍수가 일어나며, 다음 홍수가 일어날 때까지 평균적으로 365일이 걸린다는 것을 알아낼 수 있었다. 이를 바탕으로 그들은 365일에서 5일을 뺀 360일을 기준으로 12개의 달을 만들었으며, 남은 5일만으로 이루어진 열세 번째 달을 만들었다. 이집트인들은 1년을 365일로 계산하였지만 실제 지구의 공전주기는 365.2422일이었으며, 이 오차를 줄이기 위해서는 윤년의 개념이 필요했다. 기원전 246년 이집트 왕위에 오른 프톨레마이오스 3세는 5일로 이루어진 열세 번째 달을 4년에 한 번씩 6일로 계산함으로써 고대 이집트 달력의 오차를 바로잡으려는 시도를 하였는데, 이것이 바로 현재 사용하고 있는 윤년 제도의 시초라 할 수 있다. 한편 기원전 46년 로마는 권력자들의 이해관계에 의해 1년의 기간이 제멋대로 운용되면서 한 해의 길이가 67일이나 어긋나는 혼란을 겪고 있었다. 당시 로마의 집정관이었던 율리우스는 로마 달력의 문제점을 해결하기 위해 이집트의 태양력을 활용한 율리우스력을 개발하였다. 하지만 율리우스력도 완벽한 역법은 아니었다. 4년에 한 번씩 2월에 하루를 더하는 윤년제도를 도입했음에도 불구하고 1년에 674초라는 미세한 오차가 존재했기 때문이다. 이는 율리우스력이 제정될 당시에는 크게 문제가 되지 않는 수준이었다. 하지만 16세기에 이르러 누적오차가 10일이 넘으면서 부활절 날짜에까지 영향을 미치자, 당시 막강한 권력을 가지고 있었던 교황 그레고리우스 13세는 달력 개혁을 단행하고 그레고리력을 도입하였다. 그는 가장 먼저 1582년 10월 4일 다음 날에 바로 10월 15일이 오게 해 과거의 누적오차를 없앴다. 그리고 400년을 주기로 4년마다 윤년을 두되 1700년, 1800년과 같이 100으로 나눌 수 있는 해는 제외하면서도 1600년, 2000년과 같이 400으로 나누어지는 해에는 다시 윤년을 적용해 미래에 발생할 오차까지 줄였다. 이러한 그레고리력은 그 정확성을 인정받아 점차 확산되었고 오늘날 전 세계에서 가장 많이 사용되는 달력이 되었다.

① 고대 이집트 나일강의 범람은 일정한 주기로 일어났다.
② 윤년의 도입은 태양력의 정확성을 높이는 데 도움이 되었다.
③ 그레고리력은 수백 년 후에 발생할 오차까지 계산하여 제정되었다.
④ 고대 이집트인들이 사용했던 태양력은 완전무결한 달력이었다.

52 다음 단어 쌍의 관계를 유추하여 빈칸에 들어갈 적절한 단어를 고르면?

청출어람 : 파란색 = 일편단심 : (   )

① 노란색　　　　　② 초록색　　　　　③ 검은색　　　　　④ 빨간색

1회　2회　3회　4회　5회　6회

해커스 **지역농협 6급** NCS 기출동형모의고사

53 다음은 종합소득세에 관한 자료이다. 올해 A 대리의 연봉은 4,000만 원이며, 소득공제율은 작년 5%에서 올해 10%로 인상했다. A 대리의 연봉은 작년과 동일할 때, A 대리의 작년과 올해 종합소득세 차이는? (단, 종합소득세는 소득공제 후 남은 금액에 한해 적용된다.)

- 종합소득세 = 과세표준별 금액 × 과세표준별 세율

과세표준	세율
1,200만 원 이하	6%
1,200만 원 초과 4,600만 원 이하	15%
4,600만 원 초과 8,800만 원 이하	24%
8,800만 원 초과 1억 5,000만 원 이하	35%
1억 5,000만 원 초과 3억 원 이하	38%
3억 원 초과 5억 원 이하	40%
5억 원 초과	42%

① 20만 원　　　　　② 30만 원　　　　　③ 40만 원　　　　　④ 48만 원

54 E 기업의 A 팀과 B 팀에서 다음 주 중에 채용 면접을 진행하고자 한다. 신입사원의 입사 날짜를 고려하여 두 팀의 면접을 한 곳에서 동시에 진행한다고 할 때, 두 팀이 동시에 면접을 진행할 수 있는 요일은? (단, 팀별로 팀장, 차장, 과장, 대리가 1명씩 있다.)

[면접 관련 전달사항]

1. 면접 대상자는 총 12명으로 면접은 1명씩 순서대로 진행됩니다.
2. 면접 대상자 한 명당 15분씩 면접을 진행하며, 면접 대상자 한 명의 면접이 끝나면 5분간 휴식 후 다음 면접 대상자의 면접을 바로 진행합니다.
3. 면접 대상자의 편의를 고려하여 점심시간(13:00~14:00)에는 면접을 진행하지 않음을 참고해 주시기 바랍니다.
4. 각 팀의 팀장은 반드시 면접에 참여해야 하며, 각 팀에서 팀장을 제외한 대리급 이상 실무진(차장, 과장, 대리) 중 최소 1명 이상은 반드시 면접에 참여해야 합니다.
5. 면접관으로 선정된 경우 모든 면접 과정에 참여해야 합니다.

[A 팀 면접 가능 스케줄]

구분	월요일	화요일	수요일	목요일	금요일
09:00~10:00	차장 과장	과장 대리	과장	팀장 과장 대리	팀장 과장 대리
10:00~11:00	팀장 차장 과장	과장	팀장 대리	팀장 대리	팀장 대리
11:00~12:00	차장	팀장 차장 과장	팀장 차장	팀장 대리	팀장 대리
12:00~13:00	팀장 차장	팀장 대리	차장 과장 대리	팀장 차장 대리	팀장 차장 대리
13:00~14:00	점심시간				
14:00~15:00	팀장 차장 과장	팀장 차장	팀장 과장	과장 대리	팀장 과장
15:00~16:00	차장	팀장 차장 대리	팀장 과장	차장 과장	팀장 과장
16:00~17:00	팀장 대리	팀장 차장 과장	팀장 차장	팀장 과장	팀장 과장 대리
17:00~18:00	팀장 대리	팀장 차장	차장 과장 대리	팀장 차장	팀장 차장 과장

[B 팀 면접 가능 스케줄]

구분	월요일	화요일	수요일	목요일	금요일
09:00~10:00	팀장 차장	팀장 차장 대리	팀장 차장 과장	팀장 과장 대리	과장
10:00~11:00	팀장 차장 대리	팀장 차장	팀장 차장	팀장 과장 대리	팀장 과장
11:00~12:00	팀장 과장 대리	과장 대리	팀장 차장	팀장 과장	팀장 과장
12:00~13:00	팀장 대리	차장 과장	팀장 차장 대리	팀장 차장 과장	팀장 과장 대리
13:00~14:00	점심시간				
14:00~15:00	팀장 대리	팀장 과장	차장 대리	팀장 대리	팀장 과장 대리
15:00~16:00	팀장 과장	팀장 차장 과장	팀장 차장 대리	팀장 차장 대리	팀장 대리
16:00~17:00	과장 차장	팀장 차장 과장	팀장 대리	팀장 과장 대리	팀장 과장
17:00~18:00	팀장 과장 대리	팀장 차장	차장 과장	팀장 대리	팀장 대리

① 화요일　　　　② 수요일　　　　③ 목요일　　　　④ 금요일

55 다음은 A 지역의 사망 원인별 사망자 수에 대한 자료이다. 다음 중 자료에 대한 설명으로 옳지 않은 것은?

[사망 원인별 사망자 수]

(단위: %, 명)

사망 원인	2021년			2022년		
	구성비	남자	여자	구성비	남자	여자
신생물	28.9	45,623	27,318	28.4	45,297	27,138
순환기계통 질환	22.2	26,692	29,339	22.3	26,671	30,110
호흡기계통 질환	7.3	10,595	7,861	7.8	11,225	8,608
소화기계통 질환	4.4	7,335	3,703	4.4	7,332	3,787
분류되지 않은 증상	10.1	11,179	14,397	9.7	11,115	13,657
질병 이외의 원인	12.7	21,822	10,292	12.6	21,980	10,016
기타	14.4	17,538	19,053	14.8	18,217	19,760
계	100	140,784	111,963	100	141,837	113,076

① 2021년과 2022년 중 질병 이외의 원인으로 사망한 사람의 비중이 더 큰 해에 소화기계통 질환 사망자 수에서 여성 사망자 수의 비중은 30% 이상이다.

② 2021년과 2022년의 사망 원인별 사망자 수의 순위는 같다.

③ 2021년 기타를 제외한 모든 사망 원인에서 남자 사망자 수가 여자 사망자 수보다 많다.

④ 2022년 소화기계통 질환에 의한 사망자 비중은 전년도와 동일하지만 사망자 수는 늘어났다.

56 ○○은행 강서 지점에서는 10월 한 달간 정기예금에 가입한 고객 중 예금액이 높은 순서대로 1등, 2등, 3등 총 3명을 선정하여 사은품을 전달하였다. 지급 가능한 사은품을 무작위로 추첨하여 1등 고객에게는 3개를, 2등과 3등 고객에게는 각각 2개를 전달했을 때, 항상 옳지 않은 것은? (단, 선정된 고객들의 예금액은 모두 다르다.)

[지급 가능한 사은품 목록]

• 보조배터리 1개, 자전거 2대, 카메라 2대, 선풍기 1대, 그릇세트 2개, 셀카봉 1개

[사은품 지급 내역]

• 같은 사은품을 2개 받은 고객은 없었다.
• 카메라와 그릇세트를 둘 다 받은 고객은 1명뿐이었다.
• 보조배터리를 받은 고객은 셀카봉을 받은 고객보다 예금액이 더 많았다.
• 자전거를 받은 고객은 없었으며, 2등 고객은 선풍기를 받았다.

① 보조배터리와 그릇세트를 모두 받은 고객이 있다.

② 카메라는 1등과 3등 고객이 받았다.

③ 2등 고객은 선풍기와 셀카봉을 사은품으로 받았다.

④ 3등 고객이 그릇세트를 받았다.

57 다음 글을 통해 추론한 내용으로 적절하지 <u>않은</u> 것은?

> 사람의 머리에서는 매 순간 미약한 전류가 흘러나오는데, 이러한 전류를 일컬어 '뇌파'라고 한다. 쉽게 말해서 뇌파란 뇌 신경 사이에 신호가 전달될 때 생기는 전기의 흐름으로 '뇌에서 나오는 신호' 또는 '뇌의 목소리'라고 할 수 있다. 뇌파에 대한 연구는 오래전부터 이어져 왔는데, 1875년 영국의 생리학자 R.케이튼이 토끼와 원숭이의 대뇌피질 연구를 통해 발견한 전류를 검류계로 기록한 것이 그 시초였다. 그 후 1929년 독일의 정신과 의사 한스 베르거는 최초로 인간의 뇌 신경세포 활동에서 나타나는 변화를 외부에서 측정하여 기록하였다. 일반적으로 인간의 뇌는 0.5~30Hz의 주파수를 가지며, 주파수와 진폭에 따라 델타파, 세타파, 알파파, 베타파, 감마파 등으로 분류된다. 보통 알파파와 베타파는 뇌 기능이 정상일 때, 델타파와 세타파는 뇌 기능이 저하된 상태일 때 나타난다. 먼저 알파파는 안정되고 편안한 상태일수록 진폭이 증가하는 뇌파로 규칙적인 파동이 연속적으로 나타나며, 베타파의 경우 깨어있거나 의식적인 활동을 할 때 나오는 뇌파이다. 반면, 아주 깊은 수면 상태이거나 의식 불명일 경우 델타파가 나오고, 세타파는 정서적으로 안정된 상태 또는 수면으로 이어지는 과정에서 주로 발견된다. 하지만 세타파는 연구자들의 실험 방법 및 실험 대상의 특성이 다양하여 정확한 연구 결과가 부족한 실정이다. 최근에는 뇌파의 특성을 이용하여 뇌파로 컴퓨터를 조작하는 뇌-컴퓨터 인터페이스 기술 개발이 활발하게 진행되어, 실제로 프랑스에서는 뇌파를 음악으로 변환하는 소프트웨어가 개발되기도 했다. 그러나 한편으로 뇌파를 통해 감정 변화를 감지하는 뇌파 감시 시스템을 개발하여 산업현장에서 노동자를 감시하는 데 활용해 논란이 되고 있다.

① 일반적으로 사람의 뇌파는 0.5Hz에서 30Hz 사이의 주파수가 나온다.
② 세타파에 관한 연구는 아직 신뢰할 만한 결과가 나오지 않은 상태이다.
③ 뇌파를 음악으로 변환하는 소프트웨어는 이미 프랑스에서 개발되었다.
④ 한스 베르거는 동물의 뇌 신경세포에서 나타나는 전파를 최초로 발견하여 기록하였다.

1회   2회   **3회**   4회   5회   6회

58 하나의 주사위를 차례로 두 번 던져 나온 눈의 합이 5 또는 7인 경우는 몇 가지인가?

① 4가지   ② 6가지   ③ 8가지   ④ 10가지

59 S 차장은 독일에서 11월 7일 오전 10시에 열리는 세미나에 참석할 예정이며, 세미나 입장 시간은 개최 시각 3시간 전부터 개최 시각까지이다. 가장 저렴한 요금으로 세미나 입장 시간 내에 도착하는 비행기를 이용하려고 할 때, S 차장이 이용하게 될 항공편은? (단, 한국에서 출발하며, 공항에서 세미나 개최 장소까지의 소요 시간은 고려하지 않는다.)

[그리니치 표준시]

구분	그리니치 표준시
한국	+9
독일	+1

[독일행 항공편 정보]

항공편 명	한국 출발 일시	총 비행시간	직항/경유	요금
LH0713	11월 7일 04:00 AM	12시간 45분	경유 1회	849,700원
OZ0541	11월 6일 02:00 PM	11시간 10분	직항	942,100원
LO0098	11월 6일 11:00 AM	13시간 45분	경유 1회	815,800원
SU4031	11월 7일 05:00 AM	11시간 50분	직항	924,500원

① LH0713   ② OZ0541   ③ LO0098   ④ SU4031

60 다음 ㉠~㉢의 설명에 해당하는 인적자원관리의 특성을 바르게 연결한 것은?

㉠ 인적자원에서 나타나는 성과는 인적자원의 욕구와 동기, 태도와 행동 그리고 만족감 여하에 따라 결정되며 인적자원의 행동동기와 만족감은 경영관리에 의해 조건화되므로 이를 잘 관리할 때 기업의 성과를 높일 수 있다.

㉡ 조직의 성과는 인적자원, 물적자원 등을 효과적이고 능률적으로 활용하는 데 달려있으며, 이러한 자원을 활용하는 것이 바로 사람이기 때문에 다른 어떤 자원보다도 인적자원관리는 중요하다.

㉢ 인적자원은 오랜 기간에 걸쳐서 개발될 수 있는 많은 자질을 보유하고 있으므로 환경 변화와 이에 따른 조직 변화가 심할수록 현대 조직의 인적자원관리에서 인적자원이 차지하는 중요성은 더욱 커지고 있다.

	㉠	㉡	㉢
①	능동성	개발가능성	전략적 자원
②	능동성	전략적 자원	개발가능성
③	개발가능성	능동성	전략적 자원
④	개발가능성	전략적 자원	능동성

약점 보완 해설집 p.22

무료 바로 채점 및 성적 분석 서비스 바로 가기
QR코드를 이용해 모바일로 간편하게 채점하고 나의 실력이 어느 정도인지, 취약 부분이 어디인지 바로 파악해 보세요!

4회 기출동형모의고사

제한 시간(60분)을 참고하여 문제 풀이 시작과 종료 시각을 정하고,
실전처럼 모의고사를 풀어보세요.

___시___ ___분~___ ___시___ ___분 (총 60문항/60분)

- 본 모의고사는 총 60문항으로 구성되어 있으며, 60분 이내로 모든 문제를 풀어야 합니다.
- 의사소통능력, 수리능력, 문제해결능력, 자원관리능력, 조직이해능력 문제가 출제됩니다.
- 모의고사 마지막 페이지에 있는 OMR 답안지와 해커스잡 애플리케이션의 모바일 타이머를 이용
하여 실전처럼 모의고사를 풀어본 후, p.179에 있는 '무료 바로 채점 및 성적 분석 서비스' QR코
드를 스캔하여 응시 인원 대비 본인의 성적 위치를 확인해 보시기 바랍니다.

01 다음 결론이 반드시 참이 되게 하는 전제를 고르면?

전제	교통량이 많은 어떤 곳은 대기의 질이 나쁘다.
결론	대기의 질이 나쁜 어떤 곳은 인구가 적다.

① 인구가 적은 곳은 교통량이 많다.
② 인구가 적은 곳은 교통량이 많지 않다.
③ 교통량이 많은 어떤 곳도 인구가 적지 않다.
④ 교통량이 많은 곳은 인구가 적다.

02 다음 중 농협의 윤리시스템 조직도에서 A와 B에 들어갈 내용으로 바르게 짝지어진 것은?

	A	B
①	개별 세부과제 추진	상호금융기획부
②	개별 세부과제 추진	상호금융수신지원부
③	공동 추진과제 추진	상호금융기획부
④	공동 추진과제 추진	상호금융수신지원부

03 K 씨는 아래 자료와 부동산에서 전달한 내용을 토대로 매달 월세와 관리비를 합한 금액이 50만 원 미만이면서 소요 시간이 30분 이내인 원룸을 계약하려고 한다. 2년 동안의 월세와 관리비, 보증금을 합한 금액이 가장 저렴한 곳으로 계약하려고 할 때, K 씨가 계약할 원룸은?

> 본사에 근무하는 K 씨는 올해 순환근무 대상자로 선정되어 2년 동안 부산 지사에서 근무할 예정이다. 순환근무 대상자는 회사로부터 보조금을 일부 지원받지만, 나머지 금액은 모두 본인이 부담해야 한다. 이에 따라 K 씨는 지사 근처에서 2년 동안 지낼 원룸을 부동산에 문의한 결과, 4개의 원룸을 추천받았다.

[원룸 정보]

원룸명	보증금	월세	관리비	교통수단	소요 시간	계약 기간
청솔 원룸	500만 원	47만 원	없음	버스	27분	2년
에덴 원룸	1,000만 원	45만 원	3만 원	지하철	28분	1년
데미안 원룸	2,000만 원	20만 원	5만 원	버스	17분	2년
애플 원룸	1,500만 원	40만 원	5만 원	버스	20분	1년

※ 소요 시간은 원룸에서 회사까지 걸리는 시간을 의미함

> 스마일 부동산: 제가 전달해 드린 원룸 정보 확인하셨나요? 추가로 말씀드릴 사항이 있어서 문자 남겨요. 교통수단 이용 관련해서 말씀드리면 지하철은 항상 정시에 도착하는데, 버스는 많이 다니지 않아서 제가 전달해 드린 소요 시간보다 5분 정도 더 걸린다고 생각하셔야 해요. 그리고 계약 연장 시에는 전달해 드린 금액에서 월세만 3만 원 증액됩니다. 생각해 보시고 연락해 주세요.

① 청솔 원룸　　　　② 에덴 원룸　　　　③ 데미안 원룸　　　　④ 애플 원룸

04 다음 중 A의 말에 대한 B의 대답으로 적절하지 않은 것은?

① A: What time are we having lunch?
　B: It'll be ready before two o'clock.
② A: Are you going to take a vacation this summer?
　B: This summer is too hot.
③ A: Sorry I missed your call.
　B: That's all right. Have you been busy?
④ A: I call you several times. Why didn't you answer?
　B: Oh, I was on the phone with a friend.

05 다음 중 농가 자산에 해당하는 것의 개수는?

| ㉠ 토지 | ㉡ 건물 | ㉢ 기계 |
| ㉣ 경작권 | ㉤ 소동물 | ㉥ 미처분 농축산물 |

① 3개 　　　　② 4개 　　　　③ 5개 　　　　④ 6개

06 다음 각 설명에 해당하는 용어를 순서대로 나열한 것은?

- 특정 작업 수행을 위해서 임시적으로 조직 내의 자원을 결합한 조직 형태로, 특정 작업의 수행이 완료되면 해산되는 동태적인 조직이다.
- 조직구성원이 원래 속해 있던 조직의 일을 하면서, 특정 사업을 위해 만들어진 임시적인 팀의 일원으로서도 임무를 수행하는 조직형태이다. 한 조직구성원이 동시에 두 개의 부문에 속하게 된다.

① 프로젝트 조직 – 매트릭스 조직
② 사업부제 조직 – 네트워크 조직
③ 직능부제 조직 – 매트릭스 조직
④ 프로젝트 조직 – 네트워크 조직

07 다음 전제를 읽고 반드시 참인 결론을 고르면?

전제	식빵을 먹는 모든 사람은 주스를 마신다.
	주스를 마시는 모든 사람은 차를 좋아한다.
결론	

① 식빵을 먹지 않는 모든 사람은 차를 좋아한다.
② 식빵을 먹지 않는 어떤 사람은 차를 좋아한다.
③ 차를 좋아하지 않는 모든 사람은 식빵을 먹는다.
④ 식빵을 먹는 어떤 사람은 차를 좋아한다.

08 갑과 을은 N 은행 농부사랑 정기예금에 가입하여 만기일까지 예금을 예치하였다. 두 사람의 상품 가입 내용이 다음과 같을 때, 각자 지급받은 총이자의 차는 얼마인가? (단, 세금은 고려하지 않는다.)

[N 은행 농부사랑 정기예금 소개]

- **가입기간**: 12개월 이상 36개월 이내(월 단위)
- **가입금액**: 1백만 원 이상(가입한도 5억 원)
- **구분별 기본금리(연이율)**

구분	만기일시지급식	월이자지급식
12개월 이상~24개월 미만	0.6%	0.5%
24개월 이상~36개월 미만	0.65%	0.55%
36개월 이상	0.7%	0.6%

※ 1) 만기일시지급식: 가입기간 동안 약정이율로 계산하여 만기에 일시 지급
　2) 월이자지급식: 가입기간 동안 약정이율로 계산한 총이자를 월수로 나눠 매월 지급

- **우대금리**: 아래 우대조건을 모두 충족하면 만기해지 시 기본금리에 최대 0.4%p의 우대금리 가산 적용
  - 가입월부터 만기일 전월 말까지 기간 중 3개월 이상 N 은행 계좌로 급여이체 시 0.2%p 우대
  - 가입월부터 만기일 전월 말까지 기간 중 N 은행 카드 실적 월평균 20만 원 이상 이용 시 0.2%p 우대
  - 해당 예금 만기일 전월 말 기준 '농부사랑 적금' 보유 시 0.2%p 우대
- **추가적립/재예치**: 불가

구분	가입기간	가입금액	이자지급방식	비고
갑	18개월	1천만 원	월이자지급식	우대조건 중 1개 충족
을	24개월	6백만 원	만기일시지급식	우대조건 중 3개 충족

① 6,000원　　② 15,000원　　③ 21,000원　　④ 30,000원

09 조미영 사원은 회사에서 사용하는 사무기기 구매 업무를 담당하고 있다. 사무기기 구매 매뉴얼에 따라 팀장 승인이 완료된 기기만 구매할 수 있으며, 성능이 동일하면 가격이 저렴한 기기로 구매해야 한다. 사무기기 신청일지 내역에 따라 사무실에 필요한 프린터와 모니터를 구매하려고 할 때, 프린터와 모니터를 구매하는 데 사용할 총비용은?

[사무기기 신청일지]

구분	신청자	신청 기기	신청 수량	신청 목적 및 요청사항	팀장 승인 여부
1	민지애 주임	모니터	1대	• 화면이 큰 모니터 구매 요청	승인 대기
2	김형수 주임	모니터	2대	• 신입사원 자리 설치용 • 가격이 가장 저렴한 모니터 구매 요청	승인 완료
3	박지형 사원	모니터	1대	• 디자인 업무용 • 화면이 크고 해상도가 높은 모니터 구매 요청	승인 완료
4	윤아람 사원	모니터	1대	• 32인치 모니터 구매 요청	보류
5	민지성 대리	프린터	2대	• 사무실 공용 프린터로 사용할 예정 • 스캔 가능한 프린터 구매 요청	승인 완료
6	윤상현 사원	프린터	1대	• 무선 네트워크 연결이 가능한 프린터 구매 요청	승인 완료

[프린터 제품 정보]

제품	가격	성능	기타
A	114,000원	• 복사 가능	–
B	149,000원	• 스캔, 복사 가능	2대 이상 구매 시 10% 할인
C	135,000원	• 스캔 가능 • 무선 네트워크 연결 가능	–

[모니터 제품 정보]

제품	가격	화면 크기	해상도
D	189,000원	32인치	1,920 × 1,080
E	209,000원	34인치	2,560 × 1,080
F	154,000원	24인치	1,366 × 768

① 920,200원   ② 922,000원   ③ 1,109,200원   ④ 1,131,000원

10 다음 글에서 설명하고 있는 문제해결 절차의 단계는?

> 현재 수행하고 있는 업무에 가장 크게 영향을 미치는 핵심 이슈에 대한 가설을 설정한 후, 가설 검증을 위해 필요한 데이터를 수집하고 수집된 정보를 목적에 따라 항목별로 분류 및 정리하여 의미를 해석한다.

① 문제 인식   ② 실행 및 평가   ③ 원인 분석   ④ 해결안 개발

11 다음 밑줄 친 단어와 의미가 유사한 것은?

> 본격적인 논의에 앞서 <u>현상</u>을 파악하는 것이 이루어져야 한다.

① 본질   ② 현황   ③ 현재   ④ 이면

12 해진이는 이삿짐센터를 이용하여 새집으로 이사를 하려고 한다. 다음 제시된 이삿짐센터 정보와 선정 조건을 고려하였을 때, 10/8(금)에 이사하는 해진이가 이용할 이삿짐센터는?

[이삿짐센터 정보]

구분	가격	이사 소요 시간	파손 보험 가입 여부	휴일
A 센터	650,000원	6시간 30분	O	매주 화요일
B 센터	700,000원	6시간	O	–
C 센터	650,000원	8시간	O	–
D 센터	630,000원	7시간	O	매주 금요일

[이삿짐센터 선정 조건]

- 이사 소요 시간은 7시간을 초과해서는 안 된다.
- 위 조건을 만족하는 이삿짐센터 중 가격이 가장 저렴한 이삿짐센터를 이용한다.

① A 센터   ② B 센터   ③ C 센터   ④ D 센터

13 디자인팀은 대표메뉴가 두 종류 이상이며, 해당 대표메뉴를 먹지 못하는 팀원이 없는 식당 중에서 평가가 가장 좋은 식당을 회식 장소로 예약하려고 한다. K 팀장이 해산물을 먹지 못하고 다른 팀원은 먹지 못하는 음식이 없을 때, 디자인팀이 예약할 식당으로 가장 적절한 곳은?

♤♤회사의 디자인팀은 프로젝트 수주율이 지난달 대비 200% 증가하였고, 성과를 기념하여 회식을 하기로 했다. K 팀장은 디자인팀 신입사원인 L 씨에게 25명의 디자인팀 팀원을 모두 수용할 수 있는 회식 장소를 조사하라는 요청을 하였고 L 씨가 조사한 내용은 다음과 같다.

[식단 평가표]

구분	맛	주류 다양성	가격	위치	대표메뉴
La CASA	★★★★☆	★★★★★	★☆☆☆☆	★★★★☆	타코, 부리토
Firenze	★★★☆☆	★★★★★	★★☆☆☆	★★★☆☆	파스타, 피자
진시황	★★☆☆☆	★★★★☆	★★★★★	★★★★★	크림 탕수육
어부 김 씨	★★★★★	★☆☆☆☆	★★☆☆☆	★★★★★	회, 매운탕
버거하우스	★★☆☆☆	★★☆☆☆	★★★★★	★★☆☆☆	햄버거
고기고기	★★★★★	★★☆☆☆	★★★★☆	★★☆☆☆	스테이크
가와라마치	★★★★☆	★☆☆☆☆	★★★★☆	★★★★★	초밥, 튀김

※ 1) 평가점수는 ★★★★★(5점)~★☆☆☆☆(1점)으로 구성됨
  2) 평가점수의 합이 높을수록 평가가 좋은 식당임

① La CASA　　　② Firenze　　　③ 어부 김 씨　　　④ 가와라마치

14 ○○고등학교 학생인 갑, 을, 병, 정, 무 5명은 한 명씩 학교 분실물 함에서 본인의 학용품을 찾아갔다. 다음 조건을 모두 고려하였을 때, 항상 옳은 것은?

> • 학용품은 풀, 가위, 색연필, 볼펜, 지우개이고, 5명이 분실물 함에서 찾아간 학용품은 모두 다르다.
> • 무는 색연필 또는 볼펜을 찾아갔고, 갑은 풀을 찾아가지 않았다.
> • 을이 찾아간 학용품은 풀과 지우개가 아니다.
> • 지우개를 찾아간 바로 다음 순서에 풀을 찾아갔다.
> • 정은 가장 마지막 순서로 가위를 찾아갔다.
> • 을과 무 사이에 학용품을 찾아간 사람은 2명이다.

① 을이 찾아간 학용품은 볼펜이 아니다.
② 갑은 병보다 먼저 학용품을 찾아가지 않았다.
③ 무가 찾아간 학용품은 색연필이다.
④ 갑은 지우개를 찾아갔다.

15 농협에 재직 중인 귀하는 입사 동기들과 함께 농협 캐릭터인 아리에 대한 대화를 나누고 있다. 다음 중 아리에 대해 잘못 설명한 사람을 고르면?

> 민준: 이름은 쌀알, 밀알, 콩알에서의 '알'을 따와서 붙여졌어.
> 서윤: 곡식을 담는 항아리도 연상케 해서 풍요와 결실의 의미를 지니기도 해.
> 시우: 농촌과 도시를 잇는 다리로서의 상징성을 가지고 있지.
> 하은: 농협의 미래지향적 기업 이미지를 나타내는 캐릭터야.

① 민준   ② 서윤   ③ 시우   ④ 하은

16 다음 밑줄 친 부분과 바꿔 쓸 수 있는 것은?

> 그 친구에게는 숨김없이 모든 것을 말할 수 있다.

① 속을 빼놓고   ② 속을 터놓고   ③ 속을 태우고   ④ 속을 달래고

17 다음은 ◇◇기업에서 공장 증설을 위해 엔지니어링 업체 평가 점수 기준을 수립하고 입찰 업체 목록을 정리한 자료이다. 다음 자료를 고려하여 평가 점수가 가장 높은 업체를 선정한다고 할 때, 선정될 업체는?

[엔지니어링 업체 평가 점수 기준]

구분	소속	배점	점수	
업체 실적	프로젝트별 연평균 목표 달성률	20점	90% 초과	20점
			70% 초과 90% 이하	16점
			30% 초과 70% 이하	10점
			30% 이하	5점
시공 능력	시공 설비 평균 연식	10점	15년 이상	3점
			10년 이상 15년 미만	5점
			5년 이상 10년 미만	8점
			5년 미만	10점
신뢰도	누적 프로젝트 수	20점	누적 프로젝트/1,000 (단, 계산 점수가 20점 이상일 경우 일괄 20점으로 계산)	
합계		50점	–	

※ 프로젝트별 연평균 목표 달성률(%) $= \dfrac{\text{연평균 완료 프로젝트}}{\text{연평균 진행 프로젝트}} \times 100$

[입찰 업체]

구분	누적 프로젝트	연평균 진행 프로젝트	연평균 완료 프로젝트	시공 설비 평균 연식
가 업체	25,000건	600건	420건	5년
나 업체	10,000건	240건	216건	6년
다 업체	40,000건	1,500건	1,060건	5년
라 업체	18,000건	390건	360건	8년

① 가 업체   ② 나 업체   ③ 다 업체   ④ 라 업체

18 갑, 을, 병, 정, 무 5명은 서로의 혈액형을 예측하였다. 혈액형은 A형, B형, AB형, O형 중 하나이고 각 혈액형인 사람이 적어도 1명 존재하며 A형과 B형인 사람의 예측만 진실이었다. 제시된 조건을 모두 고려하였을 때, 사람과 혈액형이 올바르게 연결된 것은? (단, 예측이 거짓인 사람은 두 가지 예측 모두 거짓이고, 예측이 진실인 사람은 두 가지 예측 모두 진실이다.)

> · 갑: 정의 혈액형은 AB형이고, 정과 무는 혈액형이 달라.
> · 을: 갑의 혈액형은 AB형이고, AB형은 한 명이야.
> · 병: 을의 혈액형은 B형이고, 나와 을은 혈액형이 달라.
> · 정: 무의 혈액형은 A형이고, 나와 갑은 혈액형이 같아.
> · 무: 병의 혈액형은 O형이고, A형은 두 명이야.

	사람	혈액형
①	갑	A형
②	을	B형
③	병	O형
④	정	AB형

19 맞물려 있는 두 톱니바퀴의 톱니 수는 각각 48개, 60개이다. 두 톱니바퀴가 회전하여 처음 맞물렸던 위치로 돌아오려면, 톱니 수가 48개인 톱니바퀴는 몇 바퀴 회전해야 하는가?

① 3바퀴　　　　② 4바퀴　　　　③ 5바퀴　　　　④ 6바퀴

20 다음 글에서 설명하는 3C 분석과 관련된 단어로 가장 적절하지 않은 것은?

> SWOT 분석과 함께 사업 환경 분석을 위해서 주로 사용되는 기법인 3C 분석은 사업 환경을 구성하고 있는 요소에 대한 체계적인 분석을 통해 이루어진다.

① Customer　　　　② Company　　　　③ Competitor　　　　④ Credit

21 J 대리가 다음 자료를 모두 고려하여 숙박 시설을 예약하였을 때, 예약한 숙박비의 총액은?

[20XX년 하반기 ◇◇ 기업 연수 일정]

구분	8월 23일	8월 24일	8월 25일	8월 26일
07:00 ~07:50		아침식사 (07:30~08:00)	아침식사 (07:30~08:00)	아침식사 (07:30~08:00)
08:00 ~08:50	입소 및 등록	학습준비 (08:00~08:30)	학습준비 (08:00~08:30)	학습준비 (08:00~08:30)
		조별토론 (08:30~09:00)	이동 (부산 시설 → 대구 본부) (08:30~10:00)	이동 (대구 본부 → 부산 시설) (08:30~10:00)
09:00 ~09:50	부산 시설 소개 및 교육과정 안내	배전활선 기초이론		
10:00 ~10:50	조 배정 및 자기소개		현장견학 (대구 본부)	발전사업의 이해 (화력/원자력/ 신재생에너지)
11:00 ~11:50	회사 소개	배전활선 공법 (간접/직접/임시송전)		
12:00 ~12:50	점심식사	점심식사	점심식사	점심식사
13:00 ~13:50	전기 산업현황과 안전관리 제도	활선 안전관리	현장견학 (부서 투어)	전력판매와 수요관리(DSM)
14:00 ~14:50				
15:00 ~15:50	전기의 역사 (15:00~16:30)	활선 안전사고 사례	에너지 신사업 개요 및 산업동향	조별 토론
16:00 ~16:50	가공배전 기초이론 (16:30~18:00)	활선 안전사고 사례별 대책 논의 및 발표	미래 핵심전략기술과 해외진출	퇴소 및 설문조사
17:00 ~17:50				
18:00 ~18:50	저녁식사	저녁식사	저녁식사	
19:00 ~21:00	송배전의 심화 이해	배전활선 이론 TEST	이동 및 휴식 (대구 본부 → 대구 숙소)	

[◇◇기업 제휴 숙박 시설]

구분	객실 타입	금액(1박)	비고
부산 그랜드 호텔	싱글(1인)	60,000원	–
	스탠더드(2인)	85,000원	–
	스위트(2인)	110,000원	4인까지 프라이빗 라운지 이용 가능
	이그제큐티브(3인)	210,000원	6인까지 프라이빗 라운지 이용 가능

대구 시즌 호텔	싱글(1인)	65,000원	–
	스탠더드(2인)	95,000원	–
	스위트(2인)	120,000원	4인까지 프라이빗 라운지 이용 가능

[대구 본부 식사 안내]

| 코스 | 메뉴 | | 가격 |
	중식	석식	
A 코스	생선구이 정식	미역국 정식	18,000원/1인
B 코스	불고기 정식	12찬 한정식	21,000원/1인
C 코스	달걀 샌드위치	뷔페식	15,000원/1인
D 코스	참치 샌드위치	불고기 정식	14,000원/1인
E 코스	뷔페식	뷔페식	20,000원/1인

K 팀장: J 대리, 부산과 대구에서 진행되는 이번 연수에 우리 기술팀 신입사원 4명이 참석할 예정입니다. 저는 연수에서 활선 안전관리와 활선 안전사고 사례 부문을 강의할 예정이어서 해당 강의가 있는 날짜에 합류하려고 해요. J 대리도 함께하면 좋을 텐데 광주 출장이 있어서 아쉽군요. 저는 합류한 김에 신입사원들과 함께 시간을 보내고 다음 날 대구 본부 견학까지 동행한 뒤, 대구에서 바로 퇴근하고자 합니다. 숙박업소와 대구 본부에서의 식사 코스를 예약해야 하는데, 연수 참가 시 소요되는 숙박비와 식사비는 팀 내부에서 법인카드로 선결제하고 나중에 결재 상신하는 것 알고 계시죠? 먼저 신입사원들은 모두 부산 시설과 대구 본부 근처의 숙소에 2인 1실 중 저렴한 숙소로 예약해 주세요. 저는 이론 TEST를 채점하고 평가 점수를 매겨야 해서 보안상 연수자들과 함께 방을 쓸 수 없다고 하니 혼자 사용해야 합니다. 아, 저녁에 신입사원들과의 친목 도모 자리를 마련할 수 있도록 제가 묵을 객실은 저를 포함하여 다 함께 프라이빗 라운지에 입장할 수 있는 객실로 예약해 주세요. 부산 시설은 식사를 제공하지만 대구 본부에서는 식사를 제공하지 않으니 대구 본부에서 신입사원들과 함께 점심과 저녁식사를 하려고 합니다. 점심시간은 일정 중에 바쁘니 간단히 먹을 수 있는 샌드위치가 좋을 것 같고, 저녁에는 뷔페를 방문하는 게 어떨까요? 이번 세미나를 위해 우리 팀에 배정되는 예산이 800,000원인데 예산을 넘기지는 않겠죠? 예산을 넘기게 된다면 세미나 시작 5일 전에는 별도로 추가 예산 신청을 해야 하니 먼저 확인해 주세요.

① 475,000원　　　② 585,000원　　　③ 640,000원　　　④ 740,000원

22 다음 의미에 해당하는 한자성어를 고르면?

> 겉으로 드러나는 언행과 속으로 가지는 생각이 다름

① 표리부동　　　　② 죽마고우　　　　③ 고진감래　　　　④ 자가당착

23 다음은 A 기업의 전일 대비 주가 등락률에 대한 자료이다. 민호가 7월 6일에 200만 원을 A 기업의 주식에 투자했다고 할 때, 자료에 대한 설명으로 옳은 것은? (단, 주가 등락률은 투자일 기준 다음 날부터 적용된다.)

[A 기업 전일 대비 주가 등락률]

구분	7월 7일	7월 8일	7월 9일	7월 10일	7월 11일
주가 등락률	20%	−15%	−10%	30%	−10%

※ 1) 주가 등락률(%) = $\dfrac{\text{비교일 주가} - \text{기준일 주가}}{\text{기준일 주가}} \times 100$

　 2) 주가는 종가를 기준으로 함

① 7월 11일 기준 민호가 투자한 주식의 수익률은 약 7.4%이다.
② 7월 8일 주가 대비 7월 10일 주가 등락률은 45%이다.
③ 7월 9일 기준 민호가 투자한 주식의 가치는 1,800,000원이다.
④ 7월 7일부터 7월 11일까지 민호가 투자한 주식의 수익률이 가장 큰 날은 7월 10일이다.

24 다음 중 밑줄 친 부분에 들어갈 내용으로 적절한 것은?

> A, B, C 세 사람의 평균 체중은 58kg이다.
> A의 체중은 B보다 5kg 적게 나가지만, C보다 5kg 많이 나간다.
> 그러므로 _____

① C의 체중이 4kg 증가하면 평균 체중은 60kg을 초과한다.
② 가장 무거운 사람과 가장 가벼운 사람의 체중 차이는 15kg 이상이다.
③ 평균 체중보다 가벼운 사람은 두 명이다.
④ 세 사람의 체중은 모두 50kg 이상이다.

25 다음은 연도별 국립공원 수익금을 나타낸 자료이다. 자료에 대한 설명으로 옳지 않은 것은?

[연도별 국립공원 수익금 현황]

(단위: 만 원)

구분	2016	2017	2018	2019	2020	2021	2022
A 산	270,341	284,949	256,020	248,723	233,814	281,145	258,659
B 산	8,160	7,408	11,841	9,060	5,675	7,575	8,320
C 산	69,581	84,042	86,196	82,590	76,904	107,013	85,330
D 산	7,854	2,581	2,730	2,712	2,972	7,397	3,592
E 산	31,100	33,650	35,006	34,462	32,204	34,402	32,006
F 산	846	2,390	3,369	3,461	3,025	8,445	5,626
G 산	62,679	64,506	64,385	60,631	57,174	55,882	61,070
H 산	31,802	34,586	40,846	39,912	39,972	37,128	57,839
I 산	83,481	94,562	103,635	82,474	78,148	76,933	80,846
J 산	47,867	46,307	63,580	59,507	57,371	68,454	75,199

① 2022년 수익금이 전년 대비 증가한 국립공원은 총 5곳이다.
② 2019년 E 산 수익금의 2016년 대비 증가율은 10% 이상이다.
③ 2021년 F 산 수익금은 5년 전 대비 약 10배이다.
④ 제시된 기간 중 A 산 수익금이 전년 대비 가장 많이 증가한 해는 2017년이다.

26 ○○은행의 전산보안팀에 근무하는 귀하는 관리자로부터 다음과 같은 업무를 요청받았다. 이때, 귀하가 최우선으로 해야 할 행동으로 가장 적절한 것은?

[공지/요청] 금융감독원 공문 확인 및 업무 요청

■ 요청사항
  아래 내용을 확인하시고 업무 진행해 주시기 바랍니다.

■ 요청 배경
  1. 금융감독원으로부터 아래와 같은 내용의 공문을 전달받음
  2. 공문에서 언급하고 있는 오인 사례가 우리 회사에서는 없었는지에 대한 검토가 필요함
  3. 해당 내용의 경우 언론에도 보도된 내용으로, 이와 관련하여 언론사 및 고객들로부터 추가 문의가 발생할 수 있으므로 현황을 파악하고 이에 대한 응대 방안을 마련해야 함

■ 주요 내용
  1. 개인정보 보호법 제24조의 2 제2항 및 동법 시행령 제21조의 2('16.1.1. 시행)에 따라 금융회사 등은 전자적인 방법으로 보관하는 주민등록번호에 대하여 암호화 조치를 시행하여야 함
  2. 이에 따라 금융감독원에서 권역별 금융회사를 선정하여 주민등록번호 암호화 진행 상황을 모니터링한 결과, 일부 금융회사에서 다음과 같이 주민등록번호 암호화 개념을 오인한 사례가 발견됨
     ① 로그관리 솔루션에서 제공하는 접근제어 방식을 암호화 조치로 오인
     ② 금융회사의 별도 개발 뷰어로만 확인할 수 있는 이미지, 녹취, 영상(CCTV 등) 등을 이미 암호화 조치된 것이라고 오인
     → 금융감독원에서는 이와 같은 사례가 발생하지 않도록 유의하여 개인정보 보호법에서 정한 기간 내에 주민등록번호 암호화를 완료할 것을 촉구함

■ 첨부 파일
  - 금융감독원 공문 원본

---

① 인터넷 포털사이트를 통해 언론사가 금융감독원의 공문 내용을 어떤 방식으로 보도하였는지 확인한다.
② 당사가 자체적으로 개발한 뷰어가 제대로 작동하고 있는지 전사적으로 검토한다.
③ 주민등록번호 암호화 조치를 강제하는 개인정보 보호법이 언제부터 시행됐는지 확인한다.
④ 당사가 그동안 주민등록번호 암호화를 어떤 방식으로 진행해 왔었는지 검토한다.

27 다음 중 농협의 농약사업에 대한 설명으로 가장 적절하지 않은 것은?

① 2000년에는 가격선제시 방식과 입찰경쟁 방식으로 농약을 구매하였다.

② 2005년에는 13개 품목을 대상으로 농약의 제조·유통과정을 일괄 처리하는 농약원제사업을 시작하였다.

③ 2016년에는 가격차손이 만성적으로 발생하는 지역을 대상으로 시중 판매 가격에 선제적으로 대응할 수 있는 선가격 할인제도를 도입했다.

④ 2017년에는 지역농협이 직접 구매계약절차에 참여하는 참여형 구매제도를 도입하였다.

28 다음 전제를 읽고 반드시 참인 결론을 고르면?

전제	모든 과자는 간식이다.
	어떤 과자는 한과이다.
결론	

① 어떤 한과는 간식이다.

② 모든 한과는 간식이 아니다.

③ 모든 간식은 한과이다.

④ 모든 한과는 간식이다.

29 다음은 A~D 4개의 숫자에 대한 자료이다. 각 행과 열의 합계가 다음과 같을 때, A+B+C+D의 값은?

합계	47	67	60	49
45	B	A	C	C
56	B	A	D	B
51	B	C	C	D
71	D	D	A	B

① 34   ② 47   ③ 58   ④ 65

30 다음 중 농협 조직의 계열사로 가장 적절하지 않은 것은?

	계열사	조직
①	NH농협생명	농협 금융지주
②	농협네트웍스	농협 중앙회
③	NH농협무역	농협 금융지주
④	농협아그로	농협 경제지주

31 귀하는 기업의 조직문화 개선 프로젝트를 위해 상사에게 기업의 조직문화를 분석하라는 업무를 지시받고 관련 신문 기사를 찾아보았다. 신문 기사의 내용이 다음과 같을 때, 신문 기사에 나타난 기업의 조직문화 유형으로 가장 적절한 것은?

> 창의적인 혁신을 중요하게 여기는 A 사는 직원들이 지위와 관계없이 자신의 아이디어와 창의력을 마음껏 펼칠 수 있도록 파일럿 시스템과 맥나이트 정신을 구축하였다. 파일럿 시스템은 직원이 제안한 아이디어에 대해 소규모 예산을 편성하여 이를 실제로 시험해 볼 수 있도록 하는 시스템으로, 시험 결과로 도출되는 다양한 데이터를 토대로 더 효과적인 방법을 고안할 수 있다. 한편, 맥나이트 정신이란 직원들이 자유롭게 아이디어를 제안할 수 있도록 관리자가 업무의 큰 틀과 방향성만 결정하고 실무자를 격려하는 정신을 말한다. A 사는 '아이디어가 없는 것이 나쁜 아이디어'라는 말이 있을 정도로 아이디어에 대한 지원을 아끼지 않았기 때문에 글로벌 기업으로 성장할 수 있었다고 밝혔다.

① 집단문화   ② 합리문화   ③ 개발문화   ④ 계층문화

32 다음 중 중장기 경영 전략을 수립하기 위해 기업의 부가가치 창출과 관련된 과정을 분석할 때 사용하는 분석 방법과 개발자, 목적이 가장 올바르게 짝지어진 것은?

	분석 방법	개발자	목적
①	가치사슬	마이클 포터	내부 분석
②	본원적 경쟁 전략	마이클 포터	외부 분석
③	BCG 매트릭스	보스턴컨설팅그룹	외부 분석
④	SWOT 분석	알버트 험프리	내부 분석

33 다음은 어떤 업체의 오토바이 퀵서비스 이용 요금표와 이 업체의 퀵서비스를 B 사의 인사팀, 영업팀, 기획팀, 연구팀, 개발팀이 이용한 내역이다. 퀵서비스 이용 요금이 가장 많은 팀과 가장 적은 팀을 바르게 짝지은 것은?

[오토바이 퀵서비스 이용 요금표]

출발＼도착	강남구	강서구	강북구	강동구	서초구	중구	송파구	관악구	노원구	구로구
강남구	7	16	16	12	8	10	10	11	16	13
강서구	16	7	17	19	15	14	16	12	19	10
강북구	16	17	7	15	16	12	15	16	9	10
강동구	12	19	15	7	13	16	10	16	15	18
서초구	8	15	16	13	7	12	11	10	17	12
중구	10	14	12	16	12	7	12	13	13	14
송파구	10	16	15	10	11	12	7	12	15	15
관악구	11	12	16	16	10	13	12	7	17	8
노원구	16	19	9	15	17	13	15	17	7	18
구로구	13	10	10	18	12	14	15	8	18	7

※ 1) 위 요금은 평일 이용 요금이며, 단위는 천 원이다.
   2) 요청한 물품이 오토바이에 적재가 불가능한 경우에는 차량 퀵서비스를 제공하며, 차량 퀵서비스 이용 요금은 오토바이 퀵서비스 이용 요금의 두 배가 청구된다.
   3) 퀵서비스를 주말(토요일, 일요일)에 이용하는 경우에는 평일 이용 요금의 두 배가 청구된다.

[B 사의 팀별 퀵서비스 이용 내역]

구분	이용 횟수	이용 요일	이용 경로	이용 수단
인사팀	1	토요일	강서구 → 강동구	오토바이
영업팀	1	월요일	송파구 → 송파구	차량
영업팀	1	수요일	강북구 → 노원구	오토바이
기획팀	1	월요일	노원구 → 서초구	차량
연구팀	1	목요일	중구 → 강동구	오토바이
연구팀	1	금요일	강서구 → 노원구	오토바이
개발팀	1	일요일	관악구 → 구로구	차량

	가장 많은 팀	가장 적은 팀
①	영업팀	인사팀
②	인사팀	기획팀
③	영업팀	연구팀
④	인사팀	영업팀

34 L 팀장, M 과장, N 대리, O 사원, P 사원 5명으로 이루어진 개발1팀에서 여름 휴가 계획을 세우고 있다. M 과장이 여름 휴가 관련 회사 내규를 확인한 후 8월 일정표에 본인의 여름 휴가 일정을 추가하려고 할 때, M 과장이 여름 휴가를 쓸 수 없는 날짜는?

[여름 휴가 관련 회사 내규]

- 여름 휴가는 8월 중에 모두 사용해야 한다.
- 팀장급과 과장급은 5일, 대리급과 사원급은 3일의 여름 휴가를 사용한다.
- 여름 휴가는 최대 2번까지 나누어 쓸 수 있다.
- 주말 앞뒤로는 여름 휴가를 붙여 쓸 수 있지만, 공휴일 앞뒤로는 여름 휴가를 붙여 쓸 수 없다.
- 근무지에 팀원이 3명 미만으로 출근하는 날에는 여름 휴가를 쓸 수 없다. (단, 출장 업무는 외부 근무이므로 근무지 출근으로 간주하지 않는다.)
- 한 팀 내에서 팀장과 과장급은 여름 휴가, 출장 등을 포함하여 같은 날 근무지를 비울 수 없다.

[8월 일정표]

일	월	화	수	목	금	토
		1 L 팀장 휴가	2 L 팀장 휴가	3 L 팀장 휴가 N 대리 휴가	4 N 대리 휴가	5
6	7 O 사원 출장 P 사원 출장	8 N 대리 휴가	9 O 사원 휴가	10 O 사원 휴가	11 M 과장 출장 N 대리 출장	12
13	14 L 팀장 출장	15 광복절	16 N 대리 출장	17 O 사원 출장	18	19
20	21 M 과장 출장	22 P 사원 휴가	23 P 사원 휴가	24 L 팀장 휴가	25 L 팀장 휴가 O 사원 휴가	26
27	28 L 팀장 출장	29 P 사원 출장	30 P 사원 휴가	31		

① 8월 4일   ② 8월 8일   ③ 8월 17일   ④ 8월 22일

35 다음 글의 빈칸에 들어갈 용어로 가장 적절한 것은?

> (　　　)은/는 조직체제의 구성요소 중 하나로, 조직 구성원들이 공유하는 생활양식이나 가치를 일컫는다. 이는 조직 구성원들의 사고와 행동에 영향을 미치며, 일체감과 정체성을 부여하고 조직이 안정적으로 유지되게 한다. 최근에는 (　　　)에 대한 중요성이 부각되면서 이를 긍정적인 방향으로 조성하기 위한 경영층의 노력이 강조되고 있다.

① 조직구조　　　　　② 조직목표　　　　　③ 조직문화　　　　　④ 규칙 및 규정

1회　2회　3회　4회　5회　6회

36 다음 밑줄 친 단어와 의미가 유사한 것은?

> 마키아벨리는 국가의 혼란을 극복하고 질서를 유지하려면 사자처럼 용맹하면서도 여우처럼 간교한 술책을 부릴 줄 아는 군주가 있어야 한다고 여겼다.

① 추악　　　　　② 비정　　　　　③ 의뭉　　　　　④ 간사

37 다음 중 1998년 이래로 농협이 회장기관을 맡고 있으며, 세계 농업 협동조합들의 상호발전과 협력을 선도하는 국제기구는?

① ICAO　　　　　② FAO　　　　　③ IFAP　　　　　④ WFO

38 다음은 연도별 판매전력량과 환율에 대한 자료이다. 20X3년 한국의 전력 판매단가가 1kWh당 110원이며 20X3년 일본의 전력 판매단가 또한 같은 가치를 가진다고 할 때, 20X3년 일본의 전력 판매금액은 약 얼마인가?

[연도별 판매전력량]

(단위: GWh)

구분	20X0	20X1	20X2	20X3	20X4
한국	466,600	474,800	477,600	484,000	497,000
일본	851,600	848,500	823,000	800,000	850,500
미국	3,686,800	3,724,900	3,764,700	3,786,400	3,762,500

※ 1GWh = 10^6kWh

[연도별 환율]

구분	20X0	20X1	20X2	20X3	20X4
원/달러	1,071	1,055	1,099	1,160	1,208
엔/달러	87	105	120	120	117

① 55,076억 엔　　② 82,759억 엔　　③ 85,067억 엔　　④ 91,034억 엔

39 다음 중 통화량이 증가하는 경우에 해당하지 않는 것은?

① 지급준비율 인하
② 한국은행의 국·공채 매입
③ 재할인율 인하
④ 금융중개지원대출 자금 축소

40 다음 글을 통해 추론한 내용으로 옳지 않은 것을 고르면?

엘리베이터나 지하철과 같은 공간에서 한 사람이 하품하면 주변 사람들도 하나둘씩 따라 하는 것을 쉽게 목격할 수 있다. 또한, 드라마나 영화를 통해 타인이 신체적 고통을 당하는 장면을 보면서 자신도 모르게 얼굴을 찡그린 경험도 있을 것이다. 이러한 현상은 '거울뉴런'과 관련이 있다. 거울뉴런은 다른 행위자가 행한 행동을 관찰하기만 해도 자신이 그 행위를 직접 할 때와 똑같은 활성을 내는 신경 세포이다. 거울뉴런은 우연히 발견되었다. 1996년 이탈리아 파르마 대학 연구팀은 원숭이가 음식물을 붙잡기 위해 손을 내밀 때 어떤 부위의 뉴런이 활성화되는지 알아내는 연구를 진행하고 있었다. 그러던 중 연구팀은 원숭이가 보는 앞에서 음식을 잡는 동작을 보였을 때, 원숭이가 직접 음식을 잡을 때 활성화되는 곳과 동일한 부위의 뉴런이 활성화된다는 것을 알게 되었다. 즉, 원숭이가 직접 행동을 하지 않고 인간의 행동을 보기만 해도 뉴런이 활성화되었던 것이다. 이는 지각과 운동이 연동되어 있음을 시사하는 놀라운 발견이자 거울뉴런이라는 개념이 세상에 등장하는 순간이었다. 이 연구를 통해 인간의 뇌에도 거울뉴런이 있을 것이라는 가능성이 제기되었으며, 연구를 계속한 결과 인간의 뇌에는 거울뉴런이 원숭이보다 훨씬 광범위하게 퍼져있다는 것이 밝혀졌다. 우리는 거울뉴런계를 통해 타인의 행동을 관찰하는 것만으로도 그의 행동을 온몸으로 이해할 수 있고, 이는 공감능력의 바탕이 된다. 신경심리학자 콜(J. Cole)은 신체적으로 타인의 표정을 따라 하지 못하는 사람일수록 타인의 감정을 잘 읽지 못한다는 사실을 밝혔는데, 이는 운동 영역인 거울뉴런계가 타인의 감정을 이해하는 데에도 중요한 역할을 하고 있음을 말해 준다. 결과적으로, 타인의 감정이나 고통을 전혀 이해하지 못하는 사람의 경우 거울뉴런에 이상이 있거나 발달이 더디다고 할 수 있다.

① 인간뿐만 아니라 원숭이에게도 다른 원숭이의 감정을 읽고 공감할 수 있는 능력이 잠재되어 있다.
② 거울뉴런에 이상이 있는 사람은 다른 사람의 감정과 기분을 이해하는 능력이 부족할 가능성이 높다.
③ 다른 사람이 하는 행동을 무의식적으로 따라 하는 현상은 신경 세포의 일종인 거울뉴런과 관련이 있다.
④ 원숭이 뇌의 뉴런은 직접 행동할 때만 활성화된다는 사실이 지각과 운동 사이의 연관성을 뒷받침한다.

41 다음 지문과 관련 있는 한자성어를 고르면?

> 국내 프로축구 K 리그의 명문구단으로 손꼽히던 A 팀은 시즌 중반부터 선수들의 잇따른 부상으로 주요 전력에 심한 손상을 입어 창단 이래 유례없는 위기를 맞이하였다. 게다가 12경기 연속 무승의 수렁에 빠지며 2부 리그로 강등될 유력한 팀으로 언급되었다. 이에 A 팀 감독은 마지막 경기를 앞두고 선수들에게 이번 경기에서 지면 우리에게 다음은 없다는 생각으로 죽기 살기로 싸우자고 독려하며 특훈에 매진했다. 그 결과 A 팀은 모두의 예상을 깨고 유력한 우승 후보였던 B 팀을 2:0으로 완파하며 1부 리그 잔존에 성공하였다.

① 기사회생　　　　② 지피지기　　　　③ 고육지책　　　　④ 설상가상

42 부모님 나이의 평균은 51세이고, 딸의 나이에 3배를 한 후 5를 빼면 아빠의 나이가 되며, 엄마와 딸의 나이를 합치면 69세가 된다. 이때 딸의 나이는 몇 세인가?

① 17세　　　　② 19세　　　　③ 21세　　　　④ 23세

43 A, B, C, D, E, F 6명은 롱보드 트릭 대회에 출전하였다. 대회 결과 1등, 2등, 3등은 각각 금상, 은상, 동상을 받았고 4등, 5등, 6등은 상을 받지 못했다. 제시된 조건을 모두 고려하였을 때, 항상 옳은 것은?

> • F는 C보다 등수가 낮고 A보다 등수가 높다.
> • D는 B와 E보다 등수가 낮다.
> • B는 상을 받았고 C는 상을 받지 않았다.

① E는 2등이다.
② F는 4등이다.
③ D는 동상을 받았다.
④ B는 금상을 받았다.

44 A 기업에서는 대학생 서포터즈 103명을 모집하여 발대식을 진행하려고 한다. 제시된 발대식 관련 전달사항과 행사장 정보를 고려하였을 때, 발대식을 위해 예약할 수 있는 행사장은?

[발대식 관련 전달사항]

- 발대식은 7월 17일 오전 9시부터 7월 18일 오후 3시까지 진행됩니다.
- 발대식 진행을 위해 행사 도우미 12명, 강연자 5명이 추가로 참석할 예정입니다.
- 원활한 행사 준비를 위해 행사장은 발대식 시작일의 하루 전날 정오부터 이용할 수 있어야 합니다.
- 행사장에서 음향 장비와 케이터링 서비스를 이용할 수 있어야 합니다.
- 발대식 당일 다른 임직원의 참석 가능성을 고려하여 행사장은 전체 참석 예정 인원의 10%를 추가로 수용할 수 있어야 합니다.

[행사장 정보]

1. 수용 가능 인원 및 이용 가능 서비스

행사장	수용 가능 인원	이용 가능 서비스			
		음향 장비	카메라	빔 프로젝터	케이터링
한빛홀 1	354명	O	X	O	O
한빛홀 2	244명	O	O	X	O
비전홀	125명	O	X	X	O
대회의실 1	152명	O	X	O	O
대회의실 2	127명	O	O	X	O
세미나실 1	193명	O	X	O	X
세미나실 2	176명	X	O	O	O
세미나실 3	143명	O	O	O	X

2. 예약 내역

신청번호	신청인	이용일	이용 시간	상태	예약 장소
2019002441	한**	2019-07-16	10:00~12:00	O	대회의실 2
2019002440	김**	2019-07-18	16:00~18:00	O	비전홀
2019002439	배**	2019-07-18	17:00~18:00	O	대회의실 1
2019002438	오**	2019-07-16	14:00~15:00	X	한빛홀 2
2019002437	조**	2019-07-16	15:00~17:00	O	한빛홀 1
2019002436	손**	2019-07-17	09:00~12:00	X	세미나실 1
2019002435	이**	2019-07-17	13:00~16:00	O	대회의실 1
2019002434	안**	2019-07-18	10:00~12:00	X	세미나실 3
2019002433	박**	2019-07-16	09:00~11:00	O	한빛홀 2
2019002432	백**	2019-07-18	13:00~14:00	O	세미나실 2

※ 상태: O = 예약 완료, X = 예약 취소

① 한빛홀 1   ② 한빛홀 2   ③ 비전홀   ④ 대회의실 1

45 ○○기업은 지원자 모두에게 NCS와 전공 필기시험에 응시할 기회를 부여하였다. 그 결과, 지원자 전체의 NCS 평균 점수는 72점, 전공 평균 점수는 85점이었다. 이 중 불합격자의 NCS 평균 점수는 63점, NCS 표준편차 점수는 15점이고, 전공 평균 점수는 80점, 전공 표준편차 점수는 10점일 때, 옳지 않은 것은?

① 합격자 개개인의 전공 점수가 제시된다면 합격자의 전공 표준편차 점수를 구할 수 있다.
② 지원자 개개인의 NCS 점수가 제시된다면 각 지원자 NCS 점수의 Z로 상대적 등수를 알 수 있다.
③ 합격한 A 지원자의 NCS 점수가 82점이고 지원자 전체의 NCS 표준편차 점수가 12점이면, 지원자 전체 중 A 지원자 NCS 점수의 Z는 0.8 이상이다.
④ 합격한 C 지원자의 전공 점수가 91점이고 합격자의 전공 평균 점수가 88점, 전공 표준편차 점수가 8점이면, 합격자 중 C 지원자 전공 점수의 Z는 0.25이다.

46 다음 중 맞춤법에 맞지 않는 것은?

① 형사는 단서를 찾기 위해 사건 현장을 샅샅이 뒤졌다.
② 만일의 사태에 대비하여 현금을 넉넉히 챙겼다.
③ 그의 마음을 돌리기 위해 무던이 노력했지만 소용없었다.
④ 감기약을 먹었음에도 나날이 기침이 심해지고 있다.

47 ◇◇그룹의 작년 총매출액은 3억 원이었고, 그중 A 계열사의 매출액은 1억 2천만 원이었다. 올해 ◇◇그룹의 총매출액은 작년 대비 45% 증가하였고, 올해 총매출액에서 A 계열사가 차지하는 비중은 작년 대비 10%p 증가하였을 때, 올해 A 계열사의 매출액은?

① 17,400만 원   ② 18,000만 원   ③ 19,250만 원   ④ 21,750만 원

48 다음은 부산 출장 계획에 대한 대화문과 교통수단별 운행 정보이다. 다음을 고려하였을 때, 서울에서 출발하여 출장을 가는 최 이사의 최소 교통비는?

> 박 사원: 이사님, 다음 주 부산 출장 계획에 대해 브리핑하겠습니다. 다음 주 수요일 오전 11시 30분에 부산 ◇◇호텔에서 □□상사와 미팅이 예정되어 있습니다. 미팅 참석 후에는 간단히 점심 식사를 하시고 부산 지사에서 진행되는 세미나에 참석하셔야 합니다.
>
> 최 이사: 세미나의 경우 외부에서 중요한 손님들도 참석하기로 예정되어 준비가 완벽한지 마지막까지 확인할 필요가 있을 것 같아요. 세미나 일정은 어떻게 되죠?
>
> 박 사원: 네, 세미나는 오후 2시 30분부터 오후 5시까지로 예정되어 있고, 행사 당일 경영지원팀이 행사 시작 30분 전에 최종 점검을 진행한다고 합니다.
>
> 최 이사: 최종 점검 때 저도 함께 살펴보고 싶은데요. 이럴 경우에 다른 스케줄 조정이 필요한지 확인해 주세요. 그리고 김해공항에서 ◇◇호텔까지 거리가 23km 정도 되던데, 교통 체증에 대비해서 예정 시간보다 15분 이상 여유를 두고 도착할 수 있는 교통편을 알아봐 주세요.
>
> 박 사원: 네, 이사님. 세미나 준비 최종 점검에 참석하실 수 있도록 □□상사와의 미팅 시간을 30분 앞당기는 것으로 일정 조율하겠습니다. 다만 ◇◇호텔의 경우 미팅 장소에는 30분 전부터 입실이 가능하므로 이보다 일찍 도착하지 않도록 교통편 예약하겠습니다.

[서울 – 부산 비행기 운행 정보]

항공사명	출발지	도착지	소요 시간	운행 간격	첫 운행 시각	가격
부산항공	김포	김해(부산)	50분	2시간 30분	6시 10분	74,600원
스마일항공	김포	김해(부산)	1시간 5분	2시간	6시 50분	65,300원
해피항공"	인천	김해(부산)	1시간	1시간 20분	7시 40분	54,300원
서울항공"	김포	김해(부산)	1시간 10분	1시간 40분	7시	62,500원

※ 1) 9시 이전에 이륙하는 항공편은 5% 조조할인이 적용됨
　2) 항공사명에 " 표시된 경우 도착지의 제2여객터미널에서 착륙함

[부산 내 교통수단 운행 정보]

구분	출발지	도착지	소요 시간	운행 간격	첫 운행 시각	가격
미니버스	제2여객 터미널	제1여객 터미널	12분	20분	6시 30분	무료
트레인	제2여객 터미널	제1여객 터미널	13분	10분	6시 35분	무료
공항버스	제1여객 터미널	◇◇호텔	40분	30분	5시	10,000원
공항철도	제1여객 터미널	◇◇호텔	40분	15분	6시	2,000원
택시	제1여객 터미널	◇◇호텔	25분	－ 24시간 항시 운행함 － 기본요금: 3,300원(2km 기준) － 주행요금: 2km 초과 주행 거리 140m당 100원 부과		

※ 1) 모든 교통수단의 하차 직후부터 다음 교통수단 탑승까지 최소 10분 소요
　2) 공항철도는 하차 지점에서 ◇◇호텔까지 이동 시간이 15분 추가로 소요

① 56,300원　　　② 64,035원　　　③ 72,870원　　　④ 77,675원

49 한 팀에 소속된 귀하와 박 대리는 회의에서 의견 충돌을 겪었고, 이로 인해 둘 사이의 분위기가 냉랭해졌다. 이를 본 팀장이 귀하와 박 대리에게 다음과 같은 글을 전달해 주었다. 팀장님이 전달한 글의 주제로 가장 적절한 것은?

> 사회학자 게오르그 짐멜에 따르면 인간은 타인에 대해 애정과 증오라는 상반된 성향을 가지고 있기 때문에 인간이 구성하는 사회에서 갈등은 피할 수 없다. 사회적 갈등은 상대방을 적대시하고, 갈등관계에 놓인 사람 또는 집단이 목표를 이루는 것을 방해한다는 점에서 사회 전체의 균형과 통합을 저해하는 부정적인 개념으로 간주되는 것이 보통이다. 그러나 사회적 갈등은 관점에 따라 반드시 부정적인 것으로만 여겨지지는 않는다. 우선 갈등을 해결하기 위해서는 그 원인을 파악해야 하는데, 이때 사회에 잠재된 문제가 공론화되어 이를 객관적으로 인지할 수 있게 된다. 또한, 갈등 당사자들이 해결책을 모색하는 과정에서 평소에는 떠올리지 못한 혁신적이고 창의적인 사고 및 활동이 나타나기도 한다. 갈등이 발생할 경우 사회 구성원들은 빠른 해결을 위해 협조하는 분위기를 조성하게 되는데, 이를 통해 사회의 연대를 강화하고 자유로운 의견 개진을 이끌어낼 수 있다.

① 사회적 갈등의 부정적 기능과 그 영향
② 인간의 특성에 기인한 사회적 갈등
③ 발상의 전환으로 본 갈등의 가치
④ 사회적 갈등의 발생 원인과 해결 방안

50 다음 중 검표에 인력을 사용하지 않는 자동 검표 시스템을 구축하는 데 필요한 물적자원관리 방법으로 가장 적절하지 않은 것은?

① 생체인식　　　② RFID　　　③ BAR CODE　　　④ QR CODE

51 다음 대화의 빈칸에 들어갈 말로 적절한 것은?

> A: Hello. I need to exchange some money.
> B: Okay. What currency do you need?
> A: I need to exchange dollars for yen. _____?
> B: The exchange rate is 145 yen for every dollar.

① Do you take a commission
② What's the exchange rate
③ How much does this cost
④ How should I pay for that

52 다음 지문과 가장 관련 있는 것은?

> 하위의 사실이나 현상으로부터 사고함으로써 상위의 주장을 만들어 가는 것으로, 보조 메시지들을 통해 주요 메인 메시지를 얻고, 다시 메인 메시지를 종합한 최종 정보를 도출해 내는 방법이다. 예를 들어 현재 제품 판매 업무를 맡고 있는 한 부서에서 발견할 수 있는 현상이 자사 제품의 판매 부진, 고객들의 불만 건수 증가, 경쟁사 제품의 매출 증가라면, '자사 제품에 대한 홍보가 부족하고 고객의 만족도가 떨어지고 있다'라는 메인 메시지를 도출할 수 있다. 이렇게 도출된 메인 메시지들을 모아서 최종 결론을 도출해 내는 논리적 사고 개발방법이다.

① 3C 분석
② So What 기법
③ Logic Tree 기법
④ 피라미드 구조화 방법

53 다음 ㉠~㉣을 바르게 고쳐 쓴다고 할 때 가장 적절한 것은?

> • 민형이는 목공소에서 구입한 ㉠(널빤지 → 널판지)를 여러 장 덧대어 튼튼한 이동식 책장을 만들었다.
> • ㉡(시월 → 십월) 첫 번째 토요일에 열리는 양재천 단풍축제에 가족들과 함께 가기로 약속하였다.
> • 조사에 따르면 독립유공자 후손 중 30%가 ㉢(삭월세 → 사글세)로 방을 얻어 거주하는 것으로 밝혀졌다.
> • 부동산 업자는 매매, 임대차 등의 계약 성사 시 의뢰인 쌍방으로부터 ㉣(중개 → 중계) 수수료를 받는다.

① ㉠   ② ㉡   ③ ㉢   ④ ㉣

54 다음은 A 회사의 인사부에 소속된 김 과장이 신입사원 교육용으로 제작한 글의 일부이다. A 회사의 인사부에 소속된 임 대리는 최 팀장의 지시로 보관 문서 중 금년도에 폐기해야 할 문서가 있는지 확인하던 중, 보존 기간이 기재되지 않은 문서 관리 대장을 발견하였다. 확인 결과 보존 기간이 경과하여 폐기해야 하는 문서임을 알게 된 임 대리는 절차에 따라 문서를 처리하였다. 임 대리가 발견한 문서 관리 대장이 다음과 같을 때, 제시된 문서의 보존 기간과 문서를 폐기해야 하는 부서를 차례대로 나열한 것은?

[회사 대내외 문서 관리 및 폐기 방법]

　문서는 회사에서 대내외적으로 업무에 요구되는 내용을 작성하여 의사소통을 하는 데 사용되는 서류로, 법적·공식적 성격을 갖기 때문에 업무를 빠르고 정확하게 처리하기 위해 문서 관리 규정에 의거하여 적절하게 보관되어야 한다. 일반적으로 문서는 부서별로 관리, 보관, 폐기하는 것을 원칙으로 하지만, 회사 내규상 영구 보관해야 하는 문서는 영구 보관 문서로 분류하고 별도 절차에 따라 총무부에서 담당하여 관리한다. 또한, 문서 보존 현황을 파악할 수 있는 문서 관리 대장은 회사 전체의 업무 효율성을 높이기 위해 하기 서식을 따르도록 한다.

[문서 관리 대장]

문서명		XX년 업무 추진 계획서	문서번호		A-00795
담당부서/담당자		총무부/김○○	문서 생성 일자		20XX. XX. XX.
보존 기간		3년	폐기 예정		O
구분	분류	목적	날짜	담당부서	담당자
1	대여	지출 관계 증빙 서류 확인	20XX. XX. XX.	회계부	최○○
2	회수	–	20XX. XX. XX.	총무부	김○○
3	대여	XX년 △△업무 현황 파악	20XX. XX. XX.	영업부	정○○
4	회수	–	20XX. XX. XX.	총무부	이○○
5	대여	업무 추진 담당자 확인	20XX. XX. XX.	인사부	조○○

　문서 관리 대장은 문서의 앞면에 부착하며, 문서 보관 장소를 파악하기 용이하도록 가장 상단에 문서명과 문서번호를 기재한다. 또한, 문서를 생성한 담당부서와 담당자의 이름, 생성 일자를 기재하여 해당 문서의 책임을 명확히 하고, 보존 기간을 기록하여 문서 생성 일자를 기준으로 보존 연한이 종료된 문서는 폐기 처리한다. 각 부서에서 보관하고 있는 문서가 당해 폐기 예정 문서일 경우, 폐기 예정에 'O' 표시를 하고 문서 폐기 절차에 따라 처리해야 한다.

　이때, 모든 문서는 문서를 생성한 담당부서에서 확인 후 폐기하여야 하며, 보존 기간이 지났더라도 대여한 부서에서 임의로 폐기할 수 없다. 문서 보존 기간의 책정 기준은 [별표 1]을 따르되 기준이 모호한 경우나 보존 기간을 증감해야 하는 경우에는 부서장 및 대표이사의 승인 후 문서 보존 기간을 변경할 수 있다. 일례로 위의 문서 관리 대장은 특정 연도의 업무 추진 계획서이기 때문에 보존 기간이 3년이며, 총무부에서 생성한 문서이므로 총무부에서 폐기해야 함을 알 수 있다.

[별표 1] 문서 보존 기간 책정 기준

보존 기간	문서 종류
영구(永久)	• 회사에 중대한 영향을 미치는 주요 정책 및 제도의 결정이나 변경과 관련된 문서 • 회사의 조직구조·기능의 변화, 요직의 임명 및 해임과 관련된 문서 • 토지, 부동산 등 장기간 존속되는 물건 또는 재산의 관리, 확인, 증명에 필요한 중요 문서
10년	• 대표이사의 전결로 진행된 업무 관련 문서 • 영구 보존할 필요는 없으나 5년 이상 업무에 참고하거나 업무 수행 내용을 증명할 필요가 있는 문서 • 5년 이상 10년 미만의 기간 동안 민·형사상 책임 또는 시효가 지속되거나 증명자료로서의 가치가 지속되는 사항에 관한 문서
5년	• 일반적인 사항에 관한 예산·회계 관련 문서 • 3년 이상 5년 미만의 기간 동안 업무에 참고하거나 기관의 업무 수행 내용을 증명할 필요가 있는 문서 • 3년 이상 5년 미만의 기간 동안 민·형사상 책임 또는 시효가 지속되거나 증명자료로서의 가치가 지속되는 사항에 관한 문서
3년	• 증명서 발급과 관련된 문서 • 월별·분기별·연도별 업무 계획 수립과 관련된 문서 • 1년 이상 3년 미만의 기간 동안 업무에 참고하거나 기관의 업무 수행 내용을 증명할 필요가 있는 문서 • 1년 이상 3년 미만의 기간 동안 민·형사상 책임 또는 시효가 지속되거나 증명자료로서의 가치가 지속되는 사항에 관한 문서
1년	• 단순하고 일상적인 업무를 수행하면서 생산한 문서 • 부서별 업무 협조 요청, 통보, 조회 등과 관련된 문서

문서명	XX년 결산 연간 공시 자료	문서번호	C–01374
담당부서/담당자		문서 생성 일자	20XX. XX. XX.
보존 기간		폐기 예정	O

구분	분류	목적	날짜	담당부서	담당자
1	대여	XX년 지출 내역 확인	20XX. XX. XX.	총무부	백○○
2	회수	–	20XX. XX. XX.	회계부	박○○
3	대여	저작권 문제 관련 검토	20XX. XX. XX.	법무부	이○○
4	회수	–	20XX. XX. XX.	회계부	박○○
5	대여	인력 관련 기획 시 참고	20XX. XX. XX.	인사부	임○○

① 1년, 총무부　　② 3년, 인사부　　③ 5년, 인사부　　④ 5년, 회계부

55 다음은 농협의 미션인 농업협동조합법 제1조에 대한 내용이다. 빈칸에 들어갈 말을 차례대로 나열한 것은?

> 제1조(목적)
> 이 법은 농업인의 자주적인 협동조직을 바탕으로 농업인의 경제적·사회적·문화적 지위를 향상시키고, 농업의 (　　　　) 강화를 통하여 농업인의 삶의 질을 높이며, (　　　　　　　　　　　　　) 에 이바지함을 목적으로 한다.

① 생산력 – 도시와 농촌의 상생
② 생산력 – 국민경제의 균형 있는 발전
③ 경쟁력 – 도시와 농촌의 상생
④ 경쟁력 – 국민경제의 균형 있는 발전

56 제시된 숫자의 규칙을 찾아 빈칸에 들어갈 알맞은 숫자를 고른 것은?

> -1　2　3　7　12　21　35　(　　)　95

① 42　　　　　② 58　　　　　③ 66　　　　　④ 74

57 다음 글에서 설명하고 있는 SMART 법칙과 관련된 단어로 가장 적절하지 않은 것은?

> SMART 법칙은 목표를 어떻게 설정할지, 그 목표를 성공적으로 달성하기 위해 꼭 필요한 필수 요건들은 무엇일지 S.M.A.R.T라는 5개의 절차에 따라 제시한 것이다.

① Measurable　　② Action-oriented　　③ Representable　　④ Time limited

58 ◇◇기업의 대표는 다음 달로 예정된 워크숍 일정에 직원들의 자기 계발에 도움이 될 수 있는 교육 프로그램을 추가할 것을 지시하였다. 워크숍 총괄 업무를 맡은 오 팀장은 교육 프로그램 업체를 C 사로 선정하고, 한 대리에게 C 사의 교육 프로그램에 관한 자료를 조사하여 워크숍 기획 회의에 참석할 것을 요청하였다. 한 대리가 조사한 자료와 워크숍 기획 회의에서 나눈 대화의 일부가 다음과 같을 때, 워크숍 일정에 교육 프로그램을 추가하는 데 필요한 총금액은?

[자아 탐색 프로그램 안내]

- 프로그램 일정

구분	자기 강점의 이해	강점의 실전 적용
9:00~12:00	자기 강점 프로필의 이해 (강점 Top5 찾기 프로그램)	성과 달성을 위한 코칭 (강점의 상황별 적용)
12:00~13:00	중식	중식
13:00~14:00	팀 구성 및 토론	자기 계발 계획 세우기
14:00~18:00	팀으로 발현되는 강점의 이해 (상호보완적인 팀 강점 적용 프로그램)	테마 간 상호작용 및 역학관계 바로 알기 (테마의 심층 이해)

- 프로그램 교육 비용

구분	자기 강점의 이해	강점의 실전 적용
교육 비용(1인 기준)	55,000원	48,000원
교재 및 교구 비용	20,000원	15,000원
최소 인원	18명	25명

※ 최소 인원이란 교육 진행에 필요한 최소 인원을 의미함

김 대표: 한 대리. 이번 워크숍 일정에 추가할만한 교육 프로그램 관련하여 보고를 올려주셨던데요. 자료를 보면서 간단하게 설명해 줄 수 있나요?

한 대리: 네, 대표님. C 사의 자기 계발 교육 프로그램에는 '자기 강점의 이해'와 '강점의 실전 적용'이 있습니다. 두 프로그램 모두 오전 9시부터 오후 6시까지 진행되며 사원들의 자기 계발에 큰 도움이 될 수 있을 것으로 판단됩니다.

김 대표: 회사 워크숍에서 진행될 프로그램이니 실전에 적용할 수 있는 '강점의 실전 적용' 프로그램이 좋아 보입니다. 다만 여기 최소 인원이 적혀 있는데 이번 워크숍 참여 인원이 23명이니 아쉽지만 다른 프로그램으로 진행해야겠군요.

한 대리: C 사에 문의해 본 결과, 교육 비용을 최소 인원만큼 결제한다면 프로그램 진행이 가능하다는 답변을 받았습니다. 대신 교재 및 교구 비용은 인원 수만큼 구입이 가능하다고 합니다. 그리고 일정표에 포함된 중식은 C 사에서 준비하는 것이 아니라 별도로 준비해야 하는데, 1인당 7,000원으로 예산을 잡았습니다.

오 팀장: 좋네요. 대표님, 이번 기회에 직원들과 함께하는 시간도 가질 겸 대표님께서도 함께 프로그램에 참여하시는 건 어떠신가요?

김 대표: 좋은 생각이에요, 오 팀장. 그럼 저도 참여하겠으니 원래 예정된 인원에 한 명을 추가하여 이 프로그램으로 결정해 관련 업무 진행하세요. 아 참, 워크숍 기간 내 모든 식사는 워크숍이 진행되는 숙소에서 제공해 주기로 되어 있어 식대는 별도로 생각하지 않아도 됩니다.

① 1,449,000원   ② 1,560,000원   ③ 1,575,000원   ④ 1,728,000원

[59-60] 다음은 연도별 1인당 연간 양곡 소비량과 2015년 전 가구의 1인당 1일 양곡 소비량에 대한 자료이다. 각 물음에 답하시오.

[연도별 1인당 연간 양곡 소비량]

(단위: kg)

용도	곡류	가구	2011	2012	2013	2014	2015	2016
주·부식용	양곡계	전 가구	76.3	75.0	73.2	71.7	69.8	69.5
		농가	115.2	112.6	108.0	110.3	106.1	104.2
		비농가	73.7	72.6	70.5	68.7	67.1	67.4
	쌀	전 가구	69.8	68.6	66.0	64.0	61.9	61.0
		농가	107.7	105.4	101.6	100.8	96.3	94.7
		비농가	67.2	66.2	63.1	61.2	59.4	59.0
	기타 양곡계	전 가구	6.5	6.4	7.2	7.7	7.9	8.5
		농가	7.5	( )	6.4	9.5	9.8	9.5
		비농가	6.5	6.4	7.4	7.5	7.7	8.4
기타 음식용	양곡계	전 가구	2.3	2.1	2.1	2.1	2.0	1.7
		농가	12.2	10.7	10.5	12.8	12.4	11.5
		비농가	1.7	1.4	1.4	1.3	1.1	1.1
	쌀	전 가구	1.4	1.2	1.2	1.1	1.0	0.9
		농가	7.6	5.8	6.3	5.6	5.8	5.8
		비농가	1.1	0.8	0.8	0.7	0.6	0.6
	기타 양곡계	전 가구	0.9	0.9	0.9	1.0	1.0	0.8
		농가	4.6	4.9	4.2	( )	6.6	5.7
		비농가	0.6	0.6	0.6	0.6	0.5	0.5

※ 1) 양곡계는 양식으로 쓰는 곡식을 말하며, 쌀과 기타 양곡계로 구성됨
　 2) 양곡 용도는 주·부식용과 기타 음식용으로 나뉨

[2015년 전 가구의 1인당 1일 양곡 소비량]

59 다음 중 자료에 대한 설명으로 옳지 않은 것은?

① 2015년 전 가구의 1인당 1일 양곡계 소비량이 5번째로 적은 달에 전 가구의 1인당 1일 쌀 소비량은 170g을 넘지 않는다.

② 비농가에서 주·부식용으로 소비하는 1인당 연간 쌀 소비량은 꾸준히 감소하는 추세이다.

③ 2015년 전 가구의 1인당 1일 기타 양곡계 소비량이 가장 적은 달은 5월이다.

④ 농가에서 주·부식용과 기타 음식용으로 소비하는 1인당 연간 기타 양곡계 소비량의 차이가 가장 적은 해는 2012년이다.

60 2015년 전 가구의 1인당 연간 기타 양곡계 소비량은 2015년 2월 전 가구의 1인당 1일 기타 양곡계 소비량의 약 몇 배인가?

① 229배 ② 332배 ③ 334배 ④ 337배

약점 보완 해설집 p.34

공기업 취업의 모든 것, 해커스공기업

public.Hackers.com

5회 기출동형모의고사

제한 시간(70분)을 참고하여 문제 풀이 시작과 종료 시각을 정하고,
실전처럼 모의고사를 풀어보세요.

____시____분 ~ ____시____분 (총 70문항/70분)

- 본 모의고사는 총 70문항으로 구성되어 있으며, 70분 이내로 모든 문제를 풀어야 합니다.
- 의사소통능력, 수리능력, 문제해결능력, 자원관리능력, 조직이해능력 문제가 출제됩니다.
- 모의고사 마지막 페이지에 있는 OMR 답안지와 해커스잡 애플리케이션의 모바일 타이머를 이용하여 실전처럼 모의고사를 풀어본 후, p.225에 있는 '무료 바로 채점 및 성적 분석 서비스' QR코드를 스캔하여 응시 인원 대비 본인의 성적 위치를 확인해 보시기 바랍니다.

01 다음 글의 중심 내용과 관련 있는 속담은?

> 미국이 이전부터 시행하고 있던 양적 완화 정책의 규모를 확대하고 있다. 시장에 많은 양의 달러를 공급해 달러의 가치를 낮추고 이를 통해 수출을 증가시켜 경기를 회복하겠다는 심산이다. 일본 정부도 무제한 양적 완화 정책을 추진하고 있다. 장기간 동안 일본에 만연해 있는 디플레이션을 극복하겠다는 이유도 있지만, 달러화의 약세로 엔화가 절상되는 것을 막기 위해 미국의 양적 완화 확대 정책에 대해 이종의 맞불 작전을 펼치는 것으로 추측된다. 한편 이와 같은 선진국 간의 환율 전쟁의 여파에 휘말린 우리나라는 원화 가치가 상승해 수출 경쟁력이 약화될 조짐을 보이고 있다.

① 원수는 외나무다리에서 만난다
② 소 잃고 외양간 고친다
③ 모난 돌이 정 맞는다
④ 똥 묻은 개가 겨 묻은 개 나무란다
⑤ 고래 싸움에 새우 등 터진다

02 다음 명제가 모두 참일 때, 항상 옳은 것은?

> • P의 선호도가 높아지면 P와 Q의 판매량이 증가한다.
> • W 은행 브랜드 홍보 비용이 증가하면 P 또는 Q의 선호도가 높아진다.
> • P의 판매량이 증가하지 않으면 Q의 선호도도 높아지지 않는다.
> • Q의 선호도가 높아지면 P의 선호도가 높아지지 않는다.

① Q의 판매량이 증가하지 않으면 Q의 선호도가 높아질 수 없다.
② P 또는 Q의 판매량이 증가하면 P와 Q의 선호도가 높아진다.
③ W 은행 브랜드 홍보 비용이 증가하고 Q의 선호도가 높아지면 Q의 판매량이 증가한다.
④ P의 선호도가 높아지지 않거나 Q의 선호도가 높아지지 않으면 W 은행 브랜드 홍보 비용이 증가하지 않는다.
⑤ P의 선호도가 높아지지 않아도 P의 판매량이 증가할 수 있다.

03 제시된 숫자의 규칙을 찾아 빈칸에 들어갈 알맞은 숫자를 고른 것은?

1	3	5	2	5	15	3	(	)	45	4	9	135

① 5   ② 7   ③ 10   ④ 15   ⑤ 37

04 물품 관리의 효율성을 향상시키기 위해 사용 물품과 보관 물품의 구분 – (　　　) – 물품 특성에 맞는 보관 장소 선정 과정을 거칠 때, 빈칸에 들어갈 과정에서 고려해야 할 요소로 가장 적절한 것은?

① 물품의 형상   ② 물품활용의 편리성   ③ 물품의 소재
④ 유사성의 원칙   ⑤ 반복 작업 방지

05 다음 지문에서 설명하고 있는 농산물 판매장은?

> 지역에서 생산한 농산물을 생산자가 직접 수확, 포장, 가격결정, 진열, 재고관리를 수행하여 농협 매장을 통해 판매하는 직거래방식의 농식품 판매장으로, 독립된 건물 또는 층으로 구분된 공간에서 운영하는 독립매장, 마트와 병행하여 운영하는 복합매장, 농축협 영업점 등의 공간에 설치된 로컬푸드코너의 형태로 운영된다.

① 농협몰   ② 로컬푸드직매장   ③ 하나로마트
④ 산지유통센터   ⑤ 농산물 공판장

이자는 돈을 빌리거나 빌려주었을 때 주거나 받는 일정 비율의 돈을 지칭하는데, 원금에 대한 이자의 비율을 금리라고 한다. 금리는 계산 방법에 따라 단리(單利)와 복리(複利)로 분류된다. 단리는 일정 기간 원금에 대해서만 약정 이율로 계산한 이자를 말하며, 이전 기간의 이자를 원금에 가산하여 계산하는 것이 아니므로 이자에 대한 이자는 발생하지 않는다. 이에 반해 복리는 이전 기간에 발생한 이자를 원금에 가산하여 다음 기간의 원금으로 여기고 약정 이율로 계산한 이자를 말한다. 단리로 이자를 받을 때의 원리금은 (원금)×{1+n(이율)}, 복리로 이자를 받을 때 원리금은 (원금)×{1+(이율)}^{n}으로 나타낸다. 여기서 n은 이자를 계산하는 횟수, 즉 기간을 말하는데 일반적으로는 1년을 기준으로 계산하지만 한 달 또는 일주일 단위로 복리를 계산하는 경우도 있다. 따라서 일정 금액에 같은 이율의 단리와 복리를 적용하면 원금과 이자를 합한 원리금에 차이가 생긴다. 단리는 기간에 따라 원리금이 균일한 비율로 증가하지만 복리는 기간이 길수록 원리금이 급격하게 증가하기 때문이다. 일례로 100만 원을 연 5%의 단리로 3년간 저축하면 3년 뒤에 원금 100만 원에 이자 15만 원을 더해 원리금을 총 115만 원 받게 된다. 반면 100만 원을 연 5%의 복리로 3년간 저축하면 3년 뒤에는 원금 100만 원에 이자 15만 7625원을 더해 원리금을 총 115만 7625원 받게 된다. 다시 말해 같은 이율을 적용하여도 복리로 계산했을 때의 이자가 단리로 계산했을 때보다 7,625원 더 높으며, 기간이 길어질수록 그 차이는 큰 폭으로 커진다. 복리는 예금자와 투자자의 입장에서는 시간이 흐를수록 점점 더 많은 이익을 얻을 수 있다는 점에서 황금알을 낳는 오리와 같다. 하지만 채무자의 입장에서는 시간이 지날수록 부채가 막대하게 증가한다는 점에서 저주가 된다는 양면성을 갖고 있다.

① 200만 원을 5년 동안 연간 3%의 단리로 저축하면 원리금으로 300만 원이 넘는 금액을 받게 된다.
② 돈을 빌려야 하는 상황에서는 시간이 흐를수록 더 많은 이익이 생기는 복리를 선택하는 것이 좋다.
③ 500만 원을 연 5%의 복리로 2년 동안 저금하면 단리로 저금했을 때보다 5만 원 이상 이익을 본다.
④ 동일한 금액의 자본에 같은 이율을 적용하더라도 금리 계산 방법에 따라 원리금에 차등이 생긴다.
⑤ 단리는 일정 기간 내에 원금에 대한 이자뿐만 아니라 이자에 대한 약정 이율의 이자까지 발생한다.

07 ○○회사의 환경안전팀은 사고 예방시설 설치를 통해 산업재해 발생 빈도를 최소화하려고 한다. 제시된 자료를 모두 고려하였을 때, ○○회사가 산업재해 감소에 최대의 효과를 낼 수 있는 예방시설 설치 방안은?

[산업재해 발생 내역]

발생 원인	발생 비율	세부 내용	예방 방안
이동 중 부상	72.0%	사내에서 이동 중 미끄러지거나 넘어짐	미끄럼 방지 시설 설치
기계 끼임	27.3%	기계 작동 중 신체의 일부가 끼임	안전센서 설치
물체 추락	0.6%	공중에서 물품이 추락하여 사람에게 해를 입힘	안전망 설치
기타	0.1%	그 외 기타	안전 교육

[사고 예방시설 설치 조건]

우선 순위	조건	세부 내용
1	예산	78,500천 원
2	산업재해 발생 비율	발생 빈도가 많은 항목 순으로 예방시설 설치
3	팀별 설치 우선 순위	생산팀 우선 설치

[안전시설 설치 요청 현황]

구분	생산1팀	생산2팀	품질1팀	품질2팀
미끄럼 방지 시설	−	450m²	150m²	210m²
안전센서	10,080개	9,600개	−	1,500개
안전망	510m²	450m²	150m²	−

※ 안전시설은 팀 내 일부에만 설치할 수 없음

[안전시설별 설치 단가]

미끄럼 방지 시설	안전센서	안전망
30천 원/m²	2.5천 원/개	1.2천 원/m²

	생산팀	품질팀
①	안전센서 9,600개, 안전망 510m²	미끄럼 방지 시설 360m², 안전센서 1,500개, 안전망 150m²
②	미끄럼 방지 시설 450m², 안전센서 19,680개, 안전망 960m²	미끄럼 방지 시설 360m², 안전센서 1,500개
③	미끄럼 방지 시설 450m², 안전센서 19,680개, 안전망 960m²	미끄럼 방지 시설 210m², 안전센서 1,500개
④	미끄럼 방지 시설 450m², 안전센서 10,080개, 안전망 510m²	미끄럼 방지 시설 360m², 안전망 150m²
⑤	미끄럼 방지 시설 450m², 안전센서 19,680개	미끄럼 방지 시설 360m², 안전센서 1,500개, 안전망 150m²

08 L사 인사팀에 근무하는 이 대리는 입사 1년 미만 사원들을 대상으로 보고서 작성 교육을 진행하기 위해 회의실을 예약하려고 한다. 이 대리와 양 사원의 대화 내용을 고려하였을 때, 양 사원이 예약할 회의실은?

[입사 1년 미만 사원 명단]

성함	소속	부서	입사년월	휴무 요일
가	경영기획본부	기획팀	20.01	토요일, 일요일
나	생산개발본부	생산1팀	20.08	월요일, 토요일
다	환경안전본부	안전관리팀	19.12	수요일, 일요일
라	경영기획본부	마케팅팀	20.03	토요일, 일요일
마	경영기획본부	경영지원팀	20.06	토요일, 일요일
바	고객관리본부	고객대응팀	19.11	화요일, 토요일
사	생산개발본부	개발1팀	20.05	토요일, 일요일
아	고객관리본부	고객대응팀	20.02	목요일, 일요일
자	고객관리본부	고객지원팀	20.04	토요일, 일요일
차	고객관리본부	고객지원팀	20.07	금요일, 토요일
카	환경안전본부	안전관리팀	19.01	월요일, 일요일
타	환경안전본부	환경관리팀	20.03	화요일, 토요일
파	생산개발본부	생산2팀	20.06	화요일, 일요일

[회의실 정보]

구분	최대 수용 인원	이용 가능 요일	이용 가능 시간
A	6명	월, 수, 금	오전, 오후
B	15명	화, 목, 토	오전
C	10명	월, 화, 수, 금	오전, 오후
D	13명	화, 수, 금, 일	오후
E	8명	금, 토, 일	오전, 오후

이 대리: 양 사원, 이번에 보고서 작성 교육 대상인 사원들의 명단은 공유가 되었나요?

양 사원: 아니요. 아직 교육 대상이 확정되지 않아 명단을 공유하지 못했습니다. 이번 보고서 작성 교육은 어떤 사원들을 대상으로 진행하시나요?

이 대리: 회사에서 보고서 작성에 어려움을 겪는 사원들이 많아서 그에 대한 도움을 주고자 외부 강사를 초청하려고 하는데, 경영기획본부 소속 사원들의 경우 본부장님이 직접 교육을 진행하겠다고 하셔서 경영기획본부 소속 사원들은 제외하고 진행할 겁니다. 또 2019년에 입사한 사원들은 이미 보고서 작성 교육을 들은 경험이 있으니 2020년도에 입사한 사원들로 확정하도록 할게요.

양 사원: 네, 알겠습니다. 확정된 사원 명단 정리하여 전달 드리겠습니다. 경영기획본부 소속 사원들을 제외하고는 휴무 요일이 일정하지 않아서 적절한 요일을 택하여 교육을 진행해야 할 것 같습니다. 휴무 요일에 교육을 듣기 위해 회사에 출근하는 것이 힘들 수 있으니 모두의 휴무 요일이 겹치지 않는 날로 정하면 좋을 것 같습니다.

이 대리: 좋습니다. 그럼 적당한 회의실로 예약까지 좀 부탁드려요. 아, 고객관리본부에서 부서 내부 사정으로 인해 당분간 오후에 별도로 일정을 잡지 말아 달라는 협조문이 내려왔어요. 교육 참석 대상에 고객관리본부 소속 사원이 있다면 교육은 오전으로 잡아야겠네요. 그리고 외부 강사 대기실을 별도로 마련할 예정이라서 회의실 최대 수용 인원은 교육 수강 인원만 고려하시면 됩니다.

양 사원: 네, 대리님. 말씀하신 부분까지 고려하여 회의실 확인하고, 예약 완료한 이후에 관련 내용 정리하여 보고드리겠습니다.

① A   ② B   ③ C   ④ D   ⑤ E

09 최근 20년 동안 농가 수와 농가 인구수가 계속 감소하고 있으며, 농가 인구의 연령대별 구성도 변화하고 있다. 농촌 연구원은 이에 따른 대응 방안을 찾기 위해 현 상황에 대해 분석하였다. 분석한 내용으로 옳은 것을 모두 고르면?

[연도별 농가 수 및 농가 인구수]

(단위: 천 호, 천 명)

구분	1995	2000	2005	2010	2015
농가 수	1,501	1,383	1,273	1,177	1,089
전체 농가 인구수	4,851	4,031	3,434	3,063	2,569
- 20~39세	1,039	769	540	430	283
- 65세 이상	785	876	999	973	987

※ 청년은 20~39세에 해당함

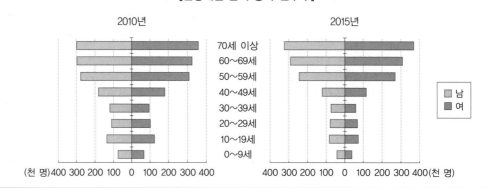

[연령대별 남녀 농가 인구수]

a. 최근 20년 동안 농가 수는 30% 이상 감소하였다.
b. 2015년 60세 이상 연령대별 농가 인구수는 5년 전 대비 모두 증가하였고, 나머지 연령대별 농가 인구수는 5년 전 대비 모두 감소하였다.
c. 2015년 전체 농가 인구수에서 청년이 차지하는 비중은 10년 전 대비 5%p 이하로 감소하였다.
d. 2015년 모든 연령대에서 여성 농가 인구수가 남성보다 더 많다.
e. 전체 농가 인구수에서 65세 이상 연령대의 농가 인구수가 차지하는 비중이 처음으로 30%를 넘는 해에 70세 이상 연령대의 남성 농가 인구수는 300천 명을 넘지 않는다.

① a, b   ② b, c   ③ b, d   ④ c, e   ⑤ d, e

10 다음은 근무 평가표, 평가 등급 및 신입 행원별 근무 평가 점수에 대한 자료이다. K 은행 신입 행원들의 근무 평가 평균 점수의 등급은?

[근무 평가표]

평가 항목	평가 내용	세부 내용	배점
1	고객 상담 능력(20점)	고객의 니즈 파악	15점
2		고객 맞춤형 상품 추천	5점
3	업무처리 능력(50점)	거래 유치 성공률	10점
4		정확한 일 처리	10점
5		신속한 일 처리	10점
6		리스크 최소화	10점
7		업무 완성도	10점
8	서비스 능력(20점)	응대 서비스	15점
9		영업점 내 시설물 및 편의물 관리	5점
10	대처 능력(10점)	고객 불만 해결	10점

[평가 등급]

구분	S 등급	A 등급	B 등급	C 등급	D 등급
평가 점수	91점 이상	81점 이상 91점 미만	71점 이상 81점 미만	61점 이상 71점 미만	61점 미만

[신입 행원별 근무 평가 점수]

평가 항목	수신부		여신부		외환부	
	갑	을	병	정	무	기
1	15	5	10	15	12	15
2	5	3	5	5	3	5
3	5	5	10	10	5	5
4	5	10	10	10	9	10
5	10	10	3	2	10	5
6	5	10	10	10	10	10
7	5	10	3	5	10	10
8	10	12	5	10	10	11
9	5	5	2	2	5	5
10	10	5	2	9	2	10
총 평가 점수	75	75	60	78	76	86

① S 등급　　② A 등급　　③ B 등급　　④ C 등급　　⑤ D 등급

3D 프린팅은 기존 2차원 평면에 '공간'의 축을 추가한 3D 도면을 바탕으로 입체 물품을 만들어 내는 기술이다. 3D 프린팅 기술은 빠른 속도로 발전하여 현재는 플라스틱뿐만 아니라 고무, 세라믹, 심지어 식재료까지 이용하여 물품을 생산할 수 있으며, 판매 가격도 하락하여 대중화가 예측되기도 한다. 하지만 3D 프린팅 기술에는 결정적인 한계가 있다. 큰 물품을 만들어 내기 위해서 그보다 큰 3D 프린터가 필요하다는 점이다. 예를 들어, 3D 프린터로 빌딩을 출력하려면 빌딩보다 큰 3D 프린터를 만들어야 한다. 하지만 빌딩보다 큰 프린터를 만드는 데에는 천문학적인 비용이 들기 때문에 경제적 유인이 거의 없다. 이처럼 경제적으로 프린터보다 큰 물건은 제작하기 어려운 3D 프린터의 한계를 극복할 수 있는 기술이 바로 4D 프린팅이다.

4D 프린팅 기술은 3D 프린터로 출력한 물품이 특정 환경 조건이 갖추어지면 스스로 모양이나 형태를 바꾸어 새로운 결과물로 완성된다. 즉 온도, 습도, 진동 등의 자극을 받으면 모양이 달라지는 스마트 재료를 3D 프린터로 출력하는 것이 4D 프린팅 기술이다. 4D 프린팅 기술로 출력된 물품들은 다른 물품과 결합하거나 스스로 크기를 확장할 수 있어 빌딩보다 큰 프린터가 없어도 빌딩을 만드는 것이 가능하다. 4D 프린팅이라는 용어를 처음 사용한 2013년 미국 MIT 자가조립연구소의 스카일러 티비츠 교수는 3D에 '시간'이라는 한 차원(Dimension)의 축을 더했다는 의미에서 4D 프린팅이라고 명명했다고 설명했다.

티비츠 교수의 설명에 따르면, 4D 프린팅 기술의 기본 원리는 자가 조립(Self-assembly) 기술과 자가 변형(Self-transformation) 기술에 있다. 이는 단백질과 같은 생체 분자들이 스스로 조립하거나 결합하여 특정 모양을 만드는 원리를 응용한 것으로, 4D 프린팅에는 모양을 바꿀 수 있게 프로그래밍된 스마트 재료가 사용되어 실현된다. 스마트 재료로 형상기억합금이 가장 널리 알려져 있지만, 나무나 종이 같은 소재도 부분 변형이 가능하여 스마트 재료로 사용할 수 있다. 이러한 원리를 바탕으로 4D 프린팅 기술이 만들어낸 물품은 자동차, 의료, 건설, 게임 등 다양한 분야에서 활용될 것으로 전망된다.

특히 자동차 분야는 자동차 제작에 사용되는 모든 플라스틱, 금속 부품이 4D 프린팅 기술의 대상이 된다. 독일 자동차 회사 BMW의 콘셉트카인 비전 넥스트 100이 4D 프린팅 기술을 활용한 대표적인 제품이다. 비전 넥스트 100은 외부 환경이나 운전 상황에 따라 차체의 형태와 디자인이 바뀐다. 예를 들어, 험준한 도로를 달릴 때는 환경에 맞게 바퀴의 모양이 달라지고, 직선 구간에서는 차체가 바람의 영향을 덜 받는 모양을 유지한다. 그뿐만 아니라 운전자의 자세에 따라 시트 모양이 바뀌기도 한다.

의료 분야에서는 4D 프린팅 기술을 활용하여 인체에 삽입하는 바이오 장기를 만들거나 신체 내부에 들어가서 치료가 필요한 부위에 도달하면 자동으로 분해되어 약을 흡수시키고 병균을 제거하는 나노로봇 등을 만들 수 있다. 이 외에 작게 구겨도 펼치면 주름이 없어지는 옷, 자연재해로 붕괴된 부분을 자동으로 복구하는 건물, 날씨에 따라 외양이 바뀌는 텐트 등 앞으로 4D 프린팅 기술을 활용하는 분야의 범위는 더욱 확장될 것이다.

미국은 4D 프린팅 기술 연구를 위해 미국과학재단(NSF)이 3,000만 달러를 투자하였으며, 미국항공우주국(NASA)과 육군연구국도 4D 프린팅 관련 연구에 박차를 가하고 있다. 한편, 우리나라는 한국과학기술연구원(KIST)과 광주과학기술원(GIST)이 연구를 진행 중이며, 정부 주도로 4D 프린팅 시뮬레이터 개발 사업을 추진하여 4D 프린팅 사업단을 설립하였다. 4D 프린팅 기술의 발전 수준은 아직 걸음마 단계이다. 우리나라가 다른 나라와의 경쟁에서 주도권을 잡고 관련 사업을 활성화하기 위해서는 정부 차원에서 장기적인 관점으로 초기 개발을 지원하고 적극적으로 투자할 필요가 있다.

11 윗글의 제목으로 가장 적절한 것은?

① 4D 프린팅 기술의 원리와 미래 전망
② 3D 프린터의 기능적 한계와 극복방안
③ 프린터를 만드는 데 필요한 기술의 종류
④ 4D 프린팅 기술을 활용한 사례의 비교 분석
⑤ 프린터 구조의 차이에 따른 장단점 연구

12 윗글을 통해 추론한 내용으로 가장 적절하지 않은 것은?

① 도로 환경에 따라 적합한 형태로 바뀌는 비전 넥스트 100의 바퀴는 4D 프린팅 기술로 제작되었다.
② 소재 자체의 일부 또는 전체가 프로그래밍을 통해 자가 변형할 수 있어야 4D 프린팅이 실현된다.
③ 수온이 일정 기준 이상이 되면 자동으로 급수가 차단되는 수도관은 4D 프린팅 기술로 만들 수 있다.
④ 3D 프린터로 아파트를 만들 수는 있지만 경제적 이점이 거의 없어서 실제로 만들어질 가능성은 적다.
⑤ 4D 프린팅 기술은 세계 각국의 치열한 경쟁으로 빠르게 발전하여 현재는 안정기에 진입하였다.

13 우빈이의 생일이 표시된 달력이 있다. 생일이 표시된 날짜를 기준으로 오른쪽으로 1칸, 아래쪽으로 1칸 이동한 날짜와, 생일이 표시된 날짜를 기준으로 오른쪽으로 1칸, 위쪽으로 1칸 이동한 날짜, 그리고 생일이 표시된 날을 모두 더했더니 35가 되었다. 우빈이의 생일은 며칠인가?

① 11일   ② 12일   ③ 13일   ④ 14일   ⑤ 15일

14 지갑에 10원짜리 동전 2개, 50원짜리 동전 4개, 100원짜리 동전 3개, 500원짜리 동전 1개, 1,000원짜리 지폐 2장, 5,000원짜리 지폐 2장이 있다. 50원짜리 동전과 5,000원짜리 지폐를 제외하고 지갑에 있는 돈으로 낼 수 있는 금액의 경우는 몇 가지인가?

① 11가지   ② 23가지   ③ 47가지   ④ 53가지   ⑤ 71가지

15 맞물려 있는 두 개의 톱니바퀴를 회전시키려고 한다. 톱니 수가 각각 36개, 81개일 때, 두 톱니바퀴가 처음에 맞물렸던 위치로 되돌아오기 위해 회전해야 하는 회전수의 합은 얼마인가?

① 4바퀴   ② 9바퀴   ③ 13바퀴   ④ 15바퀴   ⑤ 18바퀴

16 ○○놀이공원은 성인 입장료와 청소년 입장료가 7,500원으로 같지만, 청소년 수가 일정 수를 초과하면 청소년의 입장료를 1인당 5,000원씩 할인해 준다. 구성원 수가 동일한 A 가족과 B 가족이 각각 82,500원, 57,500원의 입장료를 지불하였고 B 가족만 청소년 입장료를 할인받았을 때, B 가족의 성인 수는?

① 2명   ② 3명   ③ 4명   ④ 5명   ⑤ 6명

17 체육대회에서 박 부장, 김 대리, 이 사원이 속한 영업팀은 금메달 5개, 은메달 5개, 동메달 7개를 획득하여 획득한 메달을 A, B, C 상자에 나누어 보관하였다. 각 상자에는 금, 은, 동메달을 최소 1개씩 보관하였으며 각 상자에 들어있는 총 메달은 C 상자보다 B 상자가 많고, B 상자보다 A 상자가 많다. 부장, 대리, 사원 순으로 상자 한 개씩을 확인하고 그 결과를 아래와 같이 공유하였을 때, A 상자에 들어있는 금, 은, 동메달 개수가 바르게 짝지어진 것은?

> • 박 부장: A 상자를 보고 A 상자에 들어있는 메달 개수가 짝수인 것은 확인했지만, B, C 상자에 들어있는 메달 종류에 따른 각 개수는 모두 알 수 없었어.
> • 김 대리: B 상자를 확인한 후, A, C 상자에 들어있는 메달 종류에 따른 각 개수를 모두 알 수 없었어.
> • 이 사원: C 상자를 확인한 후, A, B 상자에 들어있는 메달 종류에 따른 각 개수를 모두 알 수 없었어.

	금메달	은메달	동메달
①	2개	2개	3개
②	2개	2개	4개
③	2개	3개	3개
④	3개	1개	4개
⑤	3개	2개	3개

18 다음 밑줄 친 부분과 바꿔 쓸 수 있는 것은?

> 내 예상과 달리 영진이는 <u>옹졸한</u> 사람이었다.

① 어수룩한   ② 우악스러운   ③ 만만한   ④ 좀스러운   ⑤ 번드러운

19 다음은 A 은행 환율과 환전 수수료 우대율에 관한 자료이다. 승희가 300달러를 현찰로 살 때, 비회원으로 이벤트 우대율을 적용한 환전 수수료와 회원으로 기본 우대율을 적용한 환전 수수료의 차이는?

[A 은행 환율]

(단위: 원)

구분	현찰 살 때	현찰 팔 때	송금할 때	송금받을 때	매매기준율
미국 USD	1,206	1,165	1,197	1,174	1,186
일본 JPY	1,139	1,100	1,130	1,108	1,119
유럽 EUR	1,442	1,387	1,429	1,401	1,415

[환전 수수료 우대율 안내]

(단위: %)

구분	기본 우대율	이벤트 우대율	환전가능 최소금액
미국 USD	50(비회원 50)	90(비회원 80)	10달러
일본 JPY			1,000엔
유럽 EUR	50(비회원 50)	80(비회원 70)	10유로

※ 1) 환전 가능한도: 비회원 100만 원, 회원 1,000만 원 이내
   2) 환전 수수료 = 현찰 살 때 금액 − 매매기준율

① 600원   ② 1,200원   ③ 1,800원   ④ 2,400원   ⑤ 3,000원

20 다음 빈칸에 들어갈 용어와 관련 있는 사례로 가장 적절한 것은?

제품의 생산 단계부터 유통에 이르기까지 모든 과정에 직접 관여하여 권리를 행사하는 소비자를 (   )라고 한다. 이들은 단순히 시장에 나온 물건을 선택하여 수동적으로 소비하는 것이 아닌, 자신의 취향에 맞는 물건을 스스로 창조하여 능동적으로 소비한다.

① A는 명품 브랜드에서 출시된 고가의 화장품 대신 기능과 디자인이 비슷한 카피 제품을 애용한다.
② B는 장을 볼 때 스마트폰 앱으로 제품의 성분을 일일이 따져본 후 화학성분이 포함되지 않은 제품만 구매한다.
③ 뮤지컬 작품 C의 마니아 관객인 D는 관객 초청 이벤트에 참여해 작품의 개선점과 마케팅 방향에 대한 아이디어를 제안했다.
④ E는 자신이 구입하고 싶은 제품을 구매한 다른 사람들의 후기를 모두 읽어본 후 제품 구입을 결정하였다.
⑤ 혼자 사는 F는 16등분 된 수박처럼 한 번 먹을 수 있는 분량으로 소포장되어 있는 식품을 주로 구입한다.

21 다음은 을이 부모님과 등산을 가기 전 갑과 대화한 내용이다. 다음 자료를 근거로 판단할 때, 을이 부모님과 등산할 산은?

[A~E 산 정보]

구분	거리	높이	코스 난이도	주변 숙소 비용 (1박 기준)
A 산	115km	1,915m	중	100,000원
B 산	125km	1,638m	상	130,000원
C 산	85km	1,708m	중	110,000원
D 산	77km	1,947m	하	150,000원
E 산	105km	1,546m	하	80,000원

[대화 내용]

갑: 다음 주 주말에 부모님 모시고 등산 간다더니 어디 갈지 정했어?

을: 아직 정하지는 않았는데 부모님께서 집에서 멀리 떨어진 산에 가고 싶다고 하시네. 그래서 집에서 80km 이상 떨어진 산으로 알아볼까 해.

갑: 어떤 산으로 가고 싶은데?

을: 좀 높은 산에 올라가야 경치가 좋을 것 같으니 높이가 1,600m보다 높고, 코스가 너무 힘들면 올라가기 부담스러울 수 있으니 코스 난이도는 중 이하로 가는 게 좋을 것 같아.

갑: 당일치기로 다녀오면 많이 힘들겠다.

을: 그래서 1박 2일로 다녀오려고 숙소도 알아보고 있어. 좀 전에 이야기한 사항을 모두 만족하면서 주변 숙소 비용이 가장 저렴한 산에서 하루 자고 올 거야.

① A 산 ② B 산 ③ C 산 ④ D 산 ⑤ E 산

22 다음 문자가 규칙에 따라 나열되어 있을 때, 빈칸에 들어갈 알맞은 것을 고르면?

I K H J G (   )

① H ② I ③ J ④ K ⑤ M

23 다음 중 농협중앙회 조직도에서 A와 B에 들어갈 내용으로 바르게 짝지어진 것은?

[농협중앙회 조직도]

	A	B
①	디지털혁신실	상호금융자산운용본부
②	디지털혁신실	상호금융사업지원본부
③	IT전략본부	상호금융사업조정본부
④	IT전략본부	상호금융자산운용본부
⑤	IT전략본부	상호금융사업지원본부

24 다음 중 창의적 사고 개발방법에 대해 잘못 설명한 사람을 모두 고르면?

> **동욱:** 질문 항목마다 대상의 해당사항을 '예' 또는 '아니오'로 체크하여 점검하는 체크리스트법은 강제연상법의 한 종류야.
>
> **지수:** 브레인스토밍은 집단의 효과를 살려서 아이디어의 연쇄반응을 일으켜 자유분방한 아이디어를 내고자 하는 창의적 사고 개발방법이야.
>
> **자혁:** 주제와 본질적으로 닮은 것을 힌트로 해서 그로부터 새로운 아이디어를 얻는 방법을 비교발상법이라고 해.
>
> **희정:** 비교발상법의 종류에는 서로 관련이 없어 보이는 것들을 조합하여 새로운 것을 도출해 내는 NM법과 대상과 비슷한 것을 찾아내 그것을 힌트로 새로운 아이디어를 생각해 내는 시네틱스법이 있어.

① 지수　　　　　　　② 희정　　　　　　　③ 동욱, 자혁
④ 자혁, 희정　　　　　⑤ 동욱, 지수, 희정

25 N 기업은 신입사원 연수를 위해 전세버스를 대절하고자 한다. 전세버스 요금과 직원 A, B의 대화 내용을 고려할 때, N 기업이 책정한 전세버스 대절 비용은?

[전세버스 요금]

• **기본요금**: 서울/경기지역 운행은 전세버스 종류별 아래 요금에 따름

구분	15인승	25인승	28인승	40인승	45인승
편도	130,000원	210,000원	350,000원	300,000원	305,000원
당일	150,000원	240,000원	400,000원	350,000원	330,000원

※ 1) 서울 출발 기준 요금(서울 외 지역에서 출발 시 8% 추가 비용 발생)
　　2) 당일은 하루 운행을 의미함
• **대기요금**: 예약 시간부터 30분당 10,000원(편도, 당일 구분 없음)
• **숙박요금**: 당일요금 + 편도요금

A: 1박 2일로 진행되는 신입사원 연수 일정이 확정되었네요. 연수 첫째 날 서울 본사에 집합해 9시에 출발할 예정이고, 연수 장소는 경기도 가평군에 위치한 ◇◇연수원입니다. 연수는 서울 본사로 돌아오는 것으로 마무리되므로 서울 본사와 연수원에 오갈 버스를 대절해야 합니다.

B: 네, 일정이 얼마 남지 않았으니 시급히 예약을 진행해야겠어요. 버스 종류별로 기본요금 차이가 커서 비용이 저렴한 버스를 선택하는 것이 중요하겠어요. 버스 한 대로 이동할 건가요? 총 탑승 인원이 어떻게 되죠?

A: 네, 신입사원 27명과 멘토 5명, 그리고 강연을 하는 직원 3명도 함께 이동하게 됩니다. 연수 진행을 담당할 스태프의 경우 별도의 차량으로 이동할 예정이지만 상황에 따라 버스를 이용하게 될 가능성이 있습니다.

B: 그렇다면 여유 인원을 포함하여 예약하는 것이 좋겠네요. 여유 인원은 5명 정도면 될까요?

A: 그 정도면 적당할 것 같습니다.

B: 그런데 보통 1박 2일 일정은 여러 장소 이동을 고려해서 숙박요금으로 대절하는데, 연수 기간 내에 연수원 입·퇴소를 제외하고는 버스를 이용하는 일정이 없네요. 아예 편도요금으로 버스를 대절하는 비용도 산정해 보고 가장 저렴한 방법을 선택하면 좋겠어요. 그리고 요금표에 있는 대기요금은 무엇인가요?

A: 네, 말씀해 주신 사항 고려해 보겠습니다. 대기요금은 숙박요금으로 버스를 대절하지 않을 경우 버스가 이동하지 않고 대기하는 시간에 대해 추가로 지급해야 하는 요금입니다. 연수원으로 출발할 때만 인원을 체크하는 시간 동안 버스가 미리 도착해 있도록 할 계획이므로 버스를 8시 30분에 예약하고, 이외에는 대기요금 없이 출발하는 것으로 예산 정리하겠습니다.

B: 네, 가장 저렴한 버스 대절 방법을 찾아 봅시다. 필요하다면 버스 두 대로 이동하는 것도 좋을 것 같습니다.

① 561,600원　　② 634,000원　　③ 635,500원　　④ 644,400원　　⑤ 730,000원

26 다음 문단을 논리적 순서대로 알맞게 배열한 것은?

(가) 관용구는 특별한 규칙 없이 둘 이상의 단어가 결합한 것이며 개별 단어들의 의미만으로는 전체의 의미를 알 수 없는 특수한 의미, 즉 관용적 의미를 가진다는 특징이 있다.

(나) 한편 관용구는 단어의 결합 형태가 고정되어 있다는 특징도 가지고 있다. 따라서 관용구를 구성하고 있는 단어를 다른 것으로 대치할 경우 관용적 의미를 나타낼 수 없다.

(다) 일례로 우리나라의 대표적 관용구인 '미역국을 먹다'는 '시험에서 떨어지다'라는 관용적 의미를 가지고 있다. 하지만 외국인들은 이 관용구를 두고 문장 구성 요소인 '미역국'과 '먹다'의 글자 그대로의 의미를 받아들여 '미역을 넣어 끓인 국을 먹는다'라고 해석할 수밖에 없다.

(라) 여기서 관용적 의미는 일반적으로 그 관용구를 구사하는 나라의 관습, 문화 등과 관련이 있다. 따라서 우리나라의 문화나 역사를 잘 알지 못하는 외국인들의 경우 우리말의 관용구를 해석하는 데 적지 않은 어려움을 느끼게 된다.

(마) 다시 말해, '미역국을 먹다'를 '된장국을 먹다'로 바꿔 쓸 경우 '시험에서 떨어지다'라는 관용구로서의 의미가 사라지게 되는 것이다.

① (가) – (나) – (다) – (마) – (라)
② (가) – (나) – (마) – (라) – (다)
③ (가) – (라) – (나) – (마) – (다)
④ (가) – (라) – (다) – (나) – (마)
⑤ (가) – (마) – (나) – (다) – (라)

27 귀하는 체육대회 준비위원장으로 체육대회를 준비하는 업무를 맡았다. 다음 교장 선생님의 업무 지시를 따른다고 할 때, 제일 먼저 수행할 업무로 가장 적절한 것은?

T 중학교는 두 달 후에 체육대회를 개최할 예정이며, 미완성된 체육대회 기획안을 바탕으로 교무회의를 진행하였다.

[체육대회 기획안]

1. 개최 목적: 다양한 체육활동에 참여하면서 체육에 대한 관심 증가와 급우 간의 협동심을 일깨우기 위함
2. 개최 일시: 20○○.○○.○○. 09:00~16:00
3. 개최 장소: 본교 운동장
4. 참여자: 1, 2, 3학년 전교생 및 교직원
5. 준비물: 체육복, 운동화, 도시락
6. 경기종목: 미정
7. 시상 내용

구분	1위	2위	3위	응원 질서상
시상 기준	학년별로 경기 결과에 따라 우승 또는 준우승 학급에 점수를 부여하여 총점이 높은 학급 순으로 1위부터 3위까지 순위를 결정함			학년별로 경기 중 응원이 가장 활발한 학급과 경기 전후와 점심시간에 가장 질서 있는 학급에 점수를 부여하여 총점이 가장 높은 학급을 선정함
시상 대상	학년당 1학급씩 총 3학급에 시상			
시상 품목	상장 및 상금			

8. 진행 순서

구분	행사 내용
09:00~10:00	개회식 및 준비운동
10:00~11:00	경기종목 미정
11:00~12:00	경기종목 미정
12:00~13:00	점심시간
13:00~14:00	경기종목 미정
14:00~15:00	경기종목 미정
15:00~16:00	시상 및 폐회식

9. 경비 소요 품목
   - 상장 및 상금(금액 미정)
   - 체육대회 기념품(물품 미정)
   - 체육대회 시설물(그늘막 30개, 탁자 60개, 의자 800개, 팀 조끼 400벌)

교장 선생님: 위원장님. 체육대회 준비는 잘 되어가고 있습니까? 체육대회 기획안은 언제쯤 완성되나요? 기획안을 보니 체육대회 기념품을 학생들에게 나눠줄 예정이던데, 체육대회 기념품으로 어떤 물품이 좋을지 학생들에게 선호도 조사 진행해 주세요. 가장 선호도가 높은 물품으로 최종 선정해서, 체육대회 기념품과 체육대회 시설물에 대한 예산안 작성하여 저한테 결재받으시고, 구매 및 대여 진행해 주세요. 체육대회 시설물은 체육대회 일주일 전에 도착하도록 하고, 기념품은 보관 중 분실 우려가 있으므로 체육대회 전날 도착하도록 해 주세요. 그리고 체육대회 한 달 전에는 학부모들에게 가정통신문을 발송해야 하니 경비 소요 품목 확정 전에 행사 내용부터 확정 지어서 가정통신문 작성하여 발송해 주세요.

① 학부모들에게 발송할 가정통신문을 작성한다.
② 체육대회 기념품을 선정해야 하므로 학생들에게 기념품 선호도 조사를 진행한다.
③ 가정통신문을 작성하기 위해 체육대회 기획안을 완성한다.
④ 행사 내용을 완성해야 하므로 경기종목을 선정한다.
⑤ 체육대회에 필요한 시설물을 대여하지 못할 수도 있으므로 시설물 대여를 한다.

28 매트릭스 조직은 특정 프로젝트 수행을 위해 서로 다른 부서의 인적자원이 프로젝트 관리자 중심으로 결합되어 운영되는 방식이다. 다음 중 매트릭스 조직에 대한 설명으로 가장 적절하지 않은 것은?

① 최적의 자원 배분 방식을 통해 인력을 전문적으로 배치함으로써 인적자원관리의 효율성을 꾀할 수 있다.
② 시장과 고객의 요구 사항에 유연하고 적극적으로 대응할 수 있다.
③ 명령 일원화 원칙이 적용되기 때문에 조직 내에 발생할 수 있는 혼란을 방지할 수 있다.
④ 기존의 조직 부문과 프로젝트 조직의 영역 간의 갈등 및 권력 투쟁이 발생할 수 있다.
⑤ 정보 공유의 속도가 빠르기 때문에 특정 프로젝트에서 얻은 정보를 다른 프로젝트에 활용하기 수월하다.

29 다음 중 맞춤법에 맞는 것을 모두 고르면?

> ㉠ 날씨가 흐리니 비가 올 성싶다.
> ㉡ 매일 같은 음식을 먹으니 실증이 난다.
> ㉢ 내가에 나가서 헤엄을 치던 어린 시절이 그립다.
> ㉣ 사진으로나마 그 시절을 추억해 본다.

① ㉠, ㉡   ② ㉠, ㉣   ③ ㉡, ㉢   ④ ㉡, ㉣   ⑤ ㉢, ㉣

30 다음 결론이 반드시 참이 되게 하는 전제를 고르면?

전제	예술을 하는 어떤 사람은 노래를 부른다.
결론	예술을 하는 어떤 사람은 사진을 촬영한다.

① 사진을 촬영하는 모든 사람은 노래를 부르지 않는다.
② 노래를 부르는 어떤 사람은 사진을 촬영한다.
③ 노래를 부르는 모든 사람은 사진을 촬영한다.
④ 사진을 촬영하는 모든 사람은 노래를 부른다.
⑤ 노래를 부르는 어떤 사람은 사진을 촬영하지 않는다.

31 다음 숫자가 규칙에 따라 나열되어 있을 때, 빈칸에 들어갈 알맞은 것을 고르면?

> 2　4　6　10　16　26　42　(　　　)

① 62　　　　　② 68　　　　　③ 74　　　　　④ 80　　　　　⑤ 86

32 조직구조는 의사결정 권한의 집중 정도, 명령계통, 규제의 정도 등에 따라 기계적 구조와 유기적 구조로 구분된다. 다음 중 기계적 구조와 유기적 구조에 대한 설명으로 가장 적절한 것은?

① 기계적 구조는 업무가 고정적이지 않고 조직 구성원에게 많은 권한이 위임된다.
② 환경 변화가 적고 같은 일을 반복하는 조직에는 유기적 구조가 효율적이다.
③ 유기적 구조의 구성원들은 비공식적인 경로를 통해 수평적으로 의사소통한다.
④ 기계적 구조의 조직에 요구되는 규칙과 규제의 정도는 약한 편이다.
⑤ 기계적 구조에서 업무 조정은 다른 구성원과의 상호작용을 통해 이루어진다.

33 다음 밑줄 친 부분과 바꿔 쓸 수 있는 것은?

> 그 사람의 <u>심경</u>을 알 길이 없어서 나는 정말 답답했다.

① 의중　　　　② 사정　　　　③ 목적　　　　④ 의견　　　　⑤ 상황

34 총무팀에서 근무하는 박수호 사원은 물품 관리 업무를 담당하고 있다. 물품 구매 매뉴얼에 따라 신청서에 기재된 물품을 구매하려고 할 때, 박수호 사원이 취할 행동으로 가장 적절한 것은?

[물품 구매 신청서]

구분	부서/성명	신청 물품	수량	신청 일자	신청 목적
1	인사팀/ 이영희 사원	PC	2대	9월 7일	신입사원이 사용할 PC를 설치하기 위함
2	전산팀/ 김민아 과장	프린터	1대	9월 24일	스캔 가능한 부서용 프린터가 필요함
3	마케팅팀/ 유성민 대리	모니터	1대	9월 15일	외부 화상 회의용 36인치 모니터가 필요함
4	인사팀/ 이정원 과장	이동형 의자	1개	9월 11일	본인 의자 바퀴가 빠져 사용 불가함
5	마케팅팀/ 최희성 사원	정수기	2대	9월 11일	4층 탕비실 및 복도 비치용 정수기 고장으로 해당 층 근무자 모두 사용 불가함
6	인사팀/ 홍준상 대리	빔 프로젝터	1대	9월 24일	외부 대관 및 내부 회의용 대회의실에 설치하기 위함
7	전산팀/ 신정식 사원	전화기	1대	9월 9일	본인 전화기 고장으로 교체하기 위함

[물품별 재고 현황]

구분	물품	재고 수량	비고
1	PC	2대	–
2	카메라	2대	–
3	모니터	3대	32인치(3대)
4	의자	5개	고정형(2개), 이동형(3개)
5	정수기	1대	–
6	전화기	4대	–
7	테이블	3개	–
8	노트북	2대	15인치(1대), 17인치(1대)
9	선풍기	4대	이동형(3대), 벽걸이형(1대)
10	프린터	1대	스캔 기능 없음

※ 재고 현황 외의 물품은 현재 재고 없음

[물품 구매 매뉴얼]

1. 재고를 우선 파악하여 요청한 수량만큼 추가 설치 및 교체할 수 있는 물품이 없는 경우에만 구매한다.
2. 신청 일자가 이른 물품 순으로 먼저 구매한다.
3. 신청 일자가 같다면 외부인이 함께 사용하는 물품, 직원이 함께 사용하는 물품, 개인이 사용하는 물품 순으로 먼저 구매한다.

① 17인치 노트북을 1대 구매한다.
② 전화기와 모니터는 교체할 수 있는 재고가 모두 있으므로 구매하지 않는다.
③ 정수기는 직원이 함께 사용하는 물품이므로 2대를 모두 구매한다.
④ 프린터보다 빔 프로젝터를 먼저 구매한다.
⑤ PC의 신청 일자가 가장 이르므로 첫 번째로 구매한다.

35 다음 글의 논리적 흐름을 고려할 때, (가)~(마) 중 삭제되어야 하는 문단은?

(가) 일본의 한 유제품 업체는 두 번의 대규모 식중독 파문을 겪었다. 첫 번째 사건은 1955년에 일어났는데, 당시 회사는 사건이 일어난 즉시 사과하고 제품을 전량 회수하는 등 신속히 대응하여 위기를 넘길 수 있었다. 그러나 2000년에 발생한 두 번째 사건에서 경영진은 해당 문제를 모르쇠로 일관했고 결국 소비자의 대대적인 불매운동으로 회사는 파산하고 말았다. 그리고 이는 소비자 불만에 대한 기업의 적절한 대응이 얼마나 중요한지를 보여주는 대표적인 사례가 되었다.

(나) 점점 빠르게 진행되고 있는 스마트화로 인해 소비자 불만의 영향력이 과거에 비해 오늘날 훨씬 강력해지고 있어, 이에 대한 대응의 중요성도 더욱 커지고 있다. 인터넷, SNS 등 소비자들이 불만을 표출할 수 있는 창구가 다양해지면서 누군가가 제기한 특정 기업의 제품이나 서비스에 대한 불만이 빠르게 전파될 수 있는 환경이 마련되었기 때문이다.

(다) 이로 인해 최근에는 소비자의 요청이나 기호가 반영된 제품을 출시하는 기업이 증가하고 있다. 이는 소비자의 취향을 접목해 제품을 출시할 경우 판매량이 급증하는 성과로 이어지는 결과를 보였기 때문인데, 결국 기업은 판매 시장에서 우위를 점하기 위해서 소비자와의 꾸준한 소통을 통해 이들의 의견을 경청하려는 노력이 필요하다는 것을 알 수 있다.

(라) 일례로 캐나다 가수 데이브 캐롤은 수화물로 부친 기타를 망가뜨린 항공사가 피해보상 요청을 무시하자 이에 대한 불만을 노래로 만들어 유튜브에 올렸다. 이 영상은 전 세계적으로 큰 화제를 모았고, 결국 해당 항공사는 엄청난 비난을 받았으며, 당시 우리나라 돈으로 약 2,000억 원에 달하는 손해를 입게 되었다.

(마) 그렇다면 기업은 소비자 불만에 어떻게 대응해야 할까? 먼저 기업은 기업의 입장이 아닌 소비자의 입장에서 문제를 해결하려 노력해야 한다. 또한, 불만 상황과 해결에 관한 정보를 축적해 사전 대응 체계를 구축해야 하며, 더 나아가서는 소비자의 불만을 적극적으로 수렴하여 새로운 제품이나 서비스 개발에 접목하려 노력해야 한다.

① (가)　　　　② (나)　　　　③ (다)　　　　④ (라)　　　　⑤ (마)

36 다음은 우리나라의 출생 및 사망 추이를 나타낸 자료이다. 다음 중 자료에 대한 설명으로 옳은 것은?

[우리나라의 출생 및 사망 추이]

구분	2014년	2015년	2016년	2017년	2018년	2019년	2020년
출생아 수(천 명)	472.7	435.0	448.1	493.1	465.8	444.8	450.1
출생률(%)	9.8	8.9	9.2	10.0	9.4	9.2	( )
사망자 수(천 명)	244.2	243.8	242.2	244.8	246.1	246.9	250.2
사망률(%)	5.0	5.0	5.0	5.0	5.0	5.1	5.0

[우리나라의 남녀 기대수명 추이]

(단위: 세)

구분	2014년	2015년	2016년	2017년	2018년	2019년	2020년
남자	74.5	75.1	75.7	76.1	76.5	76.9	79.2
여자	81.3	81.8	82.3	82.7	83.2	83.7	84

① 2014년 대비 2020년 여자의 기대수명 증가율은 남자의 기대수명 증가율보다 크다.
② 출생률이 증가할 때 출생아 수도 함께 증가하는 것은 아니다.
③ 2015년 대비 2017년의 출생아 수는 약 13.4%의 증가율을 보인다.
④ 남자의 기대수명과 출생아 수는 반비례 관계이다.
⑤ 우리나라의 남녀 기대수명의 평균이 처음으로 80세를 넘는 해의 출생률과 사망률의 차이는 6.1%p 이다.

37 다음은 발생형, 탐색형, 설정형 문제에 대한 사례이다. 제시된 ○○항공사의 사례 중 설정형 문제에 해당하는 것을 모두 고르면?

> ㉠ ○○항공사가 10년 연속 브랜드 대상을 수상하였다. 하지만 강 사장은 타 항공사의 고객 만족도 조사 결과를 확인한 후 내년 수상이 어렵겠다고 판단하여 고객 서비스를 강화하도록 지시했다.
> ㉡ 이용객이 계속 증가하여 공항이 혼잡해지면서 이와 관련된 컴플레인이 꾸준히 발생하고 있다. 이를 줄이기 위해 한 팀장은 불필요한 시설 등을 제거하여 공간을 확보해야 한다고 주장했다.
> ㉢ 쾌적한 환경에서 더 많은 항공기의 운항이 가능하도록 설계된 제2시설의 완공을 앞둔 김 부장은 일부 팀원에게 추후 발생 가능한 문제를 파악하도록 지시했다.

① ㉠　　　② ㉡　　　③ ㉢　　　④ ㉠, ㉡　　　⑤ ㉠, ㉢

38 다음 중 곡식을 베는 일과 탈곡하는 일을 한꺼번에 하는 농기계는?

① 예취기　　　② 이앙기　　　③ 로더　　　④ 답압기　　　⑤ 콤바인

39 제시된 숫자의 규칙을 찾아 빈칸에 들어갈 알맞은 숫자를 고른 것은?

-2　0　0　3　9　13　52　57　(　　)

① 285　　　② 152　　　③ 95　　　④ 62　　　⑤ 57

40 신입사원 A, B, C, D, E는 월요일부터 금요일 중 하루에 한 명씩 팀장과 업무 관련 면담을 하기로 했으나 팀장의 출장으로 인한 공석으로 금요일에는 면담을 하지 못했다. 5명 중 3명이 거짓을 말했을 때, 항상 거짓을 말한 신입사원끼리 묶인 것은?

- A: 나와 D는 면담했어.
- B: E는 면담하지 못했어.
- C: 나와 B는 면담했어.
- D: A 또는 B는 면담하지 못했어.
- E: 나는 면담했고, B는 거짓을 말하고 있어.

① A, B ② A, D ③ B, C ④ B, D ⑤ C, D

41 다음 두 단어 쌍이 같은 관계가 되도록 빈칸에 들어갈 단어를 고르면?

세상 : 누리 = 소멸 : (   )

① 소실 ② 근절 ③ 소모 ④ 전멸 ⑤ 환멸

42 다음 결론이 반드시 참이 되게 하는 전제를 고르면?

전제	고기를 좋아하는 모든 사람은 채소를 좋아한다.
결론	커피를 좋아하는 어떤 사람도 고기를 좋아하지 않는다.

① 채소를 좋아하는 어떤 사람은 커피를 좋아하지 않는다.
② 커피를 좋아하는 모든 사람은 채소를 좋아한다.
③ 채소를 좋아하는 모든 사람은 커피를 좋아한다.
④ 채소를 좋아하는 어떤 사람도 커피를 좋아하지 않는다.
⑤ 커피를 좋아하는 어떤 사람은 채소를 좋아한다.

1회
2회
3회
4회
5회
6회

해커스 지역농협 6급 NCS 기출동형모의고사

5회 기출동형모의고사 209

43 G 기업은 5월 둘째 주 금요일에 체육대회를 진행하기 위해 부서별로 참가 인원수, 이용 차량 대수, 선호 종목을 조사하였다. 선호도가 가장 높은 상위 4개 종목이 가능한 장소로 예약할 예정이며 대운동장 및 체육관 정보를 고려하였을 때, 체육대회 장소로 가장 적절한 곳은?

[부서별 체육대회 관련 조사 결과]

1. 부서별 참가 인원수 및 이용 차량 대수

구분	기획본부	영업본부	관리본부	해외사업본부	기술혁신본부
참가 인원수	120명	80명	150명	100명	50명
이용 차량 대수	15대	10대	19대	13대	6대

2. 부서별 선호 종목

구분	기획본부	영업본부	관리본부	해외사업본부	기술혁신본부
탁구	O	O		O	O
야구	O		O	O	
축구	O	O	O	O	O
농구	O	O	O	O	
배드민턴	O	O	O		O
배구	O	O			O
수영			O	O	

※ 각 부서별로 선호하는 종목에 'O' 표시함

[대운동장 및 체육관 정보]

구분	수용 인원수	수용 차량 대수	이용 가능 시설	휴무 일정
A 대운동장	500명	70대	야구장, 축구장, 농구장, 배구장	매주 금요일
B 대운동장	400명	65대	축구장, 농구장, 배드민턴장, 수영장	매주 월요일
C 대운동장	400명	65대	야구장, 축구장, 배드민턴장, 배구장	매주 수요일
A 체육관	600명	60대	야구장, 축구장, 농구장, 배드민턴장	연중무휴
B 체육관	600명	65대	축구장, 농구장, 배드민턴장, 배구장	매월 첫째 주

※ 탁구대는 모든 장소에서 대여 및 이용 가능함

① A 대운동장　　② B 대운동장　　③ C 대운동장　　④ A 체육관　　⑤ B 체육관

44 다음 중 농협의 인재상에 대한 설명에서 A~C에 들어갈 내용으로 바르게 짝지어진 것은?

시너지 창출가	항상 열린 마음으로 계통 간, 구성원 간에 존경과 협력을 다하여 조직 전체의 성과가 극대화될 수 있도록 시너지 제고를 위해 노력하는 인재
행복의 파트너	프로다운 서비스 정신을 바탕으로 농업인과 고객을 가족처럼 여기고 최상의 행복 가치를 위해 최선을 다하는 인재
A	꾸준한 자기 계발을 통해 자아를 성장시키고, 유통·금융 등 맡은 분야에서 최고의 전문가가 되기 위해 지속적으로 노력하는 인재
B	매사에 혁신적인 자세로 모든 업무를 투명하고 정직하게 처리하여 농업인과 고객, 임직원 등 모든 이해관계자로부터 믿음과 신뢰를 받는 인재
C	미래지향적 도전 의식과 창의성을 바탕으로 새로운 사업과 성장동력을 찾기 위해 끊임없이 변화와 혁신을 추구하는 역동적이고 열정적인 인재

	A	B	C
①	최고의 전문가	정직과 도덕성을 갖춘 인재	진취적 도전가
②	최고의 전문가	정직과 도덕성을 갖춘 인재	진취적 혁신가
③	최고의 전문가	공정과 윤리성을 갖춘 인재	진취적 도전가
④	성장하는 전문가	공정과 윤리성을 갖춘 인재	진취적 혁신가
⑤	성장하는 전문가	정직과 도덕성을 갖춘 인재	진취적 도전가

45 다음 중 맞춤법에 맞지 않는 것은?

① 부모님과 떨어져 혼자 산 지는 햇수로 3년이 되었다.
② 어머니는 제사상에 올릴 과일을 사러 시장에 가셨다.
③ 우리 회사에서는 직급과 관계없이 서로 존대말을 쓴다.
④ 슈퍼마켓에 갔다가 우연히 위층에 사는 사람을 만났다.
⑤ 중국의 사막화로 인해 황사 발생 횟수가 늘고 있다.

46 E 사 해외영업부 소속 직원들에게는 해외 파견 근무에 따른 추가 급여가 지급된다. 추가 급여 지급 조건을 고려하였을 때, 해외영업부 직원에게 2019년 1년 동안 지급된 추가 급여에 대한 설명으로 옳지 않은 것은?

[추가 급여 지급 조건]

• 해외 파견 근무 시, 매월 50만 원의 추가 급여가 지급된다.
• 유럽과 아프리카로 파견 시, 한 나라에서 2년 이상 근무한 직원에게 매년 12월에 연 추가 급여 총액의 20%가 추가 지급된다. (단, 파견 지역이 변경되면 더 이상 지급되지 않는다.)
• 한 나라에서 5년 이상 파견 근무한 직원에게 매년 12월에 100만 원의 추가 급여가 지급된다. (단, 파견 지역이 변경되면 더 이상 지급되지 않는다.)
• 7년 이상 해외에서 파견 근무한 과장 이상 직급의 직원에게 매월 30만 원의 추가 급여가 지급된다.
• 파견 지역이 변경된 직원에게 변경된 직후부터 6개월 동안 매월 15만 원의 추가 급여가 지급된다.
• 추가 급여는 매월 마지막 날에 지급된다.

① 2019년 1월부터 케냐에서 근무하고 있는 김 사원에게 총 600만 원의 추가 급여가 지급되었다.
② 2017년부터 일본에서 근무하다가 2019년 1월부터 독일에서 근무하고 있는 임 사원에게 총 690만 원의 추가 급여가 지급되었다.
③ 3년째 프랑스에서 근무하고 있는 진 대리에게 총 720만 원의 추가 급여가 지급되었다.
④ 2011년부터 필리핀에서 근무하다가 2016년 6월부터 미국에서 근무하고 있는 박 부장에게 총 960만 원의 추가 급여가 지급되었다.
⑤ 6년째 중국에서 근무하고 있는 이 과장에게 총 960만 원의 추가 급여가 지급되었다.

47 다음 빈칸에 들어갈 단어로 적절한 것은?

　　일반적으로 사람들은 스트레스를 부정적인 것으로 여기기 때문에 일상의 스트레스가 완전히 사라지기를 바란다. (　　) 스트레스가 전혀 없는 상태가 지속되면 무기력해지고 심한 경우 우울증에 빠질 수 있다. 다시 말해 적당한 스트레스는 오히려 신체적·정신적 건강에 도움이 되고 인간의 삶에 활력을 줄 수 있는 것이다.

① 그리하여　　　　　② 그뿐 아니라　　　　　③ 그래서
④ 그러면　　　　　　⑤ 그러나

48 S 시에 거주하며 출산일로부터 6개월이 지나지 않은 A, B, C, D, E 다섯 가정은 이번 달에 출산 혜택 제도를 신청했다. 다섯 가정 중 출산 혜택 제도를 통해 받는 이번 달 혜택의 총액이 가장 많은 가정은?

[S 시 출산 혜택 제도]

◆ 지원 대상
  – 출생일로부터 1년 미만인 영아 포함 S 시 거주 가정

◆ 신청 방법
  – 가까운 주민센터 방문 또는 우편 신청

◆ 구비서류
  – 신청서, 출생증명서(출산 요양기관 발급), 주민등록등본

◆ 신청서 작성 방법
  – 홈페이지 방문(https://www.slovesbaby.co.kr) → 출산 혜택 제도 → 서식 자료실 → 해당 혜택 제도신청서 출력 후 작성

◆ 혜택 사항

구분	혜택 내용
출산지원금 지원	– 출산지원금 100,000원 지원 (단, 다태아일 경우 태아별 지원)
진료비 지원 및 감면	– 출산진료비 60,000원 지원 (단, 다태아일 경우 80,000원 지원) – 조산아 및 저체중 출산아일 경우 출산진료비 지원 대신 청구진료비의 90% 감면
전기세 감면	– 전기세 월 30% 감면 (단, 월 최대 16,000원까지 감면)
기저귀 구매 비용 지원	– 소득 분위 하위 10% 가정에 한해 기저귀 구매 비용 월 64,000원 지원

※ 1) 출산지원금 지원, 진료비 지원 및 감면 혜택은 출산 혜택 제도를 신청한 달에 한해 1회 제공
  2) 조산아: 임신 기간 36주 이내 출생아
  3) 저체중 출산아: 출생 체중 2.50kg 미만 출생아

[출산 가정 정보]

구분	태아 수	임신 기간	출생 체중	청구진료비	전기세	소득 분위
A	한태아	38주 1일	2.91kg	100,000원	80,000원	상위 40%
B	한태아	37주 3일	2.50kg	120,000원	40,000원	하위 10%
C	한태아	35주 6일	3.28kg	180,000원	50,000원	하위 30%
D	쌍태아	36주 2일	3.42kg, 3.39kg	170,000원	100,000원	상위 20%
E	한태아	38주 5일	2.48kg	210,000원	70,000원	하위 40%

① A   ② B   ③ C   ④ D   ⑤ E

49 ○○장난감회사는 어린이날을 맞이하여 판매되고 있는 5개의 상품 중 하나를 선정하여 A 지역에서 판촉 행사를 진행하려고 한다. 판매부서 직원들은 판매 데이터를 바탕으로 A 지역 9세 미만의 아동 중 인구수가 가장 많은 연령대의 상품 선호도가 높은 세 가지 상품 중에서 최대의 판매 이익을 얻을 수 있는 상품을 행사 상품으로 선정한다. 판매부서 직원들이 선정한 판촉 행사 상품은?

[A 지역 아동 인구수]

연령대	0세 이상 3세 미만	3세 이상 6세 미만	6세 이상 9세 미만
인구수	227,285명	230,521명	505,622명

[연령대별 상품 선호도]

[상품별 판매 금액 및 판매 이익률]

구분	블록	퍼즐	인형	드론	로봇
판매 금액	120,000원	24,000원	45,000원	260,000원	135,000원
판매 이익률	8%	9%	12%	5%	7%

※ 판매 이익 = 판매 금액 × (판매 이익률 / 100)

① 블록　　　　② 퍼즐　　　　③ 인형　　　　④ 드론　　　　⑤ 로봇

50 다음 글의 주제로 가장 적절한 것은?

칭찬은 상대로 하여금 자신감을 갖게 할 뿐만 아니라 더욱 진취적이고 적극적으로 행동하게 만든다. 또한, 일명 행복호르몬으로 알려진 엔도르핀과 세로토닌을 생성시켜 체내 면역력을 강화하는 기능도 있다. 아이의 성장에 있어서 칭찬은 더욱 중요하다. 한 개인의 평생에 걸친 행동 양식을 결정짓는 자아개념은 성장기에 형성되는데, 칭찬이 긍정적인 자아개념을 갖추는 데 큰 역할을 하기 때문이다. 이 같은 칭찬의 효과가 널리 퍼짐에 따라 우리 사회에는 의식적으로라도 칭찬을 많이 하려는 노력이 시행되었으며, 양육법에서 칭찬은 핵심 개념으로 자리 잡았다. 그런데 모든 칭찬이 상대에게 긍정적인 영향을 줄 것이라는 기존의 통념을 뒤집은 연구 결과가 발표되어 많은 이들의 눈길을 끌고 있다. 스탠퍼드 대학교의 캐럴 드웩 교수는 뉴욕시의 학생들을 A·B 집단으로 나누어 쉬운 퍼즐을 풀게 했다. 퍼즐을 다 푼 뒤 A 집단에는 '너는 정말 똑똑하구나!'라는 칭찬을 하고, B 집단에는 '너는 퍼즐을 풀기 위해 정말 노력했구나!'라는 칭찬을 했다. 이후 연구진은 학생들에게 첫 번째 퍼즐보다 어려운 퍼즐, 첫 번째 퍼즐과 비슷한 수준의 퍼즐 중 어느 것을 풀겠느냐고 물었다. 놀랍게도 A 집단은 대부분 첫 번째 퍼즐과 비슷한 수준의 퍼즐을 선택했지만 B 집단은 대부분 첫 번째 퍼즐보다 어려운 퍼즐을 선택하였다. 이유는 명확했다. A 집단은 퍼즐을 풀지 못할 경우 자신의 지적 능력에 대한 칭찬이 부정될 것을 우려해 도전을 감행하지 않으려 했던 것이다. 그러나 노력 그 자체에 대해 칭찬받은 B 집단은 만약 퍼즐을 풀지 못하더라도 계속 칭찬을 받을 수 있으므로 더욱 어려운 퍼즐에 도전하는 모습을 보였다. 두 번의 퍼즐 풀기를 마친 학생들에게 연구진은 어려운 수준의 퍼즐을 부여하였고, A·B 집단의 학생들은 모두 나쁜 점수를 받았다. 그러나 A 집단은 실패한 원인을 자신이 똑똑하지 않기 때문이라고 여겼으며, 퍼즐을 풀 때도 과도하게 긴장하고 괴로워하는 모습을 보였다. 반면 B 집단은 자신이 충분히 집중하지 않아 퍼즐을 잘 풀 수 없었다고 생각했다. 마지막으로 연구진은 모든 학생에게 제일 처음에 푼 퍼즐과 비슷한 수준의 퍼즐을 풀게 했는데 A 집단은 성적이 20% 떨어졌으며, B 집단은 30% 올랐다. 이를 두고 드웩 교수는 A 집단이 들은 칭찬의 경우 이미 지적 능력이 고정되어 있다는 함의를, B 집단이 들은 칭찬은 지적 능력의 성장이 이루어질 수 있다는 함의를 품고 있었기 때문이라는 결론을 내렸다.

① 칭찬은 신체적 능력과 정신적 능력을 모두 강화하는 데 긍정적인 영향을 미친다.
② 칭찬의 효과는 질보다는 양에 달려있으므로 가능한 한 칭찬을 자주 해주는 것이 중요하다.
③ 동일한 형태의 칭찬일지라도 상대가 처한 상황에 따라 다양한 의미로 해석될 여지가 있다.
④ 칭찬은 상대에게 부정적인 영향보다는 긍정적인 영향을 미칠 가능성이 크다.
⑤ 올바른 칭찬을 하기 위해서는 상대가 결과를 얻기 위해 노력한 과정에 초점을 맞춰야 한다.

51 사내 체육대회에서 갑, 을, 병, 정, 무 5명의 사원은 달리기에 출전하였다. 달리기는 두 번 진행하며 결승선을 동시에 통과한 사원은 없을 때, 항상 옳지 않은 것은?

- 각 회차 달리기에서 1등은 3점, 2등은 2점, 3등 이하는 1점을 얻는다.
- 1회차, 2회차 달리기 점수를 합산한 최종 점수가 높은 순서대로 최종 등수가 결정된다.
- 1회차 달리기에서 갑과 병의 점수는 같고, 2회차 달리기에서 무는 4등을 하였다.
- 1회차, 2회차 달리기 모두 을이 무보다 먼저 결승선을 통과했다.
- 1회차 달리기 등수와 2회차 달리기 등수가 같은 사원은 3명이다.
- 최종 등수는 정이 1등이고 정과 최종 점수가 같은 사원은 없다.

① 을의 최종 등수는 2등이다.
② 을과 최종 점수가 같은 사원이 존재하면 무의 1회차 달리기 등수는 3등이다.
③ 갑과 최종 점수가 같은 사원은 적어도 1명 존재한다.
④ 무의 최종 점수는 2점이다.
⑤ 최종 등수가 3등인 사람은 병이다.

52 85,000원의 예산에서 7,500원짜리와 3,500원짜리 두 가지의 탁상시계를 구매하려고 한다. 3,500원짜리 탁상시계를 7,500원짜리 탁상시계보다 6개 이상 더 많이 구매하려고 할 때, 구매할 수 있는 7,500원짜리 탁상시계는 최대 몇 개인가?

① 3개 ② 4개 ③ 5개 ④ 6개 ⑤ 7개

53 수지 혼자서는 $\frac{2}{5}$시간, 지아 혼자서는 $\frac{3}{5}$시간이 걸리는 일이 있다. 이 일을 두 명이 함께 한다면 몇 시간이 걸리겠는가?

① $\frac{3}{7}$시간 ② $\frac{5}{12}$시간 ③ $\frac{6}{25}$시간 ④ $\frac{7}{25}$시간 ⑤ $\frac{7}{30}$시간

54 한 변의 길이가 50cm인 정사각형과 반지름의 길이가 1.5m인 원의 넓이의 합은? (단, 원주율 π는 3으로 계산한다.)

① $7m^2$　　　② $8.5m^2$　　　③ $9.25m^2$　　　④ $10m^2$　　　⑤ $10.75m^2$

1회 / 2회 / 3회 / 4회 / 5회 / 6회

해커스 지역농협 6급 NCS 기출동형모의고사

55 홍철이와 선영이는 1~13이 적힌 13장의 카드 중 각자 2장씩 선택하여 카드에 적힌 수의 합이 크면 승리하는 게임을 했다. 홍철이가 7과 5가 적힌 카드를 선택한 후, 선영이가 3이 적힌 카드를 선택했을 때, 선영이가 승리할 확률은? (단, 홍철이가 선택했던 카드를 다시 섞은 후, 선영이가 카드를 선택한다.)

① $\dfrac{2}{7}$　　　② $\dfrac{1}{7}$　　　③ $\dfrac{2}{5}$　　　④ $\dfrac{1}{5}$　　　⑤ $\dfrac{1}{3}$

56 다음은 미영이의 기말고사 점수를 나타낸 자료이다. 미영이의 기말고사 점수의 중앙값을 p, 분산을 q라고 할 때, p-q의 값은?

구분	국어	영어	수학	사회	과학	코딩
점수	79점	86점	79점	80점	82점	74점

① 66.0　　　② 66.5　　　③ 67.0　　　④ 68.5　　　⑤ 69.0

57 다음 결론이 반드시 참이 되게 하는 전제를 고르면?

전제	백신이 필요하지 않은 모든 사람은 바이러스에 감염되지 않는다.
결론	백신이 필요한 어떤 사람은 우울증에 걸린다.

① 바이러스에 감염되는 모든 사람은 우울증에 걸리지 않는다.
② 바이러스에 감염되는 어떤 사람은 우울증에 걸리지 않는다.
③ 우울증에 걸리는 사람 중에 바이러스에 감염되는 사람은 없다.
④ 우울증에 걸리지 않는 모든 사람은 바이러스에 감염된다.
⑤ 바이러스에 감염되는 모든 사람은 우울증에 걸린다.

58 국적에 관계없이 한 나라의 국경 내에서 모든 경제 주체가 일정 기간 생산활동에 참여하여 창출한 최종 재화와 서비스의 시장 가치로, 국가의 경제성장률을 나타낼 때 사용되는 지표는?

① GNP   ② GNI   ③ GDP   ④ GDI   ⑤ GPI

59 다음 내용에서 공통으로 연상할 수 있는 단어로 가장 적절한 것은?

> 틀에 박다, 단단하다, 반듯하다, 집을 짓다

① 벽돌   ② 현무암   ③ 석고   ④ 소나무   ⑤ 대나무

60 다음은 N 은행에 재직하고 있는 김 사원과 박 팀장이 안정적인 농가 경영을 위한 농업인 교육을 준비하며 대화한 내용이다. A~C 지역의 시청과 연계하여 출장 교육을 진행할 때, 김 사원이 C 지역에서 출장 교육을 진행하는 날짜는?

> 박 팀장: 김 사원. A, B, C 지역의 출장 교육 준비 계획 수립은 완료되었나요?
> 김 사원: 네, 팀장님. 9월 1일부터 근무일을 기준으로 하루에 4시간씩 교육 자료를 준비하고, 교육 자료준비를 모두 마친 날의 다음 근무일부터 하루에 한 곳의 지역에서 출장 교육을 진행하려 합니다.
> 박 팀장: 그렇군요. 교육 자료를 준비하는 데 시간이 얼마나 소요될 것 같아요?
> 김 사원: 자료 조사에 8시간, 조사한 자료를 분석하여 정리하는 데 8시간, 강의용 PPT 제작에 6시간, 강의용 스크립트 제작에 4시간이 소요될 것으로 예상하고 있습니다.
> 박 팀장: 계획을 세부적으로 잘 수립하였네요. A, B, C 지역 교육 순서는 정했나요?
> 김 사원: 네, 본사에서 출발하여 3개 지역의 교육을 마친 뒤 다시 본사로 복귀하는 경로 중 이동 거리가 가장 짧은 경로로 이동하면서 교육을 진행하려고 합니다. 만약 가장 짧은 경로가 여러 개라면 첫날 이동 거리가 더 짧은 경로로 이동하고, 교육 후 교육을 진행한 지역에서 숙박 후 다음 근무일에 다른 지역에서 교육하려 합니다.
> 박 팀장: 그래요. 이번 교육이 농가지역의 농업인들에게 많은 도움이 될 수 있으면 좋겠습니다.

[김 사원 9월 휴무 일정]

월	화	수	목	금
	1일	2일	3일	4일
			휴무	
7일	8일	9일	10일	11일
휴무				
14일	15일	16일	17일	18일

[본사 및 출장지 사이 거리]

(단위: km)

구분	본사	A 지역	B 지역	C 지역
본사	–	20	45	30
A 지역	20	–	45	45
B 지역	45	45	–	30
C 지역	30	45	30	–

① 4일　　　② 11일　　　③ 14일　　　④ 16일　　　⑤ 18일

61 다음 문단을 논리적 순서대로 알맞게 배열한 것은?

> (가) 과학자들은 첨단 기술로 만들어진 현대의 바이올린과 다르게 300년 전 수작업을 통해 만들어진 스트라디바리우스의 소리 주파수가 동일한 이유를 밝혀내고자 노력하였고, 이에 따라 스트라디바리가 거주했던 지역의 온도 및 습도가 바이올린을 구성하는 부품에 적합하다는 주장부터 그 당시 도료로 사용했던 바니시 때문이라는 등 다양한 주장이 제기되었다.
>
> (나) 이와 같은 평을 받았던 스트라디바리우스가 내는 아름다운 소리의 비밀은 무엇일까? 바이올린 소리는 현을 통해 나온 음파가 몸체에서 얼마나 아름답게 울리느냐에 따라 결정된다. 스트라디바리우스를 분해하여 진동을 조사한 결과, 공명 주파수가 서양 음계의 음 간격과 동일하였을 뿐만 아니라 주파수에 따라 소리가 바뀌는 현대의 바이올린과 달리 일정한 음을 유지하는 것이 밝혀졌다.
>
> (다) 그중 가장 흥미로운 주장은 목재 재료학과와 기상학과의 융합 연구팀이 내놓은 결과로, 스트라디바리우스 음색의 비밀이 바로 1645년부터 1715년까지 발생했던 소빙하기에 있다는 것이다. 이 시기에는 겨울이 매우 길고 여름이 시원하여 나무가 장기간 성장할 수 없었고, 그 결과 나이테가 촘촘하고 밀도가 높은 목재가 생산되어 이를 재료로 한 스트라디바리우스가 풍부한 음색을 지니게 되었다고 한다.
>
> (라) 명품 악기로 꼽히는 스트라디바리우스는 17~18세기 바이올린 제작자인 안토니오 스트라디바리가 평생을 걸쳐 만든 바이올린이다. 현재 약 600대가 남아있는 것으로 추정되는 스트라디바리우스는 예리하고 섬세한 소리를 내는 것이 특징인데, 미국의 바이올리니스트 거장인 아이작 스턴은 이 바이올린의 소리에 대해 연주회장이 아무리 넓어도 끝없이 퍼져나가는 천상의 소리를 지니고 있다며 찬사를 보냈다고 한다.
>
> (마) 실제로 바이올린을 제작한 스트라디바리는 소빙하기가 시작되기 1년 전에 태어났으며, 소빙하기가 끝날 때 즈음 가장 뛰어난 현악기를 만들 수 있었다. 게다가 과르네리, 아마티 등 현존하는 유명한 관현악기 대부분이 공교롭게도 스트라디바리우스와 비슷한 시기에, 스트라디바리우스와 같은 재료인 크로아티아산 단풍나무로 만들어졌다는 공통점이 있어 이 이론은 상당히 신빙성이 있는 것으로 여겨지고 있다.

① (가) - (다) - (라) - (나) - (마)
② (가) - (마) - (다) - (라) - (나)
③ (라) - (가) - (다) - (나) - (마)
④ (라) - (나) - (가) - (다) - (마)
⑤ (라) - (다) - (나) - (마) - (가)

62 한 아파트 벽에 어떤 사람이 매번 낙서하여 CCTV를 설치하였고, 경비원은 용의자로 의심되는 아파트 주민 A~E 5명을 불러 면담을 진행하였다. 2명의 진술은 모두 거짓이고, 나머지 3명의 진술은 모두 진실일 때, 아파트 벽에 낙서한 사람은?

- A: C의 진술은 모두 진실이다. 벽에 낙서한 사람은 B가 아니다.
- B: 벽에 낙서한 사람은 D이다. 나는 벽에 낙서한 사람을 보지 못했다.
- C: 벽에 낙서한 사람은 D가 아니다. A가 벽에 낙서한 사람을 보았다.
- D: 벽에 낙서한 사람은 A이다. B는 벽에 낙서한 사람을 보지 못했다.
- E: D의 진술은 모두 거짓이다. 벽에 낙서한 사람은 C가 아니다.

① A   ② B   ③ C   ④ D   ⑤ E

63 다음 중 맞춤법에 맞지 않는 것은?

① 남편은 자신의 행동이 멋쩍은지 허허 웃고만 있었다.
② 화낼 만도 한데 얼굴 한 번 찡그리지 않는 것을 보니 참 대단하다.
③ 그런 불순한 의도라면 안 가느니만 못하다고 생각한다.
④ 아이는 한 시간 만에 숙제를 마치고 친구들과 놀러 나갔다.
⑤ 시간이 흐르면 잊힐만도 한데 그때의 기억은 여전히 생생하다.

64 다음 지문의 내용과 관련 있는 한자성어를 고르면?

A는 얼마 전 오랜만에 고등학교 때 친구들을 만나러 나갔다가, 친구 중 한 명이 곧 있을 마라톤 대회에 참가할 예정이라는 이야기를 들었다. 이에 다른 친구 몇몇도 동참하기로 하자, A는 분위기에 휩쓸려 자기도 마라톤 대회에 나가겠다는 약속을 해버렸다. 곧바로 새 신발과 운동복을 장만하고 의욕에 넘쳐 친구들과 함께 연습을 시작했다. 하지만 평소 운동을 거의 하지 않던 A는 금세 지쳐 마라톤에 흥미를 잃었고, 마라톤 대회 참가를 성급하게 결정한 것에 대해 후회하고 있다.

① 고진감래   ② 근묵자흑   ③ 자중지란   ④ 부화뇌동   ⑤ 전전긍긍

65 다음은 신규 구인·구직 및 취업자 수에 대한 자료이다. 자료에 대한 설명으로 옳은 것을 모두 고르면?

[연도별 신규 구인·구직 및 취업자 수]

(단위: 천 명)

구분	2016	2017	2018	2019	2020	2021	2022
신규 구인 인원수	1,225	1,771	1,742	1,779	1,763	1,696	1,670
신규 구직자 수	2,733	2,755	2,560	2,518	2,881	2,934	2,997
취업자 수	670	702	656	732	853	870	897

※ 1) 구인 배수 = 신규 구인 인원수 / 신규 구직자 수
　 2) 취업률(%) = (취업자 수 / 신규 구직자 수) × 100

a. 2017년부터 2022년까지 신규 구직자 수와 취업자 수의 전년 대비 증감 추이는 동일하다.
b. 신규 구인 인원수가 가장 많은 해와 가장 적은 해의 신규 구인 인원수 차이는 554천 명이다.
c. 취업자 수가 가장 적은 해의 구인 배수는 약 0.45배이다.
d. 2020년 취업률은 2017년 대비 4%p 이상 증가했다.

① b　　　　　② a, b　　　　　③ b, c　　　　　④ b, d　　　　　⑤ c, d

66 숫자 1~6이 적혀 있는 카드가 순서대로 나열되어 있으며, 카드 뒤에는 알파벳 A~F가 하나씩 적혀 있다. 다음 조건을 모두 고려하였을 때, 4와 5 뒤에 적혀 있는 알파벳을 순서대로 고르면?

- 가장 큰 숫자 뒤에 적혀 있는 알파벳은 F가 아니다.
- 짝수 뒤에 적혀 있는 알파벳은 A, E, F이다.
- D가 적혀 있는 카드는 E와 F가 적혀 있는 카드 사이에 있다.
- 홀수 중 두 번째로 큰 숫자 뒤에 적혀 있는 알파벳은 B이다.
- A는 2 뒤에 적혀 있지 않다.

① A, C　　　　　② A, D　　　　　③ E, D　　　　　④ F, C　　　　　⑤ F, D

67 ○○기업의 인사총무팀 소속인 D 주임은 외부 업체와의 미팅으로 주간회의에 참석하지 못해 당일 미팅 후 회의록을 통해 회의 내용을 확인하였다. 이때, D 주임이 최우선으로 완료해야 할 업무로 가장 적절한 것은?

인사총무팀 주간회의록	
일시	20△△년 3월 4일(월) 09:00∼10:00
장소	본관 2층 회의실
참석자	A 팀장, B 과장, C 대리, E 사원, F 사원
작성자	F 사원

내용

1. 대학 채용설명회 준비 업무 점검
   ① A 팀장
   　– 기획팀, 디자인팀과 홍보 브로슈어 제작 관련 회의 참석(3/7(목) 11시)
   ② B 과장
   　– 강의실 대관 및 시간 관련 대학 관계자와 외부 미팅 참석(3/6(수) 14시)
   ③ D 주임
   　– 기획팀, 디자인팀과 홍보 브로슈어 제작 관련 회의 참석(3/7(목) 11시)
   　　* 홍보 브로슈어 초안 제작에 필요한 자료(유의사항 포함) 정리하여 회의 참석자 전체 배부
   ④ E 사원, F 사원
   　– 채용설명회에서 활용할 발표문 초안을 각자 작성한 후 D 주임에게 피드백 요청(3/7(목) 17시)

2. 신입사원 공개 채용 관련
   – F 사원이 채용공고문 초안을 작성하고 이를 C 대리가 검토하여 홍보팀에 전달(3/7(목) 18시)
   – D 주임과 E 사원이 필기시험과 면접전형 진행 시 필요한 진행요원 수를 파악하여 부서별 차출 인원 사전 요청(3/5(화) 18시)
   – D 주임과 E 사원이 법무팀과 개정된 법령을 반영한 근로계약서 검토 관련 회의 참석(3/5(화) 12시)
   　* D 주임은 근로계약서 검토에 필요한 자료를 정리하여 인사총무팀과 법무팀 전체에 이메일 발송

3. 인사총무팀 사무실 비품 관련
   – 탕비실 내 정수기 고장으로 E 사원이 금일 관리팀에 연락하여 수리 요청할 것

특이사항	– 회의에 필요한 자료 정리는 회의 시작 전까지 완료하여야 함 – 타 팀과의 협업을 위한 회의가 있는 경우, 누락되는 업무가 없도록 회의에 참석한 선임자가 진행 상황을 기록한 뒤 차주 주간회의에서 모든 팀원에게 해당 내용을 공유하도록 함

① 근로계약서 검토에 참고할 수 있는 법령을 정리하여 인사총무팀과 법무팀 팀원 모두에게 전달한다.
② A 팀장과 함께 대학 채용설명회에서 배부할 홍보 브로슈어 제작을 논의하기 위한 회의에 참석한다.
③ E 사원과 F 사원이 작성한 대학 채용설명회 발표문 초안을 검토하여 피드백을 전달한다.
④ E 사원과 함께 근로계약서를 검토하기 위한 법무팀과의 협업 회의에 참석하여 진행 상황을 기록한다.
⑤ 기획팀과 디자인팀이 함께 참석하는 홍보 브로슈어 관련 회의에서 활용될 자료를 수집하여 정리한다.

68 다음 밑줄 친 부분과 같은 의미로 사용된 것은?

에어컨을 장만한 덕분에 무더운 여름을 무사히 <u>넘길</u> 수 있었다.

① 고등학생들은 강도 행각을 벌이던 남성을 붙잡아 경찰에 <u>넘겼다</u>.
② 영업팀은 절체절명의 위기를 <u>넘기고</u> 매출 1위라는 목표를 달성했다.
③ 그 소설책은 처음이 어려워서 그렇지 열 장만 <u>넘기면</u> 쉽게 읽을 수 있다.
④ 한 대리는 제품 시안의 제출 기한을 <u>넘겨</u> 윤 과장에게 혼이 났다.
⑤ 배구는 네트 위로 공을 <u>넘겨</u> 점수를 얻는 스포츠이다.

69 A, B, C, D, E, F 6명이 원형 탁자에 동일한 간격으로 둘러앉아 회의를 하고 있다. 다음 조건을 모두 고려하였을 때, 항상 거짓인 것은?

• 남자는 4명이고, 여자는 2명이다.
• 여자들은 서로 이웃하여 앉지 않았다.
• 남자는 4명 중 1명만 떨어져 앉았다.
• A는 여자이고, E와 정면으로 마주 보고 앉았다.
• C와 E 사이에는 1명이 앉았다.
• B의 오른쪽 첫 번째 자리에는 여자가 앉았다.

① A와 C는 서로 이웃하여 앉았다.
② B는 D와 정면으로 마주 보고 앉았다.
③ B와 F는 남자이다.
④ F는 남자와 이웃하여 앉았다.
⑤ C는 여자이다.

70 ○○기업 직원 김 팀장은 여비를 신청하고 지방 출장을 다녀왔다. 국내여비 지급 기준과 김 팀장의 출장 정보를 근거로 판단할 때, 김 팀장이 출장 전후 지급받은 국내여비 총액은?

[국내여비 지급 기준]

1. 국내여비 지급 기준
  – 국내여비는 교통비, 일비, 숙박비, 식비를 포함하여 지급함

구분	선박/항공/자동차/철도 운임	1일당 일비	1박당 숙박비	1일당 식비
임원	실비	30,000원	실비	25,000원
직원	실비	20,000원	실비 (상한액: 70,000원)	20,000원

  ※ 실비: 실제로 드는 비용

2. 지급방법
  – 여비는 예산의 범위 내에서 출장 전에 지급하는 것을 원칙으로 함
  – 출장기간 중 직급이 변경될 경우 변경된 직급에 의한 여비의 차액을 출장 시작일부터 출장 종료일에 해당하는 일수만큼 추가 지급
  – 추가되는 여비가 발생한 경우 사유 발생일로부터 5일 이내에 근로자가 직접 신청해야 하며 이후 정산 절차에 따라 정산됨

3. 기타사항
  – 공사의 교통수단이나 요금을 지불하지 않는 교통수단의 경우 교통비를 지급하지 않음
  – 성수기 등 부득이한 사유로 인한 경우 직급별 숙박비의 40% 범위 내에서 초과하여 지급할 수 있음
  – 운임 및 숙박비는 할인 가능한 경우 할인액으로 지급함
  – 근무지 기준 출장지가 왕복 5km 이하인 경우 일비, 숙박비를 지급하지 않음

[A의 출장 정보]

  김 팀장은 근무지와 50km 떨어진 K 시로 3박 4일 동안 출장을 다녀왔다. 김 팀장은 A 공사 홈페이지에서 기차 왕복 티켓을 결제하였는데 A 공사 기차 티켓의 편도 가격은 3만 원이었다. 또한, 출장기간에는 1박당 8만 원인 호텔에서 숙박하였다. 김 팀장은 출장 도중 임원으로 승진했다는 소식을 들었고, 이에 따라 변경된 직급에 의한 여비의 차액을 출장에서 돌아온 다음 날 바로 신청하였다.

① 400,000원   ② 430,000원   ③ 460,000원   ④ 500,000원   ⑤ 520,000원

약점 보완 해설집 p.46

무료 바로 채점 및 성적 분석 서비스 바로 가기
QR코드를 이용해 모바일로 간편하게 채점하고 나의 실력이 어느 정도인지, 취약 부분이 어디인지 바로 파악해 보세요!

6회 기출동형모의고사

제한 시간(70분)을 참고하여 문제 풀이 시작과 종료 시각을 정하고,
실전처럼 모의고사를 풀어보세요.

시 　 분 ~ 　 시 　 분 (총 70문항/70분)

- 본 모의고사는 총 70문항으로 구성되어 있으며, 70분 이내로 모든 문제를 풀어야 합니다.
- 의사소통능력, 수리능력, 문제해결능력, 자원관리능력, 조직이해능력 문제가 출제됩니다.
- 모의고사 마지막 페이지에 있는 OMR 답안지와 해커스잡 애플리케이션의 모바일 타이머를 이용하여 실전처럼 모의고사를 풀어본 후, p.271에 있는 '무료 바로 채점 및 성적 분석 서비스' QR코드를 스캔하여 응시 인원 대비 본인의 성적 위치를 확인해 보시기 바랍니다.

01 다음 중 비판적 사고를 개발하기 위한 태도에 해당하지 않는 것은?

① 지속성   ② 융통성   ③ 주관성   ④ 지적 회의성   ⑤ 지적 호기심

02 B 팀장은 매번 업무가 지연되어 야근을 자주 한다. B 팀장의 행동 중 시간낭비 요인으로 가장 적절하지 않은 것은?

① 우선순위 미설정   ② 불필요한 통화   ③ 서류 숙독
④ 커뮤니케이션 결여   ⑤ 책상 정리

03 다음 중 맞춤법에 맞지 않은 것은?

① 언니는 밥통에서 밥을 퍼서 그릇에 수북이 담았다.
② 일찍 일어나는 것에 익숙치 않았던 나는 지각을 밥 먹듯 했다.
③ 눈이 시릴 만큼 파란 하늘을 보니 기분이 상쾌해졌다.
④ 삼촌은 설렁탕에 깍두기 국물을 넣어 먹는 것을 좋아했다.
⑤ 동생은 가방 안에 있던 물건들을 아무렇게나 흩뜨려 놓았다.

04 다음은 ○○공사의 공용차량 매각 전자입찰 공고문과 매각대상 차량을 입찰하고자 하는 입찰 참가자 A~D 에 대한 정보이다. A~D의 정보를 고려하였을 때, 입찰서를 제출하는 참가자를 모두 고르면? (단, A~D의 입찰금액은 입찰예정금액과 같다.)

[○○공사 공용차량 매각 전자입찰 공고]

1. 입찰 사항

　1) 입찰건명: 공용차량 매각

　2) 매각대상 차량 내역

구분	차량번호	배기량	최초 등록일	운행거리	입찰예정금액
가	XX가XXXX	3,300cc	2012. XX. XX.	45,681km	5,000,000원
나	XX나XXXX	2,500cc	2008. XX. XX.	93,295km	3,000,000원
다	XX다XXXX	4,000cc	2011. XX. XX.	75,371km	4,000,000원

　※ 입찰예정금액: 입찰 전 낙찰자 및 계약금액을 결정하기 위한 기준 가액임

2. 세부 내용

　1) 입찰서 제출 및 보증금 납부기간: 20XX. 6. 16.(화) 10시부터 20XX. 6. 23.(화) 18시까지
　　※ 입찰서는 입찰보증금과 함께 제출함

　2) 개찰일시: 20XX. 6. 24.(수) 10시

　3) 입찰 참가자격: 전자자산처분시스템 회원으로 등록 및 공인인증서로 전자자산처분시스템에 등록한 개인이나 사업자

　4) 입찰서 제출 방법: 전자자산처분시스템 홈페이지 온라인 제출(www.XXXX.co.kr)

　5) 계약체결 방법: 낙찰자는 낙찰통보일로부터 10일 이내에 계약서 작성 및 계약금액을 전액 납부하여야 함
　　※ 지방계약법 시행령 제37조 및 동법 시행규칙 제41조에 의거 입찰하고자 하는 금액(입찰금액)의 5/100 이상에 해당하는 입찰보증금을 보증금 납부 마감 시간까지 전자자산처분시스템 입찰화면에서 입찰자에게 부여된 은행 계좌에 납부하여야 하며 입찰보증금 납부에 따른 수수료(1만 원)는 입찰자가 부담함

[A~D의 필요차량, 보유현금, 전자자산처분시스템 등록정보]

구분		A	B	C	D
필요 차량	배기량	3,000cc 이상	3,500cc 이상	2,500cc 이상	3,800cc 이상
	운행거리	40,000km 이하	100,000km 이하	50,000km 이하	95,000km 이하
보유현금		4,000,000원	5,000,000원	4,500,000원	1,000,000원
전자자산처분시스템 등록 여부		O	X	O	O

※ 입찰 참가자 A~D는 각각 필요차량 조건을 만족하는 모든 차량에 입찰서를 제출함

① A　　　　　② B　　　　　③ C　　　　　④ A, D　　　　　⑤ C, D

05 다음은 연도별 급식 지원 아동 인구수와 지역별 아동 인구수에 대한 자료이다. 자료를 통해 전체 아동 인구수와 급식 지원을 받는 아동 인구수의 추이를 파악하여 정책 방향을 수립할 계획이다. 자료에 대한 설명으로 옳지 않은 것은?

[연도별 급식 지원 아동 인구수]

[지역별 아동 인구수]

(단위: 백 명)

구분	2011년	2012년	2013년	2014년	2015년
합계	99,208	96,919	94,318	91,868	89,618
서울특별시	17,683	17,064	16,432	15,870	15,282
부산광역시	5,953	5,761	5,570	5,394	5,261
대구광역시	4,915	4,759	4,585	4,420	4,268
인천광역시	5,607	5,527	5,415	5,297	5,185
광주광역시	3,336	3,252	3,150	3,053	2,941
대전광역시	3,242	3,172	3,095	2,993	2,860
울산광역시	2,455	2,398	2,330	2,275	2,219
세종특별자치시	–	222	242	335	492
경기도	25,700	25,314	24,837	24,345	23,931
강원도	2,871	2,795	2,707	2,620	2,536
충청북도	3,127	3,050	2,968	2,878	2,788
충청남도	4,162	3,946	3,885	3,808	3,740
전라북도	3,692	3,591	3,479	3,368	3,262
전라남도	3,591	3,490	3,372	3,263	3,174
경상북도	4,853	4,728	4,587	4,452	4,335
경상남도	6,747	6,592	6,420	6,262	6,113
제주특별자치도	1,274	1,258	1,244	1,235	1,231

※ 세종특별자치시는 2012년에 출범됨

① 세종특별자치시를 제외한 모든 지역의 아동 인구수는 2011년에 가장 많다.
② 2015년 급식 지원을 받는 아동 인구수는 전체 아동 인구의 5% 미만이다.
③ 2012년 충청도 아동 인구수는 전라도 아동 인구수보다 많다.
④ 2013년 급식 지원 아동 인구수는 전년 대비 5% 감소했다.
⑤ 급식 지원 아동 인구수가 처음으로 4,000백 명 이하가 된 해에 아동 인구수가 5,000백 명 이상인 지역은 총 5개이다.

06 다음 중 농협에서 시행 중인 '또 하나의 마을 만들기' 운동에 대한 설명으로 적절하지 않은 것은?

① 명예주민은 농가와 1:1 결연을 맺고 결연 농가와 교류를 이어 나간다.
② 범국민 농촌운동으로 발전시키기 위한 목표를 가지고 2016부터 시행 중이다.
③ 의사, 예술가, 셰프 등 다양한 분야의 전문가가 명예이장으로 위촉되었다.
④ 2018년에는 기업·기관·단체의 정기인사로 인한 공백기 방지를 위해 명예이장 재정비 방안을 마련하였다.
⑤ 홍보대사 캐릭터는 '마음이'와 '이음이'이다.

[07~08] 다음 글을 읽고 각 물음에 답하시오.

영모화(翎毛畵)의 '영'은 새의 날개, '모'는 짐승의 털을 의미한다. 즉 영모화는 새·짐승의 깃과 털의 아름답고 고운 모습을 그린 그림이다. 원래 영모화는 '영모'를 새의 깃털로만 풀이하여 새 그림만을 가리켰으나, 시대가 내려오면서 의미가 점차 확대되어 현재는 화조화와 동물화 전체를 일컫는다. 예로부터 새와 동물은 인간의 삶을 보호하고 돕는 길상(吉祥)의 대상으로서 그림 소재에 널리 쓰였다. 특히, 영모화는 문인 사대부들의 취향과 영합하여 자연의 이치를 깨닫고 그 흥과 정취를 느끼게 하는 수단으로 발전하였다.

영모화는 삼국 시대부터 그려졌으나, 실질적으로는 고려 시대부터 발달하기 시작하여 조선 시대와 함께 전성기를 맞이하였다. 조선 초기(1392~1550)는 화려한 채색과 정교한 필치가 특징인 구륵전채법의 원체풍과 간결한 구도에 묵법으로 음영을 처리하고 담채 작업을 통해 옅게 채색하는 수묵몰골풍이 주를 이루었다. 당시 화원들과 문인화가들은 다른 분야의 회화와 더불어 영모화를 애용하였으며, 실제로 성종은 궁정 안에 초목금수(草木禽獸)를 한곳에 모아 사생을 주최하는 등 영모화의 묘사력을 높이는 데 힘쓰기도 하였다. 또한, 영모화는 화원의 시취(試取)에 3등 과목으로 다루어지며 확고한 입지를 다졌다.

조선 중기(1550~1700)에 들어서면서 영모화는 이암(李巖)을 중심으로 이루어졌던 수묵몰골풍이 계승되었다. 이러한 경향은 김시, 이경윤 등 문인 사대부 집안 출신 화가들의 주도로 소경산수(小景山水) 배경의 기러기와 원앙, 소와 말 등을 그리면서 고유한 화풍을 개척하였다. 짙고 옅은 먹으로 음영 부위를 물들여 양감을 강조하고, 흑백 대비의 양식화 현상이 두드러진 화풍은 조선 중기 영모화의 주류 화풍으로 자리 잡았으며, 이러한 화풍을 통해 정감 있는 한국의 정서를 전 세계적으로 알릴 수 있었다.

조선 후기(1700~1850)의 영모화는 다양한 변화를 맞이하였다. 현실적 소재에 대한 관심 증가 및 남종화법의 유행과 더불어 사실적 묘사를 중시하는 서양 화법이 유입됨으로써 대상을 사실적으로 반영하려는 경향이 뚜렷하게 드러났다. 특히, 동물화의 경우 원체풍과 사생풍이 융합하여 섬세한 관찰력과 빈틈없는 묘사력을 기반으로 그려진 사실적 화풍이 분명하게 나타났다. 일례로 겹국화를 배경으로 한 고양이를 그린 정선(鄭歚)의 〈국일한묘〉는 수준 높은 사실성과 서정성을 보이며 동물화의 절정을 이루기도 하였다. 이 외에도 김홍도의 〈소나무 아래 호랑이〉, 김두량의 〈긁는 개〉는 넘치는 생동감을 담았다.

조선 말기(1850~1910)의 영모화는 민화(民畵)에서 큰 인기를 얻었으나, 정통화 분야에서 화단이 전반적으로 정체되어 크게 성행하지 못하였다. 그렇지만 일부 화가들에 의해 청대(淸代) 화풍이 받아들여지면서 독특한 담묵(淡墨) 및 농묵(濃墨) 처리를 통해 서양 수채화를 연상시키는 등 기존에는 찾아볼 수 없었던 이색적인 화풍이 등장하였다. 특히 청대 화풍을 종합·절충하고 대담한 필묵법을 특징으로 하는 장승업의 화풍은 근대 화단에 큰 영향력을 행사하였다. 이처럼 우리나라의 영모화는 각 시대의 동향에 따라 계속해서 변화하며 새로운 양상을 전개하였다. 동시에 한국적인 화풍을 형성하며 회화사 발전에 크게 공헌하였다.

07 윗글의 주제로 가장 적절한 것은?

① 영모화의 기원 및 등장 배경
② 조선 시대 영모화의 대표 작품과 화가
③ 고려 시대에 영모화가 유행한 이유
④ 시대에 따른 영모화 화풍의 변천사
⑤ 수묵몰골풍이 현대 미술에 끼치는 영향력

1회   2회   3회   4회   5회   6회

08 윗글의 내용과 일치하지 않는 것은?

① 조선 말기에 화단의 침체기가 이어지면서 영모화 또한 그 위세가 점차 꺾였다.
② 영모화는 오래전부터 그려졌으나 조선 시대에 이르러서야 황금기를 맞이하였다.
③ 1600년대 영모화는 세밀한 붓놀림과 화려한 색감이 특징인 화풍이 유행하였다.
④ 영모화의 범위는 새뿐만 아니라 동물 또는 꽃을 소재로 한 그림을 모두 포함한다.
⑤ 조선 후기 정선의 작품은 실제 대상과 최대한 흡사하게 묘사하는 방식을 취한다.

09 서라는 집 앞마당을 꾸미기 위해 벚나무, 소나무, 은행나무, 잣나무, 전나무를 각각 1그루씩 일렬로 심었다. 제시된 조건을 모두 고려하였을 때, 항상 옳지 않은 것은? (단, 나무의 너비는 고려하지 않는다.)

- 나무 사이의 거리는 2m, 3m, 4m, 5m 중 하나이며, 나무 사이의 거리는 모두 다르다.
- 소나무와 벚나무 사이의 거리는 12m이다.
- 은행나무와 전나무 사이의 거리는 10m이다.
- 은행나무 바로 오른쪽에 소나무를 심었다.
- 잣나무와 전나무 사이의 거리는 3m이다.

① 전나무 바로 오른쪽에 벚나무가 심겨 있다.
② 소나무와 은행나무 사이의 거리는 2m이다.
③ 은행나무와 잣나무 사이의 거리는 6m이다.
④ 벚나무와 잣나무는 이웃하여 심겨 있지 않다.
⑤ 전나무와 소나무 사이의 거리는 8m이다.

10 미지와 현준이는 동일한 다이어리를 원가로 구매하여 상점에서 판매하였다. 현준이는 원가의 25%만큼 이윤이 남도록 정가를 책정하였고, 미지는 현준이가 책정한 정가보다 20% 더 높은 가격으로 정가를 책정하여 판매하였다. 미지가 다이어리를 1,000개 판매하고 남은 이익이 400만 원일 때, 다이어리 1개의 원가는?

① 6,000원   ② 7,000원   ③ 8,000원   ④ 9,000원   ⑤ 10,000원

11 상여금으로 받은 200만 원을 은행에 예금하여 1년 뒤에 11만 원 이상 12만 원 미만의 이자를 받았다. 이때 은행의 연이율은 최소 몇 %인가?

① 4.5%   ② 5%   ③ 5.5%   ④ 6%   ⑤ 7%

12 다음은 SWOT 분석에 대한 설명과 ○○스마트폰 회사의 SWOT 분석 결과이다. 이를 근거로 판단할 때, ○○스마트폰 회사의 대응 전략으로 옳은 것은?

SWOT 분석이란 기업 내부의 강점(Strength)과 약점(Weakness), 기업을 둘러싼 외부의 기회(Opportunity)와 위협(Threat)이라는 4가지 요소를 규정하고 이를 토대로 기업의 경영전략을 수립하는 기법이다. SO(강점-기회) 전략은 시장의 기회를 활용하기 위해 강점을 적극 활용하는 전략이고, WO(약점-기회) 전략은 약점을 극복하거나 제거함으로써 시장의 기회를 활용하는 전략이다. ST(강점-위협) 전략은 시장의 위협을 회피하기 위해 강점을 사용하는 전략이고, WT(약점-위협) 전략은 시장의 위협을 회피하고 약점을 최소화하거나 없애는 전략이다.

내부환경 외부환경	강점(Strength)	약점(Weakness)
기회(Opportunity)	SO(강점-기회) 전략	WO(약점-기회) 전략
위협(Threat)	ST(강점-위협) 전략	WT(약점-위협) 전략

[○○스마트폰 회사 SWOT 분석 결과]

강점(Strength)	- 국내 스마트폰 소비자 선호도 1위 - 5G 모델 라인업 확충 완료 - 전문성 있는 인공지능 관련 인재 확보
약점(Weakness)	- 브랜드 대표 색상만을 활용하여 제품의 색상 다양성 부족 - 타사 대비 높은 가격대로 인한 소비자 부담 증가
기회(Opportunity)	- 인공지능 적용 분야 확대로 연관 수익 발생 가능성 증대 - 베트남과의 FTA 체결로 인한 생산공장 설립 관련 규제 해제
위협(Threat)	- 경쟁업체 간 인수합병으로 대규모 스마트폰 회사 출범 - 글로벌 경기 둔화로 인한 스마트폰 신규 수요 감소 - 국내 공장 설립 관련 정부의 과도한 규제 및 정책 번복

내부환경 외부환경	강점(Strength)	약점(Weakness)
기회(Opportunity)	① 국내 소비자 선호도 1위라는 점을 적극 홍보하여 M&A로 출범하는 대규모 신규 스마트폰 회사에 대응함	② AI 전문 인재 TF팀을 구성해 수준 높은 인공지능 어플을 개발하여 부가 수익을 창출함 ③ 5G 모델 라인업을 확충했다는 점을 마케팅 자료로 활용하여 글로벌 IT 관련 전시회에서 영업 활동을 펼침
위협(Threat)	④ 스마트폰 부자재를 납품하는 공장을 베트남에 설립하여 부자재 가격 조정을 통해 단가를 낮춤	⑤ 인건비가 낮은 해외 부지에 스마트폰 생산공장을 설립하여 저가 라인을 신규 런칭함

13 두 명의 자녀를 둔 김 씨 부부는 3월 말 아동수당 지급 대상자에 해당한다. 다음 보도자료를 참고할 때, 김 씨 부부가 취할 행동으로 가장 적절하지 않은 것은?

보건복지부(이하 복지부)는 코로나19로 위축된 지역경제를 활성화하고 아동양육가구의 부담을 줄이기 위해 '아동돌봄쿠폰'을 지급할 예정이다. 아동돌봄쿠폰은 아동수당을 지급받는 만 7세 미만의 자녀를 둔 가구에 아동 1인당 40만 원 상당의 상품권 등을 긴급지원하는 사업으로, 지원대상은 3월 말에 아동수당을 받은 전국 263만 명의 아동이 있는 약 200만 가구이다.

아동돌봄쿠폰은 지방자치단체별 여건에 맞게 전자상품권 또는 지역전자화폐(모바일 또는 카드 방식), 종이상품권(지역사랑상품권 등) 형태로 지급된다. 전자상품권이 지급되는 192개 시군구에 거주하는 대상자는 아동 1인당 40만 원 상당의 아동돌봄쿠폰이 현재 사용하고 있는 아이행복카드 또는 국민행복카드에 포인트 형태로 자동 지급된다. 또한 전자상품권 제공 지역에서 아동수당을 지급받는 대상자들은 읍면동 주민센터나 카드사 영업점 등에 직접 방문해 신청할 필요가 없다. 다만 카드를 2개 이상 사용하는 경우에는 대상자 편의를 위해 최근 사용 내역이 있는 카드에 포인트가 지급되며, 만약 변경을 원할 경우 복지로 사이트(www.bokjiro.go.kr) 또는 읍면동 주민센터에서 4월 6일부터 10일까지 신청하면 된다.

한편 아이행복카드나 국민행복카드를 가지고 있지 않은 보호자들은 4월 6일부터 복지로 또는 읍면동 주민센터에서 기프트카드를 신청할 수 있다. 기프트카드는 신용카드나 체크카드 기능이 없이 아동 1인당 40만 원이 입금되어 있는 별도의 선불카드다. 복지부는 어린이집·유치원 가정통신문, 온라인 등을 통해 사업을 홍보하고, 4월 3일부터 대상자들에게 개별적으로 문자메시지 등을 보내 포인트가 지급되는 카드를 안내할 계획이다. 이렇게 지급되는 전자상품권은 사용자의 편의와 지역경제 활성화 모두를 고려해 해당 지역 광역자치단체(시·도)에서 모두 사용할 수 있으나, 소상공인 등 지역경제 활성화를 위해 백화점, 대형마트, 온라인쇼핑몰, 유흥업소 등 일부 매장에서의 사용은 제외된다. 또한 전자상품권은 시스템 준비를 거쳐 최대한 빠르게 대상자가 사용하는 카드에 지급되도록 준비 중인데, 이때도 문자메시지 등으로 별도 안내할 계획이다.

아동돌봄쿠폰을 각 시군구에서 카드, 앱 등을 통해 상품구매 시 화폐처럼 지역 내에서 사용할 수 있는 결제수단인 지역전자화폐로 제공하는 9개 시군구 거주자는 해당 시군구의 안내에 따라 신청해야 한다. 또한 아동돌봄쿠폰을 지역전자화폐로 제공하는 경기도 성남시, 충남 아산시 등 9개 지방자치단체는 각 지역에서 사용하고 있는 전자화폐방식에 따라 신청방법과 지급시기가 다르다. 대상자는 해당 시군구의 신청방법, 지급시기 안내에 따라 4월 초부터 온라인 또는 방문 신청 후 지역전자화폐를 통해 쿠폰을 받을 수 있다. 한편 종이상품권을 지급하는 경북 안동시 등 28개 시군구는 지역사랑상품권이 준비되는 4월 초부터 읍면동 주민센터에서 40만 원의 지역사랑상품권을 지급한다. 이곳에서는 대상자가 읍면동 주민센터에 방문하면 본인 확인과 간단한 신청서 제출을 거쳐 바로 지역사랑상품권을 받도록 할 방침이다.

정부는 이번 아동돌봄쿠폰 지급을 통해 코로나19로 어려움을 겪고 있는 소상공인, 영세자영업자 등 지역경제를 활성화하고, 아동을 양육하는 가구의 경제적 부담을 완화할 것으로 기대하고 있다. 고○○ 복지부 인구아동정책관은 "지방자치단체와 협조하여 최대한 편리하고 신속하게 지급할 수 있도록 준비 중이며, 코로나19를 극복하고 민생경제에 힘이 될 수 있도록 하겠다."고 밝혔다.

※ 출처: 보건복지부(2020-03-27 보도자료)

① 전자상품권 제공 지역의 거주민이라면 거주 지역의 주민센터나 카드사 영업점에 직접 방문해서 아동 돌봄쿠폰을 신청한다.

② 경기도 성남시의 거주민이라면 해당 시에 지역전자화폐 신청방법과 지급시기를 별도로 알아본 뒤 안내 사항에 따라 온라인 또는 방문 신청을 진행한다.

③ 아동돌봄쿠폰으로 전자상품권을 받는 경우를 고려해 상품권을 쓸 수 있는 소상공인 업체를 알아본다.

④ 경북 안동시에 거주한다면 신청기간에 주민센터에 방문해서 본인 확인과 신청서를 제출하고 즉시 지역사랑상품권 40만 원을 제공받는다.

⑤ 아이행복카드나 국민행복카드 각 1개씩을 소지하고 있다면 포인트가 지급되는 카드를 미리 확인한다.

14 다음은 중고 자동차 종류별 구매 가격에 대한 자료이다. 다음 자료를 토대로 부가세가 가장 저렴한 중고 자동차를 구매하려고 할 때, 구매할 중고 자동차의 부가세는?

[중고 자동차 구매 가격]

차량 종류	차량색	연식	차량 가격	부가세
쿠페	검은색	2019년	31,340,000원	차량 가격의 12%
세단	남색	2017년	24,680,000원	차량 가격의 15%
SUV	회색	2020년	41,720,000원	차량 가격의 9%
세단	흰색	2016년	22,560,000원	차량 가격의 17%
쿠페	회색	2018년	29,560,000원	차량 가격의 13%

※ 차량 가격은 부가세를 제외한 가격임

① 3,460,800원 ② 3,532,200원 ③ 3,642,800원 ④ 3,702,000원 ⑤ 3,835,200원

15 민츠버그(Mintzberg)의 5가지 조직유형 중 기계적 관료제에 대한 설명으로 가장 적절하지 않은 것은?

① 대규모 조직에서 주로 나타나는 유형이다.
② 작업과정을 표준화시켜 조직활동을 관리한다.
③ 덜 복잡하고 규제화된 기술 체계에 적합하다.
④ 조직에서 가장 중요한 핵심 부문은 기술구조이다.
⑤ 안정적이지만 다소 복잡한 환경에서 나타난다.

16 제시된 숫자의 규칙을 찾아 빈칸에 들어갈 알맞은 숫자를 고른 것은?

1 3 5 0 2 4 −1 ( )

① 1   ② 3   ③ 5   ④ 7   ⑤ 9

17 갑, 을, 병, 정 4명은 달리기 시합을 하고 결과에 대해 이야기했다. 달리기 등수가 같은 사람은 없고, 거짓을 말한 사람은 1명이다. 제시된 조건을 모두 고려하였을 때, 항상 옳은 것은?

- **갑**: 을 또는 병이 가장 빠르네.
- **을**: 달리기가 가장 느린 사람은 갑이야.
- **병**: 나보다 느린 사람은 3명이야.
- **정**: 나보다 빠른 사람은 없어.

① 거짓을 말한 사람은 갑이다.
② 을보다 빠른 사람은 1명이다.
③ 을이 2등일 때, 정은 3등이다.
④ 병보다 빠른 사람은 1명이다.
⑤ 갑과 정은 연이어 들어왔다.

18 S 기업 시설계획처에서 근무하는 귀하는 이번 분기에 시설 설비 업무를 담당하게 되었다. 귀하가 업무를 수행하기 위해 수립할 자원관리계획 과정으로 가장 적절한 것은?

> ⊙ 이용 가능한 장비 및 시설 관련 자원 수집
> ⓒ 계획에 따라 시설 설비 업무 수행
> ⓒ 시설 설비에 필요한 자원의 종류 및 수량 확인
> ② 장비 및 시설 관련 자원 활용 계획 수립

① ⊙ → ⓒ → ⓒ → ②
② ⓒ → ⊙ → ② → ⓒ
③ ⓒ → ② → ⓒ → ⊙
④ ② → ⓒ → ⓒ → ⊙
⑤ ② → ⓒ → ⊙ → ⓒ

1회

2회

3회

4회

5회

6회

해커스 지역농협 6급 NCS 기출동형모의고사

19 다음 중 각 마케팅 기법에 해당하는 사례로 가장 적절하지 않은 것은?

① 넛지 마케팅 – 대형 유통업체 A는 우유 코너에 시리얼을 진열한 이후에 시리얼 매출이 2배 증가했다.
② 디마케팅 – 명품 브랜드 B의 파리 본점에서는 제품을 구입하는 여행객의 여권번호를 등록하여 1년 이내에 자사 제품을 다시 구매하지 못하게 한다.
③ 인디케이터 마케팅 – 기저귀 바깥쪽에 소변 알림선이 있어 기저귀 교체 시기를 알려주는 C 회사의 기 저귀가 엄마들 사이에서 인기를 얻고 있다.
④ 데카르트 마케팅 – 세계적인 가구 디자이너가 디자인한 D 전자회사의 TV가 큰 인기를 끌고 있다.
⑤ 노이즈 마케팅 – 자동차업체 E는 신차를 홍보하기 위해 전국의 주요 도심지에서 기습적으로 단체 드 라이빙을 벌였다.

20 A~E 기업은 경영효율성 제고를 위해 공공성, 윤리성, 전문성, 혁신성, 투명성 5가지 항목을 기준으로 평가 기관의 평가를 받았다. 각 공사의 평가 점수가 다음과 같을 때, 평균 점수와 최종 점수가 동일한 공사를 모두 고르면?

[공사별 평가 점수]

구분	A 기업	B 기업	C 기업	D 기업	E 기업
공공성	50점	100점	90점	75점	85점
윤리성	95점	( )점	85점	90점	95점
전문성	80점	90점	65점	95점	90점
혁신성	90점	95점	60점	50점	100점
투명성	85점	85점	100점	( )점	80점
평균 점수	( )점	85점	( )점	80점	( )점
최종 점수	( )점	( )점	( )점	( )점	( )점

※ 각 공사의 평균 점수는 5가지 항목의 평균 점수를 의미하며, 최종 점수는 최고점을 받은 항목과 최저점을 받은 항목을 제외한 나머지 3가지 항목의 평균 점수를 의미함

① A 기업, C 기업 　② B 기업, D 기업 　③ B 기업, E 기업
④ C 기업, D 기업 　⑤ C 기업, E 기업

21 ○○은행 회계부에 재직 중인 귀하는 내년에 진행할 수 있는 사업 A~G 7개 중 최대한 많은 사업을 진행하면서 그 중 총 기간당 단가가 가장 저렴한 사업으로 내년 추경예산을 선정하고자 한다. A~G 사업 조건이 다음과 같을 때, 귀하가 선정할 내년 추경예산은? (단, 동시에 진행할 수 있는 사업은 최대 2개이며, 하나의 사업을 같은 해 두 번 이상 진행할 수 없다.)

[A~G 사업 조건]

구분	A	B	C	D	E	F	G
사업소요 기간	4개월	5개월	5개월	6개월	4개월	3개월	7개월
비용	76백만 원	100백만 원	90백만 원	126백만 원	72백만 원	48백만 원	108백만 원

① 386백만 원 　② 394백만 원 　③ 412백만 원 　④ 418백만 원 　⑤ 436백만 원

22 농협에 재직 중인 귀하는 입사 동기들과 함께 농협 커뮤니케이션 브랜드에 대한 대화를 나누고 있다. 다음 중 농협 커뮤니케이션 브랜드에 대해 잘못 설명한 사람을 고르면?

> 예준: 농협의 영문 브랜드인 NH는 미래지향적이고 글로벌한 농협의 이미지를 표현한 것이야.
> 서현: NH는 자연과 인간의 조화, 새로운 희망과 행복을 상징하지.
> 연우: 커뮤니케이션 브랜드의 색상 시스템 중 파란색은 농협의 젊은 에너지와 전문적 이미지를 표현하고 있어.
> 지유: 풍요로운 생활의 중심, 근원이 되는 농협의 이미지를 계승한다는 의미를 담은 색은 초록색이야.
> 지안: NH Wave는 인간과 자연을 위한 새로운 물결, 상생, 화합, 조화와 변화, 혁신, 새로운 바람을 상징해.

① 예준　　　② 서현　　　③ 연우　　　④ 지유　　　⑤ 지안

23 다음 글의 논리적 흐름을 고려할 때, (가)~(마) 중 삭제되어야 하는 문단은?

> (가) 플라스틱은 가공이 쉽고 가벼워 다양한 용기를 제작하는 데 유용하게 사용되어 왔다. 하지만 쓰고 난 플라스틱은 토양과 강, 바다에 무분별하게 버려져 오늘날 자연과 인간의 안위를 위협하는 수준까지 이르렀으며, 플라스틱 쓰레기 문제는 우리나라를 비롯한 많은 국가에서 중요하게 다루고 있는 이슈 중 하나가 된 지 오래다.
> (나) 이러한 가운데 이른바 '플라스틱을 먹는 효소'라 불리는 플라스틱 분해 효소가 발견되어 관심이 쏠리고 있다. 영국 포츠머스대학의 연구진은 2016년 일본에서 발견된 플라스틱의 일종인 페트(PET)를 분해하는 효소를 분비하는 박테리아에 주목했다. 그리고 이 박테리아의 구조를 연구하여 변종 효소를 만들어 내는 데 성공하였다.
> (다) 변종 효소는 페트 이외의 플라스틱도 분해할 수 있으며, 자연 상태보다 훨씬 빠른 속도로 플라스틱을 분해한다. 분해된 플라스틱은 다시 원료 상태가 되어 새로운 투명 플라스틱을 만드는 데 사용될 수 있다. 즉, 완벽한 재활용이 가능해지므로 플라스틱의 추가적인 생산과 이로 인한 환경오염 우려가 줄어든다.
> (라) 이보다 앞선 2015년 중국과 미국의 공동연구진은 밀웜이 스티로폼을 먹는다는 사실을 밝힌 바 있는데, 이에 우리나라도 밀웜을 통한 플라스틱 분해 기술을 연구하고 있다. 더 나아가 일회용 플라스틱을 대체하는 생분해 플라스틱을 개발함으로써 관련 시장을 선점하기 위한 기회를 엿보고 있다.
> (마) 하지만 변종 효소가 상용화되어 산업현장에 활용하기 위해서는 아직 개선해야 할 부분이 남아있다. 효소를 대량 생산할 수 있어야 하고, 가격도 낮아져야 하며, 분해속도도 지금보다 더 빨라져야 한다. 변종 효소를 개발한 연구진은 몇 년 안에 플라스틱을 대규모로 분해할 수 있는 기술을 상용화할 수 있도록 개발에 더욱 박차를 가할 예정이다.

① (가)　　　② (나)　　　③ (다)　　　④ (라)　　　⑤ (마)

24 다음은 ◇◇공사에서 위촉직으로 근무하는 진후민 씨의 근로계약서와 세금 정책에 대한 일부 자료이다. 제시된 자료를 참고하였을 때, 진후민 씨가 석 달 동안 받는 월급의 실수령액은? (단, 월급을 제외한 급여는 고려하지 않는다.)

[근로계약서]

◇◇공사의 대표는 위촉직에 대해 다음과 같이 계약한다.

제1조 계약 당사자
- 대 표: ◇◇공사 대표
- 위촉직: 성명 진후민
  생년월일 19XX년 11월 3일
  주소 서울특별시 광진구 ○○로 XX길 XX

제2조 계약 기간
- 계약 기간은 20X1년 1월 1일부터 20X1년 12월 31일까지로 한다.
- 위촉직의 직무가 기타 회사의 필요성에 의한 지시업무에 적합하지 아니하다고 판단되는 경우에는 계약 기간 만료 전이더라도 계약 관계를 종료할 수 있다.

제3조 근무 시간
- 근무 시간은 주 40시간, 1일 8시간을 기준으로 하고, 구체적인 출퇴근 시간 등은 협의하여 정한다.

제4조 임금
- 계약 금액 총액은 금 120,000,000원으로 한다.
- 기본급은 별도 수당을 제외한 모든 임금을 포함한다.
- 월급은 기본급과 별도 수당을 포함한 10,000,000원이며 세금과 4대 보험료를 제외하고 지급된다.
- 월급에 비과세는 포함하지 않는다.
- 월급의 실수령액은 다음과 같이 계산한다.
  - 월급 − (월근로소득세 + 국민연금 + 건강보험료 + 장기요양보험료 + 고용보험료 + 산재보험료)
  - 근로소득세는 과세표준에 따른다.
  - 국민연금은 회사와 근로자가 각각 근로자 월급의 4.5%씩 납부한다.
    (단, 국민연금의 근로자 최대 부담액은 218,700원이다.)
  - 건강보험료는 회사와 근로자가 각각 근로자 월급의 3.23%씩 납부한다.
  - 장기요양보험료는 근로자가 건강보험료의 10%를 납부한다.
  - 고용보험료는 회사와 근로자가 각각 근로자 월급의 0.8%씩 납부한다.
  - 산재보험료는 회사가 100% 납부한다.

제5조 연차유급휴가
- 연차유급휴가는 근로기준법에서 정하는 바에 따라 부여한다.

(중략)

제10조 기타
- 이 계약에 정함이 없는 사항은 근로기준법령에 의거한다.

20X1년 1월 2일

(사업주) ◇◇공사 대표 (서명)
(위촉직) 진후민 (서명)

[과세표준에 따른 근로소득세]

과세표준	세율	누계액
1,200만 원 이하	6%	72만 원
1,200만 원 초과 4,600만 원 이하	15%	582만 원
4,600만 원 초과 8,800만 원 이하	24%	1,590만 원
8,800만 원 초과 3억 원 이하	35%	9,010만 원
3억 원 초과	38%	–

※ 1) 과세표준은 1년 계약 금액을 기준으로 계산함
2) 월근로소득세는 원 단위로 절사함
3) 월근로소득세 = (누계액 + 과세표준 초과분 × 세율) / 12
예 1년 계약 금액이 7,000만 원인 A의 월근로소득세
A의 월근로소득세 = {582 + (7,000 − 4,600) × 0.24} / 12 = 96.5만 원

① 20,570,727원
② 21,263,001원
③ 21,957,913원
④ 22,899,404원
⑤ 23,592,905원

25 다음 명제가 모두 참일 때, 항상 옳은 것은?

> • 기계를 잘 활용하는 사람은 손재주가 뛰어난 사람이다.
> • 그림을 잘 그리지 못하는 사람은 손재주가 뛰어난 사람이 아니다.
> • 기계를 잘 활용하는 사람은 현대 문명에 익숙한 사람이다.

① 그림을 잘 그리는 사람은 기계를 잘 활용하지 못한다.
② 손재주가 뛰어나지 못한 사람은 기계를 잘 활용하지 못한다.
③ 기계를 잘 활용하지 못하는 사람은 현대 문명에 익숙하다.
④ 그림을 잘 그리는 사람은 손재주가 뛰어나다.
⑤ 현대 문명에 익숙한 사람은 그림을 잘 그리지 못한다.

26 다음 두 한자성어 쌍이 같은 관계가 되도록 빈칸에 들어갈 한자성어를 고르면?

> 금상첨화 : 설상가상 = 흥진비래 : (   )

① 진퇴양난   ② 무궁무진   ③ 흥망성쇠   ④ 고진감래   ⑤ 설왕설래

27 전시회장에 배치된 안내용 로봇 5대 중 1대에만 사진촬영 기능이 있다. 다섯 로봇의 진술 중 하나의 진술만 거짓일 때, 사진촬영 기능이 있는 로봇은?

> • 로봇 1: 사진촬영 기능은 저 또는 로봇 4에 있어요.
> • 로봇 2: 로봇 3은 사진촬영 기능이 없어요.
> • 로봇 3: 로봇 5에게 사진촬영 기능이 있는 것이 확실해요.
> • 로봇 4: 나와 로봇 2는 사진촬영 기능이 없어요.
> • 로봇 5: 나는 사진촬영 기능이 없어요.

① 로봇 1   ② 로봇 2   ③ 로봇 3   ④ 로봇 4   ⑤ 로봇 5

28 다음 한자어의 의미와 반대되는 한자어를 고르면?

勤勞

① 休息   ② 名譽   ③ 契約   ④ 映像   ⑤ 勞動

1회   2회   3회   4회   5회   6

29 다음 문자가 규칙에 따라 나열되어 있을 때, 빈칸에 들어갈 알맞은 것을 고르면?

E   F   H   (   )   T   J

① L   ② M   ③ O   ④ P   ⑤ R

30 다음 ㉠~㉤을 바르게 고쳐 쓴다고 할 때 가장 적절한 것은?

- 이번 프로젝트는 ㉠(웬지 → 웭지) 잘 풀릴 것 같은 기분 좋은 예감이 든다.
- 회의록 작성 시 회의를 몇 월 ㉡(며칠 → 몇 일)에 하였는지 작성하는 것은 기본이다.
- 퇴근 후 집에 오니 낯선 구두 한 켤레가 ㉢(가지런이 → 가지런히) 놓여 있었다.
- 책을 읽기 전 ㉣(머리말 → 머릿말)을 보면 저자의 의도를 어느 정도 파악할 수 있다.
- 언니가 집에 도착할 때 ㉤(즈음 → 쯤) 안개가 걷히기 시작하였다.

① ㉠   ② ㉡   ③ ㉢   ④ ㉣   ⑤ ㉤

31 다음 명제가 모두 참일 때, 항상 옳은 것은?

> • 날씨가 따뜻해지면 춘곤증이 생긴다.
> • 봄이 오면 벚꽃이 핀다.
> • 봄이 오지 않으면 날씨는 따뜻해지지 않는다.

① 춘곤증이 생기면 봄이 온다.
② 날씨가 따뜻해지면 벚꽃이 핀다.
③ 봄이 오지 않으면 벚꽃이 피지 않는다.
④ 벚꽃이 피면 춘곤증이 생긴다.
⑤ 봄이 오면 날씨가 따뜻해진다.

32 다음 빈칸에 들어갈 단어로 가장 적절한 것은?

> 혁신과 도전 없이는 더 이상의 발전도 없다. 하지만 오늘날 우리 사회는 실패에 대한 두려움 때문에 새로운 도전을 피하려고 하는 안정 (   )적인 태도가 만연해 있다.

① 유지   ② 편중   ③ 지양   ④ 지향   ⑤ 편향

33 다음 중 농협의 국외 사무소가 설치되어 있는 국가로 적절하지 않은 것은?

① 중국   ② 베트남   ③ 몽골   ④ 튀르키예   ⑤ 프랑스

34 전략사업부는 지난해 매출 성장에 기여한 공로를 인정받아 회사에서 포상 휴가를 받았으며, 포상 휴가 기간에 사업부 전체 60명의 인원이 함께할 수 있는 1박 2일 힐링 캠프를 떠날 계획을 수립하고 있다. 캠프 1일 차 일정 중 점심식사 시간과 저녁식사 시간 사이에 전체 인원을 3개의 조로 나누어 프로그램을 2개씩 진행하려고 한다. 나머지 계획은 모두 확정되었으며, 프로그램 진행 방법은 〈1안〉과 〈2안〉 두 가지 방안이 있다. 둘 중 비용이 더 적게 드는 방안과 다른 방안을 선택했을 때와의 비용 차이는?

[프로그램별 정보]

구분	숲 명상	팩 명상	차 명상	트래킹	춤 힐링	스파
요금	18,000원	18,000원	18,000원	15,000원	25,000원	20,000원
시간	90분	60분	90분	60분	120분	60분
비고	• 팩 명상과 차 명상은 별도 재료비가 부과됨 (팩: 3,000원, 차: 5,000원) • 프로그램별 10인 이상 등록 가능 • 프로그램별 20인 이상 등록 시 5% 할인			• 프로그램별 20인 이상 등록 가능 • 프로그램별 25인 이상 등록 시 25인을 초과하는 인원은 2,000원씩 할인		다른 프로그램과 함께 등록 시 50% 할인

※ 요금과 재료비는 1인 기준

[조별 진행 프로그램]

구분		1조	2조	3조
프로그램		팩 명상, 춤 힐링	트래킹, 숲 명상	차 명상, 스파
인원	〈1안〉	30명	20명	10명
	〈2안〉	20명	30명	10명

① 〈1안〉, 128,500원
② 〈1안〉, 216,000원
③ 〈2안〉, 128,500원
④ 〈2안〉, 216,000원
⑤ 〈2안〉, 236,000원

35 ●●시에 사는 서 주임은 연휴를 맞이하여 가족들과 함께 △△군 휴양림으로 3박 4일 여행을 떠날 계획이다. 두 지역은 직행버스만 운행되고 있어, 서 주임은 △△군으로 떠나는 10시 20분 출발 승차권을 4매 예매해 놓은 상황이다. 아래의 대화 직후 서 주임의 아내가 최소의 비용이 드는 방법을 최우선적으로 고려하여 승차권을 취소 또는 예매한다면, 다음 중 서 주임이 이용하게 될 직행버스의 출발시각은?

> 서 주임: 어, 난데. 우리 내일 △△군으로 여행 가기로 한 거 있잖아. 그거 출발시각을 미뤄야 할 거 같아. 내일 아침에 있는 회의에 참석하게 되었거든. 회의 끝나고 ●●시 터미널에 오후 2시까지는 도착할 수 있을 것 같아.
>
> 아 내: 그럼 지금 예매해 놓은 출발 승차권을 취소해야 하나? 당신 승차권만 취소하고 우리 셋은 먼저 출발하면 될까?
>
> 서 주임: 그렇게 해도 되고, 아니면 내가 회의 끝날 때까지 기다렸다가 같이 출발하는 건 어때.
>
> 아 내: 그럼 이렇게 하자. 승차권을 취소하면 수수료가 들 테니까 그거 계산해 보고 예매해 놓은 승차권을 사용하든지, 취소하고 당신하고 같이 출발할 승차권을 예매하든지 할게. 예매하는 김에 여행 마지막 날에 돌아오는 승차권도 예매할게. 최대한 휴양림에 오래 머물다가 다음 날 출근할 거 고려해서 오후 9시까지 ●●시 터미널에 도착하는 일정으로 하자.

[직행버스 승차권 요금표]

●●시 터미널 → △△군 터미널		△△군 터미널 → ●●시 터미널	
출발시각	요금(원)	출발시각	요금(원)
06:50	8,500	06:30	8,500
07:30	12,300	07:30	8,500
08:40	8,500	09:30	12,300
10:20	12,300	11:00	12,300
12:00	12,300	12:30	8,500
13:30	8,500	14:20	12,300
14:40	8,500	15:20	8,500
16:30	8,500	16:40	12,300
19:00	12,300	17:40	12,300
20:30	12,300	19:10	8,500

※ 버스 운행시간은 130분으로 동일함

[취소수수료 및 예약부도위약금]

구분	수수료
• 예매 후 승차일 2일 전까지 취소 • 당일 출발차량 예매 후 1시간 이내 취소	없음
• 예매 후 승차일 1일 전부터 출발 1시간 전까지 취소 • 당일 출발차량 예매 1시간 후부터 출발 1시간 전까지 취소	승차권 요금의 10%
• 예매 후 출발 1시간 전 이후부터 출발 직전까지 취소 • 당일 출발차량 예매 후 출발 1시간 전 이후부터 출발 직전까지 취소	승차권 요금의 20%
• 예매 후 출발시각까지 발권을 하지 않거나 취소를 하지 않을 경우 부도처리	승차권 요금의 30%

	●●시 터미널 → △△군 터미널	△△군 터미널 → ●●시 터미널
①	13:30	19:10
②	14:40	15:20
③	13:30	15:20
④	14:40	12:30
⑤	16:30	12:30

36 다음은 우리나라 유제품별 소비량에 대한 자료이다. 해당 자료를 보고 A, B, C, D, E에 들어갈 유제품의 종류를 바르게 짝지은 것은?

[유제품별 소비량]

(단위: 톤)

구분	2018년	2019년	2020년	2021년	2022년
A	71,951	71,444	88,608	99,520	99,243
탈지분유	25,342	27,795	19,601	37,278	27,079
B	3,427	3,382	3,294	1,611	1,728
C	449,850	439,578	496,706	516,687	551,595
D	15,034	13,913	14,860	13,786	14,475
E	6,956	9,396	9,121	9,800	10,446

ㄱ 2022년에 연유 소비량의 전년 대비 증가율은 버터 소비량의 전년 대비 증가율보다 높다.
ㄴ 조제분유의 전년 대비 소비량의 증감 추이는 탈지분유와 정반대 형태를 띠고 있다.
ㄷ 2021년 소비량이 3년 전 대비 두 번째로 많이 증가한 유제품은 치즈이다.
ㄹ 매년 버터와 연유 소비량의 합은 조제분유 소비량을 넘지 못한다.
ㅁ 발효유 소비량은 전년 대비 3년 연속 증가하였다.

	A	B	C	D	E
①	치즈	연유	발효유	조제분유	버터
②	치즈	버터	발효유	조제분유	연유
③	발효유	연유	치즈	조제분유	버터
④	연유	치즈	조제분유	발효유	버터
⑤	연유	치즈	발효유	조제분유	버터

37 제시된 문장을 읽고 항상 옳은 결론을 고르면?

- a, b, c, d, e 5개의 도시는 좌우로 일직선상에 위치해 있다.
- b 도시와 c 도시 사이의 정확히 중간에 위치한 도시가 있다.
- a 도시와 d 도시 간의 거리가 가장 멀다.
- a 도시는 b 도시의 왼쪽에 위치하지 않는다.

A: e 도시를 기준으로 본다면, 좌우 같은 거리에 b 도시와 c 도시가 위치한다.
B: d 도시에서 거리가 가장 가까운 도시는 c이다.

① A만 옳다.
② B만 옳다.
③ A와 B 모두 옳다.
④ A와 B 모두 그르다.
⑤ A와 B 모두 옳은지 그른지 파악할 수 없다.

38 다음 중 농협의 심벌마크에 대한 설명에서 A~C에 들어갈 내용으로 바르게 짝지어진 것은?

농협 심벌마크의 요소	의미	상징
'농'자의 'ㄴ'을 변형한 [V]꼴	A	농협의 무한한 발전
'업'자의 'ㅇ'을 변형한 [V]꼴 아랫부분	원만과 돈	B
'협'자의 'ㅎ'을 변형한 마크 전체	항아리에 쌀이 가득한 모습	C

	A	B	C
①	풍요와 결실	협동 단결	농업 경쟁력 강화
②	풍요와 결실	도농 상생	농가 경제의 발전
③	싹과 벼	협동 단결	농가 경제의 발전
④	싹과 벼	도농 상생	농가 경제의 발전
⑤	싹과 벼	협동 단결	농업 경쟁력 강화

완벽하게 똑같은 두 개의 제품을 생산하여 하나에는 인지도가 없는 중소 브랜드의 로고를 붙이고 나머지 하나에는 유명 브랜드의 로고를 붙여서 시장에 내놓으면 소비자 선호도에 엄청난 차이가 생긴다. 심지어 유명 브랜드의 로고가 붙은 제품을 그렇지 않은 제품보다 훨씬 비싸게 판매한다고 하더라도 소비자들은 기꺼이 지갑을 연다. 이른바 유명 브랜드라면 '비싼 값을 한다'고 평가하는 것이다. 이와 같이 소비자들은 어떠한 제품을 평가할 때 직접적인 경험보다는 브랜드 평판에 의존하는 경향을 보인다.

소비자가 브랜드 평판을 중시한다는 사실을 증명하는 대표적인 사례로 부동의 시장 점유율 1위를 자랑하는 A 콜라 및 A 콜라와 경쟁 관계이지만 상대적으로 인지도가 낮은 B 콜라의 맛에 대한 블라인드 테스트 조사 결과를 들 수 있다. 아무런 표시가 없는 컵 두 개에 각각 A 콜라와 B 콜라를 따르고 실험 참가자에게 맛을 평가하도록 한 결과, B 콜라의 맛을 선호한다고 응답한 비율은 51%였으나 A 콜라의 맛을 선호한다고 응답한 비율은 44%에 그쳤다. 다음으로 A 콜라와 B 콜라의 브랜드 이름을 공개하고 콜라의 맛을 평가하게 하자 놀랍게도 이전과는 정반대로 65%의 참가자가 A 콜라를, 23%의 참가자가 B 콜라를 선호한다고 답하였다.

많은 소비자가 본인의 경험보다 브랜드 평판을 더 중요하게 여기는 이유는 불확실한 상황에서 구매 결정을 해야 할 때 브랜드 평판으로부터 신뢰성을 보장받고자 하는 본능에 있다. 콜라를 마시는 사람의 뇌를 기능성 자기공명영상장치(fMRI)로 촬영하면 브랜드를 모르는 상태에서 콜라를 마셨을 때는 어느 콜라인지와 관계없이 보상 영역에 해당하는 전두엽이 활성화되었다. 그러나 A 콜라 브랜드를 보여주며 콜라를 마시도록 했을 때는 B 콜라와 달리 뇌에서 전두엽 외에 측좌핵, 중뇌, 선조체, 전전두피질 등 쾌감 관장 영역도 활성화되었다. 소비자에게 유명하고 매력적인 브랜드가 뇌에서 쾌감중추를 무의식적으로 활성화시킨 것이다.

즉, 소비자는 브랜드를 기준으로 미래 시점에서의 사용 가치를 예측하게 되는데, 예측되는 보상 경험이 크면 클수록 쾌감을 느끼게 하는 도파민 분비 수준이 높아진다. 사람의 뇌에서 특정 브랜드를 특별하거나 매력적으로 느낀다는 신호를 받으면 곧바로 뇌의 브랜드 보상 예견 경험을 자극하여 도파민 분비를 유도하는 것이다. 이렇게 유명 브랜드가 갖는 효과는 소비자가 선택할 수 있는 대안이 많을수록 더 유의미하게 작용한다. 소비자들에게 유명하고 매력적인 브랜드일수록 소비자 스스로가 잘못된 선택으로 인한 미래의 후회를 최소화하기 때문에 신속한 결정을 이끌어 낸다.

이와 더불어 매력적인 브랜드는 소비자들이 그 브랜드에 대해 긍정적인 감정을 느끼도록 유도한다는 특징을 갖는다. 유명 브랜드에 대한 신체 외부로부터의 자극과 신체 내부에서 발원한 감정 신호가 동시에 나타날 때마다 뇌는 각각의 신호들을 연결하여 하나의 '신경 브랜드 네트워크'를 활성화한다. 만약 신체 외부의 자극과 내부의 감정 사이의 연관성이 감소한다고 하더라도 우리의 뇌는 이 정보들을 전체적인 표상으로 만들어 저장한다.

여기서 브랜드와 관련된 시각 정보는 대뇌피질, 청각 정보는 측두엽, 브랜드 이미지를 구성하는 감정적 요소는 안와전두피질에 저장된다. 따라서 특정 브랜드의 상품과 광고 문구가 한꺼번에 제시되면 뇌의 신경 브랜드 네트워크가 한층 더 활성화되어 긍정적인 감정을 유발하는 것이 용이해진다. 유명 브랜드는 덜 매력적인 브랜드에 비해 뇌에서 신경 브랜드 네트워크가 활성화되기 때문에 기억, 감정, 의사결정 등을 관할하는 뇌 영역에 폭넓게 영향을 미치고, 소비자들로부터 더 쉽게 호감을 얻게 되는 것이다. 각 기업에서는 브랜드에 대한 소비자 충성도를 높이기 위해 마케팅 분야에서 이러한 메커니즘을 활용하기도 한다.

① 선택 대안이 많을수록 브랜드 보상 예견 경험을 자극하여 도파민 분비 유도 효과를 얻는 데 유용하다.

② 뇌가 신체 외부의 자극과 신체 내부에서 비롯된 감정 신호를 연결하여 신경 브랜드 네트워크를 만든다.

③ 해당 제품 소비자의 뇌에서는 전두엽의 작용이 중단되고 측좌핵 등 쾌감 관장 영역이 활성화된다.

④ 뇌에서 기억, 감정 등을 관할하는 영역에 넓은 영향을 미쳐서 소비자에게 긍정적인 감정을 유도한다.

⑤ 소비자들이 제품을 평가할 때 경험보다 브랜드 평판에 의존하는 경향으로 인해 높은 선호도를 보인다.

1회

2회

3회

4회

5회

6회

해커스 지역농협 6급 NCS 기출동형모의고사

40 A, B, C 세 항공사의 비행기는 평소에 각각 10분, 15분, 18분 간격으로 이륙한다. 공항의 관제시스템을 점검하는 이틀 동안에는 새벽 2시부터 4시 사이에 비행기가 이륙하지 못하고, 이 외의 시간은 평소와 같은 시각에 비행기가 이륙한다. 매일 오전 0시에 세 항공사의 비행기가 동시에 이륙할 때, 공항의 관제시스템을 점검하는 이틀 동안 세 항공사의 비행기가 동시에 이륙하는 횟수는 몇 회인가?

① 24회　　　　② 26회　　　　③ 28회　　　　④ 30회　　　　⑤ 32회

41 어느 회사의 영업팀은 매주 월요일마다 팀 회의를 진행한다. 이 회사에 영업팀 직원 R 씨가 팀 회의에 참석하지 못하고 그다음 주에 또다시 참석하지 못할 확률은 $\frac{1}{2}$이고, 팀 회의에 참석하고 그다음 주에도 참석할 확률은 $\frac{3}{4}$이다. R 씨가 지난주 월요일 팀 회의에 참석하지 못했다면 다음 주 월요일 팀 회의에 참석할 확률은?

① $\frac{1}{2}$　　　② $\frac{5}{8}$　　　③ $\frac{7}{8}$　　　④ $\frac{9}{16}$　　　⑤ $\frac{13}{16}$

42 은영이와 수진이는 한 명씩 차례대로 1~9까지 적혀 있는 카드 9장에서 한 번에 3장씩 뽑기로 하였다. 은영이가 1, 3, 5가 적혀 있는 카드 3장을 뽑았을 때, 이 카드 숫자의 합이 수진이가 뽑은 카드 숫자의 합보다 작을 경우의 수는? (단, 각자 뽑은 카드는 다시 제자리에 둔다.)

① 76가지　　② 77가지　　③ 78가지　　④ 79가지　　⑤ 80가지

43 외장하드를 판매하는 어느 회사는 전년도에 총 매출액의 30%를 수익으로 남겼다. 올해 판매개수는 전년도 대비 40% 감소할 것으로 예상될 때, 전년도와 같은 수익을 남기기 위해서는 올해 원가가 전년도 원가의 몇 배가 되어야 하는가? (단, 올해 판매가는 전년도 판매가와 동일하게 책정되었다.)

① $\frac{2}{7}$　　② $\frac{3}{7}$　　③ $\frac{4}{7}$　　④ $\frac{5}{7}$　　⑤ $\frac{6}{7}$

44 갑과 을이 A 건물을 청소하는 데 처음 3시간 동안은 두 명이 같이 청소하다가 을이 먼저 집에 가고 갑은 혼자 20분 동안 더 청소를 한 후에 청소가 끝났다. A 건물을 갑이 혼자 청소하면 5시간이 걸릴 때, 같은 건물을 을이 혼자 청소하는 데 걸리는 시간은?

① 3시간　　② 6시간　　③ 9시간　　④ 12시간　　⑤ 15시간

45 임규의 작년 총소득액은 3,400만 원으로 소득공제액 800만 원을 제외하고 나머지 금액에 대한 세율이 20%였다. 올해 임규는 작년 대비 총소득액이 30%, 소득공제액이 45%, 세율이 25% 증가하였을 때, 임규가 올해에 낸 세금과 작년에 낸 세금의 차이는?

① 2,400,000원　　② 2,950,000원　　③ 3,250,000원　　④ 3,500,000원　　⑤ 3,850,000원

46 다음 중 조직이 일차적으로 수행해야 할 과업인 운영목표에 포함되는 목표로 가장 적절하지 않은 것은?

① 자원　　　　② 시간　　　　③ 생산성　　　　④ 인력개발　　　　⑤ 혁신과 변화

47 다음 밑줄 친 부분과 바꿔 쓸 수 있는 것은?

누구에게나 <u>곰살궂은</u> 그를 동경하는 사람이 많다.

① 살가운　　　② 박한　　　③ 익살맞은　　　④ 공평한　　　⑤ 옹졸한

48 다음 글의 내용을 통해 확인할 수 없는 것은?

지중해의 포트 사이드 항구와 홍해의 수에즈 항구를 연결하는 수에즈 운하는 아시아 대륙과 아프리카 대륙의 경계인 이집트의 시나이반도 서쪽에 건설된 세계에서 제일 큰 운하이다. 수에즈 운하는 아프리카 대륙을 돌아가지 않고 바로 아시아와 유럽을 연결하는 최단 경로라는 점에서 의의가 있다. 수에즈 지협을 운하로 만들면 항로를 단축할 수 있을 것이라는 생각은 고대부터 존재하였다. 운하 건설을 위한 최초의 시도는 이집트 제12왕조의 파라오 세누스레트 3세가 홍해 연안의 투밀라트 계곡을 통하여 나일강과 홍해를 연결하려 한 공사였다. 하지만 공사 결과 나일강은 홍해가 아닌 내륙의 푼트 지방까지만 연결되었다. 이후 이집트 제18왕조의 하트셉수트가 푼트 지방과 홍해를 연결하는 운하 공사를 계획했지만 실패한 것으로 추정된다. 그리고 B.C. 1380년경에 개착한 나일강과 홍해를 잇는 운하는 천재지변과 전쟁으로 인한 피해 등으로 매몰되었으나 수많은 개수 공사를 거치며 로마 시대에 항해가 재개되어 중요한 수로의 역할을 하였다. 그러나 이 또한 여전히 수에즈 지협을 통과하는 운하가 아니었기에 여러모로 불편함이 있었다.

그리고 16세기 대항해 시대에 진입하면서 지중해 연안의 베네치아 상인들이 수에즈 지협에 운하를 건설하여 포르투갈 및 스페인의 해상 운송 무역에 대처하고자 했으며, 17~18세기에 프랑스의 루이 14세와 독일의 라이프니츠가 수에즈 운하를 건설하여 네덜란드와 영국의 대(對)아시아 무역을 저지하고자 하였지만 두 시도 모두 당대 토목 기술의 부족으로 실현되지 못하였다. 18세기 말에는 나폴레옹이 이집트를 정복하고 영국의 인도 무역에 손실을 주고자 지중해와 홍해를 잇는 운하 개설 계획을 수립하였으나, 지중해와 홍해의 물 높이 차이가 10m에 달하고 운하 중간에 큰 바위가 다수 있다는 사전 조사 결과를 받고 운하 건설 계획을 포기하였다. 하지만 당시에 전쟁이 진행 중이었다는 정황상 조사 결과 자체가 정확한 정보가 아니었던 것으로 짐작된다. 이러한 상황에서 1846년 프랑스와 영국, 오스트리아 등의 지식인들이 '수에즈 운하 연구 협회'를 설립하면서 국제적 기업에 의한 구체적인 운하 개설 계획을 세웠으나, 영국의 정계와 자본가가 본국의 이익에 반한다는 명목으로 강성하게 반대하였다.

유럽에 개방적이었던 이집트의 수장 무함마드 사이드 파샤는 1854년 프랑스인 페르디낭 드 레셉스에게 운하 개설의 특허권과 수에즈 지협을 조차(租借)할 수 있는 권리를 넘겨주었고, 1856년 이집트의 종주국 오스만 튀르크 제국이 이를 받아들이면서 1858년 레셉스에 의해 '만국 수에즈 해양 운하 회사'가 이집트 법인으로 설립되었다. 해당 법인의 자본금 중에서 20만 7천 주는 프랑스가, 17만 7천 주는 이집트의 수장이 인수하였으며, 운하가 개통되고 법인이 99년 동안 소유권을 보유하다가 이집트 정부에 이전하도록 합의하였다. 공사는 기공식이 시행된 1859년 4월 25일로부터 10년이 지난 1869년 11월 17일에 완공되었다. 수에즈 운하의 개통으로 런던-싱가포르 항로가 기존에 케이프타운 경유로 2만 4500km인 것이 1만 5027km로 단축되고, 런던-봄베이 항로는 2만 1400km에서 1만 1472km로 줄었다. 1964년 확장 공사를 하면서 수심이 7.9m에서 14.5m로, 수면 폭이 60~100m에서 160~200m로 확대되었으며, 선단이 운하를 통과하는 평균 시간이 약 15시간으로 감소하였다. 이후 20세기에 운하 통과 화물 중 석유와 석유 관련 제품의 비중이 증가하면서 1960년 전체 화물 톤수의 70%가량이 수에즈 운하를 거치는 것으로 알려졌다.

① 나폴레옹이 운하 건설 계획을 포기하게 만든 원인
② 이집트 파라오 세누스레트 3세가 건설한 운하의 경로
③ 수에즈 운하의 개통으로 말미암은 항로 단축의 효과
④ 프랑스 루이 14세가 수에즈 운하를 건설하려 한 이유
⑤ 수에즈 운하의 구조가 지중해 생태계에 미치는 영향

49 다음은 농촌 인력 부족과 고령화 속에서 적기 영농 실현 정책 마련을 위한 기초 자료이다. 자료를 올바르게 분석한 사람을 모두 고르면?

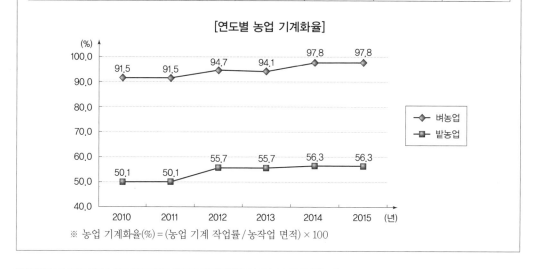

[연도별 농업 기계 보유 대수]

(단위: 천 대)

구분	2010	2011	2012	2013	2014	2015
트랙터	265	268	273	278	277	283
콤바인	81	79	79	79	76	79
이앙기	276	254	245	236	220	213
경운기	698	667	653	640	610	598
합계	1,320	1,268	1,250	1,233	1,183	1,173

[연도별 농업 기계화율]

※ 농업 기계화율(%) = (농업 기계 작업률 / 농작업 면적) × 100

지연: 벼농업 기계화율은 매년 밭농업 기계화율의 1.5배 이상이다.
주은: 경운기 보유 대수는 꾸준히 줄어든 반면 트랙터 보유 대수는 꾸준히 늘어났다.
성호: 2015년 농업 기계 보유 대수에서 경운기 보유 대수가 차지하는 비중은 5년 전 대비 줄었다.
준필: 벼농업과 밭농업의 기계화율이 모두 전년 대비 변함없는 모든 해에 콤바인과 이앙기 각각의 보유 대수는 전년 대비 늘어났다.

① 지연, 주은
② 지연, 성호
③ 성호, 준필
④ 지연, 주은, 성호
⑤ 지연, 성호, 준필

50 ○○공사의 기술개발 1팀은 독일 협력업체와 기술협력을 맺고 있으며, 매월 정기회의를 진행하고 있다. 아래 자료를 바탕으로 D 사원이 기술개발 1팀에 전달할 4월 정기회의 시간과 예약한 회의실로 가장 적절한 것은?

[기술개발 1팀 전체 E-mail]

보낸 사람: A 팀장
받는 사람: 기술개발 1팀 전체
제목: 정기회의 공지건

　4월 정기회의 공지입니다. 내용은 다음과 같습니다. 독일 협력업체와의 정기회의는 4월 마지막 주 금요일에 화상으로 1시간 동안 진행될 예정이니, 팀원 모두 반드시 참석해 주세요. C 주임은 4월 마지막 주 금요일 기술개발 1팀 스케줄과 독일 협력업체의 업무시간(09:00~16:00), 독일이 한국보다 8시간 느리고, 3월 마지막 주부터 서머타임이 시작되면 시차는 7시간으로 변경된다는 점을 모두 고려하여 정기회의 시간을 정한 후, D 사원에게 전달해 주시기 바랍니다. D 사원은 정기회의에 화상 카메라와 인터넷이 꼭 필요한 점을 참고하여 회의실 예약을 진행한 후, C 주임에게 전달받은 회의 시간과 회의실 예약 결과를 저와 팀원 전체에게 4월 둘째 주 금요일까지 회신해 주세요.

[4월 마지막 주 금요일 기술개발 1팀 스케줄]

구분	A 팀장	B 대리	C 주임	D 사원
09:00~10:00	팀장 회의	오전 반차	외부 업체 회의	–
10:00~11:00	팀장 회의	오전 반차	외부 업체 회의	공장 관리
11:00~12:00	–	오전 반차	외부 업체 회의	공장 관리
12:00~13:00	점심시간			
13:00~14:00	–	오전 반차	외근	공장 관리
14:00~15:00	외근	실험결과 정리 및 보고서 출력	제품 테스트	–
15:00~16:00	–	–	–	–
16:00~17:00	–	–	–	–
17:00~18:00	–	제품 테스트	–	제품 테스트

[4월 마지막 주 금요일 회의실 정보]

구분	1 회의실	2 회의실	3 회의실	4 회의실	5 회의실
빔 프로젝터 설치 여부	O	O	O	X	X
화상 카메라 설치 여부	O	O	X	O	O
인터넷 사용 가능 여부	X	O	O	O	X
예약 가능 여부	O	X	O	O	X

① 15:00~16:00, 2 회의실　　② 16:00~17:00, 3 회의실　　③ 15:00~16:00, 4 회의실
④ 16:00~17:00, 4 회의실　　⑤ 16:00~17:00, 5 회의실

51 다음 중 맞춤법에 맞지 않는 것은?

① 동생은 울고만 있을 뿐 왜 우는지 말을 안 한다.
② 지금 이 교실에는 오직 우리 셋뿐이다.
③ 그저 내가 할 수 있는 일에 최선을 다할 뿐이다.
④ 친구와 시간만 보냈다뿐이지 사실 한 일은 별로 없다.
⑤ 학교에서뿐만 아니라 집에서도 그렇게 공부하더니 결국 합격했구나.

1회
2회
3회
4회
5회
6회

52 제시된 숫자의 규칙을 찾아 빈칸에 들어갈 알맞은 숫자를 고른 것은?

7　8　14　(　　)　34　54　87　140　226

① 18　　　② 21　　　③ 24　　　④ 27　　　⑤ 30

53 다음 결론이 반드시 참이 되게 하는 전제를 고르면?

전제	기부를 하는 어떤 사람은 봉사활동을 한다.
결론	봉사활동을 하는 어떤 사람은 마음이 따뜻한 사람이다.

① 마음이 따뜻한 어떤 사람은 기부를 한다.
② 마음이 따뜻한 모든 사람은 기부를 한다.
③ 기부를 하는 어떤 사람은 마음이 따뜻한 사람이 아니다.
④ 기부를 하는 어떤 사람은 마음이 따뜻한 사람이다.
⑤ 기부를 하는 모든 사람은 마음이 따뜻한 사람이다.

해커스 지역농협 6급 NCS 기출동형모의고사

54 다음에서 설명하는 경제 용어와 관련 있는 속담을 고르면?

- 여러 재화 중에서 같은 효용을 얻을 수 있는 재화
- 수요의 교차탄력성이 양(+)의 값을 갖는 두 재화의 관계
- A 재화의 가격이 하락하면 B 재화의 수요는 감소한다고 할 때, A와 B의 관계
- 버터와 마가린, 콜라와 사이다의 관계

① 꿩 대신 닭　　　　　　② 도랑 치고 가재 잡는다　　　③ 바늘 가는 데 실 간다
④ 사또 덕분에 나팔 분다　　⑤ 숭어가 뛰니까 망둥이도 뛴다

55 G 외식업체 기획부의 부장인 귀하는 최근 침체된 매출의 원인을 파악하고 해결방안을 찾기 위해 3C 분석을 하였다. 분석 결과가 다음과 같을 때, G 외식업체가 선택할 전략으로 적절하지 않은 것은?

자사(Company)	• 신선한 식자재의 빠른 조달이 가능한 물류센터 보유 • 저녁 시간대에만 치중된 매출 비중 • 신메뉴 개발을 위한 연구 개발 부서 신설
경쟁사(Competitor)	• 체계적인 인력 관리를 통한 높은 품질의 서비스 제공 • 공격적인 마케팅을 통한 판매 채널 다각화 • 전국에 분포되어 있는 가맹점을 기반으로 한 높은 접근성
고객(Customer)	• 소통 창구의 부족으로 인한 소비자 불만 누적 • 테이크 아웃(Take-out) 음식에 대한 소비자 수요 증가 • 위생 문제에 대한 소비자 불안 및 사회적 관심 고조

① SNS 계정을 개설하여 소비자 의견을 경청하고 각종 프로모션을 진행한다.
② 기존 판매 채널을 적극 활용하여 저녁 시간대의 매출을 집중적으로 높인다.
③ 식자재의 원산지와 유통 과정을 투명하게 고시하고 조리 과정을 공개한다.
④ 테이크 아웃 및 배달이 가능하며 간편히 먹을 수 있는 신메뉴를 개발한다.
⑤ 점심 식사 고객을 대상으로 할인, 서비스 제공 등의 이벤트를 진행한다.

56 다음 〈보기〉에 이어질 내용을 논리적 순서대로 알맞게 배열한 것은?

〈보기〉

　기존에 국내 시청률 조사기관들은 피플미터 방식을 이용하여 방송 시청률을 조사하였다. 피플미터 방식이란 가족 수, 월 소득 등을 고려해 조사 대상을 선정한 후, 표본으로 선정된 가정에 피플미터라는 무선 송신기를 설치하여 TV의 채널을 바꿀 때마다 시청률을 집계하는 방법이다.

(가) 이에 변화하는 미디어 환경에 맞춰 정확한 시청률을 집계할 수 있는 방식이 필요하다는 주장이 제기되면서, 피플미터 방식의 대안으로 통합시청률이 등장했다. 통합시청률이란 TV 시청률에 PC와 스마트 기기를 통한 실시간 시청률, 방송 후 일주일 이내 다시보기(VOD) 시청률까지 합산하는 방식이다.

(나) 실제로 우리나라보다 먼저 통합시청률을 도입한 노르웨이는 시청률 집계 방식을 바꾸자 전체 시청자 수가 53% 상승하였으며, 영국의 경우 역시 본 방송 시청률이 25% 정도 차이 나던 두 프로그램에 VOD 시청률을 합산한 통합시청률을 적용하자 두 프로그램의 시청률이 동등한 것으로 나타났다.

(다) 그러나 피플미터 방식은 케이블 TV, 옥외 TV, IPTV, N 스크린 등 콘텐츠 소비 경로가 다양해진 오늘날에는 적합하지 않다는 지적을 받기 시작했다. 피플미터가 설치되어 있는 TV 외에 모바일 기기나 PC와 같은 다양한 미디어 플랫폼의 시청률이 누락되었기 때문이다.

(라) 통합시청률이 시청률 집계 방법으로 확실히 자리 잡을 경우 전체 시청률 상승으로 광고 수익이 향상될 것이며, 프로그램이나 채널 간의 정확한 시청률 순위 평가가 가능해질 것이다. 또한, 통합시청률은 숨어 있는 시청자를 찾아내므로 시청률에 대한 신뢰도가 높아지게 된다.

① (가) – (나) – (다) – (라)
② (가) – (라) – (다) – (나)
③ (다) – (가) – (라) – (나)
④ (다) – (라) – (가) – (나)
⑤ (라) – (나) – (다) – (가)

57 다음 밑줄 친 부분과 바꿔 쓸 수 있는 것은?

　매일매일 새로운 것들이 쏟아지는 현대사회에서 사람들은 종종 전통문화를 구식의 것으로 치부해 버린다. 하지만 문화재의 가치와 소중함에 대한 무지는 몇 년 전 일어난 숭례문 화재 사건과 같은 끔찍한 문화재 파괴로 이어질 수 있다. 따라서 우리는 소중한 우리 고유의 문화재가 훼손되지 않도록 <u>지키고</u> 계승해 나가는 일에 힘써야 한다.

① 보안하고
② 보전하고
③ 보수하고
④ 보존하고
⑤ 보증하고

58 근무 일정표 관리 담당자인 귀하는 근무 규정에 따라 다음과 같이 11월 근무 일정표 초안을 작성한 뒤, 팀원들로부터 근무 일정 변경 신청을 받았다. 이때, 근무 일정 변경을 잘못 신청한 팀원은?

[근무 규정]

1. 4조 3교대제를 시행하며, 휴게 시간은 근로 시간 4시간에 30분 이상, 8시간에 1시간 이상 부여한다.
2. 연장 근로는 당사자 간 합의를 요하며, 연장 근로 시간은 1주에 12시간을 초과할 수 없다.
3. 근무 간격은 최소 12시간 이상을 유지한다.
4. 1근무조는 6시부터 14시까지, 2근무조는 14시부터 22시까지, 3근무조는 22시부터 6시까지 근무한다.
5. 근무 일정 변경이 필요할 경우, 당사자 간 합의 후 최소 2주 전까지 근무 일정표 관리 담당자에게 알려야 한다.
6. 근무 일정 변경 시 신청자와 근무 일정 교체자의 근무 시간을 서로 바꾸어 근무한다.

[조별 직원 명단]

구분	이름
1조	김석진, 남윤도, 김연우
2조	민윤기, 정호석
3조	김남준, 박지민, 홍대광
4조	김태형, 전정국, 이진기

[11월 근무 일정표]

구분	1일(일)	2일(월)	3일(화)	4일(수)	5일(목)	6일(금)	7일(토)	8일(일)	9일(월)	10일(화)
1조	1근	2근	3근	휴	1근	2근	3근	휴	1근	2근
2조	2근	3근	휴	1근	2근	3근	휴	1근	2근	3근
3조	3근	휴	1근	2근	3근	휴	1근	2근	3근	휴
4조	휴	1근	2근	3근	휴	1근	2근	3근	휴	1근

구분	11일(수)	12일(목)	13일(금)	14일(토)	15일(일)	16일(월)	17일(화)	18일(수)	19일(목)	20일(금)
1조	3근	휴	1근	2근	3근	휴	1근	2근	3근	휴
2조	휴	1근	2근	3근	휴	1근	2근	3근	휴	1근
3조	1근	2근	3근	휴	1근	2근	3근	휴	1근	2근
4조	2근	3근	휴	1근	2근	3근	휴	1근	2근	3근

구분	21일(토)	22일(일)	23일(월)	24일(화)	25일(수)	26일(목)	27일(금)	28일(토)	29일(일)	30일(월)
1조	1근	2근	3근	휴	1근	2근	3근	휴	1근	2근
2조	2근	3근	휴	1근	2근	3근	휴	1근	2근	3근
3조	3근	휴	1근	2근	3근	휴	1근	2근	3근	휴
4조	휴	1근	2근	3근	휴	1근	2근	3근	휴	1근

※ 휴: 휴무 / 1근: 1근무조 / 2근: 2근무조 / 3근: 3근무조

	신청자	변경 요청 날짜	근무 일정 교체자	사유
①	김태형	11월 3일(화)	김남준	건강 검진
②	이진기	11월 7일(토)	김연우	집안 행사
③	홍대광	11월 16일(월)	전정국	치과 진료
④	남윤도	11월 21일(토)	민윤기	지인 결혼식
⑤	정호석	11월 28일(토)	이진기	가족 여행

1회 2회 3회 4회 5회 6회

59 제시된 숫자의 규칙을 찾아 빈칸에 들어갈 알맞은 숫자를 고른 것은?

$$-2 \quad -3 \quad 0 \quad 6 \quad 3 \quad -12 \quad (\quad) \quad 24 \quad 12 \quad -48$$

① -6 ② 7 ③ -10 ④ 14 ⑤ -16

해커스 지역농협 6급 NCS 기출동형모의고사

60 재준, 재호, 재경, 미숙, 영숙 다섯 명은 운전면허 필기시험에 응시하였고, 오늘 합격자가 발표되었다. 다음 조건을 모두 고려하였을 때, 필기시험에 합격한 사람은?

- 미숙이가 합격이면 재준이는 불합격이다.
- 영숙이가 합격이면 미숙이도 합격이다.
- 영숙이가 불합격이면 재호가 불합격이거나 미숙이가 합격이다.
- 재준이가 불합격이면 미숙이도 불합격이다.
- 재호가 불합격이면 재준이는 합격이고 재경이는 불합격이다.

① 재준   ② 재호   ③ 재경   ④ 미숙   ⑤ 영숙

61 최근 신규 사업을 진행 중인 C 그룹의 R 연구소는 팀별 인력이 부족하여 S 연구소 직원들의 업무 지원 가능 여부에 따라 인력 지원을 받고자 한다. R 연구소가 팀별 필요 인원수만큼 S 연구소로부터 업무 지원을 받을 때, S 연구소의 최 연구원이 업무 지원을 나가게 될 가능성이 있는 팀을 모두 고르면?

[R 연구소 팀별 필요 인원수]

구분	R1팀	R2팀	R3팀	R4팀	R5팀
필요 인원수	1명	1명	1명	2명	1명

[S 연구소 직원별 업무 지원 가능 여부]

구분	R1팀	R2팀	R3팀	R4팀	R5팀
김 연구원	X	X	O	O	X
최 연구원	O	X	O	O	O
장 연구원	X	X	X	X	O
이 연구원	O	O	O	O	O
하 연구원	O	X	X	X	O
전 연구원	X	X	X	O	X

① R1팀   ② R3팀   ③ R5팀   ④ R3팀, R4팀   ⑤ R4팀, R5팀

62 다음 사례와 관련 있는 용어로 가장 적절한 것은?

> 조선 후기 흥선 대원군은 국가의 재정난을 타개하기 위해 당백전이라는 새로운 화폐를 주조하였다. 당백전의 실질 가치는 시중에 통용되던 상평통보의 5~6배에 불과했지만, 명목 가치는 상평통보의 100배로 통용되어 조선 정부는 한시적으로 거액의 차익을 얻을 수 있었다. 그러나 짧은 기간에 대량의 화폐가 시중에 유통되자 화폐의 가치가 크게 하락하여 비정상적인 물가 상승이 일어났고, 결국 국가 재정의 파탄을 초래하였다.

① 디플레이션   ② 애그플레이션   ③ 바이플레이션
④ 스태그플레이션   ⑤ 하이퍼인플레이션

1회   2회   3회   4회   5회   6회

63 A 건축사무소는 ○○시청 재건축 공모전 참여를 위한 1차 모델링 모형 제작을 완료하였고, 설계 도면 수정 내용을 반영하여 2차 모델링 모형 제작을 진행하려고 한다. 2차 모델링 모형을 제작하기 위해 필요한 재료는 우드락 12장, 나무 60개, 잔디 20개, 벤치 18개, 사람 모형 10개이고, 현재 보유하고 있는 재료는 우드락 2장, 나무 6개이다. 다음 자료를 토대로 계산했을 때, 2차 모델링 모형 제작에 추가로 필요한 재료비는?

> A 건축사무소는 ○○시청 재건축 공모전에 참여하려고 한다. 공모전에 참여하기 위해 설계물의 CAD 도면, 3D 렌더링 작품, 모델링 모형을 제출해야 한다. A 건축사무소가 제출할 CAD 도면은 12장이고 3D 렌더링이 필요한 구역은 8구역이며, 모델링 모형 제작에 투자해야 하는 시간은 20시간으로 현재 인력으로는 ○○시청 재건축 공모전 참여가 불가능할 수도 있다.

[모델링 재료비]

구분	벽체 재료				조경 재료			
	우드락	목재	아크릴	나무	잔디	꽃	벤치	사람 모형
가격(원)	850	4,800	3,500	2,400	1,600	2,700	3,200	400

※ 벽체 재료는 1장, 조경 재료는 1개당 가격임

① 207,200원   ② 221,300원   ③ 231,700원
④ 233,400원   ⑤ 247,800원

6회   해커스 지역농협 6급 NCS 기출동형모의고사

64 암 검진사업 예산안을 작성하기 위해 보건복지부에서 제공한 연도별 국가 암 검진사업 수검률 자료를 분석하는 중에 누락된 데이터를 발견했다. 누락된 데이터를 추정하기 위해 자료를 분석한 내용으로 옳은 것을 모두 고르면?

[연도별 국가 암 검진사업 수검률]

(단위: 천 명, %)

구분		2007	2008	2009	2010	2011	2012	2013
전체	수검자 수	4,750	5,752	6,493	7,118	8,617	8,852	9,525
	수검률	25.2	29.0	32.5	35.7	41.2	36.7	37.4
위암	수검자 수	1,727	2,085	2,347	2,511	3,033	2,994	3,079
	수검률	25.4	29.2	34.3	37.3	44.6	43.9	43.7
간암	수검자 수	130	141	147	152	206	241	267
	수검률	28.6	32.7	38.5	42.5	46.6	40.6	44.2
대장암	수검자 수	785	984	1,210	1,552	1,764	2,165	2,465
	수검률	18.1	21.2	26.2	30.7	33.9	25.7	27.0
유방암	수검자 수	1,066	1,295	1,427	1,499	1,820	1,746	1,822
	수검률	30.2	34.9	40.0	43.5	49.6	49.2	48.6
자궁경부암	수검자 수	1,042	1,244	1,361	1,404	1,794	1,706	1,892
	수검률	28.0	31.9	29.7	32.3	37.4	36.3	38.5

※ 수검률은 5대 암종별 검진대상자 중 국가 암 검진사업을 통하여 암 검진을 받은 수검자의 백분율임

a. 전체 암 수검률이 가장 높은 해에 수검률이 가장 높은 암종은 자궁경부암이다.
b. 2011년 전체 암 수검자 수는 전년 대비 약 21% 증가하였다.
c. 2007년부터 2013년까지 간암 수검자 수의 합은 2009년 대장암 수검자 수보다 적다.
d. 자궁경부암 수검률이 전년 대비 감소한 모든 해에 나머지 암종의 수검률은 감소하지 않았다.

① b   ② d   ③ a, c   ④ b, c   ⑤ a, c, d

65 한국전력공사에서는 신입사원 채용을 위해 지원자 18명의 면접을 진행하려고 한다. 면접관은 A 부장, B 부장, C 차장, D 과장으로 2명씩 두 팀으로 나뉘어 면접에 들어가고, 지원자는 최소 3명, 최대 7명으로 이루어진 네 개의 조로 나뉘어 면접을 본다. 다음 조건을 모두 고려하였을 때, 항상 옳지 않은 것은?

- 면접은 1층의 101호와 102호, 2층의 201호와 202호에서 진행되고, 네 개의 조는 모두 서로 다른 곳에서 면접을 본다.

201호	202호
101호	102호

- 모든 조의 지원자 수는 서로 다르다.
- 부장끼리는 같은 팀이 될 수 없고, 각 팀은 한 층씩 담당하여 면접에 들어간다.
- 면접은 1호, 2호 순으로 진행된다.
- C 차장은 201호에서 지원자 4명의 면접을 본다.
- 1층과 2층 모두 1호에서 면접을 보는 지원자 수는 2호에서 면접을 보는 지원자 수보다 많다.

① A 부장과 C 차장은 같은 팀이 아니다.
② 102호에서 면접을 보는 지원자 수는 5명이다.
③ B 부장은 1층의 면접에 들어간다.
④ A 부장이 면접을 보는 총 지원자 수는 11명이다.
⑤ 202호에서 면접을 보는 지원자 수는 102호에서 면접을 보는 지원자 수보다 많다.

66 다음은 A, B, C, D 4명의 영어, 프랑스어, 독일어 시험 결과에 대한 설명이다. 제시된 조건을 모두 고려하였을 때, 항상 옳은 것은?

- A의 독일어 점수와 B의 프랑스어 점수가 같다.
- C의 프랑스어 점수와 D의 영어 점수가 같다.
- C의 영어 점수와 A의 프랑스어 점수가 같다.
- D의 영어 점수는 80점이다.
- 4명 모두 세 과목 중에서 영어 점수가 가장 높다.

① A의 영어 점수는 C의 영어 점수보다 높다.
② B의 영어 점수는 C의 영어 점수보다 높다.
③ C의 세 과목 평균 점수는 80점 이상이다.
④ 영어 점수가 80점 미만인 사람은 있을 수 없다.
⑤ D의 프랑스어 점수는 4명 중 가장 낮다.

67 다음 글의 주제로 가장 적절한 것은?

> TV나 영화에서 화려한 의상을 입은 남녀가 강렬한 반도네온 선율에 맞춰 탱고를 추는 모습을 한 번쯤 보았을 것이다. 탱고는 1880년대에 아르헨티나 부에노스아이레스와 우루과이 몬테비데오의 항구지역 하층민에게서 탄생한 것으로 처음에는 바일리 꼰 꼬르떼(Baile con corte), '멈추지 않는 춤'으로 불렸다. 당시 이 지역에는 유럽 이민자, 아프리카 노예, 원주민들이 섞여 살았는데, 탱고는 이들의 다양한 문화와 풍습 등이 통합되고 변형되면서 탄생한 독특한 문화 중 하나였다. 탱고는 항구도시에 사는 가난한 이민자들의 향수와 아프리카의 리듬, 라틴 아메리카의 민속적 음악 요소 등이 섞여 격정적인 감성과 강력한 호소력을 갖게 된다. 이러한 탱고는 1910년대에 유럽으로 건너가 콘티넨털 탱고라는 이름으로 불리며 상류층의 무도회용 댄스 음악으로 인기를 얻는다. 본래 탱고가 지녔던 다소 우울하고 격렬한 감성보다는 화려하고 귀족적인 느낌이 강했던 콘티넨털 탱고는 역으로 라틴 아메리카의 탱고에 영향을 미치기도 한다. 한편 20세기 중반에 이르기까지 대대로 전승되던 탱고도 잠시 주춤하는 시기가 있었다. 세계적으로 등장한 매스미디어에 의해 사람들의 취향이 바뀌었던 것이다. 하지만 얼마 지나지 않아 새로운 형식의 탱고가 등장하면서 탱고는 또다시 진일보하였으며, 복잡한 사회에서 오랜 기간 지속하고 있는 문화 현상의 하나로 그 가치를 인정받아 유네스코 인류 무형문화유산으로 등재되기도 하였다.

① 항구지역 기후가 음악에 미치는 영향
② 시대에 따른 탱고 명칭의 변화
③ 매스미디어와 탱고의 상관관계
④ 라틴 탱고와 유럽 탱고의 차이점
⑤ 탱고의 유래 및 발전 과정

68 다음 두 단어 쌍이 같은 관계가 되도록 빈칸에 들어갈 단어를 고르면?

> 필기구 : 학용품 = (   ) : 그림

① 수채화   ② 미술   ③ 물감   ④ 서예   ⑤ 글

다음 〈보기〉에 이어질 문단을 논리적 순서대로 알맞게 배열한 것은?

〈보기〉

　　시장 경제에서 상품의 가격은 수요량과 공급량이 서로 맞아떨어져 균형을 이루는 수준에서 결정된다. 시장 균형을 이루어지게 하는 상품의 가격인 균형 가격에 비해 시장 가격이 낮으면 초과 수요가 발생하고, 그 반대의 경우 초과 공급이 발생한다. 그러나 균형 가격보다 높거나 낮은 수준의 가격은 그 수준에서 안정되지 못한다. 초과 수요가 발생하면 소비자들이 해당 상품을 구매하기 위해 경쟁함으로써 시장 가격이 상승하게 되고, 초과 공급이 발생하면 생산자들이 해당 상품을 팔지 못해 쌓인 재고를 처리하기 위해 경쟁하는 과정에서 시장 가격이 하락해 시장 균형을 회복하게 되기 때문이다.

(가) 이와 반대로 노동자의 최저 임금을 법으로 규정한 최저임금제와 같이 시장 가격을 균형 가격 수준 이하로 내려가지 못하게 의무화하는 제도를 최저가격제라고 한다. 최고가격제가 소비자를 보호하기 위한 것이라면, 최저가격제는 생산자를 보호하기 위한 제도라고 할 수 있다. 우리나라에서 시행되고 있는 최저가격제의 대표적인 사례로는 농산물의 수급 상황에 따라 정부가 잉여농산물을 수매하거나 수매한 농산물을 방출함으로써 농산물의 가격 급등락을 막는 농산물 가격 지지 정책이 있다.

(나) 이렇게 균형에 도달한 상태에서는 다른 교란 요인이 없는 한 그 가격과 거래량이 유지되나, 만약 수요와 공급에 영향을 주는 변수가 작용할 경우 시장의 균형 가격이 변화하게 된다. 예컨대 최근의 국제 유가 하락은 셰일 혁명으로 미국의 원유 생산이 증대되고 있음에도 불구하고 석유수출국기구(OPEC)가 산유량을 늘리면서 공급이 증가했기 때문이다. 게다가 유럽, 일본 등의 경제 침체로 인해 수요가 감소하면서 균형 가격의 하락이 촉진되고 있는 것이다.

(다) 가격 규제 정책은 그 취지가 바람직하지만, 의도치 않게 비효율적인 결과를 초래할 수 있다. 최고가격제는 소비자를 위해 시행한 제도임에도 초과 수요로 인해 그 상품을 소비하지 못하는 경우가 발생할 수 있다. 게다가 정부가 고시한 것보다 훨씬 높은 가격으로 상품이 거래되는 암시장이 형성되는 부작용이 나타나고, 기업의 입장에서는 제품을 생산했을 때 얻을 수 있는 이윤이 제한되어 있어서 제품의 질이 떨어지게 될 수도 있다. 또한, 최고가격제와 최저가격제는 모두 가격 규제를 준수하도록 정부가 확인 및 통제하는 과정에서 수많은 인력과 큰 비용이 소요되어 오히려 비효율이 발생할 여지가 있다.

(라) 한편 이렇게 시장에서 결정된 가격을 무시하고, 정부가 시장에 개입하여 가격을 통제하는 정책을 시행하는 경우가 있는데 이를 가격 규제 정책이라 한다. 가격 규제 정책의 하나인 최고가격제는 어떤 상품의 시장 가격이 너무 높다고 판단한 정부가 균형 가격보다 낮게 가격 상한선을 정하고 그 이상의 가격으로 판매되는 일이 없도록 규제하는 것으로, 가격상한제라고 불리기도 한다. 이는 특정 상품에 대한 지속적인 가격 상승이 예상되어 투기 과열을 방지할 목적으로 사용되기도 한다.

① (나) – (가) – (다) – (라)
② (나) – (다) – (라) – (가)
③ (나) – (라) – (가) – (다)
④ (라) – (가) – (나) – (다)
⑤ (라) – (나) – (다) – (가)

70 행정팀 소속인 귀하는 A~E 5명 학생의 3회차 등록금 납부 날짜 및 납부 금액을 전달받았으며, 납부 기간 내에 정확한 금액을 납부하지 않은 학생에게 경고 메일을 보내려고 한다. 등록금 분할 납부 및 장학금 안내와 학생 정보를 고려하였을 때, A~E 중 경고 메일을 받는 학생은?

[등록금 분할 납부 안내]

1. 신청 일정
- 20△△년 3월 4일(월) 0시~20△△년 3월 8일(금) 18시(마감일 제외 신청 기간 내 24시간 신청 가능)

2. 신청 자격
- 직전 학기 등록 학생(1학년 2학기부터 신청 가능)

3. 회차별 분할 납부 기간 및 금액

구분	납부 기간	납부 금액
1회차	3월 11일~3월 13일	실 납부 금액의 25%
2회차	4월 1일~4월 3일	실 납부 금액의 25%
3회차	4월 29일~5월 1일	실 납부 금액의 25%
4회차	5월 13일~5월 15일	실 납부 금액의 25%

※ 1) 3회차에만 3~4회차 납부 금액을 동시 납부 가능하며, 이 경우 분할 납부 신청 시 함께 접수해야 함
　 2) 실 납부 금액 = 등록금 - 장학금

[다자녀 가구 국가장학금 안내]

1. 지원 대상
- 대한민국 국적을 소지한 국내 대학의 소득 8구간 이하인 대학생(소득 9~10구간 학생은 지원받지 못함)
- 다자녀(자녀 3명 이상) 가구의 자녀

2. 소득 구간별 지원 금액

구분	지원 금액
기초생활수급자	300만 원
차상위계층	300만 원
2~4구간	250만 원
5~6구간	200만 원
7~8구간	150만 원
9~10구간	-

※ 한 학기 기준 지원 금액을 의미함

[성적 우수 장학금 안내]

1. 지원 대상
   – 직전 학기 성적을 기준으로 학과에서 성적이 우수한 학생

2. 성적별 지원 금액

구분	지원 금액
1등	등록금 전액
2등	등록금의 50%
3등	등록금의 30%

※ 장학금은 중복 지원이 불가능하며, 성적 우수 장학금을 우선 적용함

[학생 정보]

• 5명 모두 전자공학과 2학년으로 직전 학기를 등록하였으며, 전자공학과의 한 학기 등록금은 500만 원이다.
• 5명 모두 형제가 3명 이상으로 다자녀 가구 국가장학금을 신청했으며, 다른 국가장학금은 신청하지 않았다.
• 소득 구간은 A와 E가 9구간, B가 3구간, C가 10구간, D가 8구간으로 산정되었다.
• B와 E는 분할 납부 신청 시 3회차에 4회차 금액도 함께 납부하는 것으로 접수하였다.
• 5명 중 성적 우수 장학금은 A만 받으며, A의 직전 학기 성적은 3등이다.

	학생	납부 날짜	납부 금액
①	A	4월 29일	875,000원
②	B	5월 1일	1,250,000원
③	C	4월 29일	875,000원
④	D	4월 30일	875,000원
⑤	E	5월 1일	2,500,000원

약점 보완 해설집 p.60

무료 바로 채점 및 성적 분석 서비스 바로 가기
QR코드를 이용해 모바일로 간편하게 채점하고 나의 실력이
어느 정도인지, 취약 부분이 어디인지 바로 파악해 보세요!

성명

1회 기출동형모의고사

1	①	②	③	④		16	①	②	③	④		31	①	②	③	④		46	①	②	③	④
2	①	②	③	④		17	①	②	③	④		32	①	②	③	④		47	①	②	③	④
3	①	②	③	④		18	①	②	③	④		33	①	②	③	④		48	①	②	③	④
4	①	②	③	④		19	①	②	③	④		34	①	②	③	④		49	①	②	③	④
5	①	②	③	④		20	①	②	③	④		35	①	②	③	④		50	①	②	③	④
6	①	②	③	④		21	①	②	③	④		36	①	②	③	④		51	①	②	③	④
7	①	②	③	④		22	①	②	③	④		37	①	②	③	④		52	①	②	③	④
8	①	②	③	④		23	①	②	③	④		38	①	②	③	④		53	①	②	③	④
9	①	②	③	④		24	①	②	③	④		39	①	②	③	④		54	①	②	③	④
10	①	②	③	④		25	①	②	③	④		40	①	②	③	④		55	①	②	③	④
11	①	②	③	④		26	①	②	③	④		41	①	②	③	④		56	①	②	③	④
12	①	②	③	④		27	①	②	③	④		42	①	②	③	④		57	①	②	③	④
13	①	②	③	④		28	①	②	③	④		43	①	②	③	④		58	①	②	③	④
14	①	②	③	④		29	①	②	③	④		44	①	②	③	④		59	①	②	③	④
15	①	②	③	④		30	①	②	③	④		45	①	②	③	④		60	①	②	③	④

번호	①	②	③	④	번호	①	②	③	④	번호	①	②	③	④	번호	①	②	③	④
1	①	②	③	④	16	①	②	③	④	31	①	②	③	④	46	①	②	③	④
2	①	②	③	④	17	①	②	③	④	32	①	②	③	④	47	①	②	③	④
3	①	②	③	④	18	①	②	③	④	33	①	②	③	④	48	①	②	③	④
4	①	②	③	④	19	①	②	③	④	34	①	②	③	④	49	①	②	③	④
5	①	②	③	④	20	①	②	③	④	35	①	②	③	④	50	①	②	③	④
6	①	②	③	④	21	①	②	③	④	36	①	②	③	④	51	①	②	③	④
7	①	②	③	④	22	①	②	③	④	37	①	②	③	④	52	①	②	③	④
8	①	②	③	④	23	①	②	③	④	38	①	②	③	④	53	①	②	③	④
9	①	②	③	④	24	①	②	③	④	39	①	②	③	④	54	①	②	③	④
10	①	②	③	④	25	①	②	③	④	40	①	②	③	④	55	①	②	③	④
11	①	②	③	④	26	①	②	③	④	41	①	②	③	④	56	①	②	③	④
12	①	②	③	④	27	①	②	③	④	42	①	②	③	④	57	①	②	③	④
13	①	②	③	④	28	①	②	③	④	43	①	②	③	④	58	①	②	③	④
14	①	②	③	④	29	①	②	③	④	44	①	②	③	④	59	①	②	③	④
15	①	②	③	④	30	①	②	③	④	45	①	②	③	④	60	①	②	③	④

문번	①	②	③	④	문번	①	②	③	④	문번	①	②	③	④	문번	①	②	③	④
1	①	②	③	④	16	①	②	③	④	31	①	②	③	④	46	①	②	③	④
2	①	②	③	④	17	①	②	③	④	32	①	②	③	④	47	①	②	③	④
3	①	②	③	④	18	①	②	③	④	33	①	②	③	④	48	①	②	③	④
4	①	②	③	④	19	①	②	③	④	34	①	②	③	④	49	①	②	③	④
5	①	②	③	④	20	①	②	③	④	35	①	②	③	④	50	①	②	③	④
6	①	②	③	④	21	①	②	③	④	36	①	②	③	④	51	①	②	③	④
7	①	②	③	④	22	①	②	③	④	37	①	②	③	④	52	①	②	③	④
8	①	②	③	④	23	①	②	③	④	38	①	②	③	④	53	①	②	③	④
9	①	②	③	④	24	①	②	③	④	39	①	②	③	④	54	①	②	③	④
10	①	②	③	④	25	①	②	③	④	40	①	②	③	④	55	①	②	③	④
11	①	②	③	④	26	①	②	③	④	41	①	②	③	④	56	①	②	③	④
12	①	②	③	④	27	①	②	③	④	42	①	②	③	④	57	①	②	③	④
13	①	②	③	④	28	①	②	③	④	43	①	②	③	④	58	①	②	③	④
14	①	②	③	④	29	①	②	③	④	44	①	②	③	④	59	①	②	③	④
15	①	②	③	④	30	①	②	③	④	45	①	②	③	④	60	①	②	③	④

번호	①	②	③	④	번호	①	②	③	④	번호	①	②	③	④	번호	①	②	③	④
1	①	②	③	④	16	①	②	③	④	31	①	②	③	④	46	①	②	③	④
2	①	②	③	④	17	①	②	③	④	32	①	②	③	④	47	①	②	③	④
3	①	②	③	④	18	①	②	③	④	33	①	②	③	④	48	①	②	③	④
4	①	②	③	④	19	①	②	③	④	34	①	②	③	④	49	①	②	③	④
5	①	②	③	④	20	①	②	③	④	35	①	②	③	④	50	①	②	③	④
6	①	②	③	④	21	①	②	③	④	36	①	②	③	④	51	①	②	③	④
7	①	②	③	④	22	①	②	③	④	37	①	②	③	④	52	①	②	③	④
8	①	②	③	④	23	①	②	③	④	38	①	②	③	④	53	①	②	③	④
9	①	②	③	④	24	①	②	③	④	39	①	②	③	④	54	①	②	③	④
10	①	②	③	④	25	①	②	③	④	40	①	②	③	④	55	①	②	③	④
11	①	②	③	④	26	①	②	③	④	41	①	②	③	④	56	①	②	③	④
12	①	②	③	④	27	①	②	③	④	42	①	②	③	④	57	①	②	③	④
13	①	②	③	④	28	①	②	③	④	43	①	②	③	④	58	①	②	③	④
14	①	②	③	④	29	①	②	③	④	44	①	②	③	④	59	①	②	③	④
15	①	②	③	④	30	①	②	③	④	45	①	②	③	④	60	①	②	③	④

5회 기출동형모의고사

성명

1	① ② ③ ④ ⑤	16	① ② ③ ④ ⑤	31	① ② ③ ④ ⑤	46	① ② ③ ④ ⑤	61	① ② ③ ④ ⑤
2	① ② ③ ④ ⑤	17	① ② ③ ④ ⑤	32	① ② ③ ④ ⑤	47	① ② ③ ④ ⑤	62	① ② ③ ④ ⑤
3	① ② ③ ④ ⑤	18	① ② ③ ④ ⑤	33	① ② ③ ④ ⑤	48	① ② ③ ④ ⑤	63	① ② ③ ④ ⑤
4	① ② ③ ④ ⑤	19	① ② ③ ④ ⑤	34	① ② ③ ④ ⑤	49	① ② ③ ④ ⑤	64	① ② ③ ④ ⑤
5	① ② ③ ④ ⑤	20	① ② ③ ④ ⑤	35	① ② ③ ④ ⑤	50	① ② ③ ④ ⑤	65	① ② ③ ④ ⑤
6	① ② ③ ④ ⑤	21	① ② ③ ④ ⑤	36	① ② ③ ④ ⑤	51	① ② ③ ④ ⑤	66	① ② ③ ④ ⑤
7	① ② ③ ④ ⑤	22	① ② ③ ④ ⑤	37	① ② ③ ④ ⑤	52	① ② ③ ④ ⑤	67	① ② ③ ④ ⑤
8	① ② ③ ④ ⑤	23	① ② ③ ④ ⑤	38	① ② ③ ④ ⑤	53	① ② ③ ④ ⑤	68	① ② ③ ④ ⑤
9	① ② ③ ④ ⑤	24	① ② ③ ④ ⑤	39	① ② ③ ④ ⑤	54	① ② ③ ④ ⑤	69	① ② ③ ④ ⑤
10	① ② ③ ④ ⑤	25	① ② ③ ④ ⑤	40	① ② ③ ④ ⑤	55	① ② ③ ④ ⑤	70	① ② ③ ④ ⑤
11	① ② ③ ④ ⑤	26	① ② ③ ④ ⑤	41	① ② ③ ④ ⑤	56	① ② ③ ④ ⑤		
12	① ② ③ ④ ⑤	27	① ② ③ ④ ⑤	42	① ② ③ ④ ⑤	57	① ② ③ ④ ⑤		
13	① ② ③ ④ ⑤	28	① ② ③ ④ ⑤	43	① ② ③ ④ ⑤	58	① ② ③ ④ ⑤		
14	① ② ③ ④ ⑤	29	① ② ③ ④ ⑤	44	① ② ③ ④ ⑤	59	① ② ③ ④ ⑤		
15	① ② ③ ④ ⑤	30	① ② ③ ④ ⑤	45	① ② ③ ④ ⑤	60	① ② ③ ④ ⑤		

6회 기출동형모의고사

성명

1	① ② ③ ④ ⑤	16	① ② ③ ④ ⑤	31	① ② ③ ④ ⑤	46	① ② ③ ④ ⑤	61	① ② ③ ④ ⑤
2	① ② ③ ④ ⑤	17	① ② ③ ④ ⑤	32	① ② ③ ④ ⑤	47	① ② ③ ④ ⑤	62	① ② ③ ④ ⑤
3	① ② ③ ④ ⑤	18	① ② ③ ④ ⑤	33	① ② ③ ④ ⑤	48	① ② ③ ④ ⑤	63	① ② ③ ④ ⑤
4	① ② ③ ④ ⑤	19	① ② ③ ④ ⑤	34	① ② ③ ④ ⑤	49	① ② ③ ④ ⑤	64	① ② ③ ④ ⑤
5	① ② ③ ④ ⑤	20	① ② ③ ④ ⑤	35	① ② ③ ④ ⑤	50	① ② ③ ④ ⑤	65	① ② ③ ④ ⑤
6	① ② ③ ④ ⑤	21	① ② ③ ④ ⑤	36	① ② ③ ④ ⑤	51	① ② ③ ④ ⑤	66	① ② ③ ④ ⑤
7	① ② ③ ④ ⑤	22	① ② ③ ④ ⑤	37	① ② ③ ④ ⑤	52	① ② ③ ④ ⑤	67	① ② ③ ④ ⑤
8	① ② ③ ④ ⑤	23	① ② ③ ④ ⑤	38	① ② ③ ④ ⑤	53	① ② ③ ④ ⑤	68	① ② ③ ④ ⑤
9	① ② ③ ④ ⑤	24	① ② ③ ④ ⑤	39	① ② ③ ④ ⑤	54	① ② ③ ④ ⑤	69	① ② ③ ④ ⑤
10	① ② ③ ④ ⑤	25	① ② ③ ④ ⑤	40	① ② ③ ④ ⑤	55	① ② ③ ④ ⑤	70	① ② ③ ④ ⑤
11	① ② ③ ④ ⑤	26	① ② ③ ④ ⑤	41	① ② ③ ④ ⑤	56	① ② ③ ④ ⑤		
12	① ② ③ ④ ⑤	27	① ② ③ ④ ⑤	42	① ② ③ ④ ⑤	57	① ② ③ ④ ⑤		
13	① ② ③ ④ ⑤	28	① ② ③ ④ ⑤	43	① ② ③ ④ ⑤	58	① ② ③ ④ ⑤		
14	① ② ③ ④ ⑤	29	① ② ③ ④ ⑤	44	① ② ③ ④ ⑤	59	① ② ③ ④ ⑤		
15	① ② ③ ④ ⑤	30	① ② ③ ④ ⑤	45	① ② ③ ④ ⑤	60	① ② ③ ④ ⑤		

해커스
지역농협 6급
NCS 기출동형 모의고사

초판 2쇄 발행 2024년 4월 8일
초판 1쇄 발행 2023년 10월 6일

지은이	해커스 NCS 취업교육연구소
펴낸곳	㈜챔프스터디
펴낸이	챔프스터디 출판팀

주소	서울특별시 서초구 강남대로61길 23 ㈜챔프스터디
고객센터	02-537-5000
교재 관련 문의	publishing@hackers.com
	해커스공기업 사이트(public.Hackers.com) 교재 Q&A 게시판
학원 강의 및 동영상강의	public.Hackers.com

ISBN	978-89-6965-409-0 (13320)
Serial Number	01-02-01

공기업 취업의 모든 것,

해커스공기업 public.Hackers.com

㏊ 해커스공기업

· 공기업 전문 스타강사의 **본 교재 인강**(교재 내 할인쿠폰 수록)
· 지역농협 6급 합격을 위한 **합격족보**(PDF)
· 인적성검사 합격 전략을 담은 **인적성검사 모의 테스트**(PDF)
· 내 점수와 석차를 확인하는 **무료 바로 채점 및 성적 분석 서비스**

해커스

지역농협 6급

NCS 기출동형
모의고사

최신판

약점 보완 해설집

🏛 해커스공기업

해커스
지역농협 6급
NCS 기출동형 모의고사

약점 보완 해설집

해커스공기업

1회 기출동형모의고사

바로 채점 및
성적 분석 서비스

정답

p.40

01	②	의사소통능력	16	①	의사소통능력	31	②	수리능력	46	①	문제해결능력
02	②	의사소통능력	17	④	수리능력	32	①	문제해결능력	47	③	자원관리능력
03	①	의사소통능력	18	④	수리능력	33	③	문제해결능력	48	③	자원관리능력
04	②	의사소통능력	19	④	수리능력	34	②	문제해결능력	49	④	자원관리능력
05	③	의사소통능력	20	②	수리능력	35	②	문제해결능력	50	④	자원관리능력
06	②	의사소통능력	21	②	수리능력	36	④	문제해결능력	51	④	자원관리능력
07	①	의사소통능력	22	④	수리능력	37	②	문제해결능력	52	④	자원관리능력
08	①	의사소통능력	23	④	수리능력	38	③	문제해결능력	53	④	자원관리능력
09	③	의사소통능력	24	②	수리능력	39	④	문제해결능력	54	②	자원관리능력
10	③	의사소통능력	25	②	수리능력	40	④	문제해결능력	55	③	조직이해능력
11	④	의사소통능력	26	④	수리능력	41	④	문제해결능력	56	④	조직이해능력
12	③	의사소통능력	27	②	수리능력	42	③	문제해결능력	57	③	조직이해능력
13	④	의사소통능력	28	③	수리능력	43	③	문제해결능력	58	④	조직이해능력
14	④	의사소통능력	29	④	수리능력	44	③	문제해결능력	59	④	조직이해능력
15	②	의사소통능력	30	③	수리능력	45	②	문제해결능력	60	④	조직이해능력

취약 영역 분석표

영역별로 맞힌 개수와 정답률을 적고 나서 취약한 영역이 무엇인지 파악해 보세요.
정답률이 60% 미만인 취약한 영역은 틀린 문제를 다시 풀어보면서 확실히 극복하세요.

영역	의사소통능력	수리능력	문제해결능력	자원관리능력	조직이해능력	TOTAL
맞힌 개수	/16	/15	/15	/8	/6	/60
정답률	%	%	%	%	%	%

※ 정답률(%) = (맞힌 개수/전체 개수) × 100

해설

01 의사소통능력   정답 ②

밑줄 친 단어는 선거에서 졌다는 의미로 쓰였으므로 시험, 모집, 선거 따위에 응하였다가 뽑히지 못한다는 의미의 ②가 적절하다.

> **오답 체크**
> ① 낙상하다: 떨어지거나 넘어져서 다치다
> ③ 쇠락하다: 쇠약하여 말라서 떨어지다
> ④ 쇠퇴하다: 기세나 상태가 쇠하여 전보다 못하여 가다

02 의사소통능력   정답 ②

ⓒ, ⑩은 모두 귤이 바구니에 먹음직스럽게 넉넉히 담겨있었다는 의미이다.
ⓒ 덜퍽지다: 푸지고 탐스럽다
⑩ 소담하다: 음식이 풍족하여 먹음직하다

> **오답 체크**
> ㉠ 난숙하다: 열매 따위가 무르익다
> ⓒ 숙수그레하다: 조금 굵은 여러 개의 물건이 크기가 거의 고르다
> ⑧ 빈약하다: 형태나 내용이 충실하지 못하고 보잘것없다

03 의사소통능력   정답 ①

밑줄 친 단어는 제삼의 인물이 용의자를 자기 마음대로 일을 시킨다는 의미로 쓰였으므로 다른 사람을 자기 마음대로 다루어 부린다는 의미의 ①이 적절하다.

> **오답 체크**
> ② 지휘하다: 목적을 효과적으로 이루기 위하여 단체의 행동을 통솔하다
> ③ 조절하다: 균형이 맞게 바로잡다
> ④ 종용하다: 잘 설득하고 달래어 권하다

04 의사소통능력   정답 ②

밑줄 친 단어는 대상의 목소리가 익숙함을 귀를 통해 알아차렸다는 의미로 쓰였으므로 사람이나 동물이 소리를 감각 기관을 통해 알아차린다는 의미의 ②가 적절하다.

> **오답 체크**
> ① 기계, 장치 따위가 정상적으로 움직이다
> ③ 다른 사람에게서 일정한 내용을 가진 말을 전달받다
> ④ 다른 사람의 말을 받아들여 그렇게 하다

05 의사소통능력   정답 ③

밑줄 친 단어는 문제의 답을 찾는다는 의미로 쓰였으므로 모르거나 복잡한 문제 따위를 알아내거나 해결한다는 의미의 ③이 적절하다.

> **오답 체크**
> ① 묶이거나 감기거나 얽히거나 합쳐진 것 따위를 그렇지 아니한 상태로 되게 하다
> ② 마음에 맺혀 있는 것을 해결하여 없애거나 품고 있는 것을 이루다
> ④ 어려운 것을 알기 쉽게 바꾸다

06 의사소통능력   정답 ②

어떠한 일을 이루고자 하는 마음이라는 의미의 의지를 한자로 표기하면 '意志(뜻 의, 뜻 지)'이다.

> **오답 체크**
> ① 依支(의지할 의, 지탱할 지): 다른 것에 몸을 기댐
> ③ 意義(뜻 의, 옳을 의): 말이나 글의 속뜻
> ④ 決意(결단할 결, 뜻 의): 뜻을 정하여 굳게 마음을 먹음

07 의사소통능력   정답 ①

제시된 의미에 해당하는 한자성어는 '호가호위(狐假虎威)'이다.

> **오답 체크**
> ② 득의양양(得意揚揚): 뜻한 바를 이루어 우쭐거리며 뽐냄
> ③ 허장성세(虛張聲勢): 실속은 없으면서 큰소리치거나 허세를 부림
> ④ 권모술수(權謀術數): 목적 달성을 위하여 수단과 방법을 가리지 아니하는 온갖 모략이나 술책

08 의사소통능력   정답 ①

빈칸 앞에서는 타인의 관심에 부응하기 위해 노력을 하여 능률이 향상되는 것이 피그말리온 효과라는 내용을 말하고 있고, 빈칸 뒤에서는 이에 대한 예를 들어 낮은 성적을 유지하던 학생이 선생님의 지속적인 격려에 힘입어 성적이 향상되는 것이 피그말리온 효과에 속한다는 내용을 말하고 있으므로 앞의 내용에 대한 예를 드는 경우에 사용하는 접속어 ①이 적절하다.

09 의사소통능력   정답 ③

ⓒ 한글 맞춤법 제11항에 따라 받침이 있는 말 다음에는 '률, 렬'로 작성해야 하므로 '출석률'이 적절하다.
② 한글 맞춤법 제42항에 따라 의존 명사는 띄어 써야 하므로 '20년 만에'가 적절하다.
⑩ 고유어와 외래어 명사 뒤에는 '양'을 쓰고, 한자어 명사 뒤에는 '량'으로 작성해야 하므로 '칼로리양'이 적절하다.
따라서 어법상 적절하지 않은 문장은 '3개'이다.

10 의사소통능력 　　　　　　　　정답 ③

하라는대로(X) → 하라는 대로(O)
• 한글 맞춤법 제42항에 따라 의존 명사는 띄어 쓴다.

11 의사소통능력 　　　　　　　　정답 ④

보고서 작성 시 보고서에 사용되는 참고자료를 정확하게 제시해야 하므로 자료명을 '사업 공고문 2부'로 수정하는 것은 가장 적절하지 않다.

12 의사소통능력 　　　　　　　　정답 ③

책상 정리하는 일을 기꺼이 도와준다는 상대방에 대한 고마움을 표현하는 내용의 대화이므로 '(B) 책상 정리하는 일을 도와드릴까요? → (C) 네, 번거롭지 않다면 부탁드려요. → (A) 천만에요. 도와드릴 수 있어서 기쁜걸요.' 순으로 연결되어야 한다.

13 의사소통능력 　　　　　　　　정답 ④

B가 '그녀에게 휴지와 같은 가정용품을 선물할 예정이에요.' 라고 대답했으므로 '그녀에게 무엇을 선물할 거예요?'라는 질문이 적절하다.

오답 체크

① 왜 가정용품을 선물하는 거예요?
② 이게 다 무슨 일이죠?
③ 무슨 일이에요?

14 의사소통능력 　　　　　　　　정답 ④

이 글은 판소리의 기원에 대한 여러 가지 추측 중 서사무가에서 비롯되었을 것이라는 추측이 가장 설득력 있다고 언급하고, 구체적인 근거를 설명하는 글이므로 이 글의 주제로 가장 적절한 것은 ④이다.

오답 체크

① 판소리의 구성요소와 형식적인 특징에 대해 다루고 있지만, 글 전체를 포괄할 수 없으므로 적절하지 않은 내용이다.
② 서사무가와 판소리에 조선 후기 사회상이 담겼다는 내용에 대해 다루고 있지만, 글 전체를 포괄할 수 없으므로 적절하지 않은 내용이다.
③ 판소리의 연주 형태 및 예술적 의의에 대해 다루고 있지 않으므로 적절하지 않은 내용이다.

15 의사소통능력 　　　　　　　　정답 ②

사설시조는 서민을 비롯해 중인, 몰락 양반 등 다양한 계층에서 향유되었다고 하였으므로 사설시조가 서민층을 시작으로 여러 계층에 전파된 것은 아님을 알 수 있다.

16 의사소통능력 　　　　　　　　정답 ①

글 전체에서 역사를 보는 관점을 주관적 의미와 객관적 의미로 나누어 각각의 정의, 주요 역사가 등을 비교하며 차이점을 중심으로 설명하고 있다.

17 수리능력 　　　　　　　　정답 ④

할인가＝정가 × (1 − $\frac{할인율}{100}$)임을 적용하여 구한다.
1모당 정가가 2,000원인 두부 10모를 구매하려고 하며 마감 이벤트로 총 구매금액의 10%를 할인받고 추가로 두부 2모를 더 받았으므로 총 구매금액은 $2,000 \times 10 \times (1 - \frac{10}{100}) = 18,000$ 원이다.
두부 1모당 할인율을 x라고 하면
두부 10모를 구매하고 추가로 두부 2모를 더 받았으므로
$2,000 \times 12 \times (1 - \frac{x}{100}) = 18,000 \rightarrow 24,000 - 240x = 18,000$
$\rightarrow 240x = 6,000 \rightarrow x = 25$
따라서 광희가 가지고 있는 두부 1모당 할인율은 25%이다.

⏱ 빠른 문제 풀이 **Tip**

광희는 두부 10모를 구매하려고 하였으며, 총 구매금액의 10%를 할인받고 추가로 두부 2모를 더 받았으므로 $2,000 \times 10 \times (1 - \frac{10}{100}) = 18,000$원으로 두부 12모를 구매한 것과 같다. 이에 따라 두부 1모당 $\frac{18,000}{12} = 1,500$원에 구매한 것이 된다. 이때 두부 1모당 정가는 2,000원이므로 1모당 할인율은 $\frac{2,000-1,500}{2,000} \times 100 = 25\%$이다.

18 수리능력 　　　　　　　　정답 ④

작업량＝시간당 작업량 × 시간임을 적용하여 구한다.
물탱크에 들어갈 수 있는 전체 물의 양을 1이라고 하면
A 호스로만 물을 가득 채울 때 9시간이 걸린다고 하였으므로 A 호스의 시간당 작업량은 $\frac{1}{9}$,
B 호스로만 물을 가득 채울 때 12시간이 걸린다고 하였으므로 B 호스의 시간당 작업량은 $\frac{1}{12}$이다.
C 호스로만 물을 가득 채울 때 걸리는 시간을 x라고 하면 C 호스의 시간당 작업량은 $\frac{1}{x}$이다.
처음 2시간 동안은 A, B 호스만 이용해 물을 넣다가 이어서 C 호스도 추가로 이용해 1시간 동안 물을 넣어 물탱크를 가득 채웠다고 하였으므로
$2 \times (\frac{1}{9} + \frac{1}{12}) + (\frac{1}{9} + \frac{1}{12} + \frac{1}{x}) = 1 \rightarrow x = \frac{12}{5}$
따라서 C 호스로만 물을 가득 채울 때 걸리는 시간은 $\frac{12}{5}$시간＝2시간 24분이다.

19 수리능력 정답 ④

'적어도…'의 확률=1−(반대 사건의 확률)임을 적용하여 구한다.

5문제 중 적어도 2문제 이상 맞힐 확률은 1−(5문제를 모두 틀릴 확률+5문제 중 1문제만 맞힐 확률)이다.

OX형 1문제를 맞힐 확률과 틀릴 확률은 각각 $\frac{1}{2}$, $\frac{1}{2}$이고, 사지선다형 1문제를 맞힐 확률과 틀릴 확률은 각각 $\frac{1}{4}$, $\frac{3}{4}$이므로 5문제를 모두 틀릴 확률은 $\left(\frac{1}{2}\right)^3 \times \left(\frac{3}{4}\right)^2 = \frac{9}{128}$이고, OX형 1문제를 맞히고 나머지 4문제를 틀릴 확률은 $\left\{\frac{1}{2} \times \left(\frac{1}{2}\right)^2 \times \left(\frac{3}{4}\right)^2\right\} \times {}_3C_1 = \frac{27}{128}$이며, 사지선다형 1문제를 맞히고 나머지 4문제를 틀릴 확률은 $\left\{\frac{1}{4} \times \left(\frac{1}{2}\right)^3 \times \frac{3}{4}\right\} \times {}_2C_1 = \frac{6}{128}$이다.

따라서 5문제 중 적어도 2문제 이상 맞힐 확률은 $1 - \left(\frac{9}{128} + \frac{27}{128} + \frac{6}{128}\right) = \frac{86}{128} = \frac{43}{64}$이다.

20 수리능력 정답 ②

셋 중에 A의 나이가 가장 많고, C의 나이가 가장 적으며, B와 C의 나이는 1살 차이가 난다고 하였으므로 C의 나이가 B의 나이보다 1살 적다. 이때, B의 나이의 십의 자리 수와 일의 자리 수를 바꾸어 만든 숫자에서 B의 나이를 빼면 45가 된다고 하였으므로 B의 나이의 십의 자리 수를 x, 일의 자리 수를 y라고 하면

$(10y + x) - (10x + y) = 45 \rightarrow 9y - 9x = 45 \rightarrow y - x = 5$
$\rightarrow y = 5 + x$

이때, $y > 0$이고, C의 나이는 B보다 1살 적으므로 $10x + y - 1$이고, 20대라고 하였으므로 $x = 2$이다.

이에 따라 $y = 5 + 2 = 7$이므로 B의 나이는 27세, C의 나이는 26세이다.

따라서 A의 나이는 C보다 9살 많으므로 $26 + 9 = 35$세이다.

21 수리능력 정답 ②

구의 부피$= \frac{4}{3}\pi r^3$임을 적용하여 구한다.

구슬의 부피: $\frac{4}{3}\pi \times 2^3 = \frac{4}{3}\pi \times 8$

구슬의 부피를 제외한 공의 부피: $\frac{4}{3}\pi \times 4^3 - \frac{4}{3}\pi \times 2^3 = \frac{4}{3}\pi \times 56$

따라서 내부에 있는 구슬의 부피를 제외한 공의 부피는 구슬의 부피의 $\frac{56}{8} = 7$배이다.

22 수리능력 정답 ④

노트 한 권의 가격을 x라고 하면
노트 한 권당 순수 이익은 $x - 8000$이고,
노트 1,000권을 제작하여 판매했을 때, 불량품으로 인한 손해는 $1,000 \times x \times 0.02 = 20x$이다.

이때, 순수 이익이 67만 원 이상이어야 하므로
$(x - 800) \times 1,000 - 20x \geq 670,000$
$\rightarrow 980x - 800,000 \geq 670,000 \rightarrow x \geq 1,500$

따라서 노트 1,000권을 판매하여 순수 이익이 67만 원 이상이 되려면 노트 한 권의 가격이 최소한 1,500원 이상이어야 한다.

23 수리능력 정답 ④

5명을 오전에 출발하는 팀과 오후에 출발하는 팀, 두 팀으로 나누는 경우는 오전과 오후에 각각 1명과 4명, 2명과 3명, 3명과 2명이 출발하는 것으로 총 세 가지이다.

오전에 출발하는 버스는 3대, 오후에 출발하는 버스는 5대이므로 5명이 두 팀으로 나누어 버스 티켓을 예매하는 방법의 수는 다음과 같다. 이때, 각 버스 좌석은 한 자리씩 남아 있으므로 입사 동기 5명은 서로 다른 버스 티켓을 예매한다.

오전에 1명, 오후에 4명이 출발하는 방법의 수는
${}_5C_1 \times ({}_3P_1 \times {}_5P_4) = 5 \times (3 \times 120) = 1,800$가지,
오전에 2명, 오후에 3명이 출발하는 방법의 수는
${}_5C_2 \times ({}_3P_2 \times {}_5P_3) = 10 \times (6 \times 60) = 3,600$가지,
오전에 3명, 오후에 2명이 출발하는 방법의 수는
${}_5C_3 \times ({}_3P_3 \times {}_5P_2) = 10 \times (6 \times 20) = 1,200$가지이다.

따라서 버스 티켓을 예매하는 방법은 $1,800 + 3,600 + 1,200 = 6,600$가지이다.

24 수리능력 정답 ②

첫째 항이 a이고 공비가 r일 때, 등비수열의 첫째 항부터 n번째 항까지의 합은 $\frac{a(r^n - 1)}{(r - 1)}$임을 적용하여 구한다.

12월 31일의 원리합계는 첫째 항이 100이고 공비가 1.04인 등비수열의 첫째 항부터 12번째 항까지의 합과 같으므로 12월 31일의 원리합계는 $\frac{10(1.04^{12} - 1)}{(1.04 - 1)} = \frac{10(1.6 - 1)}{(0.04)} = 150$만 원이다.

이때 원금은 $10 \times 12 = 120$만 원, 발생이자는 $150 - 120 = 30$만 원으로 발생이자가 20만 원 이상이므로 $30 \times 0.1 = 3$만 원을 세금으로 지급해야 한다.

따라서 영수가 최종적으로 받을 수 있는 금액은 $150 - 3 = 147$만 원이다.

25 수리능력
정답 ②

평균은 변량의 총합을 변량의 개수로 나눈 값임을 적용하여 구한다.

카드에 가입한 첫 달에는 전월 이용실적이 없으므로 30만 원 미만에 해당하여 1월의 적립률은 0.7%이고, 2월의 전월 이용실적은 834,000원으로 30만 원 이상 100만 원 미만에 해당하여 적립률은 0.8%, 3월의 전월 이용실적은 1,132,000원으로 100만 원 이상 200만 원 미만에 해당하여 적립률은 0.9%이다. 이에 따라 1월부터 3월까지 적립된 포인트는 각각 1월에 $834,000 \times 0.007 = 5,838P$, 2월에 $1,132,000 \times 0.008 = 9,056P$, 3월에 $756,000 \times 0.009 = 6,804P$이다.

따라서 1분기에 적립된 월평균 포인트는 $\frac{5,838 + 9,056 + 6,804}{3} ≒ 7,232P$이다.

26 수리능력
정답 ④

평균 $= \frac{변량의 \ 총합}{변량의 \ 개수}$임을 적용하여 구한다.

a의 평균점수를 x라고 하면

전체 가중평균점수가 66점이므로

$\frac{(x \times 30) + (70 \times 20) + (60 \times 30) + (65 \times 20)}{30 + 20 + 30 + 20} =$

$\frac{(x \times 30) + 1,400 + 1,800 + 1,300}{100} = 66$

$\rightarrow 30x + 1,400 + 1,800 + 1,300 = 6,600 \rightarrow 30x = 2,100$

$\rightarrow x = 70$

따라서 a의 평균점수는 '70점'이다.

27 수리능력
정답 ②

제시된 각 숫자 간의 값은 ×4, ÷2로 반복되므로 빈칸에 들어갈 알맞은 수는 $\frac{1}{2}$이다.

28 수리능력
정답 ③

첫 번째 행에 제시된 각 숫자 간의 값은 ×2로 반복되므로 A에 해당하는 숫자는 $32 \times 2 = 64$이다.

두 번째 행에 제시된 각 숫자 간의 값은 +3으로 반복되므로 B에 해당하는 숫자는 $-5 + 3 = -2$이다.

따라서 $1,000 + A \times B$의 값은 $1,000 + 64 \times (-2) = 1,000 - 128 = 872$이다.

29 수리능력
정답 ④

제시된 각 문자를 알파벳 순서에 따라 숫자로 변경한다.

N T E U (P)
14 20 31 47 (68)

각 숫자 간의 값이 +6, +11, +16, …과 같이 +5씩 변화하므로 빈칸에 들어갈 알맞은 문자는 숫자 68에 해당하는 'P'이다.

30 수리능력
정답 ③

a. 뉴미디어 광고비는 매년 증가하고, 4대 매체 중 이와 같은 증감 추이를 보이는 매체는 라디오뿐이므로 옳지 않은 설명이다.

b. 옥외 및 기타의 광고비 순위가 1위로 바뀐 2015년에 TV 광고비의 전년 대비 감소율은 $\{(20,825 - 19,194) / 20,825\} \times 100 ≒ 7.8\%$, 잡지 광고비의 전년 대비 감소율은 $\{(4,384 - 3,939) / 4,384\} \times 100 ≒ 10.2\%$로, 광고비의 전년 대비 감소율은 TV가 잡지보다 작으므로 옳지 않은 설명이다.

c. 4대 매체의 광고비에서 라디오 광고비가 차지하는 비중은 2013년에 $(2,155 / 45,012) \times 100 ≒ 4.8\%$, 2014년에 $(2,667 / 35,743) \times 100 ≒ 7.5\%$, 2015년에 $(2,742 / 34,578) \times 100 ≒ 7.9\%$, 2016년에 $(2,771 / 29,895) \times 100 ≒ 9.3\%$로 2013년에 가장 낮으므로 옳지 않은 설명이다.

오답 체크

d. 신문 광고비는 2014년에 전년 대비 $8,075 - 7,867 = 208$억 원 감소하였고, 2015년에 전년 대비 $8,703 - 7,867 = 836$억 원 증가하였으므로 옳은 설명이다.

⏱ 빠른 문제 풀이 Tip

c. 4대 매체의 광고비는 매년 감소하였고, 라디오 광고비는 매년 증가하여 4대 매체의 광고비에서 라디오 광고비가 차지하는 비중은 매년 증가하였으므로 2013년에 가장 낮음을 알 수 있다.

31 수리능력
정답 ②

2015년 성인 자원봉사자 수가 2,000명이고, 2015년 대비 2016년 자원봉사 참여 증감률이 27.1%이므로 2016년 성인 자원봉사자 수는 $2,000 \times 1.271 = 2,542$명이다. 또한, 2016년 대비 2017년 자원봉사 참여 증감률이 7.4%이므로 2017년 성인 자원봉사자 수는 $2,542 \times 1.074 ≒ 2,730$명이다. 따라서 2017년 대비 2018년 자원봉사 참여 증감률이 -21.6%이므로 2018년 성인 자원봉사자 수는 $2,730 \times (1 - 0.216) ≒ 2,140$명이다.

32 문제해결능력
정답 ①

참과 거짓이 입증되지 않은 어떤 주장에 대해 이를 근거로 거짓이라고 추론하거나 반대로 참이라고 추론하는 논리적 오류이므로 '무지의 오류'에 대한 설명이다.

오답 체크

② 애매성의 오류: 중의적으로 해석될 수 있는 문장을 사용할 때 발생하는 논리적 오류
③ 논점 일탈의 오류: 논점과 관련이 없는 문제를 근거로 삼아 결론을 내릴 때 발생하는 논리적 오류
④ 성급한 일반화의 오류: 일부의 사례만을 제시하거나 불확실한 자료만을 가지고 바로 결론을 도출할 때 발생하는 논리적 오류

33 문제해결능력   정답 ③

B는 A가 국회의원의 발언 내용이 아니라 군대를 면제받은 사람이라는 점을 공격하는 오류를 저질렀음을 지적하고 있으므로 옳은 설명이다.

34 문제해결능력   정답 ②

첫 번째 명제의 '대우'와 네 번째 명제를 차례로 결합한 결론은 다음과 같다.
- 첫 번째 명제(대우): 수산시장에 자주 가지 않는 사람은 해물탕을 좋아하지 않는다.
- 네 번째 명제: 해물탕을 좋아하지 않는 사람은 바다에 살지 않는다.
- 결론: 수산시장에 자주 가지 않는 사람은 바다에 살지 않는다.

따라서 수산시장에 자주 가지 않는 사람은 바다에 살지 않으므로 항상 옳은 설명이다.

> 오답 체크
> ① 바다에 사는 사람은 낚시를 좋아하고, 낚시를 좋아하는 사람은 회를 좋아하므로 항상 옳지 않은 설명이다.
> ③ 낚시를 좋아하는 사람이 수산시장을 자주 가는지는 알 수 없으므로 항상 옳은 설명은 아니다.
> ④ 해물탕을 좋아하지 않는 사람이 회를 좋아하지 않는지는 알 수 없으므로 항상 옳은 설명은 아니다.

35 문제해결능력   정답 ②

공격적인 성향이 강하지 않은 모든 동물이 무리 생활을 한다는 것은 무리 생활을 하지 않는 모든 동물이 공격적인 성향이 강하다는 것이므로 무리 생활을 하지 않는 어떤 동물이 육식 동물이면 무리 생활을 하지 않으면서 육식 동물인 어떤 동물은 공격적인 성향이 강하다.
따라서 '공격적인 성향이 강한 어떤 동물은 육식 동물이다.'가 타당한 결론이다.

> 오답 체크
> 공격적인 성향이 강하지 않은 동물을 A, 무리 생활을 하는 동물을 B, 육식 동물을 C라고 하면
> ①, ③, ④ 공격적인 성향이 강하지 않은 모든 동물이 무리 생활을 하고, 무리 생활을 하지 않는 어떤 동물이 육식 동물이면 모든 육식 동물이 공격적인 성향이 강하거나 공격적인 성향이 강하지 않은 모든 동물이 육식 동물이 아닐 수도 있으므로 반드시 참인 결론은 아니다.
>
>

36 문제해결능력   정답 ④

제시된 조건에 따르면 원훈희 사원의 카드는 연회비가 없고, 커피 전문점에서 카드 혜택으로 할인받은 금액은 총결제액의 10% 미만이므로 원훈희 사원은 THE-F를 소지하고 있다. 이정윤 사원은 이번 달에 카드로 결제한 교통비가 138,500원이고, 카드 혜택으로 총교통비의 5%인 6,925원을 할인받았으므로 교통비 최대 할인 금액이 7,000원인 THE-W 또는 THE-Q를 소지하고 있다. 이때, 우경화 사원의 카드는 연회비가 있고 이정윤 사원보다 최대로 할인받을 수 있는 교통비 금액이 더 적으므로 우경화 사원은 THE-A를 소지하고 있다. 원훈희 사원과 이상화 사원은 서로 다른 종류의 카드를 소지하고 있으므로 이상화 사원의 카드 종류는 신용카드이고, 이상화 사원과 이정윤 사원도 서로 다른 종류의 카드를 소지하고 있으므로 이정윤 사원은 체크카드인 THE-W를 소지하고 있다. 신수정 사원의 카드 연회비는 이상화 사원보다 비싸므로 신수정 사원이 THE-K, 이상화 사원이 THE-Q를 소지하고 있다.

37 문제해결능력   정답 ②

제시된 조건에 따르면 가로, 세로 길이가 같은 하나의 밭을 서로 다른 크기의 직사각형 모양인 A, B, C, D 네 구역으로 나누므로 면적이 가장 큰 구역과 가장 작은 구역은 서로 접해 있지 않다. 참깨와 콩을 심은 구역은 서로 접해있지 않으므로 가지와 수수를 심은 구역도 서로 접해있지 않다. 이에 따라 콩을 심은 구역보다 면적이 작은 구역은 한 개뿐이므로 면적이 세 번째로 큰 구역에 콩을 심었고 면적이 두 번째로 큰 구역에 참깨를 심었으며, 면적이 가장 큰 구역과 가장 작은 구역에 각각 가지 또는 수수를 심었다. 이때, 면적이 가장 작은 구역은 A이고, A와 C는 접해있지 않으므로 면적이 가장 큰 구역은 C이다. 또한, 면적이 가장 큰 구역에 수수를 심지 않았으므로 A에 수수, C에 가지를 심었으며, 면적이 두 번째로 큰 구역은 D가 아니므로 면적이 세 번째로 큰 구역인 D에 콩을 심었고, 면적이 두 번째로 큰 구역인 B에 참깨를 심었다.

면적 크기	첫 번째	두 번째	세 번째	네 번째
구역	C	B	D	A
농작물	가지	참깨	콩	수수

따라서 A, B, C, D 네 구역에 심어진 각 농작물을 짝지으면 'A-수수, B-참깨, C-가지, D-콩'이다.

38 문제해결능력   정답 ③

제시된 조건에 따르면 C의 진술이 거짓일 경우 B는 진실을 말했고, C가 거짓을 말하고 있다는 E 또한 진실을 말한 것이 된다. 이때 다섯 명 중 한 명만 진실을 말했으므로 모순이 되어 C의 진술은 진실이며, 자신이 지각하지 않았다는 B의 진술은 거짓이 된다.
따라서 진실을 말한 사람은 'C', 지각한 사람은 'B'이다.

39 문제해결능력　　　　　　　　　정답 ④

제시된 조건에 따르면 옷 사이즈는 S, M, L, XL, XXL 순으로 커지며 옷 사이즈가 작은 사람부터 순서대로 줄을 설 예정이므로 옷 사이즈가 S, M, L, XL, XXL인 사람 순으로 줄을 선다. 이때 시아는 XL 사이즈를 입으므로 네 번째 순서로 줄을 서고, 지아는 지희의 사이즈 바로 다음으로 큰 사이즈의 옷을 입으므로 지희 바로 다음 순서로 줄을 선다. 지희가 줄을 서는 순서에 따라 가능한 경우는 다음과 같다.

경우 1. 지희가 첫 번째 순서로 줄을 서는 경우

순서	첫 번째	두 번째	세 번째	네 번째	다섯 번째
옷 사이즈	S	M	L	XL	XXL
사람	지희	지아	수지 또는 유라	시아	수지 또는 유라

경우 2. 지희가 두 번째 순서로 줄을 서는 경우

순서	첫 번째	두 번째	세 번째	네 번째	다섯 번째
옷 사이즈	S	M	L	XL	XXL
사람	수지 또는 유라	지희	지아	시아	수지 또는 유라

따라서 지아는 두 번째 또는 세 번째 순서로 줄을 서므로 항상 옳은 설명이다.

오답 체크

① 지희가 첫 번째 순서로 줄을 서면 유라는 세 번째 또는 다섯 번째 순서로 줄을 서고, 지희가 두 번째 순서로 줄을 서면 유라는 첫 번째 또는 다섯 번째 순서로 줄을 서므로 항상 옳은 설명은 아니다.
② 지희는 S 또는 M 사이즈를 입으므로 항상 옳지 않은 설명이다.
③ 수지는 첫 번째 또는 세 번째 또는 다섯 번째 순서로 줄을 서므로 항상 옳지 않은 설명이다.

40 문제해결능력　　　　　　　　　정답 ④

제시된 조건에 따르면 C는 수요일에만 운동 프로그램에 참여하며 에어로빅을 수강하였으므로 수요일에는 에어로빅이 운영된다. 이때, A는 월요일, 수요일, 금요일 운동 프로그램에 참여하지만 줌바댄스와 필라테스를 수강하지 않고, D는 화요일, 목요일, 토요일 운동 프로그램에 참여하며 하루는 아쉬탕가를 수강하므로 화요일, 목요일, 토요일에 아쉬탕가 또는 줌바댄스 또는 필라테스가 운영됨을 알 수 있다. 또한, E는 목요일에만 운동 프로그램에 참여하며 아쉬탕가와 필라테스는 수강하지 않으므로 목요일에는 줌바댄스가 운영되고, B는 핫요가를 수강하고 3일을 쉰 다음 스피닝을 수강하므로 월요일에 핫요가가, 금요일에 스피닝이 운영된다. 이에 따라 각 요일별 운영 운동 프로그램과 수강자는 다음과 같다.

구분	월	화	수	목	금	토
운동 프로그램	핫요가	아쉬탕가 또는 필라테스	에어로빅	줌바댄스	스피닝	아쉬탕가 또는 필라테스
수강자	A, B	D	A, C	D, E	A, B	D

따라서 A는 수요일에 에어로빅을 수강하므로 항상 옳지 않은 설명이다.

오답 체크

① A와 B는 월요일과 금요일에 같이 운동 프로그램에 참여하므로 항상 옳은 설명이다.
② E는 목요일에 줌바댄스를 수강하므로 항상 옳은 설명이다.
③ D는 화요일과 토요일에 운동 프로그램에 혼자 참여하므로 항상 옳은 설명이다.

41 문제해결능력　　　　　　　　　정답 ④

제시된 조건에 따르면 한 사람이 기르는 애완동물은 두 종류이고, 강아지와 고양이 중 한 종류는 반드시 기르며, 강아지와 고양이를 함께 기르지 않으므로 강아지 또는 고양이 중 한 종류와 앵무새 또는 뱀 중 한 종류를 길러야 한다. 희경이는 앵무새를 기르고, 희경이와 도연이가 기르는 애완동물은 서로 다르므로 도연이는 뱀을 기르며, 동훈이와 희경이가 각자 기르는 애완동물의 다리 수의 합은 같으므로 동훈이도 앵무새를 기르는 것을 알 수 있다. 또한, 준상이와 희경이가 각자 기르는 애완동물의 다리 수의 합은 다르므로 준상이는 뱀을 기른다. 이에 따라 준상이와 희경이가 각자 기르는 애완동물 중 한 종류는 강아지 또는 고양이로 같고, 희경이와 도연이가 각자 기르는 애완동물은 서로 다르므로 준상이와 도연이는 강아지 또는 고양이 중 서로 다른 한 종류를 기르고 있음을 알 수 있다. 이때, 도연이가 강아지를 기르면 준상이와 희경이도 강아지를 기르게 되어 희경이와 도연이가 기르는 애완동물이 서로 다르다는 조건에 모순되므로 도연이는 고양이를 기르고 있으며, 준상이와 희경이는 강아지를 기르고 있음을 알 수 있다. 이에 따라 동훈, 준상, 희경, 도연 네 사람이 키우는 애완동물은 다음과 같다.

동훈	준상	희경	도연
앵무새, 강아지 또는 고양이	뱀, 강아지	앵무새, 강아지	뱀, 고양이

따라서 준상이와 희경이는 강아지를 기르므로 항상 옳은 설명이다.

42 문제해결능력   정답 ③

제시된 [업무평가 방법]에 따르면 업무 점수는 20점, 능력 점수는 30점, 태도 점수는 40점 만점이며, 업무 점수의 가중치는 1.6, 능력 점수의 가중치는 1.3이므로 가중치를 적용한 업무평가 점수는 $(20 \times 1.6) + (30 \times 1.3) + 40 = 111$점 만점이다. 또한, B의 업무 점수는 $10 + 6 = 16$점이므로 가중치 1.6을 적용하면 $16 \times 1.6 = 25.6$점이고, 능력 점수는 $7 + 8 + 3 = 18$점이므로 가중치 1.3을 적용하면 $18 \times 1.3 = 23.4$점이며, 태도 점수는 $5 + 10 + 2 + 7 = 24$점이다.

따라서 최종 업무평가 점수는 100점 만점으로 환산하여 평가하므로 신입사원 B의 최종 업무평가 점수는 $\{(25.6 + 23.4 + 24) / 111\} \times 100 ≒ 65.8$점이다.

43 문제해결능력   정답 ③

ⓒ 친환경 항만 운영 경험 축적은 기업 내부의 '강점'에 해당한다.
ⓔ 육로 교통망과의 우수한 연계성은 기업 내부의 '강점'에 해당한다.

따라서 SWOT 분석 결과의 강점에 해당하는 것은 ⓒ, ⓔ이다.

ⓐ 해안의 얕은 수심으로 인해 선박 통행이 제약된 입지 조건은 기업 내부의 '약점'에 해당한다.
ⓑ 소속 항구의 자유무역지역 내 투자 규모가 확대되는 것은 기업을 둘러싼 외부의 '기회'에 해당한다.

44 문제해결능력   정답 ③

재테크 세미나는 참가자들이 대부분 직장인으로 예상되어 평일에는 17시 이후에 시작하고, 1차와 2차 세미나는 서로 다른 요일에 시간대가 같지 않아야 한다. 또한, 매일 12시부터 13시, 17시부터 18시는 세미나실 예약이 불가능하고, 1차 세미나를 진행한 후 4일이나 5일 뒤에 2차 세미나를 진행해야 하므로 11월 2주 차에 모든 세미나를 마치기 위해 1차 세미나는 8일, 9일, 10일 중 진행할 수 있다. 이때 8일에 1차 세미나를 진행하는 경우 18~21시에 진행해야 하고, 2차 세미나는 12일 19~22시 사이 2시간이나 13일 20~22시에 진행해야 하지만, 1차 세미나와 시간대가 겹치므로 불가능하다. 이에 따라 9일이나 10일에 1차 세미나가 진행되어 2차 세미나가 진행될 수 있는 시간은 14일 13~15시 또는 14일 14~16시이므로 옳지 않은 내용이다.

① 1차 세미나의 경우 9일과 10일에 진행할 수 있고, 가장 빠른 일자에 세미나를 진행한다면 1차 세미나는 9일 19시에 시작하므로 옳은 내용이다.
② 평일에는 17시 이후에만 가능하고, 매일 17시부터 18시는 세미나실 예약이 불가능하므로 옳은 내용이다.
④ 1차 세미나는 9일 또는 10일에 진행하며, 2차 세미나는 14일에 진행 가능하므로 옳은 내용이다.

45 문제해결능력   정답 ②

호선별 환승역을 확인하면 서울역은 1호선과 4호선의 환승역이다. 이에 따라 박 사원이 서울역에서 2호선에 위치한 강남역으로 이동할 때, 서울역에서 1호선을 타고 시청역에서 2호선으로 환승하는 방법과 서울역에서 4호선을 타고 사당역에서 2호선으로 환승하는 방법이 있다.

따라서 박 사원이 서울역에서 2호선에 위치한 강남역으로 이동할 때, 최소 환승 횟수는 '1회'이다.

46 문제해결능력   정답 ①

[정차역 신설 계획안]에 따르면 도시별 2023년 현재 철도 이용자 수와 최근 3년간 철도 이용률의 전년 대비 평균 증감률은 다음과 같다.

구분	2023년 현재 철도 이용자 수	평균 증감률
A 도시	$30,200 \times (74 / 100) = 22,348$명	$(3 - 2 + 7) / 3 ≒ 2.7\%p$
B 도시	$35,100 \times (69 / 100) = 24,219$명	$(6 + 2 + 1) / 3 = 3\%p$
C 도시	$39,700 \times (64 / 100) = 25,408$명	$(3 - 4 + 6) / 3 ≒ 1.7\%p$
D 도시	$44,200 \times (61 / 100) = 26,962$명	$(-1 + 7 + 2) / 3 ≒ 2.7\%p$
E 도시	$31,300 \times (72 / 100) = 22,536$명	$(2 - 2 + 7) / 3 ≒ 2.3\%p$

따라서 B 도시는 2가지 선정 기준을 모두 충족하여 정차역을 신설할 도시의 후보로 선별되므로 옳은 설명이다.

② A 도시는 최근 3년간 철도 이용률의 전년 대비 평균 증감률이 2.7%p로 2.5%p 이상이므로 옳지 않은 설명이다.
③ C 도시는 2023년 현재 철도 이용자 수가 25,408명으로 24,000명 이상이므로 옳지 않은 설명이다.
④ E 도시는 2023년 현재 철도 이용자 수가 22,536명으로 22,348명인 A 도시보다 많으므로 옳지 않은 설명이다.

47 자원관리능력   정답 ③

오미소 대리는 월요일에 서울 본사에서 출발해 대전 지점을 거쳐 울산 지점으로 이동하며, 각 지점에서 진행되는 회의에 참석한 후, 출장 마지막 날에는 본사에서 진행되는 회의에 참석할 예정이다. 또한, 출장 중 하루에 한 번만 열차를 이용하므로 회의 일시와 역에서 회사까지 20분 소요되는 것을 고려하여 열차를 선택한다. 먼저, 대전 지점의 회의 시작 시각은 11시이므로 늦어도 10시 40분 전에 대전역에 도착해야 한다. 이때, 서울(출발역)에서 대전역까지 소요 시간은 1시간이므로 9시 20분에 출발하는 SRT 열차를 이용한다. 다음 날 울산 지점의 회의 시작 시각은 14시이며, 대전역에서 울산역까지 소요 시간은 1시간이므로 11시 47분에 출발하는 SRT 열차를 이용한다. 출장 마지막 날 서울 본사에서 진행되는 회의 시작 시각은 15시이며, 울산역에서 서울(도착역)까지 소요 시간은 2시간 20분이므로 11시 23분에 출발하는 KTX 열차를 이용한다.

따라서 오미소 대리가 출장 동안 지출하는 열차 운임은 $20,100 + 27,100 + 53,500 = 100,700$원이다.

48 자원관리능력 정답 ③

[면접 전형 평가 기준]에 따르면 성품 25%, 직무 적합성 25%, 조직 적합성 25%, 성장 가능성 25%의 가중치를 적용하여 합산한 직무 면접 점수와 필기시험 점수의 50%를 적용한 필기 전형 점수의 합인 총점이 높은 응시자 순으로 합격하고, 동점자는 성품, 직무 적합성, 조직 적합성, 성장 가능성 순으로 점수를 비교하여 점수가 높은 응시자가 합격한다. 이에 따라 면접 전형 응시자의 각 점수를 표로 나타내면 다음과 같다.

구분	직무 면접 점수	필기 전형 점수	총점
갑	$(95+85+90+80)$ $\times 0.25=87.5$점	$80/2=40$점	$87.5+40$ $=127.5$점
을	$(85+90+95+80)$ $\times 0.25=87.5$점	$95/2=47.5$점	$87.5+47.5$ $=135$점
병	$(80+95+80+95)$ $\times 0.25=87.5$점	$85/2=42.5$점	$87.5+42.5$ $=130$점
정	$(85+75+90+80)$ $\times 0.25=82.5$점	$88/2=44$점	$82.5+44$ $=126.5$점
무	$(75+85+80+100)$ $\times 0.25=85$점	$100/2=50$점	$85+50$ $=135$점
기	$(85+80+85+85)$ $\times 0.25=83.75$점	$98/2=49$점	$83.75+49$ $=132.75$점
경	$(90+80+85+80)$ $\times 0.25=83.75$점	$98/2=49$점	$83.75+49$ $=132.75$점
신	$(100+85+75+100)$ $\times 0.25=90$점	$80/2=40$점	$90+40$ $=130$점
임	$(85+90+85+90)$ $\times 0.25=87.5$점	$82/2=41$점	$87.5+41$ $=128.5$점
계	$(90+90+90+90)$ $\times 0.25=90$점	$84/2=42$점	$90+42$ $=132$점

이에 따라 총점이 135점으로 가장 높은 을과 무는 합격하고, 그다음으로 점수가 높은 기와 경의 성품 점수를 비교하여 성품 점수가 더 높은 경이 합격한다.
따라서 20XX년 상반기에 선발된 면접 합격자는 을, 무, 경이다.

49 자원관리능력 정답 ④

안지민 사원은 팀장의 요청사항에 따라 총 20개의 회사기 중 10개는 3개의 색으로 구성된 양면 세로형 회사기로 주문하고, 이에 봉황 가로봉과 원형받침 세트를 추가하며 아이리스 원단을 사용한다. 나머지 10개는 2개의 색으로 구성된 단면 표준형 회사기로 주문하고, 이에 십자가 가로봉과 삼각받침 세트를 추가하며 비로도 원단을 사용한다. 이에 따라 제조사별로 깃발 제작 비용을 계산하면, A 사는 $(160,000 \times 20)+(20,000+$ $50,000+25,000+15,000+90,000+80,000) \times 10+(15,000$ $+20,000+20,000+20,000+40,000+30,000) \times 10 =$ 7,450,000원으로 전체 비용이 600만 원 이상이므로 80만 원 할인을 적용하면 $7,450,000-800,000=6,650,000$원이다. B 사는 $(170,000 \times 20)+(20,000+40,000+20,000+25,000$ $+90,000+60,000) \times 10 + (10,000+15,000+10,000+$

$30,000+60,000+10,000) \times 10=7,300,000$원으로 전체 비용이 600만 원 이상이므로 10% 할인을 적용하면 7,300,000 $\times 0.9=6,570,000$원이다.
따라서 안지민 사원이 깃발을 주문하게 될 제조사는 B 사이고, 재무팀에 청구할 총 깃발 제작 비용은 6,570,000원이다.

50 자원관리능력 정답 ④

물적 자원 활용 시, 수량 부족에 대비하여 여분의 물적 자원을 준비하는 것은 바람직하므로 가장 적절하지 않다.

오답 체크
① 물적 자원 활용의 방해요인 중 물적 자원을 분실한 경우에 해당하므로 적절하다.
② 물적 자원 활용의 방해요인 중 물적 자원의 보관 장소를 파악하지 못한 경우에 해당하므로 적절하다.
③ 물적 자원 활용의 방해요인 중 물적 자원이 훼손된 경우에 해당하므로 적절하다.

51 자원관리능력 정답 ④

자원은 유형과 관계없이 유한하다는 공통점을 가지고 있으므로 첫 번째 빈칸에는 '유한성'이 적절하고, 대표적인 자원 낭비요인 4가지는 비계획적 행동, 편리성 추구, 자원에 대한 인식 부재, 노하우 부족이므로 두 번째 빈칸에는 '편리성'이 적절하다.
따라서 각 빈칸에 들어갈 단어를 차례대로 나열한 것은 '유한성 – 편리성'이다.

52 자원관리능력 정답 ④

A 에너지회사는 설비 효율이 가장 높은 모델을 선정하여 시장에 출시할 계획이므로 귀하는 설비 효율이 가장 높은 모델을 자사에 제안해야 한다. 가 모델의 설비 효율은 $(9,500/10,500) \times 100 ≒ 90\%$, 나 모델의 설비 효율은 $(7,000/7,500) \times 100 ≒ 93\%$, 다 모델의 설비 효율은 $(11,000/13,000) \times 100 ≒ 85\%$, 라 모델의 설비 효율은 $(4,400/4,500) \times 100 ≒ 98\%$이다.
따라서 귀하가 자사에 제안하기에 가장 적절한 것은 라 모델이다.

53 자원관리능력 정답 ④

제시된 [교육 담당 업체 선정요건]에 따르면 신입사원 A~J는 9일간의 교육에 모두 참석해야 하며, 5일부터 외부 업체 교육에 참석할 수 있지만 주말 출근은 할 수 없다. 이때 총 교육 비용이 가장 낮은 외부 업체를 선정해야 하므로 교육 가능 일정 및 비용에 따라 교육 담당 업체를 선정한다. 가 업체는 4일부터 15일까지 교육이 가능하나 기간 내에 9일간의 교육을 끝마칠 수 없다. 나 업체는 6일부터 22일까지 교육이 가능하며, 총 교육 비용은 $198,000 \times 9=1,782,000$원이다. 다 업체는 8일부터 29일까지 교육이 가능하며, 총 교육 비용은 1,890,000원이다. 라 업체는 12일부터 29일까지 교육이 가능하며, 총 교육비용은 (24,000 × 10 × 9) × 0.8 = 1,728,000원이다.

따라서 최 대리가 신입사원 교육을 위해 선정한 곳은 라 업체이다.

54 자원관리능력　정답 ②

출장비에는 숙박비와 식사비만 포함되고, 출장이 1박 2일일 경우 식사비는 첫째 날 석식과 둘째 날 조식만 지원되므로 이 대리가 신입사원 5명과 함께 출장을 갔을 때 소요되는 숙박업소별 총출장비는 다음과 같다.

구분	숙박비	식사비	출장비
A 호텔	102,000원	10,000 × (6명 × 2) = 120,000원	102,000 + 120,000 = 222,000원
B 호텔	118,000원	8,000 × (6명 × 2) = 96,000원	118,000 + 96,000 = 214,000원
C 호텔	62,000 × 2 = 124,000원	7,000 × (6명 × 2) = 84,000원	124,000 + 84,000 = 208,000원
D 호텔	51,000 × 2 = 102,000원	8,000 × (6명 × 2) = 96,000원	102,000 + 96,000 = 198,000원
E 호텔	48,000 × 2 = 96,000원	11,000 × (6명 × 2) = 132,000원	96,000 + 132,000 = 228,000원
F 호텔	125,000원	6,500 × (6명 × 2) = 78,000원	125,000 + 78,000 = 203,000원

따라서 출장비가 최소로 소요되는 숙박업소는 D 호텔이므로 이 대리와 신입사원 5명의 총출장비는 198,000원이다.

55 조직이해능력　정답 ③

축산유통단계별 위생관련 법정교육을 실시하는 기관은 축산물위생교육원이며, NH하나로목장은 농협축산경제가 개발한 스마트 목장관리 애플리케이션이므로 적절하지 않다.

56 조직이해능력　정답 ④

㉠은 고무래, ㉡은 괭이, ㉢은 도리깨에 대한 설명이다.

57 조직이해능력　정답 ③

제시된 내용은 'MECE(Mutually Exclusive, Collectively Exhaustive) 원칙'에 대한 설명이다.

오답 체크
① VRIO 분석: 기업이 보유한 내·외부의 자원을 내부보유가치, 희소성, 모방 가능성의 정도, 조직의 네 가지 기준으로 분석함으로써 기업의 성장 가능성을 가늠하는 도구
② 파레토 법칙: 전체 결과의 80%는 전체 원인의 20%에 해당하는 핵심적인 소수에게서 창출된다는 법칙
④ 피터의 원리: 위계 조직에서 직원들은 자신의 무능력 수준에 도달할 때까지 승진하려는 경향이 있다는 법칙

58 조직이해능력　정답 ④

국제표준화기구(ISO)가 정의한 기업의 사회적 책임에 대한 국제표준은 'ISO 26000'이다.

오답 체크
① ISO 9000은 제품 생산과 유통 과정의 국제 규격을 정의한 소비자 중심의 품질보증 제도이므로 적절하지 않다.
② ISO 9001은 ISO 9000 시리즈 중 제품 및 서비스의 생산·공급 과정에 대한 품질보증 체계이므로 적절하지 않다.
③ ISO 14000은 국제 환경 표준화 인증 규격이므로 적절하지 않다.

59 조직이해능력　정답 ④

㉠ 차별화된 생산품이나 서비스를 고객에게 가치 있고 독특하게 인식되도록 하는 '차별화 전략'에 해당한다.
㉡ 특정 시장이나 고객에게 한정하여 경쟁조직들이 주목하고 있지 않은 시장을 집중적으로 공략하는 '집중화 전략'에 해당한다.
㉢ 대량생산이나 새로운 생산기술 개발을 통한 원가절감으로 산업에서의 우위를 점하는 '원가우위 전략'에 해당한다.
따라서 마이클 포터의 본원적 경쟁전략의 유형이 바르게 연결된 것은 ④이다.

60 조직이해능력　정답 ④

빈칸에 들어갈 말은 조직으로, 영리성에 따라 조직을 분류하였을 때 학교, 병원, 시민단체 등은 공익을 추구하는 비영리 조직에 해당하므로 가장 적절하지 않다.

더 알아보기

조직의 개념 및 분류기준

개념		• 두 사람 이상이 공동 목표를 성취하기 위해 의식적으로 구성하여 상호작용을 통해 조정하는 행동의 집합체 • 목적과 구조를 갖춘 조직의 구성원들은 목적 달성을 위해 협동하고 외부 환경과 긴밀한 관계를 형성함 • 일반적으로 재화·서비스를 생산하는 경제적 기능과 조직 구성원에게 만족감을 주는 사회적 기능을 지님
분류 기준	공식성	• 공식 조직: 규모, 기능, 규정이 조직화가 된 조직 • 비공식 조직: 인간관계에 따라 형성된 자발적인 조직
	영리성	• 영리 조직: 기업 등 이윤을 목적으로 하는 조직 • 비영리조직: 정부조직, 병원, 대학, 시민단체 등 공익을 추구하는 조직
	규모	• 소규모 조직: 가족 경영 상점 등 규모가 작은 조직 • 대규모 조직: 대기업 등 규모가 큰 조직

바로 채점 및
성적 분석 서비스

정답

p.74

01	③	의사소통능력	16	④	의사소통능력	31	①	수리능력	46	①	문제해결능력
02	③	의사소통능력	17	③	수리능력	32	③	문제해결능력	47	④	자원관리능력
03	①	의사소통능력	18	④	수리능력	33	③	문제해결능력	48	②	자원관리능력
04	②	의사소통능력	19	①	수리능력	34	②	문제해결능력	49	④	자원관리능력
05	②	의사소통능력	20	③	수리능력	35	④	문제해결능력	50	①	자원관리능력
06	④	의사소통능력	21	②	수리능력	36	②	문제해결능력	51	②	자원관리능력
07	④	의사소통능력	22	②	수리능력	37	③	문제해결능력	52	④	자원관리능력
08	③	의사소통능력	23	③	수리능력	38	②	문제해결능력	53	④	자원관리능력
09	②	의사소통능력	24	①	수리능력	39	④	문제해결능력	54	①	자원관리능력
10	①	의사소통능력	25	④	수리능력	40	①	문제해결능력	55	②	조직이해능력
11	②	의사소통능력	26	③	수리능력	41	④	문제해결능력	56	④	조직이해능력
12	②	의사소통능력	27	②	수리능력	42	④	문제해결능력	57	①	조직이해능력
13	③	의사소통능력	28	④	수리능력	43	④	문제해결능력	58	③	조직이해능력
14	④	의사소통능력	29	④	수리능력	44	④	문제해결능력	59	④	조직이해능력
15	④	의사소통능력	30	④	수리능력	45	①	문제해결능력	60	②	조직이해능력

취약 영역 분석표

영역별로 맞힌 개수와 정답률을 적고 나서 취약한 영역이 무엇인지 파악해 보세요.
정답률이 60% 미만인 취약한 영역은 틀린 문제를 다시 풀어보면서 확실히 극복하세요.

영역	의사소통능력	수리능력	문제해결능력	자원관리능력	조직이해능력	TOTAL
맞힌 개수	/16	/15	/15	/8	/6	/60
정답률	%	%	%	%	%	%

※ 정답률(%) = (맞힌 개수/전체 개수) × 100

해설

01 의사소통능력   정답 ③

밑줄 친 단어는 그녀의 향수 냄새가 아주 진했다는 의미로 쓰였으므로 일정한 공간에 냄새가 가득 차 보통 정도보다 강하다는 의미의 ③이 적절하다.

오답 체크
① 그윽하다: 느낌이 은근하다
② 은은하다: 냄새가 진하지 않고 그윽하다
④ 싱그럽다: 싱싱하고 맑은 향기가 있다

02 의사소통능력   정답 ③

밑줄 친 단어는 위험이나 사고가 생길 염려가 없다는 의미로 쓰였으므로 해로움이나 손실이 생길 우려가 있다는 의미의 ③이 적절하다.

오답 체크
① 평안(平安): 걱정이나 탈이 없음
② 불편(不便): 어떤 것을 사용하거나 이용하는 것이 거북하거나 괴로움
④ 균일(均一): 한결같이 고름

03 의사소통능력   정답 ①

밑줄 친 단어는 기쁨이라는 감정이 가득했다는 의미로 쓰였으므로 감정이나 기운 따위가 가득하게 된다는 의미의 ①이 적절하다.

오답 체크
② 일정한 공간에 사람, 사물, 냄새 따위가 더 들어갈 수 없이 가득하게 되다
③ 어떤 대상이 흡족하게 마음에 들다
④ 정한 수량, 나이, 기간 따위가 다 되다

04 의사소통능력   정답 ②

밑줄 친 부분은 야구 경기에서 삼진으로 상대 팀의 타자를 물러나게 했다는 의미로 쓰였으므로 운동 경기 따위에서 상대를 손쉽게 물리쳤다는 의미의 ②가 적절하다.

오답 체크
① 휩쓸다: 경기 따위에서, 상·메달 따위를 모두 차지하다
③ 몰아치다: 한꺼번에 몰려 닥치다
④ 공격하다: 운동 경기나 오락 따위에서 상대편을 이기기 위해 적극적으로 행동하다

05 의사소통능력   정답 ②

제시된 의미에 해당하는 한자성어는 '轉禍爲福(전화위복)'이다.

오답 체크
① 千載一遇(천재일우): 천 년 동안 단 한 번 만난다는 뜻으로, 좀처럼 만나기 어려운 좋은 기회를 이르는 말
③ 長久之計(장구지계): 어떤 일이 오래 계속되도록 꾀하는 계책
④ 針小棒大(침소봉대): 작은 일을 크게 불리어 떠벌림

06 의사소통능력   정답 ④

빈칸 앞에서는 젊은 세대들이 경제적 문제로 인해 부모로부터 독립하려 하지 않고 있다는 내용을 말하고 있고, 이 내용을 심화하여 빈칸 뒤에서는 젊은 세대들이 경제적 문제로 인해 결혼까지 기피하고 있다는 내용을 말하고 있으므로 앞의 내용과 비슷한 내용을 추가할 때 사용하는 접속어 ④가 적절하다.

07 의사소통능력   정답 ④

빈칸이 있는 문장에서 신입사원이 업무 담당자를 잘못 기입하여 또다시 사고를 쳤다는 의미로 쓰였으므로 사고나 탈이라는 의미의 ④가 가장 적절하다.

오답 체크
① 사단(事端): 사건의 단서 또는 일의 실마리
② 사상(史上): 역사에 나타나 있는 바
③ 사태(事態): 일이 되어 가는 형편이나 상황

08 의사소통능력   정답 ③

설명서 작성법에 따르면 효과적인 내용 전달을 위해 복잡한 내용은 표나 도표를 이용하여 시각화해야 하므로 표의 내용을 모두 문장으로 풀어서 표현해야 한다는 것이 가장 적절하지 않다.

09 의사소통능력   정답 ②

짧다랗고(X) → 짤따랗고(O)
• 한글 맞춤법 제21항에 따라 용언의 어간 뒤에 자음으로 시작된 접미사가 붙어서 된 말 중에서 겹받침의 끝소리가 드러나지 않는 것은 소리대로 적는다.

10 의사소통능력   정답 ①

수학 밖에(X) → 수학밖에(O)
• 한글 맞춤법 제41항에 따라 조사는 그 앞말에 붙여 쓴다.

11 의사소통능력 정답 ②

A가 '안녕하세요. NH 호텔입니다. 무엇을 도와드릴까요?'라고 물었으며, B는 빈칸에 대해 알아보고 싶다고 대답하고 있으므로 '다음 주 월요일에 빈방이 있는지 알아보고 싶어요'가 B의 대답으로 적절하다.

오답 체크
① 1인 또는 2인
③ 객실 예약
④ 빈방이 있다는 것

12 의사소통능력 정답 ②

음료를 주문받는 점원에게 콜라를 주문한 후 주문한 음료의 가격을 지불하는 내용의 대화이므로 '(B) 음료는 무엇으로 주문하시겠습니까? → (C) 콜라로 주세요. → (D) 2천 원입니다. → (A) 네, 여기 있습니다.' 순으로 연결되어야 한다.

13 의사소통능력 정답 ③

지문 전체에서 사구의 이동성 여부, 형성 장소, 형태 등의 기준에 따라 사구를 분류 및 구분하여 설명하고 있다.

14 의사소통능력 정답 ④

이 글은 어떠한 대비도 없이 막연히 곧 풀려나리란 기대를 하던 동료들은 반복되는 좌절과 상실감을 이기지 못하고 수용소에서 생을 마감한 것과 달리, 비관적인 현실을 수용하면서도 언젠가 풀려나리란 굳건한 믿음을 바탕으로 통제 가능한 일에 적절히 대처한 스톡데일은 10여 년의 포로 생활을 견디고 살아남을 수 있었다는 내용이므로 이 글의 주제로 가장 적절한 것은 ④이다.

오답 체크
① 포로 생활 중 동료와의 소통이 생존 비결로 꼽힌다고 하였지만, 글 전체의 내용을 포괄할 수 없으므로 적절하지 않은 내용이다.
② 막연한 기대와 희망을 품고 있던 스톡데일의 동료들은 반복되는 절망과 상실감을 견디지 못하여 수용소 내에서 생을 마감했다고 하였지만, 실현되기 어려운 상황을 상상하지 않는 것의 이로움에 대해서는 다루고 있지 않으므로 적절하지 않은 내용이다.
③ 통제 불가능한 현실에서 무조건적으로 긍정적 사고를 하는 것의 이점에 대해서는 다루고 있지 않으므로 적절하지 않은 내용이다.

15 의사소통능력 정답 ④

인공호흡기를 착용하고 있는 환자가 딸꾹질을 하면 전체 호흡 순환에 문제가 생겨서 호흡성 알칼리증이 발병할 수 있다고 하였으므로 인공호흡기를 쓴 환자가 딸꾹질을 할 경우 전체 호흡 순환에 이상이 생길 가능성이 있음을 알 수 있다.

오답 체크
① 급성 혹은 일과성 딸꾹질은 큰 문제 없이 약간 불편한 정도에 그치며 저절로 멎는다고 하였으며, 지속성 딸꾹질과 난치성 딸꾹질이 특정 질환의 증상일 수 있어서 병원에서 검사를 받아볼 필요가 있다고 하였으므로 적절하지 않은 내용이다.
② 동맥에 이산화탄소가 적을수록 딸꾹질 횟수가 늘어나기 때문에 숨을 참으면 이산화탄소 농도가 높아져서 딸꾹질이 멎거나 횟수가 줄어든다고 하였으므로 적절하지 않은 내용이다.
③ 딸꾹질은 인간을 포함한 포유류에서 나타나는 증상이라고 하였으며, 유아나 소아, 성인보다 신생아에게 더 빈번하게 발생한다고 하였으므로 적절하지 않은 내용이다.

16 의사소통능력 정답 ④

'임신 및 출산휴가'에 따르면 쌍둥이와 같이 한 번에 둘 이상의 자녀를 임신한 사원은 총 120일의 출산전후휴가를 받게 되며 출산 후의 휴가 기간이 60일 이상이 되어야 하므로 쌍둥이를 임신하고 출산 전에 45일의 휴가를 사용하게 될 경우 출산 후에는 75일의 휴가가 주어지게 된다.

따라서 쌍둥이를 임신한 사원이 출산 전에 45일의 휴가를 사용할 경우 출산 후에 45일의 휴가가 주어진다는 답변이 가장 적절하지 않다.

17 수리능력 정답 ③

작업량=시간당 작업량×시간임을 적용하여 구한다.
미혜의 시간당 작업량을 x, 준호의 시간당 작업량을 y라고 하면 미혜와 준호가 함께 90분 동안 개표하여 완료할 예정이었으므로

$(x+y) \times \frac{3}{2} = 1 \rightarrow x+y = \frac{2}{3}$ ⋯ ⓐ

그러나 두 명 모두 조별 과제를 수행하기 위해 1명씩 하되, 준호가 1시간, 미혜가 2시간 동안 개표하여 완료하였으므로

$2x+y=1 \rightarrow y=1-2x$ ⋯ ⓑ

ⓑ를 ⓐ에 대입하면

$x+(1-2x)=\frac{2}{3} \rightarrow x=\frac{1}{3}$

따라서 미혜의 시간당 작업량이 $\frac{1}{3}$이므로 미혜가 혼자 전체 투표 용지를 개표할 때 걸리는 시간은 3시간이다.

18 수리능력 정답 ④

호수 둘레를 따라 6m 간격으로 심긴 가로수는 $\frac{696}{6}=116$그루이고, 8m 간격으로 조정할 때 필요한 가로수는 $\frac{696}{8}=87$그루이므로 제거하는 가로수는 $116-87=29$그루이다.
이때, $6=2 \times 3$과 $8=2^3$의 최소공배수에 해당하는 $2^3 \times 3 = 24$m 간격으로 심긴 가로수를 옮겨 심지 않아야 옮겨 심는 가로수의 수가 최소가 되므로, 한 가로수를 기준으로 24m 간격으로 심긴 가로수 $\frac{696}{24}=29$그루는 옮겨 심지 않는다.
따라서 옮겨 심어야 하는 가로수는 최소 $87-29=58$그루이다.

19 수리능력　　　　정답 ①

선분 AC를 회전축으로 하는 회전체는 원뿔이다.

원뿔의 부피 $=\frac{1}{3}\pi r^2 h$이므로 $\frac{1}{3}\pi r^2 \times 12 = 4\pi r^2 = 100\pi$

$\rightarrow r^2 = 25 \rightarrow r = \pm 5$

이때 $r > 0$이므로 $r = 5$

피타고라스의 정리를 적용하면 $\overline{AB}^2 = \overline{BC}^2 + \overline{AC}^2 = 5^2 + 12^2 =$ $169 = 13^2$

따라서 선분 AB의 길이는 13cm이다.

20 수리능력　　　　정답 ③

회원권을 끊은 처음 한 달 동안 회원이 수영장을 이용하는 횟수를 x라고 하면

첫 달에 회원이 사용하는 비용은 $30,000 + 5,000 \times (1-0.3)$ $\times (x-5) = 30,000 + 3,500(x-5)$이고,

한 달 동안 비회원이 사용하는 비용은 $5,000 \times x$이다.

회원이 비회원보다 이득을 보려면 회원이 사용하는 비용이 비회원보다 적어야 하므로

$30,000 + 3,500(x-5) < 5,000x \rightarrow x > 8.33\cdots$

따라서 회원권을 끊은 처음 한 달 동안 회원은 수영장을 최소 9번 이용해야 비회원보다 이득이다.

21 수리능력　　　　정답 ②

A 이용권 구매 시 5인의 총 지불 금액은 $(40,000 \times 0.8 \times 0.9$ $\times 4) + (40,000 \times 0.8 \times 1) = 147,200$원이고,

B 이용권 구매 시 5인의 총 지불 금액은 $\{45,000 \times (5-1)\} -$ $(45,000 \times 0.5 \times 1) = 157,500$원이다.

따라서 A 이용권을 구매하는 것이 유리하며 이때의 총 지불 금액은 147,200원이다.

22 수리능력　　　　정답 ②

현재 동생 나이를 x라고 하면

20년 전 아버지 나이는 $3(x-20)$이고, 1년 후 아버지 나이는 $2(x+1)-60$이다. 이때, 20년 전 아버지 나이에서 21년 후 아버지 나이는 $3(x-20)+21$로 1년 후 아버지의 나이와 같다.

$3(x-20)+21 = 2(x+1)-6 \rightarrow x = 35$

1년 후 아버지 나이는 $2(35+1)-6 = 66$세이므로 현재 아버지 나이는 65세이다.

따라서 현재 아버지와 동생의 나이 차는 $65-35 = 30$살이다.

23 수리능력　　　　정답 ③

배송하려는 물건의 무게를 x라고 하면 갑의 배송비는 $2,500$ $+800(x-5)$이고, 을의 배송비는 $4,500 + 500(x-5)$이다.

$2,500 + 800(x-5) > 4,500 + 500(x-5)$

$\rightarrow 300x > 3,500 \rightarrow x > \frac{35}{3} = 11.66\cdots$

따라서 5kg 이상의 물건을 배송하려고 할 때, 을의 배송비가 갑보다 저렴하려면 배송할 물건의 무게는 최소 12kg이어야 한다.

24 수리능력　　　　정답 ①

원금을 a, 최종적으로 발생한 이익의 비율을 x라고 하면

$a\left(1+\frac{x}{100}\right) = a(1+0.12)(1-0.05)$

$\rightarrow \frac{x}{100} = 1.12 \times 0.95 - 1 \rightarrow x = 6.4$

따라서 A는 최종적으로 원금의 6.4% 이익을 본다.

25 수리능력　　　　정답 ④

1일에 저축하고 상환금을 낸 나머지 금액에서 생활비로 사용한 비율을 x라고 하면

1일에 저축한 금액은 $300 \times 0.4 = 120$만 원이고, 상환금이 60만 원이므로 나머지 금액은 $300-120-60 = 120$만 원이다.

이때, 저축률이 50% 이상이므로 $\dfrac{120 + 120 \times \left(1-\frac{x}{100}\right)}{300} \geq 0.5$

$\rightarrow 120 + 120 - \frac{120}{100}x \geq 150 \rightarrow x \leq 75$

따라서 1일에 저축하고 상환금을 낸 나머지 금액에서 생활비로 사용한 비율은 최대 75%이다.

26 수리능력　　　　정답 ③

전체 평균 $= \dfrac{\text{전체 점수의 합}}{\text{전체 학생 수}}$임을 적용하여 구한다.

초등학교 각 반의 학생 수는 50명으로 같기 때문에 전체 평균은 세 반의 평균 점수의 평균과 같다.

초등학교 전체 받아쓰기 평균

$= \dfrac{\text{세 반 평균 점수의 합}}{3} = \dfrac{60+95+85}{3} = 80$점

따라서 초등학교 전체의 평균 받아쓰기 점수는 80점이다.

27 수리능력　　　　정답 ②

제시된 각 숫자 간의 값이 $+1$, $\times 2$, $+2$, $\times 4$, $+3$, $\times 6$, $\cdots$으로 변화하므로 빈칸에 들어갈 알맞은 숫자는 '-2'이다.

28 수리능력　　　　정답 ④

제시된 각 숫자 간의 값이 -6, $\times 2$, -5, $\times 2$, -4, $\times 2$, $\cdots$로 변화하므로 빈칸에 들어갈 알맞은 숫자는 '2'이다.

29 수리능력　　　　정답 ④

제시된 각 문자를 알파벳 순서에 따라 숫자로 변경한다.

D H J E C F H (D)
4 8 10 5 3 6 8 (4)

각 숫자 간의 값이 $\times 2$, $+2$, $\div 2$, -2로 반복되므로 빈칸에 들어갈 알맞은 문자는 숫자 4에 해당하는 'D'이다.

30 수리능력 정답 ④

2016년 평균 근속연수의 전년 대비 증가율은 $\{(6.4-6.2)/$ $6.2\} \times 100 ≒ 3.2\%$로 2015년 평균 근속연수의 전년 대비 증가율인 $\{(6.2-6.0)/6.0\} \times 100 ≒ 3.3\%$보다 낮으므로 옳지 않은 설명이다.

오답 체크
① 근로자의 평균 연령이 처음으로 감소한 2014년에 대졸 이상 근로자의 상대적 임금지수는 153.8로 전년 대비 증가했으므로 옳은 설명이다.
② 고졸 근로자의 상대적 임금지수는 항상 100.0으로 중졸 이하 근로자의 상대적 임금지수가 가장 높은 2010년에 임금지수 격차가 가장 작으므로 옳은 설명이다.
③ 2012년부터 2016년까지 근로자의 평균 연령과 평균 근속연수는 모두 전년 대비 증가, 증가, 감소, 증가, 증가했으므로 옳은 설명이다.

31 수리능력 정답 ①

2022년 외국인 유학생 수=2021년 외국인 유학생 수×{1+ (2022년 외국인 유학생 수의 전년 대비 증감률/100)}임을 적용하여 구한다.
2021년 중국의 외국인 유학생 수는 66,468명이고, 2022년 중국의 외국인 유학생 수의 전년 대비 증감률은 0.4%이므로 2022년 중국의 외국인 유학생 수는 66,468×(1+0.004) ≒ 66,734명이다. 또한, 2021년 대만의 외국인 유학생 수는 2,163명이고, 2022년 대만의 외국인 유학생 수의 전년 대비 증감률은 −0.1%이므로 2022년 대만의 외국인 유학생 수는 2,163× (1−0.001) ≒ 2,161명이다.
따라서 2022년 중국과 대만의 외국인 유학생 수의 차이는 66,734−2,161 ≒ 64,573명이다.

32 문제해결능력 정답 ③

사물과 세상을 바라보는 인식의 틀을 전환하여 새로운 관점에서 바라보는 사고를 지향하는 사고방식인 '발상의 전환'이다.

오답 체크
① 전략적 사고: 현재 당면하고 있는 문제와 그 해결 방법에만 집착하지 않고, 그 문제와 해결 방법이 상위 시스템 또는 다른 문제와 어떻게 연결되어 있는지 생각하는 사고방식
② 분석적 사고: 전체를 각각의 요소로 나누어 그 요소의 의미를 도출한 다음 우선순위를 부여하고 구체적인 문제 해결 방법을 실행하는 것이 요구되는 사고방식
④ 내·외부자원의 활용: 문제해결 시 기술, 재료, 방법, 사람 등 필요한 자원 확보 계획을 수립하고 내·외부자원을 효과적으로 활용하는 사고방식

더 알아보기

분석적 사고
분석적 사고는 성과지향의 문제, 가설지향의 문제, 사실지향의 문제에 따른 분석적 사고가 요구된다.

성과지향의 문제	기대하는 결과를 명시하고 효과적으로 달성하는 방법을 사전에 구상하여 해결
가설지향의 문제	현상 및 원인 분석 전에 지식과 경험을 바탕으로 일의 과정이나 결과, 결론을 가정한 다음 검증 후 사실일 경우 다음 단계의 일을 수행하여 해결
사실지향의 문제	업무에서 일어나는 상식, 편견을 타파하여 객관적 사실로부터 사고와 행동을 시작하여 해결

33 문제해결능력 정답 ③

반려동물을 키우는 모든 사람이 마당이 있는 집에 산다는 것은 마당이 있는 집에 살지 않는 모든 사람이 반려동물을 키우지 않는다는 것이므로 반려동물을 키우지 않으면서 청소를 자주 하지 않는 어떤 사람이 존재하면 마당이 있는 집에 살지 않으면서 청소를 자주 하는 사람과 자주 하지 않는 사람이 존재할 수 있다.
따라서 '마당이 있는 집에 살지 않으면서 청소를 자주 하는 사람이 있을 수 있다.'가 타당한 결론이다.

오답 체크
반려동물을 키우지 않는 사람을 A, 마당이 있는 집에 살지 않는 사람을 B, 청소를 자주 하지 않는 사람을 C라고 하면
①, ④ 반려동물을 키우는 모든 사람이 마당이 있는 집에 산다는 것은 마당이 있는 집에 살지 않는 모든 사람이 반려동물을 키우지 않는다는 것이고, 반려동물을 키우지 않는 어떤 사람이 청소를 자주 하지 않으면 마당이 있는 집에 살지 않는 어떤 사람이 청소를 자주 하거나 청소를 자주 하는 어떤 사람이 마당이 있는 집에 살지 않을 수도 있으므로 반드시 참인 결론은 아니다.

② 반려동물을 키우는 모든 사람이 마당이 있는 집에 산다는 것은 마당이 있는 집에 살지 않는 모든 사람이 반려동물을 키우지 않는다는 것이고, 반려동물을 키우지 않는 어떤 사람이 청소를 자주 하지 않으면 청소를 자주 하는 모든 사람이 마당이 있는 집에 살 수도 있으므로 반드시 참인 결론은 아니다.

34 문제해결능력 　　　　　　　　　정답 ②

한식을 요리할 줄 아는 사람 중에는 일식도 요리할 줄 아는 사람이 있으므로 한식을 요리할 줄 아는 사람이 모두 요리사라면 한식을 요리할 줄 아는 요리사 중에 일식을 요리할 줄 아는 사람이 반드시 존재하게 된다.

따라서 '한식을 요리할 줄 아는 사람은 모두 요리사이다.'가 타당한 전제이다.

> [오답 체크]
>
> 한식을 요리할 줄 아는 사람을 A, 일식을 요리할 줄 아는 사람을 B, 요리사를 C라고 하면
>
> ① 모든 요리사가 한식을 요리할 줄 알고, 한식을 요리할 줄 아는 사람 중에 일식도 요리할 줄 아는 사람이 있으면 모든 요리사가 일식을 요리할 줄 모를 수도 있으므로 결론이 반드시 참이 되게 하는 전제가 아니다.
>
>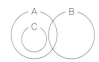
>
> ③ 한식을 요리할 줄 아는 사람 중에 일식도 요리할 줄 아는 사람이 있고, 모든 요리사가 한식을 요리할 줄 모르면 모든 요리사가 일식을 요리할 줄 모를 수도 있으므로 결론이 반드시 참이 되게 하는 전제가 아니다.
>
>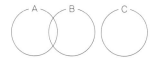
>
> ④ 한식을 요리할 줄 아는 사람 중에 일식도 요리할 줄 아는 사람이 있고, 한식을 요리할 줄 아는 요리사가 존재하면 모든 요리사가 일식을 요리할 줄 모를 수도 있으므로 결론이 반드시 참이 되게 하는 전제가 아니다.
>
>

35 문제해결능력 　　　　　　　　　정답 ④

첫 번째 명제와 다섯 번째 명제의 '대우'를 차례로 결합한 결론은 다음과 같다.

- 첫 번째 명제: 어떤 암벽 등반가는 리더십을 잘 발휘하고 끈기가 있다.
- 다섯 번째 명제(대우): 끈기가 있는 모든 사람은 변화를 두려워하지 않는다.

따라서 어떤 암벽 등반가는 변화를 두려워하지 않으므로 항상 참인 설명이다.

> [오답 체크]
>
> ① 네 번째 명제와 세 번째 명제의 대우에 따르면 다재다능한 어떤 사람은 목표를 이루기 위해 끊임없이 노력하고, 목표를 이루기 위해 끊임없이 노력하는 모든 사람이 자신감이 높아 다재다능한 어떤 사람은 자신감이 높지 않을 수도 있으므로 항상 참인 설명은 아니다.

② 세 번째 명제의 대우와 여섯 번째 명제에 따르면 목표를 이루기 위해 끊임없이 노력하는 모든 사람은 자신감이 높고, 자신감이 높은 모든 사람은 변화를 두려워하지 않아 목표를 이루기 위해 끊임없이 노력하는 모든 사람은 변화를 두려워하지 않으므로 항상 거짓인 설명이다.

③ 두 번째 명제와 네 번째 명제와 세 번째 명제의 대우에 따르면 리더십을 잘 발휘하는 모든 사람은 다재다능하고, 다재다능한 어떤 사람은 목표를 이루기 위해 끊임없이 노력하며, 목표를 이루기 위해 끊임없이 노력하는 모든 사람은 자신감이 높아 리더십을 잘 발휘하는 모든 사람이 자신감이 높을 수도 있으므로 항상 참인 설명은 아니다.

36 문제해결능력 　　　　　　　　　정답 ②

제시된 조건에 따르면 기간이 가장 짧은 축제부터 참여일을 우선적으로 결정하므로 부천, 군포, 과천, 고양과 이천, 양평 순으로 축제에 참여할 날짜를 결정한다. 모든 축제는 토요일에 참여할 예정이며 부천 진달래축제의 경우 4/8~4/9에 진행되므로 4월 8일에 참여하고, 군포 철쭉축제의 경우 4/28~4/30에 진행되므로 4월 29일에 참여한다. 과천 벚꽃축제의 경우 4/10~4/20에 진행되므로 4월 15일에 참여하며, 고양 국제꽃축제와 이천 도자기축제는 같은 기간인 4/28~5/14에 진행되므로 '꽃'과 관련된 고양 국제꽃축제를 5월 6일에 참여하고, 이천 도자기축제를 5월 13일에 참여한다. 기간이 가장 긴 양평 딸기축제는 마지막으로 참여해야 하므로 5월 20일 또는 5월 27일에 참여한다.

37 문제해결능력 　　　　　　　　　정답 ③

제시된 조건에 따르면 체험 학습비는 5,000원 단위로 유료였으며, 4명 모두 하루에 1가지 이상의 체험 학습에 참여하였다. 또한, 일요일에 A와 C가 낸 금액의 평균은 35,000원이었으므로 두 사람이 낸 금액은 총 35,000 × 2 = 70,000원이다. 이때, A는 토요일과 일요일 모두 D보다 10,000원을 더 냈고, 하루에 1가지 이상의 체험 학습에 참여했으므로 A는 일요일에 최소 15,000원을 냈고, C는 최대 70,000 - 15,000 = 55,000원을 냈음을 알 수 있다. 토요일에 C가 낸 금액이 15,000원이고, B가 이틀 동안 낸 총 금액은 30,000원이므로 이틀 동안 B와 C가 냈을 최대 금액은 100,000원이고, A와 D가 냈을 최소 금액은 100,000원이다.

따라서 A는 D보다 총 20,000원을 더 냈으므로 A가 체험 학습에 참여하면서 이틀 동안 냈을 최소 금액은 {(100,000 - 20,000) / 2} + 20,000 = 60,000원이다.

38 문제해결능력 　　　　　　　　　정답 ②

제시된 [행사 인원 배치 규칙]에 따르면 이틀 연속으로 행사 인원에 배치될 수 없으며, A는 하루 이상, D, E는 월요일에는 반드시 배치되어야 한다. 이때, 5일 동안 행사 진행에 참여하는 전체 인원은 최소로 배치해야 하므로 하루 이상 배치되어야 하는 A와 D를 월요일, 수요일, 금요일 총 3일 동안 배치한다. 또한, 화요일과 목요일도 서로 동일한 사람을 배치해야 5일 동안 행사 진행에 참여하는 전체 인원을 최소로 배

해커스 지역농협 6급 NCS 기출동형모의고사

치할 수 있다. 이때, 연구개발팀에서 매일 1명 이상 배치되어야 하므로 B와 C 중 1명을 선택하고, 매일 2명 이상이 배치되어야 하는 마케팅팀 F, G, H, I 중 2명을 선택하여 화요일과 목요일에 배치하며, 화요일과 목요일에 배치된 마케팅팀 2명을 제외한 나머지 인원 중 1명을 수요일과 금요일에 배치한다. 이에 따라 월요일부터 금요일까지 5일 동안 행사 진행에 참여하는 전체 인원을 최소로 배치하면 총 7명이며, 7명을 휴가 및 출장 일정, 행사 인원 배치 규칙에 위배되지 않게 배치한 것은 ②이다.

오답 체크
① A는 목요일에 휴가로 목요일 행사 진행에 참여할 수 없다.
③ 연구개발팀 팀장인 A는 반드시 하루 이상 배치되어야 하며, E는 화요일부터 금요일까지 출장이므로 수요일 행사 진행에 참여할 수 없다.
④ 행사 진행에 참여하는 전체 인원을 최소로 배치하면 7명이 되어야 한다.

39 문제해결능력   정답 ④

제시된 조건에 따르면 한 회사당 2명씩 입사 지원을 했으며, c와 e는 같은 회사에 지원했다. 이때 f가 A 사에 지원했으므로 c와 e는 B 사 또는 C 사에 지원했음을 알 수 있다. 만약 a와 f가 같은 회사에 지원하지 않았다면 a는 c와 e가 지원하지 않은 나머지 한 회사에 지원하게 된다. 이때 c와 e가 B 사에 지원했다면 b가 C 사에 지원하지 않았으므로 d는 C 사에 지원하게 된다. 또한, c와 e가 C 사에 지원했다면 a는 B 사에 지원하였고 이에 따라 d는 A 사 또는 B 사에 지원하게 된다. 따라서 a와 f가 같은 회사에 지원하지 않았을 때, d가 지원하는 회사는 A 사, B 사, C 사가 모두 가능하여 한 곳으로 결정되지 않음을 알 수 있다.

40 문제해결능력   정답 ①

제시된 조건에 따르면 C는 거짓을 말하고 있다는 E의 진술에 따라 E의 진술이 진실이면 C의 진술은 거짓이고, E의 진술이 거짓이면 C의 진술은 진실임을 알 수 있다. 먼저 E의 진술이 진실인 경우, A가 입사하게 되었다는 C의 진술은 거짓이므로 A는 최종 면접에 불합격했다. 이때, D가 최종 면접에 합격했다는 A의 진술이 거짓이면 E는 입사할 수 없다는 B의 진술과 B와 C는 최종 면접에 불합격했다는 D의 진술이 진실이 되어 최종 면접에 합격한 사람이 없으므로 최종 면접에 합격한 사람이 1명이라는 조건에 모순된다. B의 진술이 거짓이면 A의 진술은 진실이 되어 최종 면접에 합격한 사람은 D와 E가 되므로 마찬가지로 최종 면접에 합격한 사람이 1명이라는 조건에 모순된다. 또한, D의 진술이 거짓이면 A의 진술은 진실이 되어 B 또는 C 중 1명과 D가 최종 면접에 합격하여 최종 면접에 합격한 사람이 1명이라는 조건에 모순되므로 E의 진술이 진실일 수 없다. 다음으로 E의 진술이 거짓인 경우, C의 진술은 진실이므로 A가 최종 면접에 합격하였고, A의 진술은 거짓이 되며, B와 D의 진술은 진실이 된다.

구분	A	B	C	D	E
진술	거짓	진실	진실	진실	거짓
면접	합격	불합격	불합격	불합격	불합격

따라서 최종 면접에 합격한 사람은 A이다.

41 문제해결능력   정답 ④

제시된 조건에 따르면 6명은 동시에 출발했으며, 결승선을 동시에 통과한 사람은 없었다. 또한, 김형진과 권혜민의 순위 사이에는 2명이 있고, 변혜라는 김하진 바로 다음 순서로, 정권식은 권세령보다 늦게 결승선을 통과했다. 김형진 또는 권혜민이 각각 3위 또는 6위일 경우 변혜라 또는 정권식이 2위가 되지만 이는 2위로 결승선을 통과한 사람이 권세령 또는 김하진이라는 조건에 모순되므로 김형진과 권혜민은 각각 1위 또는 4위이다. 이때, 결승선을 가장 먼저 통과한 사람은 권혜민이 아니므로 김형진이 1위, 권혜민이 4위이다. 2위인 사람에 따라 가능한 경우는 다음과 같다.

경우 1. 권세령이 2위일 경우

1위	2위	3위	4위	5위	6위
김형진	권세령	정권식	권혜민	김하진	변혜라

경우 2. 김하진이 2위일 경우

1위	2위	3위	4위	5위	6위
김형진	김하진	변혜라	권혜민	권세령	정권식

따라서 김하진이 2위, 정권식이 6위일 경우 변혜라는 3위임을 알 수 있다.

42 문제해결능력   정답 ④

축산물은 6개 지역을 빠짐없이 한 번씩만 거쳐 유통되고, C 지역에서 출발하여 그다음으로 B 지역을 거쳐 마지막으로 A 지역에 최종 도달하는 경로 중 E 지역을 네 번째 순서로 거쳐 가지 않는 경로와 유통비용은 다음과 같다.

경로 1. 'C → B → D → F → E → A'로 이동하는 경우
35+20+31+4+11=101만 원/100톤

경로 2. 'C → B → E → D → F → A'로 이동하는 경우
35+13+10+31+5=94만 원/100톤

경로 3. 'C → B → E → F → D → A'로 이동하는 경우
35+13+4+31+3=86만 원/100톤

경로 4. 'C → B → F → D → E → A'로 이동하는 경우
35+21+31+10+11=108만 원/100톤

따라서 경로 3을 통해 축산물을 유통할 때, 유통비용이 86만 원/100톤으로 최소이다.

43 문제해결능력 정답 ②

ⓒ 회원 을의 출석 횟수가 20회이고, 작성한 게시글 수가 15개이며, 댓글 수가 30개일 경우 을은 브론즈 등급의 조건을 모두 충족하지만, 실버 등급의 출석 횟수 조건인 30회를 충족하지 못하여 브론즈 등급을 받게 되므로 옳은 내용이다.

ⓒ 회원 병의 출석 횟수가 150회이고, 작성한 게시글 수가 20개이며, 댓글 수가 80개일 경우 병은 VIP 등급의 조건을 모두 충족하여 VIP 등급을 받게 되므로 옳은 내용이다.

오답 체크

ⓐ 회원 갑의 출석 횟수가 50회이고, 작성한 게시글 수가 17개이며, 댓글 수가 80개일 경우 갑은 실버 등급의 조건을 모두 충족하지만, 골드 등급의 출석 횟수 조건인 60회를 충족하지 못하여 실버 등급을 받게 되므로 옳지 않은 내용이다.

ⓓ 회원 갑은 작성한 게시글 수가 17개로 VIP 등급의 게시글 작성 기준인 20개를 충족하지 않으며, 회원 을은 작성한 댓글 수가 30개로 VIP 등급의 댓글 작성 기준인 70개를 충족하지 않는다. 이때, 회원 병은 VIP 등급의 출석 횟수 기준을 충족하므로 작성한 게시글 수가 20개 이상이고, 댓글 수가 70개 이상일 경우 VIP 등급을 받게 된다. 이에 따라 현재 상황에서 갑, 을, 병이 받을 수 있는 가장 높은 등급은 갑과 을이 골드 등급, 병은 VIP 등급이므로 옳지 않은 내용이다.

⏱ 빠른 문제 풀이 Tip

간단한 계산으로 결론을 빠르게 도출할 수 있는 보기를 먼저 소거하는 방법을 통해 문제 풀이 시간을 단축할 수 있다.
ⓓ [상황]의 '?'를 고려하지 않고도 풀이할 수 있으므로 가장 먼저 결론을 도출하여 소거한 뒤 순차적으로 풀이한다.

44 문제해결능력 정답 ④

문제를 해결하기 위해 개인에게 요구되는 기본 요소는 체계적인 교육 훈련, 문제 해결 방법에 대한 지식, 문제 관련 지식에 대한 가용성, 문제 해결자의 도전 의식과 끈기, 문제에 대한 체계적인 접근이다.

45 문제해결능력 정답 ①

제시된 조건에 따르면 환승은 하차한 역에서 출발하는 기차로만 가능하므로 KTX와 새마을호 두 기차의 공통 정차역인 대전역과 동대구역에서만 환승이 가능하다. 이에 따라 서울역, 대전역, 동대구역, 부산역 사이의 거리를 각각 비교하여 더 짧은 거리를 이동하는 기차를 이용하면 된다. 4개 역 사이의 거리를 계산하면 다음과 같다.

구분	KTX	새마을호
서울역~대전역	159km	166km
대전역~동대구역	286－159＝127km	326－166＝160km
동대구역~부산역	471－286＝185km	441－326＝115km

따라서 지훈이가 서울역에서 부산역까지 기차로 이동할 수 있는 최단 거리는 서울역에서 동대구역까지 KTX를 이용하고, 동대구역에서 부산역까지 새마을호를 이용한 286＋115＝401km이다.

46 문제해결능력 정답 ①

제시된 [건물별 정보]의 '공사 기간'과 '공사 비용'에 따라 건물별 공사 전체 비용을 계산하면 A 건물은 16×34＝544만 원, B 건물은 9×48＝432만 원, C 건물은 12×42＝504만 원, D 건물은 11×41＝451만 원이다. 이에 따라 건물별 입점 평가 점수를 나타내면 다음과 같다.

구분	A 건물	B 건물	C 건물	D 건물
월세 비용	2점	3점	1점	4점
학교 거리	3점	1점	4점	4점
공사 기간	4점	1점	2점	3점
공사 전체 비용	2점	4점	2점	3점

이에 따라 건물별 총점을 계산하면
A 건물은 (2×0.2)＋(3×0.4)＋(4×0.1)＋(2×0.3)＝2.6점,
B 건물은 (3×0.2)＋(1×0.4)＋(1×0.1)＋(4×0.3)＝2.3점,
C 건물은 (1×0.2)＋(4×0.4)＋(2×0.1)＋(2×0.3)＝2.6점,
D 건물은 (4×0.2)＋(4×0.4)＋(3×0.1)＋(3×0.3)＝3.6점이다.
이때, 건물이 도로변에 위치한 A 건물에 1점을 가산하면 A 건물의 총점은 3.6점이므로 A 건물과 D 건물의 총점이 3.6점으로 가장 높다. 총점이 같을 경우 공사 기간, 학교 거리, 공사 전체 비용, 월세 비용 순으로 우선순위를 두므로 A 건물과 D 건물의 공사 기간 점수를 비교하면 A 건물의 점수가 D 건물의 점수보다 더 높다.
따라서 귀하가 갑으로부터 추천받게 될 건물은 A 건물이다.

47 자원관리능력 정답 ④

김 대리의 2021년 월 급여액은 2020년보다 15% 인상되어 2,875,000원이 되었으므로 2020년 월 급여액은 2,875,000/1.15＝2,500,000원이다. 또한, 2020년 성과 평가 점수는 (74×0.7)＋(63×0.3)＝70.7점으로 C 등급이고, 2020년에 직위는 사원이었으므로 5급의 성과급 지급률 45%가 적용되어 2020년에 지급받은 성과급은 2,500,000×0.45＝1,125,000원이다. 2021년 성과 평가 점수는 (82×0.7)＋(77×0.3)＝80.5점으로 B 등급이고, 2021년에 직위는 대리이므로 4급의 성과급 지급률 85%가 적용되어 2021년에 지급받은 성과급은 2,875,000×0.85＝2,443,750원이다.
따라서 2021년과 2020년에 지급받은 성과급의 차이는 2,443,750－1,125,000＝1,318,750원이다.

48 자원관리능력 　　　　　　　　　　　정답 ②

[사무용품 신청 안내]에 따르면 반납 후 신청 가능한 물품이 반납완료되지 않은 경우 신청 내역은 자동 이월된다고 하였으므로 [연구팀 10월 사무용품 신청 내역서]에서 물품이 반납 완료되지 않은 차정환이 신청한 검은색 보드마카 3개는 이월된다. 이에 따라 연구팀이 10월에 신청한 검은색 보드마카는 총 2개로 계산되고, [물품 재고 내역]에 따르면 검은색 보드마카는 총 3개의 재고가 있으므로 검은색 보드마카는 10월에 새로 구매해야 하는 물품으로 적절하지 않다.

49 자원관리능력 　　　　　　　　　　　정답 ④

구직자 김혜진과 한재연은 D 기업의 채용 조건을 충족하고, 한지율과 황민규는 B 기업, 최민은 C 기업, 이재원은 A 기업의 채용 조건을 충족한다.
따라서 공개 이력서를 올린 구직자 12명 중 면접 제의를 받게 될 구직자는 총 6명이다.

50 자원관리능력 　　　　　　　　　　　정답 ①

직접비용에 해당하는 항목은 ㉠, ㉡, ㉣이다.

오답 체크

㉢, ㉤, ㉥은 간접비용에 해당한다.

알아보기

간접비용과 직접비용

간접비용	제품을 생산하거나 서비스를 창출하기 위해 소비된 비용 중에서 직접비용을 제외한 비용 예 보험료, 건물관리비, 광고비, 통신비, 사무비품비, 각종 공과금 등
직접비용	제품 생산 또는 서비스를 창출하기 위해 직접 소비된 것으로 여겨지는 비용 예 재료비, 원료와 장비, 시설비, 인건비 등

51 자원관리능력 　　　　　　　　　　　정답 ②

분업을 진행할 경우, 다른 사람과 함께 업무를 진행하지 않고 각자의 업무에 집중하여 협동하는 마음이 줄어드는 경향이 있으므로 가장 적절하다.

52 자원관리능력 　　　　　　　　　　　정답 ④

기업의 입장에서 작업 소요 시간의 단축으로 인해 얻을 수 있는 효과에는 생산성 향상, 가격 인상, 위험 감소, 시장 점유율 증가가 있으므로 가장 적절하지 않다.

오답 체크

② 기업의 입장에서 일을 수행할 때 소요되는 시간을 단축함으로써 비용이 절감되고, 상대적으로 이익이 늘어남으로써 사실상 가격 인상의 효과가 있으므로 적절하다.

53 자원관리능력 　　　　　　　　　　　정답 ④

제시된 회의록에 따르면 기획팀은 ○○프로젝트 완료일인 10월 11일(금)의 다음 근무일인 10월 14일(월)부터 10월 18일(금)까지 5일 동안 '행사 프로그램 구성' 업무를 진행하므로 적절하지 않은 판단이다.

오답 체크

① 10월 15일(화)에 기획팀은 '행사 프로그램 구성' 업무를 진행하고, 홍보팀은 '회사 홈페이지 행사 안내문 업로드' 업무 또는 '경품 목록 작성 및 필요 물품 구매' 업무를 진행하며, 디자인팀은 '현수막 도안 제작' 업무를 진행하여 세 팀의 행사 준비 업무일이 모두 중복되는 날은 10월 15일(화) 하루이므로 적절한 판단이다.
② 홍보팀은 10월 15일(화)부터 17일(목)까지 '회사 홈페이지 행사 안내문 업로드' 업무와 '경품 목록 작성 및 필요 물품 구매' 업무를 진행하며, 10월 22일(화)에 '행사 장소 사전 답사' 업무를 진행하므로 적절한 판단이다.
③ 디자인팀이 행사 준비 업무에 소요하는 기간은 '현수막 도안 제작' 업무에 3일, '팸플릿 도안 제작' 업무에 2일로 총 5일이므로 적절한 판단이다.

54 자원관리능력 　　　　　　　　　　　정답 ①

제시된 [상품 선호 순위 조사 결과]에 따르면 선호 순위가 1순위인 상품의 득표수는 A가 12+10=22명, B가 14명, C가 18명, D가 17+16+13=46명이므로 1차적으로 1순위 득표수가 많은 상위 두 가지 상품은 A, D가 된다. 상품 A, D에 한해서만 2차적으로 선호 상품을 확인하면, 집단 1은 3순위인 A를, 집단 2는 D를, 집단 3은 D를, 집단 4는 2순위인 A를, 집단 5는 D를, 집단 6과 집단 7은 A를 선호하므로 각 상품의 득표수는 A가 18+14+12+10=54명, D가 17+16+13=46명이므로 득표수가 가장 많은 상품은 A가 된다.
따라서 P 업체의 내년 판매 주력 상품으로 선정될 상품은 A이다.

55 조직이해능력 　　　　　　　　　　　정답 ②

빈칸에 들어갈 사업은 '팜스테이'이다.
팜스테이 참여 농가가 단순히 음식판매업 또는 민박업으로 전업화가 된 경우는 팜스테이마을 지정 취소기준에 해당하므로 적절하지 않다.

오답 체크

① 마을주민의 1/4 이상이 사업에 동의하고 5호 이상의 농가가 사업에 참여할 수 있어야 팜스테이마을로 지정될 수 있으므로 적절하다.
③ 마을등급제를 위한 마을 평가 결과 60점 미만의 점수를 2회 이상 받았거나, 특별한 사유 없이 2회 이상 등급 평가를 받지 않은 경우에는 팜스테이마을 지정이 취소될 수 있으므로 적절하다.
④ 사업자 대표가 농업협동조합법상의 조합원이어야 팜스테이마을으로 지정될 수 있으므로 적절하다.

56 조직이해능력 　　　　　　　　　　　정답 ④

농협의 5대 핵심가치에 해당하는 것은 ㉠, ㉡, ㉢, ㉣로 총 4개이다.

알아보기

농협의 5대 핵심가치

농업인과 소비자가 함께 웃는 유통 대변화	소비자에게 합리적인 가격으로 더 안전한 먹거리를, 농업인에게 더 많은 소득을 제공하는 유통 개혁 실현
미래 성장동력을 창출하는 디지털 혁신	4차 산업혁명 시대에 부응하는 디지털 혁신으로 농업·농촌·농협의 미래 성장동력 창출
경쟁력 있는 농업, 잘사는 농업인	농업인 영농지원 강화 등을 통한 농업 경쟁력 제고로 농업인 소득 증대 및 삶의 질 향상
지역과 함께 만드는 살고 싶은 농촌	지역사회의 구성체로서 지역사회와 협력하여 살고 싶은 농촌 구현 및 지역경제 활성화에 기여
정체성이 살아 있는 든든한 농협	농협의 정체성 확립과 농업인 실익 지원 역량 확충을 통해 농업인과 국민에게 신뢰받는 농협 구현

57 조직이해능력   정답 ①

제시된 대화에서 확인할 수 있는 직원들의 업무 및 부서는 다음과 같다.

- 김 사원이 하는 회의에서의 의전 준비, 소모품 구입 및 관리는 주로 총무부에서 담당하는 업무이다.
- 이 사원이 하는 판매 계획 수립 및 판매 예산 편성은 주로 영업부에서 담당하는 업무이다.
- 박 사원이 하는 국내외 출장 관련 협조는 주로 총무부에서 담당하는 업무이다.
- 최 주임의 팀에서 하는 퇴직관리는 주로 인사부에서 담당하는 업무이다.
- 강 주임의 팀에서 하는 재무제표 분석 및 보고는 주로 회계부에서 담당하는 업무이다.

따라서 같은 부서에 속했을 가능성이 가장 높은 직원은 '김 사원'과 '박 사원'이다.

58 조직이해능력   정답 ③

N 기업이 현재 진행 중인 A 사업은 캐시 카우(Cash cow)에 해당하므로 수확전략 또는 유지전략을 수립하는 것이 가장 적절하다.

알아보기

사업 분류별 수립 전략

사업 분류	수립 전략
물음표 (Question mark)	구축전략 또는 철수전략
별(Star)	구축전략 또는 수확전략
개(dog)	수확전략 또는 철수전략
캐시 카우(Cash cow)	수확전략 또는 유지전략

전략 유형

구분	설명
구축전략	투자를 강화하는 공격적인 전략
수확전략	투자 규모는 유지한 채 이익 회수에만 집중하는 전략
유지전략	투자 규모를 사업의 지속 및 보수가 가능한 수준으로 유지하는 전략
철수전략	투자 규모를 줄이거나 사업을 완전히 그만두는 전략

59 조직이해능력   정답 ④

환율이 상승하면 외국인들은 저렴한 비용으로 우리나라를 여행할 수 있어 한국을 여행하는 외국인이 증가할 것이므로 가장 적절한 설명이다.

알아보기

환율 상승(원화 가치 하락)의 영향
수출 증가와 수입 감소로 경상수지가 개선되고, 수입품의 가격 상승으로 국내 물가가 상승하며, 원화의 가치가 하락해 외채 상환 부담이 증가함

60 조직이해능력   정답 ②

특정 시장을 목표로 하는 경우 회사가 비교우위를 가지고 있는 부문을 특화해 집중화 전략을 펼치는 것이 바람직하므로 가장 적절하지 않은 설명이다.

오답 체크

① 가격탄력성이 높은 구매자는 가격에 민감하게 반응하므로, 비용우위 전략을 펼쳐 다른 기업보다 낮은 가격으로 제품을 제공한다면 경쟁력을 확보할 수 있다.
③ 차별화 전략으로 기업 혹은 제품에 대한 고객의 충성도를 높이면, 다른 기업이 시장에 진출하더라도 구매자들이 다른 기업의 제품으로 수요를 옮길 가능성이 작아지므로 고객의 충성도는 진입장벽의 역할을 한다.
④ 집중화 전략은 특정 시장을 목표로 하여 기업의 생산을 특화하는 것이기 때문에 해당 시장의 변동이 기업에 미치는 영향이 크다.

알아보기

마이클 포터의 경쟁우위 전략
마이클 포터는 특정 산업에서 경쟁우위를 확보할 수 있는 경쟁전략을 비용우위 전략, 차별화 전략, 집중화 전략 등의 세 가지로 구분함

정답

p.106

01	④	수리능력	16	③	자원관리능력	31	③	문제해결능력	46	③	조직이해능력
02	②	문제해결능력	17	②	수리능력	32	①	수리능력	47	③	수리능력
03	③	조직이해능력	18	②	수리능력	33	②	조직이해능력	48	③	자원관리능력
04	④	조직이해능력	19	④	조직이해능력	34	③	자원관리능력	49	③	자원관리능력
05	③	자원관리능력	20	③	수리능력	35	②	의사소통능력	50	②	문제해결능력
06	①	의사소통능력	21	①	조직이해능력	36	②	수리능력	51	④	의사소통능력
07	④	조직이해능력	22	①	문제해결능력	37	②	문제해결능력	52	④	의사소통능력
08	④	문제해결능력	23	③	조직이해능력	38	②	문제해결능력	53	②	수리능력
09	④	의사소통능력	24	③	자원관리능력	39	④	의사소통능력	54	③	자원관리능력
10	①	조직이해능력	25	③	조직이해능력	40	②	문제해결능력	55	③	수리능력
11	②	자원관리능력	26	②	의사소통능력	41	④	자원관리능력	56	③	문제해결능력
12	③	수리능력	27	②	조직이해능력	42	④	수리능력	57	④	의사소통능력
13	②	문제해결능력	28	④	문제해결능력	43	④	의사소통능력	58	④	수리능력
14	③	조직이해능력	29	④	의사소통능력	44	②	의사소통능력	59	①	자원관리능력
15	③	문제해결능력	30	①	의사소통능력	45	③	자원관리능력	60	②	자원관리능력

취약 영역 분석표

영역별로 맞힌 개수와 정답률을 적고 나서 취약한 영역이 무엇인지 파악해 보세요.
정답률이 60% 미만인 취약한 영역은 틀린 문제를 다시 풀어보면서 확실히 극복하세요.

영역	의사소통능력	수리능력	문제해결능력	자원관리능력	조직이해능력	TOTAL
맞힌 개수	/12	/12	/12	/12	/12	/60
정답률	%	%	%	%	%	%

※ 정답률(%) = (맞힌 개수/전체 개수) × 100

해설

01 수리능력   정답 ④

오른쪽 접시의 무게를 x, 왼쪽 접시의 무게를 y, 사과의 무게를 z라고 하면

오른쪽 접시 위에 사과 한 개를 올리고 왼쪽 접시 위에 추 600g을 올렸을 때 양팔 저울이 수평을 이루었으므로

$x+z=y+600 \rightarrow x-y+z=600 \cdots$ ⓐ

왼쪽 접시 위에 사과 한 개를 올리고 오른쪽 접시 위에 추 400g을 올렸을 때 양팔 저울이 수평을 이루었으므로

$y+z=x+400 \rightarrow -x+y+z=400 \cdots$ ⓑ

ⓐ+ⓑ에서 $2z=1,000 \rightarrow z=500$

따라서 사과 한 개의 무게는 500g이다.

02 문제해결능력   정답 ②

두 번째 명제의 '대우', 첫 번째 명제의 '대우'를 차례로 결합한 결론은 다음과 같다.

- 두 번째 명제(대우): 상대방의 의견을 쉽게 따르는 사람은 자신의 취향을 중요시하지 않는다.
- 첫 번째 명제(대우): 자신의 취향을 중요시하지 않는 사람은 해외여행 경험이 많지 않다.

따라서 상대방의 의견을 쉽게 따르는 사람은 해외여행 경험이 많지 않으므로 항상 옳지 않은 설명이다.

03 조직이해능력   정답 ③

농약의 표시사항에 해당하는 것은 ㉠, ㉡, ㉢, ㉣, ㉤으로 총 5개이다.

 알아보기

농약의 표시기준

제3조(농약의 표시사항)

농약의 표시사항은 다음 각 호와 같다.

1. '농약' 문자표기
2. 품목등록번호
3. 농약의 명칭 및 제제형태
4. 유효성분의 일반명 및 함유량과 기타성분의 함유량
5. 포장단위
6. 농작물별 적용병해충(제초제·생장조정제나 약효를 증진시키는 농약의 경우에는 적용대상토지의 지목이나 해당 용도를 말한다) 및 사용량
7. 사용방법과 사용에 적합한 시기
8. 안전사용기준 및 취급제한기준(그 기준이 설정된 농약에 한한다)
9. 다음 각 목의 어느 하나에 해당하는 경우 해당 그림문자, 경고문구 및 주의사항
    가. 맹독성·고독성·작물잔류성·토양잔류성·수질오염성 및 어독성 농약의 경우에는 그 문자와 경고 또는 주의사항
    나. 사람 및 가축에 위해한 농약의 경우에는 그 요지 및 해독방법

다. 수서생물에 위해한 농약의 경우에는 그 요지
라. 인화 또는 폭발 등의 위험성이 있는 농약의 경우에는 그 요지 및 특별취급방법
10. 저장·보관 및 사용상의 주의사항
11. 상호 및 소재지(수입농약의 경우에는 수입업자의 상호 및 소재지와 제조국가 및 제조자의 상호를 말한다)
12. 농약제조 시 제품의 균일성이 인정되도록 구성한 모집단의 일련번호
13. 약효보증기간

04 조직이해능력   정답 ④

제시된 글에서 설명하고 있는 개념은 의사결정권과 책임을 조직의 하층부로 분산시켜 업무를 효율적이고 신속하게 진행할 수 있는 '분권화(Decentralization)'에 해당한다.

알아보기

조직구조의 형태

집권화	조직 내 의사결정이 조직 상층부에 집중된 형태
분권화	조직 내 의사결정 권한이 조직 하층부로 이양된 형태
부문화	조직 내 수평적으로 유사한 직무끼리 집단화된 형태
전문화 (=분업화)	조직 구성원에게 하나의 주된 업무가 분담된 형태

05 자원관리능력   정답 ③

평가항목별 가중치를 부여한 각 택배회사의 최종 점수를 계산하면,

〈한일#〉은 $9 \times 0.2 + 5 \times 0.3 + 8 \times 0.4 + 3 \times 0.1 = 6.8$점,
〈경&현〉은 $3 \times 0.2 + 8 \times 0.3 + 5 \times 0.4 + 7 \times 0.1 = 5.7$점,
〈신부*〉은 $7 \times 0.2 + 9 \times 0.3 + 7 \times 0.4 + 4 \times 0.1 = 7.3$점,
〈동성$〉은 $8 \times 0.2 + 5 \times 0.3 + 2 \times 0.4 + 9 \times 0.1 = 4.8$점이다.

따라서 문 차장이 협력 업체로 선정하게 될 택배회사는 〈신부*〉이다.

06 의사소통능력   정답 ①

A가 '이 재킷은 세탁하면 줄어들까요?'라고 물었으므로 '줄어들지는 않지만, 색이 빠질 수는 있어요.'가 B의 대답으로 적절하다.

오답 체크

② 그것은 전혀 귀찮은 일이 아니에요.
③ 이 재킷은 어두운 색이에요.
④ 이 논쟁은 끊임없이 계속될 거예요.

07 조직이해능력 정답 ④

회계와 경영 감독을 통해 투명성을 확보하는 것은 사외이사 제도이며 소유주와 경영주의 이해를 일치시켜 동기를 부여하는 것은 스톡옵션이므로 가장 적절하지 않은 이야기를 한 사람은 'D 사원'이다.

 알아보기

대리인 문제

문제 상황	역선택	대리인에 대한 정보의 불균형으로 대리인의 능력보다 높은 보수를 책정하거나 능력이 부족한 대리인을 선택하는 등 불리한 의사결정을 하여 손실을 보는 상황
	도덕적 해이	정보의 불균형이 존재하는 상황에서 소유주가 대리인을 완전히 감시할 수 없을 때 대리인이 기업의 이익보다 자신의 효용을 극대화하는 과정에서 기업이 손해를 입는 상황
해결 방법	스톡옵션	일정한 수량의 주식을 일정한 가격으로 살 수 있도록 하여 주식 가치가 올랐을 때 그 차익을 얻을 수 있게 함으로써 소유주와 전문경영인의 이해를 일치시켜 동기를 부여하는 방법
	사외이사 제도	대주주의 영향권에서 벗어난 외부 전문가를 이사회에 참여시켜 독립적이고 객관적으로 내부 감사 및 조언·자문을 시행하여 경영의 투명성을 제고하는 방법

08 문제해결능력 정답 ④

제시된 조건에 따르면 금리는 2% 이상이고, A 은행의 금리는 2.15%로 D 은행과 0.5%p 차이가 나므로 D 은행의 금리는 2.15+0.5=2.65%이다. 이때, C 은행과 D 은행의 금리 차이는 0.32%p이므로 C 은행의 금리는 2.65-0.32=2.33% 또는 2.65+0.32=2.97%이다. C 은행과 E 은행의 금리 차이는 0.02%p이므로 C 은행의 금리가 2.33%일 때, E 은행의 금리는 2.33-0.02=2.31% 또는 2.33+0.02=2.35%이고, C 은행의 금리가 2.97%일 때, E 은행의 금리는 2.97-0.02=2.95% 또는 2.97+0.02=2.99%이다. 이때, 금리는 3% 이하이며 B 은행의 금리가 A 은행과 E 은행의 금리 차이와 D 은행의 금리를 합한 것과 같고, D 은행의 금리는 2.65%이므로 A 은행과 E 은행의 금리 차이는 3.00-2.65=0.35%p 이하여야 한다. 이에 따라 C 은행의 금리는 2.33%이고, E 은행과 B 은행의 금리는 각각 2.31%와 (2.31-2.15)+2.65=2.81%이거나, 2.35%와 (2.35-2.15)+2.65=2.85%이다.
④ A 은행과 B 은행의 금리 차이는 2.81-2.15=0.66%p 또는 2.85-2.15=0.70%p이므로 항상 옳은 설명이다.

오답 체크

① 정기예금 금리가 2.30% 이하인 은행은 2.15%인 A 은행 한 곳 뿐이므로 항상 옳지 않은 설명이다.
② E 은행의 금리는 2.31% 또는 2.35%이므로 항상 옳지 않은 설명이다.

③ 정기예금 금리가 두 번째로 낮은 은행은 C 또는 E이므로 항상 옳은 설명은 아니다.

09 의사소통능력 정답 ④

이 글은 너무 비싸지도, 싸지도 않은 중간 가격의 제품을 사는 것이 오히려 합리적인 소비의 결과가 아닐 수도 있다는 내용이므로 이 글의 중심 내용으로 가장 적절한 것은 ④이다.

10 조직이해능력 정답 ①

사업 초기 설비 및 기술 개발에 필요한 자본이 커야 신규 진입자에게 높은 진입장벽으로 작용하므로 가장 적절하지 않다.

오답 체크

② 제품의 차별화로 고객의 충성도를 확보할 경우 신규 진입자는 고객을 확보하기 위해 막대한 마케팅 비용이 필요하여 기존 산업의 진입장벽을 높일 수 있으므로 적절하다.
③ 제품 원가를 낮추어 원가 우위를 확보할 경우 상대적으로 낮은 가격으로 제품을 유통하여 기존 산업의 진입장벽을 높일 수 있으므로 적절하다.
④ 정부의 사업 규제가 강화되면 이를 충족하기 위한 비용과 시간이 소요되어 기존 산업의 진입장벽을 높일 수 있으므로 적절하다.

11 자원관리능력 정답 ②

효율적이고 합리적인 인사관리의 원칙 중 직무 배당, 승진, 상벌, 근무 성적의 평가, 임금 등을 공정하게 처리해야 한다는 원칙은 '공정 인사의 원칙'이다.

 알아보기

효율적이고 합리적인 인사관리 원칙

적재적소 배치의 원리	해당 직무 수행에 가장 적합한 인재를 배치해야 함
공정 보상의 원칙	근로자의 인권을 존중하고 공헌도에 따라 노동의 대가를 공정하게 지급해야 함
공정 인사의 원칙	직무 배당, 승진, 상벌, 근무 성적의 평가, 임금 등을 공정하게 처리해야 함
종업원 안정의 원칙	직장에서 신분이 보장되고 계속해서 근무할 수 있다는 믿음을 갖게 하여 근로자가 안정된 회사 생활을 할 수 있도록 해야 함
창의력 계발의 원칙	근로자가 창의력을 발휘할 수 있도록 새로운 제안, 건의 등의 기회를 마련하고, 적절한 보상을 하여 인센티브를 제공해야 함
단결의 원칙	직장 내에서 구성원들이 소외감을 갖지 않도록 배려하고, 서로 유대감을 가지고 협동, 단결하는 체제를 이루도록 함

12 수리능력 정답 ③

도수분포표에서의 평균 = $\dfrac{(\text{계급값} \times \text{도수})의\ 총합}{\text{도수의 총합}}$ 이고, 계급값은 각 계급의 중앙값임을 적용하여 구한다.

90분 이상 120분 미만이라고 응답한 직장인 수를 x라고 하면
0분 이상~30분 미만 계급의 계급값은 15, (계급값 × 도수)는
15 × 6 = 90,
30분 이상~60분 미만 계급의 계급값은 45, (계급값 × 도수)는
45 × 12 = 540,
60분 이상~90분 미만 계급의 계급값은 75, (계급값 × 도수)는
75 × 14 = 1,050,
90분 이상~120분 미만 계급의 계급값은 105, (계급값 × 도수)는 105 × x = 105x이다.
하루 평균 SNS 접속 시간은 63분이므로

$\dfrac{90 + 540 + 1,050 + 105x}{6 + 12 + 14 + x} = 63$

→ 1,680 + 105x = 2,016 + 63x → x = 8
따라서 90분 이상 120분 미만이라고 응답한 직장인 수는 8명이다.

13 문제해결능력 정답 ②

문제의 원인을 더욱 세부적으로 파악하거나 해결 방안을 구체화할 때 도움이 되는 방법으로 주요 과제를 나무 모양으로 분해 및 정리하는 기술은 'Logic Tree'이다.

14 조직이해능력 정답 ③

제시된 지문에서 설명하고 있는 내용과 관련이 있는 운동은 '신토불이 운동'이다.

오답 체크
① 새마을 운동: 근면을 통해 능률과 생산성을 높이고 자조정신으로 주체성·독립성·잠재력을 일깨우며, 협동정신으로 사회적 생산력의 증진과 국민의 단합을 도모하는 운동
② 새농민 운동: 농업운동이 진전되기 위해서는 우선 농민이 잘 살고 농촌이 발전해야 하며, 그러기 위해서는 정부와 농협의 힘만으로는 불가능하다는 인식 아래 농민 자신이 능동적이고 적극적으로 자립·과학·협동하는 자세로 영농과 생활을 개선하도록 하는 행동적이면서도 실천적인 운동
④ 농도불이 운동: 농촌이 도시로부터 일방적인 도움을 받는다는 인식에서 벗어나 상호보완적인 상생관계를 맺음으로써 함께 발전해 나가는 것을 목표로 삼은 운동

15 문제해결능력 정답 ③

E가 사용한 사무용품을 모두 5월 10일에 반납하면, 반납 기한을 지키지 않았으므로 신청한 물품 중 볼펜은 수령할 수 없고, 수정 테이프 2개와 메모지 1개만 수령할 수 있으므로 항상 옳은 설명이다.

오답 체크
① A는 가위를 최초신청하는 것이 아니며, 사용한 가위의 반납 여부에 따라 해당 물품을 수령하지 못할 수도 있으므로 항상 옳은 설명은 아니다.
② 메모지는 반납 없이 신청 가능한 물품으로 C가 메모지를 신청한 적이 없을 수도 있으므로 항상 옳은 설명은 아니다.
④ 지우개를 B보다 먼저 신청한 A가 볼펜은 B보다 늦게 신청하였으므로 항상 옳지 않은 설명이다.

16 자원관리능력 정답 ③

8월 3주 차에 마케팅부 직원인 박준서 사원은 15일에, 장기훈 부장은 17일에, 한주원 대리는 17일과 19일에 초과 근무를 하였다. 이때, 15일은 광복절로 공휴일이고, 19일은 주말이므로 모두 휴무일 근무 수당을 적용한다. 이에 따라 15일에 근무한 박준서 사원에게 지급할 초과 근무 수당은 (17-8) × 12,000 = 108,000원이고, 17일에 근무한 장기훈 부장과 한주원 대리에게 지급할 초과 근무 수당은 각각 (20-17) × 11,000 = 33,000원과 (22-17) × 10,000 = 50,000원이고, 19일에 근무한 한주원 대리에게 지급할 초과 근무 수당은 (14-8) × 14,000 = 84,000원이다.
따라서 8월 3주 차에 초과 근무를 한 마케팅부 직원들에게 지급할 초과 근무 수당의 총금액은 108,000 + 33,000 + 50,000 + 84,000 = 275,000원이다.

[17 - 18]

17 수리능력 정답 ②

대구광역시와 부산광역시의 우유 생산량 합은 2013년에 8,164 + 4,063 = 12,227톤, 2014년에 8,065 + 4,018 = 12,083톤, 2015년에 6,600 + 3,727 = 10,327톤으로 매년 인천광역시의 우유 생산량을 넘지 못하므로 옳은 설명이다.

오답 체크
① 2011년 유제품을 주 1~2회 섭취하는 비율은 동부가 읍·면부보다 더 낮지만, 동부와 읍·면부 각각의 인구수가 자료에 제시되어 있지 않으므로 알 수 없다.
③ 2015년 부산광역시의 우유 생산량은 2013년 대비 감소하였으므로 옳지 않은 설명이다.
④ 2011년 유제품을 주 5회 이상 섭취하는 비율은 남자가 16.2 + 32.5 = 48.7%, 여자가 16.5 + 24.2 = 40.7%로 남자가 여자보다 48.7 - 40.7 = 8.0%p 더 높으므로 옳지 않은 설명이다.

18 수리능력 정답 ②

a. 인천광역시와 제주도 각각의 우유 생산량이 가장 큰 해와 가장 작은 해의 우유 생산량 차이는 인천광역시가 17,649 - 15,718 = 1,931톤이고, 제주도가 18,701 - 16,902 = 1,799톤이므로 옳지 않은 설명이다.
d. 2011년 특·광역시에서 유제품을 주 3회 이상 섭취하는 비율은 25.9 + 15.7 + 28.2 = 69.8%이므로 옳지 않은 설명이다.

b. 매년 주요 시도별 우유 생산량의 상위 1위부터 5위까지 순위는 1위가 경기도, 2위가 충청남도, 3위가 전라남도, 4위가 경상남도, 5위가 강원도이므로 옳은 설명이다.

c. 2011년 유제품을 전혀 먹지 않는 비율과 매일 먹는 비율의 합은 남자가 4.8+32.5=37.3%, 여자가 5.0+24.2=29.2%로 남자가 여자보다 높고, 2011년 남자와 여자의 인구수가 같다면 유제품을 전혀 먹지 않는 인구와 매일 먹는 인구의 합도 남자가 여자보다 많으므로 옳은 설명이다.

19 조직이해능력   정답 ④

농토피아(農+Topia)란 농업이 국민들에게 안전먹거리를 공급하는 필수 산업으로 대우받고, 농촌이 미래 일터·삶터·쉼터로서 희망이 되며, 혁신과 공익적 가치 창출 주체로서 농업인이 존경받는 농업·농촌의 미래 모습을 형상화한 것이다. 따라서 환경친화적 농업기술이 보급되어 농업의 지속가능성이 강화되는 것은 농토피아에 대한 설명으로 적절하지 않다.

20 수리능력   정답 ③

A 유치원이 구매한 단팥빵의 무게는 8.5근으로 kg으로 환산하면 8.5/1.7=5kg이고, B 유치원이 구매한 단팥빵의 무게는 80.1냥으로 kg으로 환산하면 80.1/26.7=3kg이다. 또한, C 유치원이 구매한 단팥빵의 무게는 15.4파운드로 kg으로 환산하면 15.4/2.2=7kg이므로 A, B, C 유치원에서 구매한 단팥빵 무게의 총합은 5+3+7=15kg이다.

21 조직이해능력   정답 ①

경제 부문에 속하는 활동은 ㉠, ㉡, ㉢이다.

㉢, ㉤은 금융 부문, ㉣은 교육지원 부문에 속하는 활동이다.

농협이 하는 일

교육지원 부문	• 교육지원사업
	  – 농·축협 육성·발전지도·영농 및 회원 육성·지도
	  – 농업인 복지 증진
	  – 농촌사랑·또 하나의 마을 만들기 운동
	  – 농정활동 및 교육사업·사회공헌 및 국제협력 활동

금융 부문	• 상호금융사업
	  – 농촌지역 농업금융 서비스 및 조합원 편익 제공
	  – 서민금융 활성화
	• 농협금융지주
	  – 종합금융그룹(은행, 보험, 증권, 선물 등)

경제 부문	• 농업경제사업
	  – 영농자재(비료, 농약, 농기계, 면세유 등) 공급
	  – 산지유통혁신
	  – 도매 사업
	  – 소비지유통 활성화
	  – 안전한 농식품 공급 및 판매
	• 축산경제사업
	  – 축산물 생산·도축·가공·유통·판매 사업
	  – 축산 지도(컨설팅 등)
	  – 지원 및 개량 사업
	  – 축산 기자재(사료 등) 공급 및 판매

22 문제해결능력   정답 ①

기업 내의 교육 훈련 방법 중 하나로 직무에 종사하면서 지도 교육을 받게 되는 것은 'OJT'에 대한 설명이다.

알아보기

• Off-JT: 직장 밖에서 강의 또는 토의를 통해 정형적으로 실시하는 교육 훈련 방법
• TWI: 중견감독자가 근로자를 통솔 및 지휘하기 위해 실시하는 교육 훈련 방법
• EDP: 리더십 교육의 하나로 경영자 교육이나 후계자 교육을 내용으로 하는 교육 훈련 방법

23 조직이해능력   정답 ③

제시된 사례는 일부 사학법인이 법정부담금을 내지 않아도 시·도교육청에서 재정결함보조금으로 지원해준다는 점을 악용해 국민의 세금이 낭비되고 있다는 내용이다.
따라서 정보가 불균형한 상황을 이용해 상대방의 이익에는 반하지만 자신에게는 유리한 행동을 하는 도덕적 해이와 관련 있다.
③ 판매자와 구매자가 동일한 정보를 교환하지 못하기 때문에 품질이 좋지 않은 재화나 서비스가 거래되는 시장인 '레몬시장'은 정보가 충분하지 않아서 자신에게 불리한 의사결정을 하게 되는 역선택과 관련 있으므로 도덕적 해이에 대한 설명으로 가장 적절하지 않다.

알아보기

유인 설계: 권한을 위임하는 자가 대리자와 계약을 체결할 때 보상 혹은 가격정책 등의 유인을 설계하여 대리자가 권한을 위임한 자의 이익을 동일시하도록 해 도덕적 해이를 예방하는 방법으로, 자동차 보험 할증 및 할인 제도, 회사 경영자에 대한 성과급 지급 제도 등이 여기에 해당함

24 자원관리능력 정답 ③

[성과급 지급 기준]에 따르면 정소라 과장의 평가 등급은 상위 8%이므로 S 등급에 해당하여 성과급은 월 급여액의 170%인 3,490,000 × 1.7 = 5,933,000원을 받아야 한다. 이때, 정소라 과장은 연봉으로 (3,490,000 × 12) + 5,933,000 = 47,813,000원을 받아야 하지만 과장급의 연봉 상한액은 47,610,000원이므로 성과급에서 47,813,000 − 47,610,000 = 203,000원을 삭감한다. 이에 따라 정소라 과장이 수령하는 성과급은 5,933,000 − 203,000 = 5,730,000원이다. 홍종민 사원의 평가 등급은 상위 30%이므로 A 등급에 해당하여 성과급은 월 급여액의 120%인 2,450,000 × 1.2 = 2,940,000원을 받아야 한다. 홍종민 사원의 연봉은 (2,450,000 × 12) + 2,940,000 = 32,340,000원으로 연봉 한도액 내에 해당하여 성과급은 2,940,000원을 받는다.

따라서 귀하가 정소라 과장과 홍종민 사원에게 지급한 성과급의 합은 5,730,000 + 2,940,000 = 8,670,000원이다.

25 조직이해능력 정답 ③

Dog는 성장성과 수익성이 모두 낮아 투자를 지속하면 손해를 볼 수 있어 하루빨리 철수해야 하는 사양사업이므로 가장 적절하지 않다.

26 의사소통능력 정답 ②

이 글은 중국 초나라 무사의 일화를 통해 시대가 바뀌었음에도 옛것만 고집하는 사람의 우매함에 대해 설명하는 글이다. 따라서 융통성 없이 현실에 맞지 않는 낡은 생각을 고집하는 어리석음이라는 의미의 '刻舟求劍(각주구검)'과 관련 있다.

오답 체크

① 切磋琢磨(절차탁마): 옥이나 돌 따위를 갈고 닦아서 빛을 낸다는 뜻으로, 부지런히 학문과 덕행을 닦음을 이르는 말
③ 乾坤一擲(건곤일척): 주사위를 던져 승패를 건다는 뜻으로, 운명을 걸고 단판걸이로 승부를 겨룸을 이르는 말
④ 窮餘之策(궁여지책): 궁한 나머지 생각다 못하여 짜낸 계책

27 조직이해능력 정답 ②

농협 장학관은 농협이 대학 생활을 하는 농업인 자녀들의 주거비 부담을 덜어주기 위해 운영하는 대학생 생활관이므로 가장 적절하지 않다.

 알아보기

농협의 사회공헌 범위

문화·예술·스포츠	• 지역 문화축제 및 전통문화 보존지원 • 농촌 체험활동, 농촌에서 휴가 보내기 캠페인 • 농협 스포츠단 운영, 대중문화지원 • 지역 체육·문화행사 지원
글로벌	• 다문화가정 모국 방문 지원, 해외 협동조합 지원, 외국인 근로자 정착 지원
지역사회 공익	• 소외계층 위문, 봉사활동, 농촌 일손 돕기, 농산물 구입, 직거래 장터, 농촌 중식 지원, 무더위 쉼터 운영 • 법률상담, 건강검진 등 다양한 복지서비스 제공 • 공익캠페인(헌혈, 성금 모금) • 국가유공자 지원
학술·교육	• 지역인재 육성 장학금 전달, 농업인 자녀 초청 행사 • 꿈나무 육성을 위한 행사 지원, 공모전 개최 • 농협 장학관 운영
환경	• 깨끗하고 아름다운 마을 조성, 영농 폐기물 수거지원 • 환경 관련 캠페인, 숲 조성, 환경단체 지원, 환경 정화 • 농협 공동방제단 운영

28 문제해결능력 정답 ④

제시된 조건에 따르면 각 층의 계단 바로 오른쪽에 위치한 회의실 104호, 204호에서 다음 주 수요일 오후에 면접이 진행될 예정이고 101호, 102호, 206호는 내부 공사 중이므로 101호, 102호, 104호, 204호, 206호는 예약할 수 없다. 또한, 기획2팀, 인사팀, 영업팀은 빔 프로젝터가 설치된 회의실을 예약하므로 계단 왼쪽에 위치한 2층 회의실은 예약하지 않는다. 이때, 회의실별 최대 수용인원과 회의에 참석하는 인원에 따라 기획1팀, 기획2팀, 영업팀은 계단 오른쪽에 위치한 105호, 106호, 205호 중 한 곳을 예약해야 하며, 기획1팀과 기획2팀은 같은 층에 이웃한 회의실을 예약하므로 105호와 106호를 예약해야 한다. 이에 따라 영업팀은 205호를, 빔 프로젝터가 설치된 회의실을 예약하는 인사팀은 103호를 예약하며 법무팀은 201호, 202호, 203호 중 한 곳을 예약해야 한다.

따라서 영업팀이 예약할 회의실은 205호이다.

29 의사소통능력 정답 ④

밑줄 친 단어는 경험이 많고 교활한 면모를 갖고 있다는 의미로 쓰였으므로 때가 묻지 않고 맑고 깨끗하다는 의미의 ④가 적절하다.

오답 체크

① 노련: 많은 경험으로 익숙하고 능란함
② 교활: 간사하고 꾀가 많음
③ 미숙: 일 따위에 익숙하지 못하여 서투름

30 의사소통능력 정답 ①

계시겠습니다(X) → 있으시겠습니다(O)
- '있다'의 높임말인 '계시다'는 높임의 대상이 사람이고, '있다'가 존재를 의미하거나 동작이 진행됨을 의미할 때 쓸 수 있는 말이다. '말씀'은 높이려는 사람과 관련된 것을 높이는 말이지만, 그 자체가 높임의 대상은 아니므로 '계시다'가 아니라 '있으시다'를 써야 한다.

31 문제해결능력 정답 ③

전제 1의 '대우'에 따르면 골프 경기를 관람하는 사람은 탁구 경기를 관람하지 않고, 전제 2에 따르면 탁구 경기를 관람하지 않는 사람은 배드민턴 경기를 관람하거나 테니스 경기를 관람한다. 이때 탁구 경기를 관람하지 않는 사람이 배드민턴 경기를 관람하지 않으면, 테니스 경기는 반드시 관람하게 된다.
따라서 이의 '대우'인 '배드민턴 경기를 관람하는 사람은 탁구 경기도 관람한다.'가 결론이 반드시 참이 되기 위해 필요한 전제이다.

32 수리능력 정답 ①

제시된 각 숫자 간의 값이 ×7로 반복되므로 빈칸에 들어갈 알맞은 숫자는 '$\frac{2}{63}$'이다.

33 조직이해능력 정답 ②

농협중앙회·농협은행·NH투자증권 등이 함께 애그테크·농식품 분야의 창업을 희망하는 예비 창업가들의 창업 아이디어를 지원하는 교육 프로그램은 'NH Seed'이다.

오답 체크

① N블링: 축산업의 가치를 홍보하기 위한 대학생 홍보단
③ 농협청년농부사관학교: 청년농업인 양성을 위한 6개월 과정의 귀농 장기 교육
④ 돌아온 농활: 여름방학 기간을 이용하여 대학생들이 농촌 마을에 머물며 일손을 돕는 프로그램

34 자원관리능력 정답 ③

A 아파트는 각 동별로 90세대씩 5개의 동으로 90×5=450세대이고, 이 중 전기에너지 세대수는 23+45+32+47+48=195세대이다. 이에 따라 세대수의 합에서 전기에너지 세대수의 합이 차지하는 비중은 (195/450)×100 ≒ 43.3%이므로 전기에너지 세대수 점수는 3점이다. A 아파트의 전기 자동차 대수는 8+13+11+9+18=59대로 전기 자동차 대수 점수는 2점이며, A 아파트의 전기 자동차 충전소 개수는 2+5+3+2+6=18개로 전기 자동차 충전소 개수 점수는

2점이다. 또한, A 아파트의 전기 절약 만족도 점수는 만족도별 (점수×세대수)의 합/세대수의 합인 {(1×33)+(2×48)+(3×56)+(4×152)+(5×161)}/450=3.8점이다.
따라서 A 아파트의 전기 절약 평가 총점은 (3×6)+(2×6)+(2×3)+(3.8×5)=55점이다.

35 의사소통능력 정답 ②

떠내려가버리는(X) → 떠내려가 버리는(O)
- 한글 맞춤법 제47항에 따라 앞말이 합성 동사인 경우, 그 뒤에 오는 보조 용언은 띄어 쓴다.

36 수리능력 정답 ②

가입 7개월 후에 중도해지했을 경우 중도해지금리=중도해지 기준금리×60%×경과 월수/계약 월수임을 적용하여 구한다.
세림이는 가입기간이 1년인 회전예금 상품에 300만 원을 예치하였으며, 가입 7개월 후에 중도해지하였다. 이때, 회전주기는 2개월로 1개월 이상 3개월 미만에 해당하여 기본금리는 0.25%이고, 매 회전주기마다 0.05%p씩 금리가 상승했으므로 첫 두 달의 기본금리는 0.25%, 그다음 두 달의 기본금리는 1회전 경과하였으므로 0.05%p의 금리 상승이 반영된 0.30%, 그다음 두 달의 기본금리도 1회전 경과하였으므로 금리 상승이 반영된 0.35%, 마지막 한 달은 두 달의 회전주기를 충족하지 못하여 가입일 당시의 0.25%의 금리가 적용되어 중도해지 이자율은 (0.25×0.6×2/12)+(0.30×0.6×2/12)+(0.35×0.6×2/12)+(0.25×0.6×1/12)=0.1025%이다.
따라서 가입 7개월 후에 중도해지했을 때 받는 이자는 3,000,000×0.001025=3,075원이다.

37 문제해결능력 정답 ②

봉지 견과류는 직원 1명당 2개, 음료수는 직원 4명당 1개, 도시락은 직원 1명당 1개를 제공하고 지역별로 봉지 견과류는 5개를 여유분으로 준비해야 한다. 황 사원이 정리해 둔 주문해야 할 음식 개수와 C 지역의 참석 인원 변동에 따라 지역별로 주문해야 할 음식 개수는 다음과 같다.

지역 (참석 인원)	음료수	도시락	봉지 견과류
A 지역(20명)	5개	20개	40개 → 45개
B 지역(15명)	4개	15개	35개
C 지역(19명)	6개 → 5개	21개 → 19개	49개 → 43개
D 지역(18명)	4개 → 5개	18개	41개

따라서 B 지역의 음료수 개수는 조정 없이 4개 주문해야 한다.

38 문제해결능력　　　　　　정답 ②

제시된 '용역 업체 평가 점수'에 따라 A~D 기업이 받은 평가 결과를 계산하면 다음과 같다.

구분	평가 결과
A 기업	8+18+15+10+6+18=75점
B 기업	9+16+17+12+7+16=77점
C 기업	10+13+18+15+7+14=77점
D 기업	6+19+14+8+6+20=73점

이때 B 기업과 C 기업의 평가 결과가 77점으로 가장 높으며 평가 결과가 동점인 기업의 경우 가격 평가 점수가 더 높은 업체를 우선 선발하므로 김성배 대리가 채택할 마케팅 용역 업체는 B 기업이다.

39 의사소통능력　　　　　　정답 ④

ⓔ이 포함된 문장은 2011년에 창립 50주년을 맞은 농협이 농협법 개정을 통해 경제사업과 신용사업 체제를 전문화시켜 지역 농축협과 농업인들의 실질적인 권익을 향상시킬 수 있는 역량을 강화했다는 내용이므로 ⓔ에는 'strengthen'이 들어가야 한다.

오답 체크

① comprehensive: 종합적인
② development: 발달, 발전
③ integrate: 통합시키다

 알아보기

농협 연혁에 대한 내용 중 제시된 일부 내용은 다음과 같다.
농협은 농업인이 중심이 되는 자주적 협동조직으로서 1961년 ㉠종합농협으로 출범하여 우리 농업 그리고 농촌과 함께 성장한 대한민국의 대표적인 협동조합입니다. 농협은 출범 이래 지속적인 조직과 사업정비를 통해 농업 농촌 ㉡발전에 기여해왔습니다. 2000년에는 중앙조직을 ㉢통합하여 일원화하는 '통합 농협중앙회 체제'를 구축하였습니다. 창립 50주년을 맞은 2011년에는 농협법 개정을 통해 경제사업과 신용사업 체제를 전문화시켜 지역 농축협과 농업인들의 실질적인 권익을 향상시킬 수 있는 역량을 ㉣강화하였습니다.

40 문제해결능력　　　　　　정답 ②

퍼실리테이션에 대한 설명으로 옳은 것은 ㉠, ㉢이다.

오답 체크

㉡ 하드 어프로치에 대한 설명이므로 옳지 않다.
㉣ 문제해결을 위해서 직접 표현하는 것이 바람직하지 않다고 여기며, 무언가를 시사하거나 암시하는 방법을 통하여 의사를 전달하고 기분을 서로 통하게 함으로써 문제해결을 도모하려는 문제해결 방법은 소프트 어프로치이므로 옳지 않다.

41 자원관리능력　　　　　　정답 ④

W, X 공장은 월요일부터 토요일까지 주 6일간 근무하며, Y, Z 공장은 월요일부터 금요일까지 주 5일간 근무하므로 각 공장의 기간별 생산량을 계산하면 다음과 같다.

구분	하루당 생산 개수	한 주당 생산 개수
W 공장	40×7=280개	280×6=1,680개
X 공장	36×8=288개	288×6=1,728개
Y 공장	74×5=370개	370×5=1,850개
Z 공장	69×6=414개	414×5=2,070개

따라서 한 주당 생산 개수가 가장 많은 Z 공장이 신약 생산을 가장 먼저 끝마칠 수 있다.

42 수리능력　　　　　　정답 ④

시간=$\dfrac{작업량}{시간당 작업량}$임을 적용하여 구한다.

A가 1시간 동안 한 일의 양을 x, B가 1시간 동안 한 일의 양을 y, 전체 일의 양을 1이라고 하면

A가 3시간 일한 다음 이어서 B가 10시간 동안 일하여 완료하므로

$3x+10y=1$ → $15x+50y=5$ … ⓐ

A와 B 두 사람이 처음부터 함께 진행하면 완료하는 데 5시간이 걸리므로

$5x+5y=1$ → $15x+15y=3$ … ⓑ

ⓐ-ⓑ에서 $35y=2$ → $y=\dfrac{2}{35}$

따라서 이 작업을 B가 혼자 진행해서 완료하는 데 걸리는 시간은 $1 \div \dfrac{2}{35} = \dfrac{35}{2} = 17.5$시간=17시간 30분이다.

43 의사소통능력　　　　　　정답 ④

제시된 의미에 해당하는 한자성어는 '양두구육(羊頭狗肉)'이다.

오답 체크

① 동상이몽(同牀異夢): 같은 자리에 자면서 다른 꿈을 꾼다는 뜻으로, 겉으로는 같이 행동하면서도 속으로는 각각 딴생각을 하고 있음을 이르는 말
② 명실상부(名實相符): 이름과 실상이 서로 꼭 맞음
③ 인면수심(人面獸心): 사람의 얼굴을 하고 있으나 마음은 짐승과 같다는 뜻으로, 마음이나 행동이 몹시 흉악함을 이르는 말

44 의사소통능력　　　　　　정답 ②

㉢, ㉤은 모두 동생이 까탈을 부리는 성격이라는 의미이다.
㉢ 강퍅하다: 성격이 까다롭고 고집이 세다
㉤ 까다롭다: 성미나 취향 따위가 원만하지 않고 별스럽게 까탈이 많다

㉠ 야무지다: 사람의 성질이나 행동, 생김새 따위가 빈틈이 없이 꽤 단단하고 굳세다
㉢ 명랑하다: 유쾌하고 활발하다
㉣ 걸걸하다: 성질이나 행동이 조심스럽지 못하고 거칠다

45 자원관리능력 정답 ③

연수원을 이용할 직원은 50명이고 1인당 3식을 주문하므로 식비는 (8,800 × 3) × 50 = 1,320,000이다. 일반형 숙소는 4인실이므로 50 / 4 = 12.5보다 많은 13개를 예약하여 숙박비는 100,000 × 13 = 1,300,000원이다. 또한, 강의실 대여료는 기준 인원보다 10명이 초과되므로 400,000 + (10,000 × 10) = 500,000원이고, 빔 프로젝터 대여료는 120,000원, 운동장 사용료는 200,000 × 2 = 400,000원으로 총 이용 요금은 1,320,000 + 1,300,000 + 500,000 + 120,000 + 400,000 = 3,640,000원이다.

따라서 연수원 예약을 위해 선지급해야 할 예약금은 3,640,000 × 0.11 = 400,400원이다.

46 조직이해능력 정답 ③

농협은 화학이라는 명칭의 부정적 인식을 개선하고 무기질 비료의 적정 사용에 대한 오해를 바로잡기 위해 2019년부터 화학이라는 명칭 대신 무기질이라는 명칭을 사용해 화학비료를 공급하는 농정활동을 전개하고 있으므로 가장 적절하지 않다.

47 수리능력 정답 ③

2016년에 수산물 어획량이 78,338천 M/T로 가장 큰 국가는 중국이고, 4,342천 M/T로 두 번째로 큰 국가는 일본이다.
2016년 중국의 수산물 어획량이 2016년 세계 수산물 어획량에서 차지하는 비중은 (78,338 / 198,654) × 100 ≒ 39.4%이고, 2016년 일본의 수산물 어획량이 2016년 세계 수산물 어획량에서 차지하는 비중은 (4,342 / 198,654) × 100 ≒ 2.2%이다.
따라서 2016년 중국과 일본의 수산물 어획량이 2016년 세계 수산물 어획량에서 차지하는 비중의 차이는 39.4 - 2.2 ≒ 37.2%p이다.

🕐 빠른 문제 풀이 Tip

두 나라의 어획량 비중의 차이는 두 나라의 어획량 차이의 비중과 같음을 이용하여 계산한다.
2016년 두 나라 어획량 차이의 비중은 (78,388 - 4,342) / 198,654 ≒ 37.2%p임을 알 수 있다.

48 자원관리능력 정답 ③

1일과 5일은 휴무이므로 회의를 할 수 없으며, A가 매주 금요일에 월성원자력본부로 출장을 가므로 8일, 15일, 22일, 29일에 회의를 할 수 없다.
당직 날에는 회의를 하지 못하며, 당직 후 퇴근하는 날에는 출근하지 않으므로 B가 당직을 서는 5일, 13일과 당직 다음 날인 6일, 14일에는 회의를 할 수 없고, D가 당직을 서는 12일, 26일과 당직 다음 날인 13일, 27일에는 회의를 할 수 없다.
C는 4일부터 평일을 기준으로 3일에 한 번 외근을 하므로 주말과 공휴일인 5일을 제외하여 계산하면 4일, 8일, 13일, 18일, 21일, 26일, 29일에 회의를 할 수 없다. 또한, E는 7일과 11일에 연차가 예정되어 있으며, 화요일에는 회의를 하지 않으므로 7일, 11일과 5일, 12일, 19일, 26일에는 회의를 할 수 없다. 이에 따라 팀 회의가 가능한 날짜는 20일 또는 25일 또는 28일이다.
따라서 팀 회의를 할 날짜는 20일, 25일, 28일 중 가장 빠른 날짜인 '20일'이다.

49 자원관리능력 정답 ③

주말 전 시간대와 평일 새벽 시간대에는 2명의 인력이 필요하며, 그 외 시간대에는 1명의 인력이 필요하므로 제시된 [E 점장의 주간 근무 일정표]에 따라 시간대별로 근무하는 아르바이트생의 수를 계산하면 다음과 같다.

구분	일	월	화	수	목	금	토
00:00~06:00	1	2	2	1	2	2	2
06:00~12:00	2	1	0	1	1	1	1
12:00~18:00	1	0	1	1	0	0	1
18:00~24:00	2	1	1	1	1	0	1

이때, 오후 9시부터 오전 6시까지의 시급은 6,500원, 그 외 시간대의 시급은 6,000원이므로 오후 9시부터 오전 6시까지 근무한 아르바이트생들의 일주일 급여는 {(2+1+1+1+1+0+1) × 6,500 × 3} + {(1+2+2+1+2+2+2) × 6,500 × 6} = 604,500원이고, 그 외 시간대에 근무한 아르바이트생들의 일주일 급여는 {(2+1+0+1+1+1+1) × 6,000 × 6} + {(1+0+1+1+0+0+1) × 6,000 × 6} + {(2+1+1+1+1+0+1) × 6,000 × 3} = 522,000원이다.
따라서 아르바이트생들에게 지급할 일주일 동안의 총급여는 604,500 + 522,000 = 1,126,500원이다.

50 문제해결능력 정답 ②

A의 국외 여행 계약서 내용 중 특약(위약금/취소료 규정)에 따르면 특가 상품으로 국외 여행 표준약관이 아닌 여행사의 특별약관이 적용된다고 하였으므로 [미소 여행사 여행약관]의 '2 특별약관'을 적용하여 환불 금액을 확인한다. 2 특별약관 제7조 제2항에 따르면 여행 출발 10일 전 취소할 경우

여행 총경비의 30% 위약금을 제외하고 환불된다고 하였으며, 제7조 제5항에 따르면 항공, 현지 호텔, 선택 내역의 경우 미소 여행사가 규정한 국외 여행 특별약관을 적용하여 여행 출발 10일 전 취소할 경우 10%의 취소 위약금을 추가 징수한 뒤 환불된다고 하였으므로 A가 환불받은 금액은 (2,325,000 × 0.7) − {(115,000 × 6 × 0.1) + (49,000 × 6 × 0.1) + (128,500 × 6 × 0.1)} = 1,452,000원이다.

51 의사소통능력   정답 ④

고대 이집트의 태양력은 실제 지구의 공전주기와 차이가 있어 윤년의 개념이 필요했다고 하였으므로 이집트인들이 사용했던 태양력이 결점 없는 완벽한 달력이었던 것은 아님을 알 수 있다.

오답 체크

① 고대 이집트의 나일강은 주기적으로 홍수가 일어났으며, 다음 홍수가 일어날 때까지 평균적으로 365일이 걸렸다고 하였으므로 적절한 내용이다.
② 고대 이집트에서는 윤년의 개념을 도입하여 실제 지구의 공전 주기와 태양력의 오차를 바로잡으려 했다고 하였으며, 이것이 오늘날 윤년 제도의 시초라고 하였으므로 적절한 내용이다.
③ 그레고리력을 고안한 그레고리우스는 400년을 주기로 4년마다 윤년을 두되, 100으로 나눌 수 있는 해는 윤년에서 제외하는 방식으로 미래에 발생할 오차를 줄였다고 하였으므로 적절한 내용이다.

52 의사소통능력   정답 ④

제시된 단어 청출어람(靑出於藍)과 파란색은 청출어람이 쪽에서 뽑아낸 푸른(靑) 물감이 쪽보다 더 푸르다는 의미의 한자성어이므로 한자성어와 한자성어에 포함된 색의 관계이다. 따라서 한 조각의 붉은(丹) 마음이라는 의미의 한자성어 일편단심(一片丹心)에 포함된 색인 '빨간색'이 적절하다.

• 청출어람(靑出於藍): 쪽에서 뽑아낸 푸른 물감이 쪽보다 더 푸르다는 뜻으로, 제자나 후배가 스승이나 선배보다 나음을 비유적으로 이르는 말
• 일편단심(一片丹心): 한 조각의 붉은 마음이라는 뜻으로, 진심에서 우러나오는 변치 아니하는 마음을 이르는 말

53 수리능력   정답 ②

올해 소득공제율이 10%이므로 소득공제액은 $4,000 \times \frac{10}{100} =$ 400만 원이다. 이에 따라 종합소득세가 적용되는 금액은 4,000 − 400 = 3,600만 원이며, 이 중 1,200만 원에 대한 세율은 6%, 1,200만 원 초과분인 3,600 − 1,200 = 2,400만 원에 대해서는 세율 15%가 적용되므로 올해 종합소득세는 $1,200 \times \frac{6}{100} + 2,400 \times \frac{15}{100} = 432$만 원이다.
또한, 작년 소득공제율이 5%이므로 소득공제액은 $4,000 \times \frac{5}{100} = 200$만 원이다. 이에 따라 종합소득세가 적용되는 금

액은 4,000 − 200 = 3,800만 원이며, 이 중 1,200만 원에 대한 세율은 6%, 1,200만 원 초과분인 3,800 − 1,200 = 2,600만 원에 대해서는 세율 15%가 적용되므로 작년 종합소득세는 $1,200 \times \frac{6}{100} + 2,600 \times \frac{15}{100} = 462$만 원이다.
따라서 A 대리의 작년과 올해 종합소득세 차이는 462 − 432 = 30만 원이다.

54 자원관리능력   정답 ③

제시된 [면접 관련 전달사항]에 따르면 면접 대상자는 총 12명으로 면접은 면접 대상자 한 명당 15분씩 진행되고, 면접 대상자 한 명의 면접이 끝나면 5분간 휴식 후 다음 면접 대상자의 면접을 바로 진행하므로 총 면접 시간은 (12 × 15) + (11 × 5) = 235분 = 3시간 55분이 소요된다. 또한, 각 팀의 팀장은 반드시 면접에 참여해야 하며 각 팀에서 팀장을 제외한 실무진 3명 중 최소 1명 이상은 반드시 면접에 참여해야 하고, 면접관으로 선정된 경우 모든 면접 과정에 참여해야 하므로 팀별로 면접을 진행할 수 있는 경우는 다음과 같다.

구분	월요일	화요일	수요일	목요일	금요일
A팀	불가능	14:00 ~18:00 팀장, 차장	불가능	09:00 ~13:00 팀장, 대리	09:00 ~13:00 팀장, 대리 14:00 ~18:00 팀장, 과장
B팀	10:00 ~15:00 팀장, 대리	불가능	09:00 ~13:00 팀장, 차장	09:00 ~13:00 팀장, 과장 14:00 ~18:00 팀장, 대리	10:00 ~15:00 팀장, 과장

따라서 두 팀이 동시에 면접을 진행할 수 있는 요일은 목요일이다.

55 수리능력   정답 ③

2021년 순환기계통 질환, 분류되지 않은 증상에 의한 남자 사망자 수는 여자 사망자 수보다 적으므로 옳지 않은 설명이다.

오답 체크

① 2021년과 2022년 중 질병 이외의 원인으로 사망한 사람의 비중이 더 큰 2021년에 소화기계통 질환 사망자 수에서 여자가 차지하는 비중은 {3,703 / (7,335 + 3,703)} × 100 ≒ 33.5%이므로 옳은 설명이다.
② 2021년과 2022년의 사망 원인별 사망자 수의 순위는 서로 같으므로 옳은 설명이다.
④ 2021년과 2022년에 소화기계통 질환의 구성비는 동일하지만, 사망자 수는 2021년에 7,335 + 3,703 = 11,038명이고, 2022년에 7,332 + 3,787 = 11,119명으로 2022년이 더 많으므로 옳은 설명이다.

56 문제해결능력 정답 ③

사은품을 1등 고객은 3개, 2등과 3등 고객은 각각 2개씩 받았고, 2등 고객은 선풍기를 받았으므로 카메라와 그릇세트를 둘다 사은품으로 받은 고객은 1등 또는 3등이다. 만약 3등 고객이 카메라와 그릇세트를 받았을 경우, 보조배터리를 받은 고객이 셀카봉을 받은 고객보다 예금액이 더 많아 보조배터리는 1등 고객이, 셀카봉은 2등 고객이 받으며, 카메라와 그릇세트는 1등 고객도 받게 되므로 카메라와 그릇세트를 둘다 받은 고객은 1명뿐이라는 조건에 모순된다. 이에 따라 카메라와 그릇세트를 둘다 받은 고객은 1등 고객이고, 같은 사은품을 2개 이상 받은 고객은 없었으므로 보조배터리는 1등 고객이, 셀카봉은 3등 고객이 받았으며, 3명의 고객이 받은 사은품 내역은 다음과 같다.

1등	2등	3등
카메라, 그릇세트, 보조배터리	**선풍기**, 카메라 또는 그릇세트	셀카봉, 카메라 또는 그릇세트

따라서 2등 고객은 선풍기와 카메라를 사은품으로 받았거나, 선풍기와 그릇세트를 사은품으로 받았으므로 항상 옳지 않은 설명이다.

오답 체크
① 1등 고객이 보조배터리와 그릇세트를 모두 받았으므로 항상 옳은 설명이다.
② 카메라는 1등과 2등이 받았거나, 1등과 3등이 받았으므로 항상 옳지 않은 설명은 아니다.
④ 3등 고객은 카메라와 그릇세트 중 1개를 받았으므로 항상 옳지 않은 설명은 아니다.

57 의사소통능력 정답 ④

1875년에 케이튼이 토끼와 원숭이의 대뇌피질 연구를 통해 발견한 전류를 검류계로 기록한 것이 뇌파 연구의 시초라고 하였으며, 1929년에 한스 베르거가 인간의 뇌 신경세포의 활동에서 나타나는 변화를 처음으로 외부에서 측정하여 기록했다고 하였으므로 한스 베르거가 동물의 뇌에서 나타나는 전류의 흐름을 최초로 발견한 것은 아님을 알 수 있다.

오답 체크
① 인간의 뇌는 일반적으로 0.5Hz에서 30Hz 사이의 주파수를 가진다고 하였으므로 적절한 내용이다.
② 세타파는 연구자들의 실험 방법 및 피실험자들의 특성이 정해지지 않아 정확한 연구 결과가 부족하다고 하였으므로 적절한 내용이다.
③ 프랑스에서 뇌-컴퓨터 인터페이스 기술을 이용해 뇌파를 음악으로 변환하는 소프트웨어를 개발했다고 하였으므로 적절한 내용이다.

58 수리능력 정답 ④

어떤 사건 A가 일어나는 경우의 수를 m, 어떤 사건 B가 일어나는 경우의 수를 n이라고 할 때, 사건 A 또는 B가 일어나는 경우의 수는 m+n임을 적용하여 구한다.
주사위를 던져 첫 번째에 나온 눈을 x, 두 번째에 나온 눈을 y라고 하고, 이를 (x, y)로 나타내면
주사위를 두 번 던져 나온 눈의 합이 5인 경우는 (1, 4), (2, 3), (3, 2), (4, 1)로 4가지이고,
주사위를 두 번 던져 나온 눈의 합이 7인 경우는 (1, 6), (2, 5), (3, 4), (4, 3), (5, 2), (6, 1)로 6가지이다.
따라서 주사위를 차례로 두 번 던져 나온 눈의 합이 5 또는 7인 경우는 4+6=10가지이다.

59 자원관리능력 정답 ①

S 차장은 독일에서 열리는 세미나에 참석할 예정이며, 세미나 입장 시간은 개최 시각 3시간 전부터 개최 시각까지이므로 독일 시각으로 11월 7일 오전 7시 이후부터 오전 10시 이전에 도착하는 비행기를 이용해야 한다. 이때, 그리니치 표준시에 따르면 한국은 독일보다 8시간이 더 빠르므로 한국 시각으로 11월 7일 오후 3시 이후부터 오후 6시 이전에 도착해야 하며, 각 항공편별 도착 시각은 다음과 같다.

항공편 명	독일 도착 시각	
	한국 시각	독일 시각
LH0713	11월 7일 04:45 PM	11월 7일 08:45 AM
OZ0541	11월 7일 01:10 AM	11월 6일 05:10 PM
LO0098	11월 7일 00:45 AM	11월 6일 04:45 PM
SU4031	11월 7일 04:50 PM	11월 7일 08:50 AM

이에 따라 입장 시간 내에 도착하지 않는 OZ0541, LO0098 항공편을 이용할 수 없으므로 이용 가능한 LH0713 항공편과 SU4031 항공편의 요금을 비교하면 LH0713 항공편이 SU4031 항공편보다 더 저렴하다.
따라서 S 차장이 이용하게 될 항공편은 LH0713이다.

60 자원관리능력 정답 ②

㉠은 능동성, ㉡은 전략적 자원, ㉢은 개발가능성에 대한 설명이다.

4회 기출동형모의고사

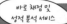

정답

p.146

01	④	문제해결능력	16	②	의사소통능력	31	③	조직이해능력	46	③	의사소통능력
02	③	조직이해능력	17	④	자원관리능력	32	①	조직이해능력	47	④	수리능력
03	③	자원관리능력	18	②	문제해결능력	33	④	문제해결능력	48	③	자원관리능력
04	②	의사소통능력	19	③	수리능력	34	①	자원관리능력	49	③	의사소통능력
05	④	조직이해능력	20	④	문제해결능력	35	③	조직이해능력	50	①	자원관리능력
06	①	조직이해능력	21	④	자원관리능력	36	④	의사소통능력	51	②	의사소통능력
07	④	문제해결능력	22	①	의사소통능력	37	①	조직이해능력	52	④	문제해결능력
08	③	수리능력	23	①	수리능력	38	④	수리능력	53	③	의사소통능력
09	①	자원관리능력	24	④	문제해결능력	39	④	조직이해능력	54	④	자원관리능력
10	④	문제해결능력	25	④	수리능력	40	④	의사소통능력	55	④	조직이해능력
11	②	의사소통능력	26	④	의사소통능력	41	①	의사소통능력	56	②	수리능력
12	①	문제해결능력	27	③	조직이해능력	42	②	수리능력	57	③	자원관리능력
13	①	자원관리능력	28	①	문제해결능력	43	③	문제해결능력	58	②	자원관리능력
14	④	문제해결능력	29	③	수리능력	44	②	자원관리능력	59	④	수리능력
15	③	조직이해능력	30	③	조직이해능력	45	④	수리능력	60	④	수리능력

취약 영역 분석표

영역별로 맞힌 개수와 정답률을 적고 나서 취약한 영역이 무엇인지 파악해 보세요.
정답률이 60% 미만인 취약한 영역은 틀린 문제를 다시 풀어보면서 확실히 극복하세요.

영역	의사소통능력	수리능력	문제해결능력	자원관리능력	조직이해능력	TOTAL
맞힌 개수	/12	/12	/12	/12	/12	/60
정답률	%	%	%	%	%	%

※ 정답률(%) = (맞힌 개수/전체 개수) × 100

해설

01 문제해결능력   정답 ④

교통량이 많은 어떤 곳이 대기의 질이 나쁘다는 것은 대기의 질이 나쁘면서 교통량이 많은 곳이 적어도 한 곳은 존재한다는 것이므로, 교통량이 많은 곳이 인구가 적다면 인구가 적으면서 대기의 질이 나쁜 곳이 적어도 한 곳 존재하게 된다. 따라서 '교통량이 많은 곳은 인구가 적다.'가 타당한 전제이다.

> 오답 체크

교통량이 많은 곳을 A, 대기의 질이 나쁜 곳을 B, 인구가 적은 곳을 C라고 하면
① 교통량이 많은 어떤 곳이 대기의 질이 나쁘고, 인구가 적은 곳이 교통량이 많으면 대기의 질이 나쁜 모든 곳은 인구가 적지 않을 수도 있으므로 결론이 반드시 참이 되게 하는 전제가 아니다.

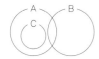

② 교통량이 많은 어떤 곳이 대기의 질이 나쁘고, 인구가 적은 곳이 교통량이 많지 않으면 대기의 질이 나쁜 모든 곳은 인구가 적지 않을 수도 있으므로 결론이 반드시 참이 되게 하는 전제가 아니다.

③ 교통량이 많은 어떤 곳도 인구가 적지 않다는 것은 교통량이 많은 모든 곳이 인구가 적지 않다는 것이고, 교통량이 많은 어떤 곳의 대기의 질이 나쁘면 대기의 질이 나쁜 모든 곳은 인구가 적지 않을 수도 있으므로 결론이 반드시 참이 되게 하는 전제가 아니다.

02 조직이해능력   정답 ③

범농협 윤리경영협의회의 주요 업무는 정보공유 및 협력강화, 공동 추진과제 추진이며, 지원부서에는 상호금융기획부가 속한다.
따라서 A에는 '공동 추진과제 추진', B에는 '상호금융기획부'가 들어가야 한다.

03 자원관리능력   정답 ③

매달 월세와 관리비를 합한 금액이 50만 원 미만이면서 소요 시간이 30분 이내여야 하므로 원룸에서 회사까지 버스로 32분이 걸리는 청솔 원룸은 계약하지 않는다. 또한, 계약 연장 시에는 전달받은 금액에서 월세만 3만 원 증액되어, 계약 기간이 1년인 에덴 원룸은 계약 연장 시 월세와 관리비를 합한 금액이 $(45+3)+3=51$만 원이 되므로 계약하지 않는다. 이에 따라 데미안 원룸과 애플 원룸의 2년 동안의 월세와 관리비, 보증금을 합한 금액을 각각 계산하면, 데미안 원룸은 계약 기간이 2년이므로 $(20+5)×24+2,000=2,600$만 원이고, 애플 원룸은 계약 기간이 1년으로 계약 연장 시 월세만 3만 원 증액되므로 $(40+5)×24+3×12+1,500=2,616$만 원이다.
따라서 K 씨가 계약할 원룸은 데미안 원룸이다.

04 의사소통능력   정답 ②

A가 '이번 여름에 휴가를 갈 예정인가요?'라고 말했으므로 '이번 여름은 너무 더워요.'는 B의 대답으로 적절하지 않다.

> 오답 체크

① A가 '점심은 몇 시에 먹나요?'라고 말했으므로 '2시 전에 준비될 거예요.'는 B의 대답으로 적절하다.
③ A가 '전화를 받지 못해 죄송합니다.'라고 말했으므로 '괜찮아요, 바쁘셨나요?'는 B의 대답으로 적절하다.
④ A가 '당신에게 여러 번 전화했습니다. 왜 전화를 받지 않았나요?'라고 말했으므로 '아, 저는 친구와 통화 중이었어요.'는 B의 대답으로 적절하다.

05 조직이해능력   정답 ④

농가 자산에 해당하는 것은 ㉠, ㉡, ㉢, ㉣, ㉤, ㉥으로 총 6개이다.

 알아보기

농가 자산
농업을 경영하는 데 있어 용역편익을 제공하는 일체의 경제적 자원으로, 크게 고정자산과 유동자산으로 구분함

고정자산	유형자산	토지, 건물, 기계, 대식물, 대동물
	무형자산	경작권, 어업권, 영업권 등
유동자산	당좌자산	현금, 예금, 보험금, 유가증권, 미수금, 선급금 등
	재고자산	미처분 농축산물, 미사용 구입자재, 소동물

06 조직이해능력　　　　　　　　정답 ①

첫 번째는 프로젝트 조직, 두 번째는 매트릭스 조직에 대한 설명이다.

 알아보기

사업부제 조직	단위적 분화의 원리에 따라 제품별·지역별·고객별 등으로 사업 단위를 편성하고 각각에 독립성을 부여하는 조직 형태
네트워크 조직	핵심적인 부문에만 조직의 활동을 집중시키고 나머지 부문에 대해서는 아웃소싱이나 전략적 제휴 등을 통해 외부의 전문가에게 맡기는 조직 형태
직능부제 조직	생산, 판매, 재무, 구매 등 유사한 업무를 묶어 같은 종류 및 부문의 일을 하나의 관리자 아래에 집단화시킨 조직 형태

07 문제해결능력　　　　　　　　정답 ④

식빵을 먹는 모든 사람이 주스를 마시고, 주스를 마시는 모든 사람이 차를 좋아한다면 식빵을 먹는 사람 중에 차를 좋아하는 사람이 반드시 존재하게 된다.
따라서 '식빵을 먹는 어떤 사람은 차를 좋아한다.'가 타당한 결론이다.

오답 체크

식빵을 먹는 사람을 A, 주스를 마시는 사람을 B, 차를 좋아하는 사람을 C라고 하면

①, ③ 식빵을 먹는 모든 사람이 주스를 마시고, 주스를 마시는 모든 사람이 차를 좋아하면 식빵을 먹지 않는 모든 사람은 차를 좋아하지 않거나 차를 좋아하지 않는 모든 사람은 식빵을 먹지 않을 수도 있으므로 반드시 참인 결론이 아니다.
② 식빵을 먹는 모든 사람이 주스를 마시고, 주스를 마시는 모든 사람이 차를 좋아하면 식빵을 먹지 않는 모든 사람은 차를 좋아하지 않을 수도 있으므로 반드시 참인 결론이 아니다.

08 수리능력　　　　　　　　정답 ③

갑은 가입기간 18개월인 정기예금에 1천만 원을 예치하여 월이자지급식으로 가입했으며, 가입기간 중 우대조건 1개를 충족하여 연이율 0.5+0.2=0.7%의 금리를 적용받는다. 이때 월이자지급식은 총이자를 월수로 나눠 매월 지급하고, 가

입기간은 18개월이므로 갑은 가입기간 동안 $10,000,000 \times (0.007 \times \frac{18}{12}) = 105,000$원의 이자를 지급받는다.
을은 가입기간 24개월인 정기예금에 6백만 원을 예치하여 만기일시지급식으로 가입했으며, 만기일지급식은 만기에 일시 지급하고 가입기간 중 우대조건 3개를 충족하여 연이율 0.65+0.4=1.05%의 금리를 적용받는다. 이때 가입기간이 24개월이므로 을은 가입기간 동안 $6,000,000 \times (0.0105 \times \frac{24}{12})$ =126,000원의 이자를 지급받는다.
따라서 두 사람이 각자 지급받는 총이자의 차는 126,000－105,000=21,000원이다.

09 자원관리능력　　　　　　　　정답 ①

제시된 조건에 따르면 팀장 승인이 완료된 기기만 구매할 수 있으며, 성능이 동일하면 가격이 저렴한 기기로 구매해야 한다. 이에 따라 김형수 주임, 박지형 사원, 민지성 대리, 윤상현 사원이 신청한 사무기기만 구매할 수 있다. 김형수 주임이 신청한 모니터 2대는 가격이 가장 저렴한 F로 구매해야 하며, 비용은 154,000×2=308,000원이다. 박지형 사원이 신청한 모니터 1대는 화면이 크고 해상도가 높아야 하므로 E를 구매해야 하며, 비용은 209,000원이다. 민지성 대리가 신청한 프린터 2대는 스캔이 가능해야 하므로 B, C 중 한 가지를 구매해야 한다. 이때, B를 2대 구매할 경우의 비용은 10% 할인이 되어 149,000×2×0.9=268,200원이고, 이는 C를 2대 구매할 경우의 비용인 135,000×2=270,000원보다 저렴하므로 B를 구매해야 한다. 또한, 윤상현 사원이 신청한 프린터 1대는 무선 네트워크 연결이 가능해야 하므로 C를 구매해야 하며, 비용은 135,000원이다.
따라서 프린터와 모니터를 구매하는 데 사용할 총비용은 308,000＋209,000＋268,200＋135,000＝920,200원이다.

10 문제해결능력　　　　　　　　정답 ③

제시된 글에서 설명하고 있는 문제해결 절차의 단계는 핵심 이슈에 대한 가설을 설정한 후, 필요한 데이터를 수집, 분석하여 문제의 근본 원인을 도출해 나가는 '원인 분석' 단계에 해당한다.

11 의사소통능력　　　　　　　　정답 ②

밑줄 친 단어는 나타나 보이는 현재의 상태라는 의미로 쓰였으므로 현재의 상황이라는 의미의 ②가 적절하다.

오답 체크

① 본질(本質): 사물이나 현상을 성립시키는 근본적인 성질
③ 현재(現在): 지금의 시간
④ 이면(裏面): 겉으로 나타나거나 눈에 보이지 않는 부분

12 문제해결능력   정답 ①

해진이가 이용할 이삿짐센터의 이사 소요 시간은 7시간을 초과해서는 안 되므로 이사 소요 시간이 8시간인 C 센터는 제외된다. 또한, 해진이는 금요일에 이사하므로 매주 금요일이 휴일인 D 센터도 제외된다.

따라서 위 조건을 만족하는 이삿짐센터인 A 센터와 B 센터 중 가격이 가장 저렴한 이삿짐센터를 이용하므로 해진이가 이용할 이삿짐센터는 'A 센터'이다.

13 자원관리능력   정답 ①

디자인팀의 회식 장소는 대표메뉴가 두 종류 이상이어야 하고 K 팀장이 해산물을 먹지 못하므로 대표메뉴가 해산물인 식당을 제외한 곳 중 평가가 가장 좋은 식당이어야 한다. 이에 따라 회식 장소로 가능한 식당은 La CASA와 Firenze이며, 두 식당의 평가점수의 합은 La CASA가 4+5+1+4=14점, Firenze가 3+5+2+3=13점으로 La CASA의 평가가 더 좋다.

따라서 디자인팀이 예약할 식당으로 가장 적절한 곳은 La CASA이다.

14 문제해결능력   정답 ④

제시된 조건에 따르면 학용품은 풀, 가위, 색연필, 볼펜, 지우개이고, 5명이 분실물 함에서 찾아간 학용품은 모두 다르다. 정은 가장 마지막 순서로 가위를 찾아갔고, 을과 무 사이에 학용품을 찾아간 사람은 2명이므로 을과 무는 각각 첫 번째 또는 네 번째로 학용품을 찾아갔다. 이에 따라 갑과 병은 각각 두 번째 또는 세 번째에 학용품을 찾아간 것을 알 수 있다. 이때, 을이 찾아간 학용품은 풀과 지우개가 아니므로 색연필 또는 볼펜이고, 무도 색연필 또는 볼펜을 찾아갔으므로 갑과 병은 풀 또는 지우개를 찾아갔다. 또한, 지우개를 찾아간 바로 다음 순서에 풀을 찾아갔으므로 두 번째로 지우개를, 세 번째로 풀을 찾아갔으며, 갑은 풀을 찾아가지 않았으므로 병이 세 번째에 풀을, 갑은 두 번째에 지우개를 찾아갔다. 이에 따라 가능한 경우는 다음과 같다.

구분	첫 번째	두 번째	세 번째	네 번째	다섯 번째
사람	을 또는 무	갑	병	을 또는 무	정
학용품	색연필 또는 볼펜	지우개	풀	색연필 또는 볼펜	가위

따라서 갑은 지우개를 찾아갔으므로 항상 옳은 설명이다.

오답 체크

① 을이 찾아간 학용품은 볼펜일 수도 있으므로 항상 옳은 설명은 아니다.
② 갑은 두 번째에 학용품을 찾아갔고, 병은 세 번째로 학용품을 찾아갔으므로 항상 옳지 않은 설명이다.
③ 무가 찾아간 학용품은 볼펜일 수도 있으므로 항상 옳은 설명은 아니다.

15 조직이해능력   정답 ③

시우: 농촌과 도시를 잇는 다리, 농민과 도시민의 연결통로로 역할을 하는 농협의 CI는 농업협동조합의 노래이며, 농협의 캐릭터 아리는 기업과 고객을 가장 친근감 있게 연결시키는 역할을 하므로 농협 캐릭터인 아리가 농촌과 도시를 잇는 다리로서의 상징성을 가지고 있다는 것은 가장 적절하지 않다.

16 의사소통능력   정답 ②

밑줄 친 부분은 감추는 것 없이 솔직하다는 의미로 쓰였으므로 마음속에 있는 것을 숨김없이 드러내 보인다는 의미의 ②가 적절하다.

오답 체크

① 속을 빼놓다: 줏대나 감정을 억제하다
③ 속을 태우다: 몹시 걱정이 되어 마음을 졸이다
④ 속을 달래다: 좋지 아니한 위장의 상태를 좀 편안하게 만들다

17 자원관리능력   정답 ④

[엔지니어링 업체 평가 점수 기준]에 따라 입찰 업체별 평가 점수를 계산하면 다음과 같다.

구분	신뢰도 점수	업체 실적 점수	시공 능력 점수	합계
가 업체	25,000/1,000 =25 20점	(420/600)×100 =70% 10점	8점	38점
나 업체	13,000/1,000 =13 13점	(216/240)×100 =90% 16점	8점	37점
다 업체	40,000/1,000 =40 20점	(1,060/1,500)×100 ≒71% 16점	8점	44점
라 업체	18,000/1,000 =18 18점	(360/390)×100 ≒92% 20점	8점	46점

따라서 평가 점수가 가장 높은 업체를 선정한다고 할 때, 평가 점수가 46점으로 가장 높은 라 업체가 선정된다.

18 문제해결능력   정답 ②

제시된 조건에 따르면 모든 혈액형이 적어도 1명 존재하므로 1개의 혈액형은 2명, 3개의 혈액형은 각각 1명이고, 갑과 을의 예측이 대조되므로 둘 중 한 명의 예측은 진실이고, 다른 한 명의 예측은 거짓이다.

먼저, 갑의 예측이 진실인 경우 갑은 A형 또는 B형이고, 갑의 혈액형이 AB형이라고 예측한 을의 예측은 거짓이다. 또한, 병은 을의 혈액형이 B형이라고 예측하였으므로 병의 예측도 거짓이다. 을의 예측에 따라 AB형은 2명이 되고, 병의 예측

에 따라 을과 병은 혈액형이 같은 AB형이어야 하지만, 갑의 예측에서 정도 AB형이므로 모순이 발생한다.

갑의 예측이 거짓인 경우 정의 혈액형은 AB형이 아니고, 정과 무의 혈액형이 같으므로 을의 예측은 진실이고, 갑의 혈액형은 AB형이며 정과 무를 제외한 모두 혈액형이 다르다. 이때, 병의 예측도 진실이 되어 을의 혈액형은 B형이고, 병의 혈액형은 A형이다. 이에 따라 정과 무의 혈액형은 O형이 된다.

따라서 사람과 혈액형이 올바르게 연결된 것은 ②이다.

19 수리능력   정답 ③

두 톱니바퀴가 회전하여 처음 맞물렸던 위치로 돌아오기 위해 움직여야 하는 톱니의 수는 두 톱니 수의 최소공배수임을 적용하여 구한다.

48과 60을 각각 소인수분해하면

$48 = 2^4 \times 3$, $60 = 2^2 \times 3 \times 5$이므로

처음 맞물렸던 위치로 돌아오려면 두 톱니바퀴는 각각 두 수의 최소공배수인 $2^4 \times 3 \times 5 = 240$개만큼 움직여야 한다.

따라서 톱니가 48개인 톱니바퀴는 $\frac{240}{48} = 5$바퀴 회전해야 한다.

20 문제해결능력   정답 ④

3C 분석은 사업 환경을 구성하고 있는 자사(Company), 경쟁사(Competitor), 고객(Customer)에 대한 체계적인 분석을 통해 사업 환경 분석을 수행하므로 3C 분석과 관련된 단어로 가장 적절하지 않은 것은 'Credit'이다.

21 자원관리능력   정답 ④

K 팀장의 지시 내용에 따르면 20XX년 하반기 ◇◇기업 연수에 참석하는 기술팀의 신입사원은 4명이고, 신입사원은 부산 시설과 대구 본부 근처의 숙소에 모두 2인 1실 중 저렴한 숙소를 사용하므로 부산 그랜드 호텔과 대구 시즌 호텔 모두 스탠더드를 사용해야 한다. 이때, 8월 23일부터 25일까지는 부산 시설 근처인 부산 그랜드 호텔을 사용하고, 8월 25일부터 26일까지는 대구 본부 근처인 대구 시즌 호텔을 사용한다. 또한, K 팀장은 이론 TEST 내용의 보안상 연수자들과 함께 방을 쓸 수 없고, 저녁에는 K 팀장과 신입사원이 다 함께 프라이빗 라운지에 입장할 수 있는 객실을 예약해야 하므로 5인 이상이 라운지를 이용할 수 있는 부산 그랜드 호텔의 이그제큐티브 객실을 사용해야 하며 다음 날 대구 본부에서 바로 퇴근하므로 1박 2일 동안만 숙소를 사용한다.

따라서 예약한 숙박비의 총액은 {(85,000 × 2 × 2) + (95,000 × 2) + 210,000} = 740,000원이다.

22 의사소통능력   정답 ①

제시된 의미에 해당하는 한자성어는 '표리부동(表裏不同)'이다.

② 죽마고우(竹馬故友): 대말을 타고 놀던 벗이라는 뜻으로, 어릴 때부터 같이 놀며 자란 벗
③ 고진감래(苦盡甘來): 쓴 것이 다하면 단 것이 온다는 뜻으로, 고생 끝에 즐거움이 옴을 이르는 말
④ 자가당착(自家撞着): 같은 사람의 말이나 행동이 앞뒤가 서로 맞지 아니하고 모순됨

23 수리능력   정답 ①

수익률(%) = $\frac{\text{비교일 기준 주식의 가치} - \text{투자금}}{\text{투자금}} \times 100$임을 적용하여 구한다.

7월 7일부터 7월 11일까지 주가 등락률에 따라 민호가 A 기업에 투자한 주식의 가치는 다음과 같다.

구분	주식의 가치
7월 7일	2,000,000 × 1.2 = 2,400,000원
7월 8일	2,400,000 × 0.85 = 2,040,000원
7월 9일	2,040,000 × 0.9 = 1,836,000원
7월 10일	1,836,000 × 1.3 = 2,386,800원
7월 11일	2,386,800 × 0.9 = 2,148,120원

따라서 7월 11일 기준 민호가 투자한 주식의 수익률은 $\frac{2,148,120 - 2,000,000}{2,000,000} \times 100 ≒ 7.4\%$이므로 옳은 설명이다.

② 7월 8일 주가 대비 7월 10일 주가 등락률은 7월 10일 주가가 비교일 주가, 7월 8일 주가가 기준일 주가임에 따라 $\frac{2,386,800 - 2,040,000}{2,040,000} \times 100 = 17\%$이므로 옳지 않은 설명이다.
③ 7월 9일 기준 민호가 투자한 주식의 가치는 1,836,000원이므로 옳지 않은 설명이다.
④ 7월 7일부터 7월 11일까지 민호가 투자한 주식의 수익률이 가장 큰 날은 주식의 가치가 2,400,000원으로 가장 큰 7월 7일이므로 옳지 않은 설명이다.

24 문제해결능력   정답 ④

세 사람의 체중은 'B > A > C' 순으로 많이 나가며, B와 A의 체중 차이와 A와 C의 체중 차이가 5kg으로 같으므로 평균 체중인 58kg이 A의 체중이다. 따라서 세 사람의 체중은 B가 63kg, A가 58kg, C가 53kg이므로 옳은 설명이다.

① C의 체중이 4kg 증가하면 평균 체중은 4/3 ≒ 1.3kg 증가한 약 59.3kg이므로 옳지 않은 설명이다.
② 가장 무거운 사람과 가장 가벼운 사람의 체중 차이는 63 - 53 = 10kg이므로 옳지 않은 설명이다.
③ 평균 체중보다 가벼운 사람은 C 한 명이므로 옳지 않은 설명이다.

25 수리능력 정답 ④

A 산 수익금이 전년 대비 가장 많이 증가한 해는 281,145−233,814=47,331만 원이 증가한 2021년이므로 옳지 않은 설명이다.

오답 체크
① 2022년 수익금이 전년 대비 증가한 국립공원은 B 산, G 산, H 산, I 산, J 산으로 총 5곳이므로 옳은 설명이다.
② 2019년 E 산 수익금의 2016년 대비 증가율은 {(34,462−31,100)/31,100} × 100 ≒ 10.8%이므로 옳은 설명이다.
③ F 산 수익금은 2021년에 8,445만 원, 2016년에 846만 원으로 2021년에 2016년 대비 8,445 / 846 ≒ 10.0배이므로 옳은 설명이다.

26 의사소통능력 정답 ④

'요청 배경'에 따르면 금융감독원이 공문에서 언급한 주민등록번호 암호화 개념 오인 사례가 당사에서도 벌어졌는지에 대한 현황 파악이 필요하다고 하였으므로 당사에서 주민등록번호 암호화 개념을 어떻게 이해하고 적용하였는지 확인하는 것이 가장 적절하다.

27 조직이해능력 정답 ③

농협이 선가격 할인제도를 도입한 시기는 2020년이므로 가장 적절하지 않다.

28 문제해결능력 정답 ①

모든 과자는 간식이므로 어떤 과자가 한과라면 어떤 한과는 간식이다.
따라서 '어떤 한과는 간식이다.'가 타당한 결론이다.

오답 체크
과자를 A, 간식을 B, 한과를 C라고 하면

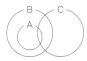

② 어떤 한과는 간식이므로 반드시 거짓인 결론이다.
③ 어떤 간식은 한과가 아닐 수도 있으므로 반드시 참인 결론이 아니다.
④ 어떤 한과는 간식이 아닐 수도 있으므로 반드시 참인 결론이 아니다.

29 수리능력 정답 ③

각 행과 열의 합계를 식으로 정리하면 다음과 같다.
- 첫 번째 행: $A+B+2C=45$
- 두 번째 행: $A+2B+D=56$
- 세 번째 행: $B+2C+D=51$
- 네 번째 행: $A+B+2D=71$
- 첫 번째 열: $3B+D=47$

- 두 번째 열: $2A+C+D=67$
- 세 번째 열: $A+2C+D=60$
- 네 번째 열: $2B+C+D=49$

두 번째 행에서 첫 번째 행을 빼면 $B-2C+D=11$ … ⓐ
ⓐ에서 세 번째 행을 더하면 $2B+2D=62$ … ⓑ
ⓑ에서 첫 번째 열에 ×2한 것을 빼면 $-4B=-32$ → $B=8$
$B=8$이므로 ⓑ에 의해 $2×8+2D=62$ → $2D=46$ → $D=23$
$D=23$이므로 ⓐ에 의해 $8-2C+23=11$ → $-2C=-20$ → $C=10$
$C=10$이므로 첫 번째 행에 의해 $A+8+(2×10)=45$ → $A=17$
따라서 $A=17$, $B=8$, $C=10$, $D=23$이므로 $A+B+C+D$의 값은 $17+8+10+23=58$이다.

빠른 문제 풀이 **Tip**
$A+B+C+D$의 값을 구하고자 하면 A, B, C, D 각각의 값을 구하지 않고 $(A+B+C+D)×k$의 형태로 계수를 동일하게 맞춰 계산할 수 있다. 두 번째 열과 네 번째 열을 이용하면
두 번째 열에서 $2A+C+D=67$ … ⓐ
네 번째 열에서 $2B+C+D=49$ … ⓑ
ⓐ+ⓑ에서 $2A+2B+2C+2D=116$ → $A+B+C+D=58$

30 조직이해능력 정답 ③

'NH농협무역'은 농협 경제지주의 계열사에 해당한다.

더 **알아보기**

농협 경제지주 계열사

유통	• 농협하나로유통/농협유통
제조	• 남해화학/농협케미컬/농우바이오/농협아그로/농협흙사랑 등
식품·서비스	• 농협양곡/농협홍삼/농협식품/농협물류/NH농협무역
축산	• 농협사료/농협목우촌 등

31 조직이해능력 정답 ③

신문 기사에 제시된 A 사는 지위고하를 막론하고 좋은 아이디어를 낼 수 있도록 파일럿 시스템과 맥나이트 정신을 중요하게 여기므로, 조직 구성원의 창의성과 혁신성을 중시하여 업무수행에 대한 자율재량권을 부여하고 조직의 성장과 발전에 관심이 높은 유형인 개발문화가 가장 적절하다.

오답 체크
① 집단문화: 관계지향적인 문화로, 조직 구성원 간 단결, 팀워크, 공유가치, 사기 등을 중시하고 조직내부의 통합과 유연한 인간관계를 강조하는 유형
② 합리문화: 과업지향적인 문화로, 조직의 목표를 명확하게 설정하고, 주어진 과업을 효과적이고 효율적으로 수행하기 위해 실적 달성과 직무 몰입 등을 강조하는 유형

④ 계층문화: 위계질서에 의한 명령과 통제가 이루어지는 문화로, 업무처리 시 규칙과 법을 준수하는 것을 중시할 뿐만 아니라 관행과 안정, 문서와 형식, 보고와 정보관리, 명확한 책임소재 등 조직내부의 통합과 안정성을 확보하기 위해 계층화되고 서열화된 조직구조를 강조하는 유형

32 조직이해능력   정답 ①

마이클 포터가 개발한 가치사슬은 기업의 활동에서 부가가치가 생성되는 일련의 과정을 분석하여 기업의 내부 역량 분석을 목적으로 하므로 분석 방법, 개발자, 목적이 가장 올바르게 짝지어진 것은 ①이다.

오답 체크

② 마이클 포터가 개발한 본원적 경쟁 전략은 한 산업 내에서 경쟁우위를 차지하기 위한 경영 전략이므로 적절하지 않다.
③ 보스턴컨설팅그룹이 개발한 BCG 매트릭스는 현재 사업이 처한 상황을 파악하여 이에 대한 전략을 수립할 수 있는 사업포트폴리오 분석 도구이므로 적절하지 않다.
④ 알버트 험프리가 개발한 SWOT 분석은 기업의 내부 환경과 외부 환경을 파악하는 분석 도구이므로 적절하지 않다.

33 문제해결능력   정답 ④

제시된 조건에 따르면 오토바이에 적재가 불가능한 경우에는 차량 퀵서비스를 제공하며, 차량 퀵서비스 이용 요금은 오토바이 퀵서비스 이용 요금의 두 배가 청구되고, 퀵서비스를 주말에 이용하는 경우에는 평일 이용 요금의 두 배가 청구된다. B 사의 팀별 퀵서비스 이용 내역에 따라 이용 요금을 계산하면, 인사팀은 주말에 오토바이 퀵서비스를 1번 이용했으므로 19×2=38천 원, 영업팀은 평일에 차량 퀵서비스와 오토바이 퀵서비스를 각각 1번씩 이용했으므로 (7×2)+9=23천 원, 기획팀은 평일에 차량 퀵서비스를 1번 이용했으므로 17×2=34천 원, 연구팀은 평일에 오토바이 퀵서비스를 2번 이용했으므로 16+19=35천 원, 개발팀은 주말에 차량 퀵서비스를 1번 이용했으므로 8×2×2=32천 원이 청구된다.
따라서 퀵서비스 이용 요금이 가장 많은 팀은 인사팀이고, 가장 적은 팀은 영업팀이다.

34 자원관리능력   정답 ①

제시된 자료에 따르면 여름 휴가는 8월 중에 모두 사용해야 하고, 과장급은 5일의 여름 휴가를 최대 2번까지 나누어 쓸 수 있으므로 M 과장은 8월 중에 여름 휴가를 5일 연속 또는 1일과 4일 연속 또는 2일과 3일 연속으로 나누어 쓸 수 있다. M 과장은 8월 11일과 21일에 출장을 가므로 여름 휴가를 쓸 수 없고, 공휴일 앞뒤로 여름 휴가를 붙여 쓸 수 없으므로 8월 14일과 16일에 여름 휴가를 쓸 수 없다. 또한, 근무지에 팀원이 3명 미만으로 출근하는 날에는 여름 휴가를 쓸 수 없고, 출장 업무는 외부 근무라서 근무지 출근으로 간주하지 않으므로 8월 3일, 7일, 25일에 여름 휴가를 쓸 수 없다. 이때, 한

팀 내에서 팀장과 과장급은 여름 휴가, 출장 등을 포함하여 같은 날 근무지를 비울 수 없으므로 8월 1일~2일, 24일, 28일에 여름 휴가를 쓸 수 없다. 이에 따라 M 과장은 8월 4일, 8일~10일, 17일~18일, 22일~23일, 29일~31일에 휴가를 쓸 수 있고, 이 중 한 번에 여름 휴가를 연속으로 쓸 수 있는 최대 일수는 8월 8일~10일 또는 29일~31일로 3일이므로 5일 연속 또는 1일과 4일 연속으로 나누어 여름 휴가를 쓸 수 없다. 따라서 M 과장이 여름 휴가를 쓸 수 없는 날짜는 8월 4일이다.

35 조직이해능력   정답 ③

조직 구성원들이 공유하는 생활양식이나 가치를 나타내는 용어는 '조직문화'이다.

오답 체크

① 조직구조는 조직 내의 부문 사이에 형성된 관계로 조직목표를 달성하기 위한 조직 구성원들의 상호작용을 보여주는 조직체제의 구성요소이므로 적절하지 않다.
② 조직목표는 조직이 달성하려는 장래의 상태로, 조직이 존재하는 정당성과 합법성을 제공하는 조직체제의 구성요소이므로 적절하지 않다.
④ 규칙 및 규정은 조직의 목표나 전략에 따라 수립되어 조직 구성원들이 활동범위를 제약하고 일관성을 부여하는 기능을 하는 조직체제의 구성요소이므로 적절하지 않다.

36 의사소통능력   정답 ④

밑줄 친 단어는 간사하고 교활하다는 의미로 쓰였으므로 자기의 이익을 위하여 나쁜 꾀를 부리는 등 마음이 바르지 않다는 의미의 ④가 적절하다.

오답 체크

① 추악(醜惡): 더럽고 흉악함
② 비정(非情): 사람으로서의 따뜻한 정이나 인간미가 없음
③ 의뭉: 겉으로는 어리석은 것처럼 보이면서 속으로는 엉큼함

37 조직이해능력   정답 ①

제시된 내용은 '국제협동조합농업기구(ICAO)'에 대한 설명이다.

오답 체크

② 유엔식량농업기구(FAO): 세계 식량 및 기아 문제 개선을 위한 유엔 산하의 국제기구
③ 국제농업생산자연맹(IFAP): 농업 종사자들의 이익과 자립을 지원하고 전 세계에 식량을 안정적으로 공급하기 위해 설립된 국제기구로, 농협은 1979년 4월에 가입함
④ 세계농업인기구(WFO): 2011년 설립된 세계 최대 규모의 농민 단체로, 농협이 창립 회원으로서 농업 협동조합 분야를 주도하고 있음

38 수리능력　정답 ④

전력 판매금액＝판매전력량 × 전력 판매단가임을 적용하여 구한다.

20X3년 한국의 전력 판매단가는 1kWh당 110원이므로 1GWh 당 $110 × 10^6$원이다. 이때, 1원당 엔화의 환율은 $\frac{엔/달러}{원/달러}$이므로

20X3년 1원당 엔화의 환율은 $\frac{120}{1,160}$엔이다.

따라서 20X3년 일본의 전력 판매금액은 $800,000 × 110 × 10^6$ $× \frac{120}{1,160} ≒ 91,034$억 엔이다.

39 조직이해능력　정답 ④

한국은행이 시중은행에 각 은행의 한도 내에서 저금리로 돈을 대출해 주는 제도인 금융중개지원대출 자금을 줄이면 시중은행의 여유 자금 부족으로 고객 상대 대출 금리가 올라가 통화량이 감소하므로 가장 적절하지 않은 설명이다.

⊕ 알아보기

통화량 조절: 중앙은행이 지급준비율을 인하, 국·공채를 매입, 재할인율을 인하, 금융중개지원대출 자금을 확대, 통화안정증권을 환매 또는 상환하면 시중 통화량이 증가함

40 의사소통능력　정답 ④

원숭이가 직접 행동하지 않고 인간의 행동을 보기만 해도 뉴런이 활성화되는 것은 지각과 운동이 연동되어 있다는 사실을 나타내는 놀라운 발견이라고 하였으므로 원숭이 뇌의 뉴런이 직접 행동할 경우에만 활성화되는 것은 아님을 알 수 있다.

오답 체크

① 1966년에 원숭이를 대상으로 진행된 실험에서 거울뉴런이 발견되었고 이 연구를 토대로 인간에게도 거울뉴런이 있을 가능성이 제기되었다고 하였으므로 적절한 내용이다.
② 신경심리학자 콜이 거울뉴런계가 타인의 감정을 이해하는 데에도 중요한 역할을 한다는 것을 발견했다고 하였으므로 적절한 내용이다.
③ 공공장소에서 한 사람이 하품하면 주변 사람들도 따라하는 것과 같이 거울뉴런은 다른 행위자가 한 행동을 관찰하기만 해도 같은 행동을 하도록 만든다고 하였으므로 적절한 내용이다.

41 의사소통능력　정답 ①

이 글은 여러 악재로 인해 프로축구 K 리그에서 2부 리그로 강등될 뻔한 위기에 처했던 A 팀이 마지막 경기에서 승리하여 1부 리그에 남을 수 있었던 상황에 대해 설명하는 글이다. 따라서 거의 죽을 뻔하다가 도로 살아난다는 의미의 '기사회생(起死回生)'과 관련 있다.

오답 체크

② 지피지기(知彼知己): 적의 사정과 나의 사정을 자세히 앎

③ 고육지책(苦肉之策): 자기 몸을 상해 가면서까지 꾸며 내는 계책이라는 뜻으로, 어려운 상태를 벗어나기 위해 어쩔 수 없이 꾸며 내는 계책을 이르는 말
④ 설상가상(雪上加霜): 눈 위에 서리가 덮인다는 뜻으로, 난처한 일이나 불행한 일이 잇따라 일어남을 이르는 말

42 수리능력　정답 ②

아빠의 나이를 x, 엄마의 나이를 y, 딸의 나이를 z라고 하면
$\frac{x+y}{2}=51 \rightarrow x+y=102$ … ⓐ
$3z-5=x \rightarrow -x+3z=5$ … ⓑ
$y+z=69$ … ⓒ
ⓐ－ⓒ에서 $x-z=33$ … ⓓ
ⓑ＋ⓓ에서 $z=19$
따라서 딸의 나이는 19세이다.

43 문제해결능력　정답 ③

제시된 조건에 따르면 B는 상을 받았고 C는 상을 받지 않았으므로 B의 등수는 1등, 2등, 3등 중 하나이고 C의 등수는 4등, 5등, 6등 중 하나이다. 이때, F는 C보다 등수가 낮고 A보다 등수가 높으므로 C는 4등, F는 5등, A는 6등이며, D는 B와 E보다 등수가 낮으므로 D는 3등임을 알 수 있다. 이에 따라 A, B, C, D, E, F의 등수를 나타내면 다음과 같다.

1등	2등	3등	4등	5등	6등
B 또는 E	B 또는 E	D	C	F	A

따라서 대회 결과 3등인 D는 동상을 받았으므로 항상 옳은 설명이다.

오답 체크

① E가 1등일 수도 있으므로 항상 옳은 설명은 아니다.
② F는 5등이므로 항상 옳지 않은 설명이다.
④ B가 은상을 받았을 수도 있으므로 항상 옳은 설명은 아니다.

44 자원관리능력　정답 ②

제시된 [발대식 관련 전달사항]에 따르면 행사장에서 음향 장비와 케이터링 서비스를 이용할 수 있어야 하므로 세미나실 1, 세미나실 2는 제외한다. 또한, 전체 참석 예정 인원은 대학생 서포터즈 103명, 행사 도우미 12명, 강연자 5명으로 총 103＋12＋5＝120명이다. 이때, 발대식 당일 다른 임직원의 참석 가능성을 고려하여 행사장은 전체 참석 예정 인원의 10%를 추가로 수용할 수 있어야 하므로 120 × 1.1=132명을 수용할 수 없는 비전홀, 대회의실 2도 제외한다. 발대식은 7월 17일 오전 9시부터 7월 18일 오후 3시까지 진행되지만, 행사 준비를 위해 행사장은 발대식 시작일의 하루 전날 정오부터 이용할 수 있어야 하므로 7월 16일 오후 12시부터 7월 18일 오후 3시까지 이용할 수 있어야 한다. 이에 따라 7월 16일 오후에 예약 완료된 한빛홀 1과 7월 17일 오후에 예약 완료된 대회의실 1은 이용할 수 없다.
따라서 발대식을 위해 예약할 수 있는 행사장은 한빛홀 2이다.

45 수리능력　　　　　　　　　　　정답 ④

표준화(Z)는 변량이 평균을 중심으로 표준편차의 몇 배만큼 떨어져 있는지를 나타내는 값으로, 표준화$(Z)=\dfrac{\text{변량}-\text{평균}}{\text{표준편차}}$임을 적용하여 구한다. 합격한 C 지원자의 전공 점수가 91점이고 합격자의 전공 평균 점수가 88점, 전공 표준편차 점수가 8점이면, 합격자 중 C 지원자 전공 점수의 $Z=\dfrac{91-88}{8}=\dfrac{3}{8}=$ 0.375이므로 옳지 않은 설명이다.

> **오답 체크**
> ① 표준편차는 분산의 제곱근 값이고, 분산은 각 변량과 평균의 차이의 제곱합을 변량의 개수로 나눈 값임에 따라 합격자 개개인의 전공 점수가 제시된다면 합격자의 전공 표준편차 점수를 구할 수 있으므로 옳은 설명이다.
> ② 지원자 개개인의 NCS 점수가 제시된다면 각 지원자 NCS 점수의 Z 크기에 따라 상대적 등수를 알 수 있으므로 옳은 설명이다.
> ③ 합격한 A 지원자의 NCS 점수가 82점이고 지원자 전체의 NCS 표준편차 점수가 12점이면, 지원자 전체 중 A 지원자 NCS 점수의 $Z=\dfrac{82-72}{12}=\dfrac{10}{12}≒0.830$이므로 옳은 설명이다.

46 의사소통능력　　　　　　　　　정답 ③

무던이(X) → 무던히(O)
• 한글 맞춤법 제51항에 따라 부사의 끝음절이 분명히 '히'로만 나는 것은 '-히'로 적는다.

47 수리능력　　　　　　　　　　　정답 ④

◇◇그룹의 작년 총매출액은 3억 원이었고, 그중 A 계열사 매출액은 1억 2천만 원이었으므로 A 계열사 매출액이 총매출액에서 차지하는 비중은 $\dfrac{12,000}{30,000}×100=40\%$이다. 또한, 올해 ◇◇그룹의 총매출액은 작년 대비 45% 증가하였으므로 $30,000×1.45=43,500$만 원이고, 그중 총매출액에서 A 계열사 매출액이 차지하는 비중은 작년 대비 10%p 증가하였으므로 $40+10=50\%$이다.
따라서 올해 A 계열사의 매출액은 $43,500×0.5=21,750$만 원이다.

48 자원관리능력　　　　　　　　　정답 ③

제시된 대화문에 따르면 최 이사는 다음 주 수요일 오전 11시 30분에 예정되어 있던 □□상사와의 미팅 일정을 30분 당겨 11시로 변경하였다. 미팅 장소에는 미팅 시간 30분 전부터 입실이 가능하며 최 이사는 미팅 시간 15분 전까지 도착할 계획이므로 부산 ◇◇호텔에 10시 30분부터 10시 45분 사이에 도착할 수 있는 교통수단을 찾는다. 이때, 모든 교통수단은 하차 직후부터 다음 교통수단 탑승까지 최소 10분이 소요되며, 서울에서 출발하는 항공사의 첫 번째 비행기를 이용할 경우 출장지에 너무 빨리 도착하므로 각 항공사의 두 번째 출발 비행기를 이용할 수 있다. 이에 따라 부산 내 교

통수단별 운행 정보를 고려하여 이용 항공사별 ◇◇호텔 도착 시각은 다음과 같다.

구분	교통수단 이용 경로	도착 시각
부산항공	08:40 김포공항 출발 → 09:30 김해공항 제1여객터미널 도착 → 09:45 공항철도 탑승 → 10:25 공항철도 하차	10:40
스마일항공	08:50 김포공항 출발 → 09:55 김해공항 제1여객터미널 도착 → 10:05 택시 탑승 → 10:30 택시 하차	10:30
해피항공	09:00 인천공항 출발 → 10:00 김해공항 제2여객터미널 도착 → 10:10 미니버스 탑승 → 10:22 김해공항 제1여객터미널 도착 → 10:32 택시 탑승 → 10:57 택시 하차	10:57
서울항공	08:40 김포공항 출발 → 09:50 김해공항 제2여객터미널 도착 → 10:05 트레인 탑승 → 10:18 김해공항 제1여객터미널 도착 → 10:28 택시 탑승 → 10:53 택시 하차	10:53

이 중 ◇◇호텔 도착 시각이 10시 30분과 10시 45분 사이인 부산항공과 스마일항공의 교통비만 비교하면, 부산항공은 $(74,600×0.95)+2,000=72,870$원, 스마일항공은 $(65,300×0.95)+\{3,300+(21,000/140)×100\}=80,335$원이다.
따라서 서울에서 출발하여 출장을 가는 최 이사의 최소 교통비는 72,870원이다.

49 의사소통능력　　　　　　　　　정답 ③

이 글은 사회적 갈등이 일반적으로 부정적인 개념으로 받아들여지나, 해결하는 과정을 살펴보면 사회적 갈등이 오히려 사회 문제의 정확한 파악, 혁신적 및 창의적 사고, 사회 연대 강화 등의 긍정적인 기능을 한다는 내용이므로 이 글의 주제로 가장 적절한 것은 ③이다.

50 자원관리능력　　　　　　　　　정답 ①

생체인식은 사람의 측정 가능한 지문, 홍채, 얼굴 등의 신체적인 특성과 글씨체, 음성, 걸음걸이 등의 행동학적 특성 등 개별적인 생체 특성을 추출하여 본인 여부를 비교, 확인함으로써 보안시스템에 활용하는 기술이므로 자동 검표 시스템을 구축하는 데 필요한 물적자원관리 방법으로 가장 적절하지 않다.

 알아보기

RFID (전자태그)	무선 주파수를 이용하여 대상을 식별할 수 있도록 하는 기술로, 교통카드나 고속도로의 하이패스 등에 활용되며 기존에 근로자의 수작업을 통해 개별적으로 확인해야 했던 것들을 컴퓨터 시스템이 자동으로 확인할 수 있게 함

BAR CODE	컴퓨터가 판독할 수 있도록 굵기가 다른 검은 막대와 하얀 막대를 조합시켜 문자나 숫자를 코드화한 것으로, 효율적인 상품관리를 가능하게 함
QR CODE	흑백 격자무늬 패턴으로 정보를 나타내는 매트릭스 형식의 바코드로, 용량 제한에 따라 한정된 정보만 담았던 기존 바코드에 비해 넉넉한 용량으로 다양한 정보를 담을 수 있음

51 의사소통능력 　　　　　　　　　정답 ②

달러를 엔화로 환전하기 위한 대화이며, B가 '환율은 1달러당 145엔입니다.'라고 대답했으므로 '환율이 어떻게 되나요?'가 A의 말로 적절하다.

[오답 체크]

① 수수료를 받나요
③ 비용은 얼마인가요
④ 어떻게 지불하면 되나요

52 문제해결능력 　　　　　　　　　정답 ④

제시된 지문은 '피라미드 구조화 방법'에 대한 설명이다.

[오답 체크]

① 3C 분석: 사업환경의 구성요소인 자사(Company), 경쟁사(Competitor), 고객(Customer)을 의미하며, 3C에 대한 체계적인 분석을 통해 환경 분석을 수행하는 방법
② So What 기법: "그래서 무엇이지?"하고 자문자답하는 것으로, 눈앞에 있는 정보로부터 의미를 찾아내어 가치 있는 정보를 이끌어 내는 사고 방법
③ Logic Tree 기법: 문제의 원인을 깊이 파고든다든지 해결책을 구체화할 때 제한된 시간 속에 넓이와 깊이를 추구하는 데 도움이 되는 기술로, 주요 과제를 나무 모양으로 분해·정리하는 기법

53 의사소통능력 　　　　　　　　　정답 ③

표준어 규정 제5항에 따라 어원에서 멀어진 형태로 굳어져 널리 쓰이는 것을 표준어로 삼는다고 하였으므로 '사글세'로 고쳐 쓰는 것이 가장 적절하다.

[오답 체크]

① 표준어 규정 제17항에 따라 비슷한 발음의 형태 중 더 널리 쓰이는 것을 표준어로 삼아야 하므로 '널빤지'가 적절하다.
② 한글 맞춤법 제52항에 따라 한자어에서 본음으로도 나고 속음으로도 나는 것은 각각 그 소리에 따라 적어야 하므로 '시월'이 적절하다.
④ 부동산 업자가 제삼자로서 두 당사자 사이에 서서 일을 주선한다는 의미로 쓰였으므로 '중개(仲介)'가 적절하다.
　• 중계(中繼): 중간에서 이어 줌

54 자원관리능력 　　　　　　　　　정답 ④

[별표 1]에 따르면 일반적인 사항에 관한 예산·회계 관련 문서의 보존 기간은 5년이다. 또한, 3문단에서 모든 문서는 문서를 생성한 담당부서에서 확인하고 폐기하여야 하며 보존 기간이 지났어도 대여한 부서에서 임의로 폐기할 수 없다고 하였으므로 제시된 문서는 회계부에서 폐기해야 한다.
따라서 제시된 문서의 보존 기간은 5년이고, 문서를 폐기해야 하는 부서는 회계부이다.

55 조직이해능력 　　　　　　　　　정답 ④

농업협동조합법 제1조에 따라 빈칸에 들어갈 말을 차례대로 나열한 것은 '경쟁력 – 국민경제의 균형 있는 발전'이다.

56 수리능력 　　　　　　　　　　　정답 ②

세 번째 항부터 제시된 각 숫자는 앞의 두 숫자의 합 +2라는 규칙이 적용되므로 빈칸에 들어갈 알맞은 숫자는 '58'이다.

57 자원관리능력 　　　　　　　　　정답 ③

SMART 법칙은 Specific(구체적으로), Measurable(측정 가능하도록), Action-oriented(행동 지향적으로), Realistic(현실성 있게), Time limited(시간적 제약이 있게)의 S.M.A.R.T 5개 절차에 따르므로 SMART 법칙과 관련된 단어로 가장 적절하지 않은 것은 'Representable'이다.

🔑 더 알아보기

SMART 법칙에 따른 목표 설정

S(Specific) 구체적으로	목표를 구체적으로 작성해야 함 예 나는 올해 말까지 전기산업기사 자격증을 취득할 것이다.
M(Measurable) 측정 가능하도록	수치화, 객관화하여 측정이 가능한 척도를 세워야 함 예 나는 주말마다 10km 달리기를 통해 1년 안에 10kg을 감량할 것이다.
A(Action-oriented) 행동 지향적으로	사고 및 생각에 그치는 것이 아닌 행동을 중심으로 목표를 세워야 함 예 환경운동에 관심 갖기(X) → 환경운동연합회에 참가하여 직접 환경 개선 활동 수행하기(O)
R(Realistic) 현실성 있게	실현 가능한 목표를 세워야 함 예 1년 안에 5개 국어 마스터하기(X) → 1년 안에 5개 국어로 자기소개하기(O)
T(Time limited) 시간적 제약이 있게	목표를 설정함에 있어 제한 시간을 둬야 함 예 오늘 안에, 이번 주까지, 이번 달까지 등

58 자원관리능력   정답 ②

대화 내용에 따르면 자기 계발 교육 프로그램에 참여하는 인원은 기존 워크숍 참여 인원 23명에 대표가 추가되어 총 24명이고, '강점의 실전 적용' 프로그램은 최소 인원이 25명이지만 교육 비용을 최소 인원만큼 결제한다면 프로그램 진행이 가능하다고 하여 워크숍에서 '강점의 실전 적용' 프로그램을 진행하기로 결정하였다. 이에 따라 필요한 교육 비용은 48,000 × 25 = 1,200,000원이고, 교재 및 교구 비용은 인원 수만큼 구입이 가능하다고 하였으므로 15,000 × 24 = 360,000원이며 중식 식대는 고려하지 않는다.

따라서 워크숍 일정에 교육 프로그램을 추가하는 데 필요한 총금액은 1,200,000 + 360,000 = 1,560,000원이다.

[59 - 60]

59 수리능력   정답 ④

2012년 농가에서 주·부식용으로 소비하는 1인당 연간 기타 양곡계 소비량은 112.6 − 105.4 = 7.2kg이고, 2014년 농가에서 기타 음식용으로 소비하는 1인당 연간 기타 양곡계 소비량은 12.8 − 5.6 = 7.2kg이다. 이에 따라 농가에서 주·부식용과 기타 음식용으로 소비하는 1인당 연간 기타 양곡계 소비량의 차이는 2011년에 7.5 − 4.6 = 2.9kg, 2012년에 7.2 − 4.9 = 2.3kg, 2013년에 6.4 − 4.2 = 2.2kg, 2014년에 9.5 − 7.2 = 2.3kg, 2015년에 9.8 − 6.6 = 3.2kg, 2016년에 9.5 − 5.7 = 3.8kg으로 2013년에 가장 적으므로 옳지 않은 설명이다.

오답 체크

① 2015년 전 가구의 1인당 1일 양곡계 소비량이 5번째로 적은 9월에 전 가구의 1인당 1일 쌀 소비량은 169.9g이므로 옳은 설명이다.
② 비농가에서 주·부식용으로 소비하는 1인당 연간 쌀 소비량은 2012년부터 매년 전년 대비 감소하는 추세이므로 옳은 설명이다.
③ 2015년 전 가구의 1인당 1일 기타 양곡계 소비량은 쌀과 양곡계 소비량의 막대그래프 길이 차이를 비교하여 구한다. 쌀과 양곡계 소비량의 막대그래프 길이 차이가 가장 적은 달은 5월이므로 옳은 설명이다.

60 수리능력   정답 ④

2015년 전 가구의 1인당 연간 기타 양곡계 소비량은 7.9 + 1.0 = 8.9kg = 8,900g이고, 2015년 2월 전 가구의 1인당 1일 기타 양곡계 소비량은 212.9 − 186.5 = 26.4g이므로 2015년 전 가구의 1인당 연간 기타 양곡계 소비량은 2015년 2월 전 가구의 1인당 1일 기타 양곡계 소비량의 8,900 / 26.4 ≒ 337배이다.

5회 기출동형모의고사

정답

p.182

01	⑤	의사소통능력	21	①	문제해결능력	41	①	의사소통능력	61	④	의사소통능력
02	⑤	문제해결능력	22	②	수리능력	42	④	문제해결능력	62	⑤	문제해결능력
03	②	수리능력	23	⑤	조직이해능력	43	⑤	자원관리능력	63	⑤	의사소통능력
04	④	자원관리능력	24	②	문제해결능력	44	①	조직이해능력	64	④	의사소통능력
05	②	조직이해능력	25	②	자원관리능력	45	③	의사소통능력	65	④	수리능력
06	④	의사소통능력	26	④	의사소통능력	46	⑤	자원관리능력	66	②	문제해결능력
07	②	문제해결능력	27	⑤	자원관리능력	47	⑤	의사소통능력	67	①	의사소통능력
08	③	자원관리능력	28	③	조직이해능력	48	⑤	문제해결능력	68	②	의사소통능력
09	④	수리능력	29	②	의사소통능력	49	④	자원관리능력	69	⑤	문제해결능력
10	③	자원관리능력	30	③	문제해결능력	50	⑤	의사소통능력	70	⑤	문제해결능력
11	①	의사소통능력	31	②	수리능력	51	②	문제해결능력			
12	⑤	의사소통능력	32	③	조직이해능력	52	③	수리능력			
13	①	수리능력	33	①	의사소통능력	53	③	수리능력			
14	⑤	수리능력	34	④	자원관리능력	54	①	수리능력			
15	③	수리능력	35	③	의사소통능력	55	⑤	수리능력			
16	⑤	수리능력	36	③	수리능력	56	②	수리능력			
17	②	문제해결능력	37	③	문제해결능력	57	⑤	문제해결능력			
18	④	의사소통능력	38	⑤	조직이해능력	58	③	조직이해능력			
19	③	수리능력	39	①	수리능력	59	①	의사소통능력			
20	③	조직이해능력	40	④	문제해결능력	60	④	문제해결능력			

취약 영역 분석표

영역별로 맞힌 개수와 정답률을 적고 나서 취약한 영역이 무엇인지 파악해 보세요.
정답률이 60% 미만인 취약한 영역은 틀린 문제를 다시 풀어보면서 확실히 극복하세요.

영역	의사소통능력	수리능력	문제해결능력	자원관리능력	조직이해능력	TOTAL
맞힌 개수	/19	/17	/17	/9	/8	/70
정답률	%	%	%	%	%	%

※ 정답률(%) = (맞힌 개수/전체 개수) × 100

01 의사소통능력 　　　　　　　　　정답 ⑤

이 글의 중심 내용은 미국과 일본 간의 환율 전쟁에 영향을 받아 한국의 원화 가치가 상승하여 제3자인 우리나라의 수출 경쟁력이 악화될 조짐을 보이고 있다는 것이므로 강한 자들끼리 싸우는 통에 아무 상관 없는 약한 자가 중간에 끼어 피해를 입게 된다는 의미의 속담인 '고래 싸움에 새우 등 터진다'가 적절하다.

02 문제해결능력 　　　　　　　　　정답 ⑤

세 번째 명제의 '대우'와 네 번째 명제를 결합하면 다음과 같다.
- 세 번째 명제(대우): Q의 선호도가 높아지면 P의 판매량이 증가한다.
- 네 번째 명제: Q의 선호도가 높아지면 P의 선호도가 높아지지 않는다.
- 결론: Q의 선호도가 높아지면 P의 판매량은 증가하고 P의 선호도는 높아지지 않는다.

따라서 P의 선호도가 높아지지 않아도 Q의 선호도가 높아지면 P의 판매량이 증가하므로 'P의 선호도가 높아지지 않아도 P의 판매량이 증가할 수 있다.'는 항상 옳은 결론이다.

03 수리능력 　　　　　　　　　　　정답 ②

제시된 숫자를 세 개씩 한 군으로 묶었을 때, 각 군의 첫 번째 숫자 간의 값이 +1, 두 번째 숫자 간의 값이 +2, 세 번째 숫자 간의 값이 ×3으로 반복되므로 빈칸에 들어갈 알맞은 숫자는 '7'이다.

04 자원관리능력 　　　　　　　　　정답 ④

물품의 효과적인 관리를 위해서는 '사용 물품과 보관 물품의 구분 – 동일 및 유사 물품으로의 분류 – 물품 특성에 맞는 보관 장소 선정' 과정을 거쳐 물품을 구분하여 보관해야 하므로 빈칸에 들어갈 과정은 동일 및 유사 물품으로의 분류이다. 따라서 빈칸에 들어갈 요소로 가장 적절한 것은 유사성의 원칙이다.

오답 체크
- ①, ③ 물품 특성에 맞는 보관 장소 선정 단계에서 고려해야 할 요소에 대한 설명이므로 적절하지 않다.
- ②, ⑤ 사용 물품과 보관 물품의 구분 단계에서 고려해야 할 요소에 대한 설명이므로 적절하지 않다.

05 조직이해능력 　　　　　　　　　정답 ②

제시된 지문은 '로컬푸드직매장'에 대한 설명이다.

오답 체크
① 농협몰: 농협이 2017년 오픈한 국산 농축산물 전문 온라인쇼핑 플랫폼으로, 산지 농협·농업인들이 직접 판매상품을 등록하고 고객 주문 시 산지에서 직접 배송이 이루어지도록 해 생산자와 소비자 간 유통단계와 물류비용을 최소화한 온라인쇼핑몰
③ 하나로마트: 농협하나로유통이 지도 및 지원하는 농식품 전문 매장으로, 생산자에게는 적정 가격을 보장하고, 소비자에게는 안전하고 품질 좋은 우수한 농·축·수산물을 공급하는 판매장
④ 산지유통센터: 농산물의 상품화를 위해 집하, 선별, 세척, 포장, 저장 등의 기능을 수행하여 대형 유통업체 및 도매 시장에 판매하는 산지 유통 시설
⑤ 농산물 공판장: 농산물 유통 과정에서 중간상인을 배제하고 유통 경로를 단축해 유통 비용을 절감하기 위한 소비지 유통 시설

06 의사소통능력 　　　　　　　　　정답 ④

금리는 계산 방법에 따라 단리와 복리로 구분된다고 하였으며, 일정한 금액에 같은 이율의 단리와 복리를 적용하면 원리금에 차이가 생긴다고 하였으므로 똑같은 금액의 자본에 같은 이율을 적용해도 금리 계산 방법에 따라서 원리금에 차이가 있음을 알 수 있다.

오답 체크
① 단리로 이자를 받을 때의 원리금을 계산하는 공식이 (원금)×{1 + n(이율)}이라고 하였으며, 200만 원의 원금을 5년 동안 연간 3%의 이율로 저축하면 원리금으로 230만 원을 받을 수 있으므로 적절하지 않은 내용이다.
② 복리가 채무자의 입장에서는 시간이 경과할수록 부채가 엄청나게 증가한다는 점에서 불행이 된다고 하였으므로 적절하지 않은 내용이다.
③ 단리로 이자를 받을 때 원리금을 계산하는 공식이 (원금)×{1 + n(이율)}, 복리로 이자를 받을 때 원리금을 계산하는 공식이 (원금)×{1 + (이율)}ⁿ이라고 하였으며, 500만 원의 원금을 2년 동안 연간 5%의 이율로 저금하면 단리일 때 원리금은 550만 원, 복리일 때 원리금은 551만 2500원을 받게 되므로 적절하지 않은 내용이다.
⑤ 단리는 일정 기간의 원금에만 약정 이율로 계산한 이자로, 이전 기간의 이자를 원금에 더하여 계산하는 것이 아니라서 이자에 대한 이자는 생기지 않는다고 하였으므로 적절하지 않은 내용이다.

07 문제해결능력　　　　정답 ②

산업재해 감소에 최대의 효과를 내기 위해서는 발생 비율이 가장 높은 부분을 보완해야 하며, 이에 따라 '이동 중 부상'을 예방할 수 있는 미끄럼 방지 시설을 최대한 많이 설치해야 한다. 미끄럼 방지 시설 설치를 요청한 모든 팀에 시설을 설치하면 남은 예산은 $78,500 - (450 + 150 + 210) \times 30 = 54,200$천 원이고, '기계 끼임'을 예방하기 위해 안전센서 설치를 요청한 모든 팀에 시설을 설치하면 남은 예산은 $54,200 - (10,080 + 9,600 + 1,500) \times 2.5 = 1,250$천 원이다. 그 다음 '물체 추락'을 예방하기 위해 안전망을 설치해야 하는데, 남은 예산이 충분하지 않으므로 설치 우선 순위에 따라 생산팀을 품질팀보다 먼저 설치한다. 생산팀에 안전망을 설치하면 남은 예산은 $1,250 - (510 + 450) \times 1.2 = 98$천 원이고, 품질팀에 안전망을 모두 설치하려면 예산이 $150 \times 1.2 = 180$천 원 필요하지만 안전시설은 팀 내 일부에만 설치할 수 없으므로 품질1팀은 안전망을 설치할 수 없다.

따라서 산업재해 감소에 최대의 효과를 내기 위해서 생산팀은 미끄럼 방지 시설 $450m^2$, 안전센서 $19,680$개, 안전망 $960m^2$를 설치하고, 품질팀은 미끄럼 방지 시설 $360m^2$, 안전센서 $1,500$개를 설치해야 한다.

08 자원관리능력　　　　정답 ③

대화 내용에 따르면 보고서 작성 교육은 경영기획본부 소속 사원들과 2019년에 입사한 사원들을 제외한 나머지 1년 미만 사원들을 대상으로 하게 되므로 나, 사, 아, 자, 차, 타, 파 사원 총 7명이 교육에 참석하게 된다. 이때, 각 사원의 휴무 요일을 모두 제외하고 가능한 요일은 수요일뿐이므로 최대 수용 인원이 7명 이상이며 이용 가능한 요일이 수요일인 회의실은 C와 D이다. 또한, 교육 참석 대상에 고객관리본부 소속 사원이 있다면 교육은 오전에 진행한다고 하였고, 교육 참석 대상 중 아, 자, 차 사원이 고객관리본부 소속 사원이므로 이용 가능 시간이 오후뿐인 D를 제외하면 양 사원이 예약할 회의실은 C이다.

09 수리능력　　　　정답 ④

c. 전체 농가 인구수에서 청년이 차지하는 비중은 2015년에 $(283 / 2,569) \times 100 ≒ 11.0\%$, 2005년에 $(540 / 3,434) \times 100 ≒ 15.7\%$로 10년 전 대비 $15.7 - 11.0 ≒ 4.7\%p$ 감소하였으므로 옳은 설명이다.

e. 전체 농가 인구수에서 65세 이상 연령대의 농가 인구수가 차지하는 비중이 $(973 / 3,063) \times 100 ≒ 31.8\%$로 처음으로 30%를 넘는 2010년에 70세 이상 연령대의 남성 농가 인구수는 300천 명을 넘지 않으므로 옳은 설명이다.

오답 체크

a. 2015년 농가 수는 20년 전 대비 $\{(1,501 - 1,089) / 1,501\} \times 100 ≒ 27.4\%$ 감소하였으므로 옳지 않은 설명이다.

b. 2015년 60~69세 농가 인구수는 5년 전 대비 감소하였으므로 옳지 않은 설명이다.

d. 2015년 50세 미만 연령대에서 여성 농가 인구수가 남성보다 더 적으므로 옳지 않은 설명이다.

10 자원관리능력　　　　정답 ③

K 은행 신입 행원들의 근무 평가 평균 점수는 $(75 + 75 + 60 + 78 + 76 + 86) / 6 = 75$점이다.

따라서 K 은행 신입 행원들의 근무 평가 평균 점수의 등급은 B 등급이다.

[11 - 12]
11 의사소통능력　　　　정답 ①

이 글은 3D 프린팅 기술에 시간의 축을 추가한 4D 프린팅 기술이 자가조립 기술과 자가 변형 기술의 원리에 따라 자동차, 의료, 건설 등 다양한 분야에서 이용될 것이라는 내용이므로 이 글의 제목으로 가장 적절한 것은 ①이다.

12 의사소통능력　　　　정답 ⑤

6문단에서 4D 프린팅 기술의 발전은 아직 초기 단계이고, 타 국과의 경쟁에서 주도권을 잡기 위해서는 정부 차원에서 적극적으로 투자할 필요가 있다고 하였으므로 4D 프린팅 기술이 여러 나라의 경쟁으로 인해 빠르게 발전하여 안정기에 접어든 것은 아님을 알 수 있다.

오답 체크

① 4문단에서 비전 넥스트 100이 4D 프린팅 기술을 활용한 대표적인 자동차로, 험준한 도로를 달릴 때 환경에 걸맞게 바퀴의 모양이 달라진다고 하였으므로 적절하다.

② 3문단에서 4D 프린팅에는 모양을 변형할 수 있도록 프로그래밍이 된 스마트 재료가 사용되며, 나무와 종이같이 부분 변형이 가능한 소재도 사용할 수 있다고 하였으므로 적절하다.

③ 2문단에서 온도, 습도, 진동 등의 자극을 받으면 형태가 바뀌는 스마트 재료를 3D 프린터로 출력하는 것이 4D 프린팅 기술이라고 하였으므로 적절하다.

④ 1문단에서 빌딩보다 큰 3D 프린터를 만드는 데 매우 큰 비용이 들어서 경제적 유인이 거의 없다고 하였으므로 적절하다.

13 수리능력　　　　정답 ①

우빈이의 생일을 x라고 하면 달력의 가로줄은 7칸으로 구성되어 있으므로 생일이 표시된 날짜를 기준으로 오른쪽으로 1칸, 아래쪽으로 1칸 이동한 날은 $x + 1 + 7 = (x + 8)$일이고 오른쪽으로 1칸, 위쪽으로 1칸 이동한 날은 $x + 1 - 7 = (x - 6)$일이다.

$(x + 8) + (x - 6) + x = 35 \rightarrow x = 11$

따라서 우빈이의 생일은 11일이다.

14 수리능력   정답 ⑤

50원짜리 동전과 5,000원짜리 지폐를 제외하고 낼 수 있는 동전과 지폐는 각각 10원짜리 동전 2개, 100원짜리 동전 3개, 500원짜리 동전 1개, 1,000원짜리 지폐 2장이다. 이때, 10원짜리 동전은 2개이므로 10원짜리 동전으로 낼 수 있는 금액의 경우는 동전을 한 개 또는 두 개를 내는 경우와 두 개 모두 내지 않는 경우로 총 3가지이다. 이에 따라 각각의 동전과 지폐를 낼 수 있는 경우는 2+1=3가지, 3+1=4가지, 1+1=2가지, 2+1=3가지이며, 이때 지갑에 있는 동전과 지폐를 모두 내지 않는 경우는 제외해야 한다.

따라서 50원짜리 동전과 5,000원짜리 지폐를 제외하고 지갑에 있는 돈으로 낼 수 있는 금액의 경우는 $3 \times 4 \times 2 \times 3 - 1 = 71$가지이다.

15 수리능력   정답 ③

두 개의 톱니바퀴를 회전시켜 처음 위치로 되돌아오기 위해 움직여야 하는 톱니 수는 두 톱니 수의 최소공배수이다. 두 수를 소인수분해하면 $36 = 2^2 \times 3^2$, $81 = 3^4$이므로 최소공배수는 $2^2 \times 3^4 = 324$이다.

처음에 맞물렸던 위치로 되돌아오려면 톱니 수가 36개인 톱니바퀴는 $\frac{324}{36} = 9$바퀴, 톱니 수가 81개인 톱니바퀴는 $\frac{324}{81} = 4$바퀴를 회전해야 한다.

따라서 두 톱니바퀴가 회전해야 하는 회전수의 합은 $9 + 4 = 13$바퀴이다.

16 수리능력   정답 ⑤

A 가족 성인과 청소년 수를 각각 a_1, a_2라 하고, B 가족 성인과 청소년 수를 각각 b_1, b_2라고 하면
A 가족의 입장료는 $7,500 \times (a_1 + a_2) = 82,500$ ⋯ⓐ
B 가족의 입장료는 $7,500 \times b_1 + 2,500 \times b_2 = 57,500$
ⓐ에 의해 $a_1 + a_2 = 11$이고 $a_1 + a_2 = b_1 + b_2$이므로
$7,500 \times b_1 + 2,500 \times b_2 = 5,000 \times b_1 + 2,500 \times (b_1 + b_2) = 5,000 \times b_1 + 27,500 = 57,500 \rightarrow b_1 = 6$
따라서 B 가족의 성인 수는 6명이다.

17 문제해결능력   정답 ②

제시된 조건에 따르면 영업팀이 획득한 메달은 5+5+7=17개이고, A, B, C 각 상자에는 금, 은, 동메달이 최소 1개씩 들어있으므로 각 상자에는 최소 3개의 메달이 들어있으며, 상자에 들어있는 총 메달은 A 상자가 가장 많고, B 상자, C 상자 순으로 많으므로 각 상자에 들어있는 메달 개수의 조합을 (A, B, C)로 나타내면 (10, 4, 3), (9, 5, 3), (8, 6, 3), (8, 5, 4), (7, 6, 4)이다. 박 부장은 A 상자를 보고 A 상자에 들어있는 메달 개수가 짝수인 것을 확인했으므로 (9, 5, 3), (7, 6, 4)의 조합은 불가능하다. B, C 상자에 들어있는 메달 종류에 따른 각 개수를 모두 알 수 없다고 했으므로 C 상자에 3개의 메달이 있어

메달 종류별로 각 1개씩 있음을 알 수 있는 (10, 4, 3), (8, 6, 3)의 조합도 불가능하다. 이에 따라 각 상자에 들어있는 메달 개수는 (8, 5, 4)만 가능하다. 이때, 세 사람 모두 각 상자를 확인하고 다른 상자에 들어있는 메달 종류에 따른 각 개수를 알 수 없다고 하였는데, 한 상자에 금메달 3개가 들어있는 경우 다른 두 상자에는 금메달 1개씩 들어있게 되므로 예측이 가능하다. 은메달 3개와 동메달 5개도 마찬가지이다. 이에 따라 어떤 상자에 금메달 3개, 은메달 3개, 동메달 5개가 들어있는 경우는 존재할 수 없다. C 상자에 메달이 4개 있으므로 금메달, 은메달, 동메달 개수의 조합을 (금, 은, 동)으로 나타내면 (2, 1, 1), (1, 2, 1), (1, 1, 2)이다. C 상자에 2개 있는 메달 종류에 따라 가능한 경우는 다음과 같다.

경우 1. C 상자에 금메달이 2개 들어있는 경우

구분	A	B	C	합계
금	2	1	2	5
은	2	2	1	5
동	4	2	1	7
합계	8	5	4	17

경우 2. C 상자에 은메달이 2개 들어있는 경우

구분	A	B	C	합계
금	2	2	1	5
은	2	1	2	5
동	4	2	1	7
합계	8	5	4	17

경우 3. C 상자에 동메달이 2개 들어있는 경우

구분	A	B	C	합계
금	2	2	1	5
은	2	2	1	5
동	4	1	2	7
합계	9	6	5	17

따라서 A 상자에 들어있는 메달의 개수는 금메달이 2개, 은메달이 2개, 동메달이 4개이다.

18 의사소통능력   정답 ④

밑줄 친 부분은 영진이가 겉보기와 달리 성품이 너그럽지 못하고 생각이 좁다는 의미로 쓰였으므로 도량이 좁고 옹졸한 데가 있다는 의미의 ④가 적절하다.

오답 체크

① 어수룩하다: 겉모습이나 언행이 치밀하지 못하여 순진하고 어설픈 데가 있다
② 우악스럽다: 보기에 무지하고 포악하며 드센 데가 있다
③ 만만하다: 부담스럽거나 무서울 것이 없어 쉽게 다루거나 대할 만하다
⑤ 번드럽다: 사람됨이 어수룩한 맛이 없고 몹시 약삭빠르다

19 수리능력 　　　　정답 ③

환전 수수료＝현찰 살 때 금액－매매기준율임을 적용하여 구한다.
비회원의 환전 수수료 이벤트 우대율은 80%이고, 회원의 환전 수수료 기본 우대율은 50%이므로 승희가 300달러를 현찰로 살 때 비회원으로 우대율 80%를 적용한 환전 수수료는 $(1{,}206-1{,}186) \times 300 \times (1-0.8)=1{,}200$원, 승희가 300달러를 현찰로 살 때 회원으로 기본 우대율 50%를 적용한 환전 수수료는 $(1{,}206-1{,}186) \times 300 \times (1-0.5)=3{,}000$원이다.
따라서 환전 수수료의 차이는 $3{,}000-1{,}200=1{,}800$원이다.

20 조직이해능력 　　　　정답 ③

빈칸에 들어갈 용어는 '프로슈머'이다.
마니아 관객이 작품의 개선점과 마케팅 방향에 대한 의견을 전달하여 자신의 취향에 맞는 능동적 소비를 원하는 것은 프로슈머에 해당하는 사례로 가장 적절하다.

오답 체크
①은 페이크슈머, ②는 체크슈머, ④는 트윈슈머, ⑤는 싱글슈머에 해당하는 사례이다.

 알아보기

- 페이크슈머: 많은 시간과 비용을 들여야 하는 진짜 대신에 대체재를 소비하여 적은 비용으로 만족감을 얻으려는 소비자
- 체크슈머: 건강과 안전에 대한 관심이 높아 제품의 성분이나 사용 후기 등을 꼼꼼히 확인한 뒤에 구입을 결정하는 소비자
- 트윈슈머: 제품을 구입할 때 다른 사람의 사용 후기를 참고하여 구입을 결정하는 소비자
- 싱글슈머: 자신만의 생활 방식에 따라 상품과 서비스를 소비하는 1인 소비자

21 문제해결능력 　　　　정답 ①

제시된 '대화 내용'에 따르면 을이 등산할 산은 거리가 집에서 80km 이상 떨어져 있어야 하며, 높이는 1,600m 이상이면서 코스 난이도는 중 이하를 만족해야 한다. 이에 따라 A~E 산이 조건별로 만족하는 사항은 다음과 같다.

구분	거리	높이	코스 난이도
A 산	O	O	O
B 산	O	O	X
C 산	O	O	O
D 산	X	O	O
E 산	O	X	O

이때, 조건을 모두 만족하면서 주변 숙소 비용이 저렴한 산에서 하룻밤 자고 올 것이라고 하였으므로 조건을 모두 만족하는 A 산과 C 산 중 주변 숙소 비용이 더 저렴한 산을 등산할 산으로 결정하게 된다.

따라서 을이 부모님과 등산할 산은 A 산과 C 산 중 숙소 비용이 100,000원으로 C 산보다 10,000원 더 저렴한 A 산이다.

⏱ 빠른 문제 풀이 Tip
대화 내용 중 조건이 되는 내용만을 선별하여 적용하면 오답이 되는 선택지를 빠르게 소거할 수 있다. 제시된 대화에서 등산할 산에 대해 거리, 높이, 코스 난이도, 주변 숙소 비용 순으로 조건을 한정하고 있으므로 조건에 부합하지 않는 산을 차례대로 소거한다.

22 수리능력 　　　　정답 ②

제시된 각 문자를 알파벳 순서에 따라 숫자로 변경한다.
I K H J G (I)
9 11 8 10 7 (9)
각 숫자 간의 값이 +2, -3으로 반복되므로 빈칸에 들어갈 알맞은 문자는 숫자 9에 해당하는 'I'이다.

23 조직이해능력 　　　　정답 ⑤

IT전략본부에 IT기획부, IT경제부, IT상호금융부, IT디지털정보단, 정보보호부가 속하고, 상호금융사업지원본부에 상호금융수신지원부, 상호금융여신지원부, 상호금융여신투자지원부가 속한다.
따라서 A에는 'IT전략본부', B에는 '상호금융사업지원본부'가 들어가야 한다.

24 문제해결능력 　　　　정답 ②

서로 관련이 없어 보이는 것들을 조합하여 새로운 것을 도출해 내는 집단 아이디어 발상법은 시네틱스법이며, 대상과 비슷한 것을 찾아내 그것을 힌트로 새로운 아이디어 등을 생각해 내는 방법은 NM법이므로 가장 적절하지 않다.
따라서 창의적 사고 개발방법에 대해 잘못 설명한 사람은 '희정'이다.

 알아보기

창의적 사고 개발방법

자유연상법	어떤 생각에서 다른 생각을 계속해서 떠올리는 작용을 통해 어떤 주제에서 생각나는 것을 계속해서 열거해 나가는 방법 예 브레인스토밍
강제연상법	각종 힌트에서 강제로 연결 지어 발상하는 방법 예 체크리스트
비교발상법	주제와 본질적으로 닮은 것을 힌트로 하여 새로운 아이디어를 얻는 방법 예 NM법, 시네틱스(synectics)

25 자원관리능력　　정답 ②

제시된 자료에 따르면 버스에 탑승할 인원은 신입사원 27명, 멘토 5명, 내부 강사 3명으로 총 27+5+3=35명이고, 여유 인원 5명을 포함하면 총 40명이다. 이에 따라 버스를 대절하는 방법은 15인승 한 대와 25인승 한 대를 대절하는 방법, 40인승 한 대를 대절하는 방법, 45인승 한 대를 대절하는 방법으로 나뉘므로 숙박요금과 편도요금을 각각 산정하여 비교한다. 이때, 15인승 한 대와 25인승 한 대를 대절하는 경우는 숙박 또는 편도로 예약할 때 모두 기본요금의 합이 40인승 한 대 또는 45인승 한 대의 기본요금보다 많으므로 고려하지 않는다. 편도요금으로 예약할 경우, 서울에서 연수원으로 이동할 때는 30분 동안의 대기요금 10,000원이 추가되고, 연수원에서 서울로 이동할 때는 기본요금의 8%의 추가 비용이 발생하므로 버스 종류별 대절 요금은 다음과 같다.

구분	숙박요금	편도요금
40인승	350,000+300,000 =650,000원	300,000×2.08+10,000 =634,000원
45인승	330,000+305,000 =635,000원	305,000×2.08+10,000 =644,400원

따라서 가장 저렴한 대절 요금은 40인승 편도요금이므로 전세 버스 대절 비용은 634,000원이다.

26 의사소통능력　　정답 ④

이 글은 관용구가 갖는 두 가지 특징을 예시와 함께 설명하는 글이다.
따라서 '(가) 관용구의 첫 번째 특징: 관용적 의미를 갖는 관용구 → (라) 관용적 의미의 특징 → (다) 관용구의 관용적 의미에 관한 사례 → (나) 관용구의 두 번째 특징: 고정된 단어의 결합 형태인 관용구 → (마) 고정된 단어의 결합 형태인 관용구에 관한 사례' 순으로 연결되어야 한다.

27 자원관리능력　　정답 ④

교장 선생님의 업무 지시에 따르면 행사 내용부터 먼저 확정 짓고 이를 바탕으로 가정통신문을 작성 및 발송해야 한다. 따라서 체육대회의 행사 내용은 체육대회 경기종목에 의해 결정되므로 제일 먼저 경기종목을 선정해야 한다.

오답 체크

① 교장 선생님의 업무 지시에 따르면 가정통신문은 체육대회 기획안의 행사 내용을 바탕으로 작성해야 하므로 적절하지 않다.
② 교장 선생님의 업무 지시에 따르면 행사 내용부터 확정 지은 후에 학생들에게 체육대회 기념품 선호도 조사를 진행해야 하므로 적절하지 않다.
③ 교장 선생님의 업무 지시에 따르면 기획안 중 행사 내용부터 먼저 완성하여 가정통신문을 작성 및 발송한 후, 기획안을 완성하면 되므로 적절하지 않다.
⑤ 교장 선생님의 업무 지시에 따르면 시설물 대여는 예산안을 작성하고 결재를 받은 후에 대여를 진행해야 하므로 적절하지 않다.

28 조직이해능력　　정답 ③

매트릭스 조직은 명령 일원화 원칙이 적용되지 않기 때문에 조직 내에 혼란이나 모호성이 야기될 수 있으므로 가장 적절하지 않다.

더 알아보기

매트릭스 조직의 장단점

장점	• 정보 공유의 속도가 빠르기 때문에 특정 프로젝트에서 얻은 정보를 다른 프로젝트에 활용하기가 수월함 • 자원의 최적 배분을 통해 전문 인력을 효과적으로 배치함으로써 인적자원관리의 효율성을 꾀할 수 있음 • 시장과 고객의 요구에 유연하고 적극적으로 대응할 수 있음
단점	• 명령 일원화 원칙이 적용되지 않기 때문에 조직 내에 혼란이나 모호성이 야기될 수 있음 • 기존의 조직 부문과 프로젝트 조직의 영역 간의 갈등 및 권력 투쟁이 발생할 수 있음 • 조직 관리를 위한 비용 증가 문제가 발생할 수 있음

29 의사소통능력　　정답 ②

㉠ 한글 맞춤법 제47항에 따라 보조 용언은 띄어 씀을 원칙으로 하되, 경우에 따라 붙여 씀도 허용한다. 따라서 '올 성싶다'를 원칙으로 하고 '올성싶다'를 허용하므로 맞춤법에 맞는 문장이다.
㉣ 한글 맞춤법 제41항에 따라 조사는 그 앞말에 붙여 쓴다. 따라서 어떤 상황이 이루어지거나 어떻다고 말하기에는 부족한 조건이지만 아쉬운 대로 인정됨을 나타내는 보조사인 '나마'는 앞말에 붙여 써야 하므로 맞춤법에 맞는 문장이다.

오답 체크

㉡ 실증(X) → 싫증(O)
• 한글 맞춤법 제27항에 따라 둘 이상의 단어가 어울리거나 접두사가 붙어서 이루어진 말은 각각 그 원형을 밝히어 적는다. 따라서 싫은 생각이나 느낌 또는 그런 반응을 의미하는 '싫증'이라고 써야 한다.
㉢ 내가(X) → 냇가(O)
• 한글 맞춤법 제30항에 따라 순우리말로 된 합성어로서 앞말이 모음으로 끝나며 뒷말의 첫소리가 된소리로 나는 경우에는 사이시옷을 받치어 적는다. 따라서 '내'와 '가'의 합성어인 냇가는 뒷말의 첫소리 '가'가 [내까] 또는 [낻까]와 같이 된소리로 나므로 '냇가'로 써야 한다.

30 문제해결능력　　정답 ③

예술을 하는 어떤 사람이 노래를 부르고, 노래를 부르는 모든 사람이 사진을 촬영하면 예술을 하면서 사진을 촬영하는 사람이 반드시 존재하게 된다.
따라서 '노래를 부르는 모든 사람은 사진을 촬영한다.'가 타당한 전제이다.

예술을 하는 사람을 A, 노래를 부르는 사람을 B, 사진을 촬영하는 사람을 C라고 하면

① 예술을 하는 어떤 사람이 노래를 부르고, 사진을 촬영하는 모든 사람이 노래를 부르지 않으면 예술을 하는 모든 사람은 사진을 촬영하지 않을 수도 있으므로 결론이 반드시 참이 되게 하는 전제가 아니다.

②, ⑤ 예술을 하는 어떤 사람이 노래를 부르고, 노래를 부르는 어떤 사람이 사진을 촬영하거나 사진을 촬영하지 않으면 예술을 하는 모든 사람은 사진을 촬영하지 않을 수도 있으므로 결론이 반드시 참이 되게 하는 전제가 아니다.

④ 예술을 하는 어떤 사람이 노래를 부르고, 사진을 촬영하는 모든 사람이 노래를 부르면 예술을 하는 모든 사람은 사진을 촬영하지 않을 수도 있으므로 결론이 반드시 참이 되게 하는 전제가 아니다.

31 수리능력 정답 ②

제시된 각 숫자 간의 값이 앞의 두 값의 합이므로 빈칸에 들어갈 알맞은 숫자는 '68'이다.

32 조직이해능력 정답 ③

유기적 구조에서는 비공식적인 경로를 통한 구성원 간의 수평적인 의사소통이 이루어지므로 가장 적절하다.

① 업무가 유동적이고 조직의 하부 구성원에게 많은 권한이 위임되는 것은 유기적 구조이므로 적절하지 않다.
② 안정적인 환경 내에서 반복적인 업무를 하는 조직에 효율적인 것은 기계적 구조이므로 적절하지 않다.
④ 조직에 요구되는 규칙과 규제의 정도가 약한 것은 유기적 구조이므로 적절하지 않다.
⑤ 다른 구성원과의 상호작용을 통해 업무를 조정할 수 있는 것은 유기적 구조이므로 적절하지 않다.

 더 알아보기

기계적 구조와 유기적 구조

구분	기계적 구조	유기적 구조
업무와 권한	조직 구성원의 업무와 권한이 분명하게 구분되고 각 역할에 명확한 책임이 부여됨	조직 내 하부 구성원에게 권한이 위임되고 업무가 유동적임
조직 환경	안정적인 환경 내에서 반복적인 업무를 하는 조직에 효율적임	시장 및 기술 환경 등이 급변하는 조직에 효율적임
의사 소통	공식적인 경로를 통해 상하 간 수직적인 의사소통이 이루어짐	비공식적인 경로를 통해 상호 간 수평적인 의사소통이 이루어짐
업무 조정	상사의 조정에 따라 개인의 업무가 달라지며 상사는 그 조정에 대한 책임을 짐	다른 구성원과의 상호작용을 통해 개인의 업무가 조정됨
규칙의 정도	조직에 요구되는 규칙과 규제의 정도가 높음	조직에 요구되는 규칙과 규제의 정도가 낮음

33 의사소통능력 정답 ①

밑줄 친 단어는 마음의 상태라는 의미로 쓰였으므로 마음속이라는 의미의 ①이 적절하다.

② 사정(事情): 일의 형편이나 까닭
③ 목적(目的): 실현하려고 하는 일이나 나아가는 방향
④ 의견(意見): 어떤 대상에 대하여 가지는 생각
⑤ 상황(狀況): 일이 되어 가는 과정이나 형편

34 자원관리능력 정답 ④

제시된 자료에 따르면 빔 프로젝터는 재고가 없으므로 1대를 구매해야 하고, 프린터는 스캔 기능이 없는 재고만 1대 있어 스캔 기능이 있는 1대를 추가로 구매해야 한다. 또한, 두 물품의 신청 일자는 동일하지만 빔 프로젝터는 외부 대관 및 내부 회의용 대회의실에 설치하기 위해 필요하다는 점에서 외부인이 함께 사용하는 물품이고, 프린터는 스캔 가능한 부서용 프린터가 필요하다는 점에서 직원이 함께 사용하는 물품이기 때문에 빔 프로젝터를 먼저 구매해야 하므로 가장 적절하다.

① 17인치 노트북은 재고가 1대 있고 신청한 직원도 없어 구매할 필요가 없으므로 적절하지 않다.
② 전화기는 재고가 4대 있고 직원이 신청한 전화기는 1대로 구매할 필요가 없지만, 직원이 신청한 36인치 모니터는 재고가 없어서 구매해야 하므로 적절하지 않다.
③ 직원이 신청한 정수기는 2대이지만, 정수기는 재고가 1대 있어 추가로 1대만 구매하면 되므로 적절하지 않다.
⑤ PC의 신청 일자가 9월 7일로 가장 이르지만, 직원이 신청한 PC는 2대이고 PC의 재고가 2대 있어서 구매할 필요가 없으므로 적절하지 않다.

35 의사소통능력   정답 ③

이 글은 스마트화로 인해 기업 경영에 있어 소비자 불만의 영향력이 점차 강화되고 있으므로 소비자 불만 발생 시 적절히 대응하는 것이 매우 중요하다는 내용의 글이므로 제품의 판매량 증가를 위해서는 소비자와 꾸준히 소통하려는 노력이 필요하다는 내용의 (다)는 삭제되어야 한다.

36 수리능력   정답 ③

2015년 대비 2017년 출생아 수의 증가율은 {(2017년 출생아 수−2015년 출생아 수)/2015년 출생아 수}×100={(493.1−435.0)/435.0}×100 ≒ 13.4%이므로 옳은 설명이다.

오답 체크>

① 2014년 대비 2020년 기대수명 증가율={(2020년 기대수명−2014년 기대수명)/2014년 기대수명}×100이므로 여자의 기대수명 증가율은 {(84−81.3)/81.3}×100 ≒ 3.3%이고, 남자의 기대수명 증가율은 {(79.2−74.5)/74.5}×100 ≒ 6.3%이다. 따라서 여자의 기대수명 증가율이 남자의 기대수명 증가율보다 작으므로 옳지 않은 설명이다.
② 2015~2016년과 2016~2017년 모두 출생률이 증가할 때 출생아 수도 함께 증가하므로 옳지 않은 설명이다.
④ 남자의 기대수명은 꾸준히 증가하고 있지만 출생아 수는 감소하거나 증가하므로 옳지 않은 설명이다.
⑤ 남녀 기대수명의 평균=(남자 기대수명+여자 기대수명)/2임을 적용하여 구한다. 2019년의 남녀 기대수명의 평균은 (76.9+83.7)/2=80.3세이므로 남녀 기대수명의 평균이 처음으로 80세를 넘는 해는 2019년이다. 따라서 2019년의 출생률과 사망률의 차이는 9.2−5.1=4.1%p이므로 옳지 않은 설명이다.

37 문제해결능력   정답 ③

ⓒ 아직 발생하지 않은 미래 상황에 어떻게 대처할 것인지를 다루는 것이므로 '설정형 문제'에 해당한다.

오답 체크>

㉠ 현재는 문제가 없지만 앞으로 일어날 수 있는 문제가 보여 미리 개선하기 위한 것이므로 '탐색형 문제'에 해당한다.
ⓒ 현재 직면한 문제를 해결하기 위해 고민하는 것이므로 '발생형 문제'에 해당한다.

알아보기

문제의 유형

발생형 문제 (보이는 문제)	• 이미 일어난 문제 • 현재 직면하여 걱정하고 해결하기 위해 고민하는 문제 • 원인 지향적 문제
탐색형 문제 (찾는 문제)	• 눈에 보이지 않는 문제 • 방치하면 손실이 생기거나 해결할 수 없는 문제
설정형 문제 (미래 문제)	• 미래 상황에 대응하기 위한 장래 경영 전략 문제 • 목표 지향적 문제

38 조직이해능력   정답 ⑤

제시된 내용은 '콤바인'에 대한 설명이다.

오답 체크>

① 예취기: 곡식이나 풀 따위를 베는 농기계
② 이앙기: 모를 내는 데에 쓰는 농기계
③ 로더: 동력삽처럼 짐을 싣는 데 쓰는 기계
④ 답압기: 보리밭 따위의 농경지가 겨울에 얼어 부풀어 올랐을 때 눌러 주는 농기구

39 수리능력   정답 ①

제시된 각 숫자 간의 값이 +2, ×2, +3, ×3, +4, ×4, …로 변화하므로 빈칸에 들어갈 알맞은 숫자는 '285'이다.

40 문제해결능력   정답 ④

제시된 조건에 따르면 면담을 하지 못한 신입사원은 1명이고, 거짓을 말하고 있는 신입사원은 3명이다. E가 면담하지 못했다는 B의 말과 자신은 면담했고 B가 거짓을 말하고 있다는 E의 말은 서로 모순되므로 B와 E 중 1명이 거짓을 말하고 있음을 알 수 있다.
먼저 B의 말이 진실이면 E는 면담하지 못했으므로 A 또는 B는 면담하지 못했다는 D의 말은 거짓이고, 자신과 D는 면담했다는 A의 말과 자신과 B는 면담했다는 C의 말은 진실이므로 3명이 거짓을 말했다는 조건에 모순된다.
반면 B의 말이 거짓이면 E는 반드시 면담했으므로 면담을 하지 못한 신입사원은 E를 제외한 신입사원 중 1명이다. A가 면담하지 못한 경우 A의 말은 거짓이고, C의 말은 진실이며, D의 말도 진실이므로 3명이 거짓을 말했다는 조건에 모순된다. B가 면담하지 못한 경우 A의 말은 진실이고, C의 말은 거짓이며, D의 말은 진실이므로 이 또한 3명이 거짓을 말했다는 조건에 모순된다. C가 면담하지 못한 경우 A의 말은 진실이고, C의 말은 거짓이며, D의 말도 거짓이므로 3명이 거짓을 말했다는 조건을 만족한다. D가 면담하지 못한 경우 A의 말은 거짓이고, C의 말은 진실이며, D의 말은 거짓이므로 3명이 거짓을 말했다는 조건을 만족한다. 면담하지 못한 사람에 따라 가능한 경우는 다음과 같다.

경우 1. C가 면담하지 못한 경우

A	B	C	D	E
진실	거짓	거짓	거짓	진실

경우 2. D가 면담하지 못한 경우

A	B	C	D	E
거짓	거짓	진실	거짓	진실

따라서 항상 거짓을 말한 신입사원은 B, D이다.

41 의사소통능력   정답 ①

제시된 단어 세상과 누리는 모두 사람이 살고 있는 모든 사회를 뜻하므로 유의관계이다.
따라서 사라져 없어진다는 의미의 '소멸'과 유의관계의 단어인 '소실'이 적절하다.

42 문제해결능력   정답 ④

고기를 좋아하는 모든 사람은 채소를 좋아하므로 채소를 좋아하는 모든 사람이 커피를 좋아하지 않는다면 고기를 좋아하는 모든 사람도 커피를 좋아하지 않게 된다. 따라서 '채소를 좋아하는 어떤 사람도 커피를 좋아하지 않는다.'가 타당한 전제이다.

43 자원관리능력   정답 ⑤

제시된 자료에 따르면 선호도가 가장 높은 상위 4개 종목은 탁구, 축구, 농구, 배드민턴이므로 배드민턴장이 없는 A 대운동장과, 농구장이 없는 C 대운동장은 이용할 수 없다. 또한, 수용 인원수를 고려하면 체육대회 참가 인원수는 120+80+150+100+50=500명이므로 B 대운동장은 이용할 수 없고, 수용 차량 대수를 고려하면 이용 차량 대수는 15+10+19+13+6=63대이므로 A 체육관도 이용할 수 없다.
따라서 체육대회 장소로 가장 적절한 곳은 B 체육관이다.

44 조직이해능력   정답 ①

농협의 인재상은 시너지 창출가, 행복의 파트너, 최고의 전문가, 정직과 도덕성을 갖춘 인재, 진취적 도전가이다.
따라서 A에는 '최고의 전문가', B에는 '정직과 도덕성을 갖춘 인재', C에는 '진취적 도전가'가 들어가야 한다.

45 의사소통능력   정답 ③

존대말(X) → 존댓말(O)
- 한글 맞춤법 제30항에 따라 순우리말과 한자어로 된 합성어로서 앞말이 모음으로 끝난 경우, 뒷말의 첫소리 'ㄴ, ㅁ' 앞에서 'ㄴ' 소리가 덧나는 것은 사이시옷을 받치어 적는다.

46 자원관리능력   정답 ⑤

이 과장은 6년째 중국에서 근무하고 있으므로 매월 50만 원의 추가 급여와 매년 12월에 100만 원의 추가 급여가 지급된다. 이에 따라 이 과장의 2019년 추가 급여는 총 50×12+100=700만 원이므로 옳지 않은 설명이다.

오답 체크

① 김 사원은 2019년 1월부터 케냐에서 근무하고 있으므로 매월 50만 원의 추가 급여가 지급된다. 이에 따라 김 사원의 2019년 추가 급여는 총 50×12=600만 원이므로 옳은 설명이다.

② 임 사원은 2019년 1월부터 독일에서 근무하고 있으므로 매월 50만 원의 추가 급여와 파견 지역이 변경된 1월부터 6개월 동안 매월 15만 원의 추가 급여가 지급된다. 이에 따라 임 사원의 2019년 추가 급여는 총 50×12+15×6=690만 원이므로 옳은 설명이다.

③ 진 대리는 3년째 프랑스에서 근무하고 있으므로 매월 50만 원의 추가 급여와 매년 12월에 연 추가 급여 총액의 20%가 추가 지급된다. 이에 따라 진 대리의 2019년 추가 급여는 총 50×12×1.2=720만 원이므로 옳은 설명이다.

④ 박 부장은 2011년부터 8년 이상 해외에서 근무하고 있으므로 매월 50만 원의 추가 급여와 매월 30만 원의 추가 급여가 지급된다. 이에 따라 박 부장의 2019년 추가 급여는 총 (50+30)×12=960만 원이므로 옳은 설명이다.

47 의사소통능력   정답 ⑤

빈칸 앞에서는 사람들이 스트레스를 부정적인 것으로 여겨 스트레스가 완전히 사라지기를 바란다는 내용을 말하고 있고, 이와는 반대로 빈칸 뒤에서는 스트레스가 아예 없는 상태는 오히려 병을 유발하며 적당한 스트레스가 건강에 도움이 된다는 내용을 말하고 있으므로 앞의 내용과 뒤의 내용이 상반될 때 사용하는 연결어인 ⑤가 적절하다.

48 문제해결능력   정답 ⑤

출산 가정 B는 소득 분위 하위 10% 가정이므로 기저귀 구매 비용 64,000원을 지원받는다. 출산 가정 C는 임신 기간이 35주 6일로 조산아 가정에 해당되므로 청구진료비의 90%를 감면받는다. 출산 가정 D는 태아 수가 2명이므로 출산지원금 200,000원과 출산진료비 80,000원을 지원받는다. 출산 가정 E는 출생 체중이 2.48kg로 저체중 출산아 가정에 해당되므로 청구진료비의 90%를 감면받는다. 또한, 출산 가정 A, D, E는 전기세의 30%가 감면 한도액을 초과하므로 전기세에서 16,000원을 감면받는다. 이에 따라 S 시에 거주하는 다섯 가정이 출산 혜택 제도를 통해 받는 이번 달 혜택 금액은 다음과 같다.

구분	출산 지원금	진료비	전기세	기저귀 구매 비용	총액
A	100,000원	60,000원	16,000원	–	176,000원
B	100,000원	60,000원	40,000 ×0.3= 12,000원	64,000원	236,000원
C	100,000원	180,000 ×0.9= 162,000원	50,000 ×0.3= 15,000원	–	277,000원
D	200,000원	80,000원	16,000원	–	296,000원
E	100,000원	210,000 ×0.9= 189,000원	16,000원	–	305,000원

따라서 S 시 출산 혜택 제도를 통해 받는 이번 달 혜택의 총액이 가장 많은 출산 가정은 E이다.

49 자원관리능력   정답 ④

A 지역 9세 미만의 아동 중에서 아동 인구수가 가장 많은 연령대는 6세 이상 9세 미만이고, 6세 이상 9세 미만 연령대의 상품 선호도가 높은 세 가지 상품은 블록, 퍼즐, 드론이다. 세 가지 상품의 개당 판매 이익은 블록이 $120,000 \times 0.08 = 9,600$원, 퍼즐이 $24,000 \times 0.09 = 2,160$원, 드론이 $260,000 \times 0.05 = 13,000$원이므로 동일 개수를 판매했을 때, 최대의 판매 이익을 얻을 수 있는 상품은 드론이다.
따라서 판매부서 직원들이 선정한 판촉 행사 상품은 드론이다.

50 의사소통능력   정답 ⑤

이 글은 모든 칭찬이 상대에게 긍정적인 영향을 주는 것으로만 알려져 있지만, 연구 결과를 통해 지성 자체를 칭찬하는 것보다는 결과를 얻는 과정에서의 노력을 칭찬하는 것이 상대의 성장에 긍정적인 영향을 줄 수 있다는 사실이 밝혀졌다는 내용이므로 이 글의 주제로 가장 적절한 것은 ⑤이다.

51 문제해결능력   정답 ②

제시된 조건에 따르면 1회차 달리기에서 갑과 병의 점수가 같고, 같은 점수를 얻을 수 있는 등수는 3~5등이므로 두 사원의 1회차 달리기 등수는 각각 3~5등 중 하나이다. 또한 1회차 달리기 등수와 2회차 달리기 등수가 같은 사원이 3명임에 따라 정의 1회차 달리기 등수가 2~5등인 경우 정의 2회차 달리기 등수가 1등이더라도 정과 최종 점수가 같은 사원이 적어도 1명 존재하므로 정의 1회차 달리기 등수는 1등이다. 이때, 1회차 달리기에서 을이 무보다 먼저 결승선을 통과하였으므로 1회차 달리기 등수와 점수로 가능한 경우는 다음과 같다.

구분	1등	2등	3등	4등	5등
사원	정	을	갑 또는 병 또는 무		
점수	3점	2점	1점		

또한 1회차 달리기 등수와 2회차 달리기 등수가 같은 사원은 3명이고, 2회차 달리기에서 4등을 한 무보다 을이 먼저 결승선을 통과하였으므로 2회차 달리기 등수와 최종 점수로 가능한 경우는 다음과 같다.

경우 1. 갑, 병, 무 중 2명의 등수가 바뀐 경우

구분	1등	2등	3등	4등	5등
사원	정	을	갑 또는 병	무	갑 또는 병
최종 점수	6점	4점	2점	2점	2점

경우 2. 1회차 달리기에서 무가 4등이고 2회차 달리기에서 을이 3등인 경우

구분	1등	2등	3등	4등	5등
사원	정	갑 또는 병	을	무	갑 또는 병
최종 점수	6점	3점	3점	2점	2점

따라서 을과 최종 점수가 같은 사원이 존재하면 무의 1회차 달리기 등수는 4등이므로 항상 옳지 않은 설명이다.

오답 체크

① 을의 최종 등수는 2등이므로 항상 옳은 설명이다.
③ 갑과 최종 점수가 같은 사원은 갑이 3등 또는 5등을 했을 때 무 또는 병이고 갑이 2등을 했을 때 을임에 따라 적어도 1명씩 존재하므로 항상 옳은 설명이다.
④ 무의 최종 등수는 2점이므로 항상 옳은 설명이다.
⑤ 최종 등수가 3등인 사람은 갑 또는 병 또는 을이므로 항상 옳지 않은 설명은 아니다.

52 수리능력   정답 ③

7,500원짜리 탁상시계를 최대한으로 구매하려면 3,500원짜리 탁상시계는 최소한으로 구매해야 한다.
이때, 3,500원짜리 탁상시계는 7,500원짜리 탁상시계보다 6개 이상 더 많이 구매해야 하므로 7,500원짜리 탁상시계의 최대 구매 개수를 x라고 하면 3,500원짜리 탁상시계의 최소 구매 개수는 $x + 6$이다.
$7,500x + 3,500(x + 6) \leq 85,000 \rightarrow x \leq 5.8$
따라서 구매할 수 있는 7,500원짜리 탁상시계는 최대 5개이다.

53 수리능력   정답 ③

x시간 동안 전체 일을 마쳤을 경우, 전체 일의 양을 1로 놓으면 1시간 동안 한 일의 양은 $\frac{1}{x}$임을 적용하여 구한다.
수지가 1시간 동안 할 수 있는 일의 양$=\frac{5}{2}$이고, 지아가 1시간 동안 할 수 있는 일의 양$=\frac{5}{3}$이다.
이때 두 명이 1시간 동안 함께 할 수 있는 일의 양$=\frac{5}{2}+\frac{5}{3}=\frac{25}{6}$이므로, 이 일을 두 명이 함께 하는 데 걸리는 시간은 $\frac{6}{25}$이다.

54 수리능력   정답 ①

한 변의 길이가 x인 정사각형의 넓이는 x^2, 반지름의 길이가 y인 원의 넓이는 $\pi \times y^2$임을 적용하여 구한다.
한 변의 길이가 50cm$=$0.5m인 정사각형의 넓이는 $(0.5)^2 = 0.25$m^{2}이며, 반지름의 길이가 1.5m인 원의 넓이는 $\pi \times (1.5)^2 = 3 \times 2.25 = 6.75$m^{2}이다.
따라서 정사각형과 원의 넓이의 합은 $0.25 + 6.75 = 7$m^{2}이다.

55 수리능력
정답 ⑤

사건 A가 일어날 확률$=\dfrac{\text{사건 A가 일어날 경우의 수}}{\text{모든 경우의 수}}$임을 적용하여 구한다.

홍철이가 선택한 카드의 숫자 합은 $7+5=12$이므로 선영이는 $12-3=9$보다 큰 숫자 카드를 선택해야 승리한다. 3이 적힌 카드를 선택한 후 선영이가 카드를 선택할 수 있는 전체 경우의 수는 12가지이고, 그중 홍철이에게 승리하기 위해 고를 수 있는 카드는 10, 11, 12, 13으로 4가지이다.

따라서 선영이가 승리할 확률은 $\dfrac{4}{12}=\dfrac{1}{3}$이다.

56 수리능력
정답 ②

중앙값은 변량을 크기순으로 배열했을 때 정중앙에 위치하는 값으로 자료의 개수가 짝수일 때 $\dfrac{\text{자료의 개수}}{2}$번째 변량과 ($\dfrac{\text{자료의 개수}}{2}+1$)번째 변량의 평균이고, 분산은 각 변량과 평균 차이의 제곱합을 변량의 개수로 나눈 값임을 적용하여 구한다.

미영이의 기말고사 점수의 중앙값인 p는 $\dfrac{79+80}{2}=79.5$점이고,

미영이의 기말고사 점수의 평균은 $\dfrac{79+86+79+80+82+74}{6}=$
80점이므로 분산인 q는

$\dfrac{(79-80)^2+(86-80)^2+(79-80)^2+(80-80)^2+(82-80)^2+(74-80)^2}{6}$

$=\dfrac{1+36+1+0+4+36}{6}=13$이다.

따라서 $p-q$의 값은 $79.5-13=66.5$이다.

57 문제해결능력
정답 ⑤

백신이 필요하지 않은 모든 사람이 바이러스에 감염되지 않는다는 것은 바이러스에 감염되는 모든 사람이 백신이 필요하다는 것이므로 바이러스에 감염되는 모든 사람이 우울증에 걸리면 백신이 필요한 사람 중에 우울증에 걸리는 사람이 반드시 존재하게 된다.

따라서 '바이러스에 감염되는 모든 사람은 우울증에 걸린다.' 가 타당한 전제이다.

오답 체크

바이러스에 감염되는 사람을 A, 백신이 필요한 사람을 B, 우울증에 걸리지 않는 사람을 C라고 하면

①, ②, ③ 바이러스에 감염되는 모든 사람이 백신이 필요하고, 바이러스에 감염되는 모든 사람이 우울증에 걸리지 않으면 백신이 필요한 모든 사람은 우울증에 걸리지 않을 수도 있으므로 결론이 반드시 참이 되게 하는 전제가 아니다.

④ 바이러스에 감염되는 모든 사람이 백신이 필요하고, 우울증에 걸리지 않는 모든 사람이 바이러스에 감염되면 백신이 필요한 모든 사람은 우울증에 걸리지 않을 수도 있으므로 결론이 반드시 참이 되게 하는 전제가 아니다.

58 조직이해능력
정답 ③

제시된 내용은 'GDP'에 대한 설명이다.

오답 체크

① GNP(국민총생산): 국경에 관계없이 한 나라의 국민이 일정 기간 국내와 국외에서 생산한 최종 재화와 서비스의 시장 가치
② GNI(국민총소득): 국경에 관계없이 한 나라의 국민이 일정 기간 생산활동에 참여하여 벌어들인 소득
④ GDI(국내총소득): 한 나라의 국경 내에서 일정 기간 생산된 최종생산물의 실질구매력을 나타내는 지표
⑤ GPI(참진보지수): GNP, GDP 등에 대한 대안으로 등장한 것으로 인간과 사회에 이로움을 주는 시장 외 활동과 환경오염 등을 고려하여 측정하는 지수

59 의사소통능력
정답 ①

제시된 내용에서 연상할 수 있는 단어는 다음과 같다.

틀에 박다	벽돌, 석고
단단하다	벽돌, 소나무, 현무암, 석고, 대나무
반듯하다	벽돌, 소나무, 대나무
집을 짓다	벽돌, 소나무, 대나무

따라서 공통으로 연상할 수 있는 단어로 적절한 것은 ①이다.

60 문제해결능력
정답 ④

교육 자료를 준비하는 데 소요되는 시간은 자료 조사 8시간, 조사 자료 분석 및 정리 8시간, 강의용 PPT 제작 6시간, 강의용 스크립트 제작 4시간으로 총 $8+8+6+4=26$시간이 소요되고 해당 업무를 하루 4시간씩 진행하므로 교육 자료 준비는 근무일 기준 총 7일이 소요된다. 김 사원은 9월 1일부터 교육 자료를 준비하므로 휴무를 제외하면 해당 업무를 시작한 지 7일째 되는 11일에 교육 자료를 완성하고 다음 근무일인 14일부터 출장 교육을 진행한다. 본사에서 출발하여 3개 지역의 교육을 마친 뒤 다시 본사로 복귀하는 경로별 전체 이동 거리는 다음과 같다.

구분	이동 경로	이동 거리
경로 1	본사 → A → B → C → 본사	20+45+30+30=125km
경로 2	본사 → A → C → B → 본사	20+45+30+45=140km
경로 3	본사 → B → A → C → 본사	45+45+45+30=165km
경로 4	본사 → B → C → A → 본사	45+30+45+20=140km
경로 5	본사 → C → A → B → 본사	30+45+45+45=165km
경로 6	본사 → C → B → A → 본사	30+30+45+20=125km

이때 경로 1과 경로 6의 전체 이동 거리가 125km로 가장 짧고, 이 중 첫날 이동 거리가 더 짧은 경로는 경로 1이다. 또한, 하루에 한 지역에서 출장 교육을 진행하므로 14일에 A 지역, 15일에 B 지역, 16일에 C 지역에서 출장 교육을 진행한다. 따라서 C 지역에서 출장 교육을 진행하는 날짜는 16일이다.

⏱ 빠른 문제 풀이 Tip
출발하는 지역과 도착하는 지역이 동일하므로 이동 경로별 이동 거리를 구할 때 서로 반대되는 경로는 제외하고 구한다.

61 의사소통능력　　　　　　　　　정답 ④

이 글은 명품 악기 스트라디바리우스 소리의 비밀을 알고자 여러 과학자가 펼친 주장과 그중 신빙성을 얻고 있는 소빙하기 이론에 대해 설명하는 글이다.
따라서 '(라) 17~18세기에 제작된 명품 악기 스트라디바리우스 → (나) 바이올린 소리의 결정 방법 및 스트라디바리우스 소리의 특징 → (가) 스트라디바리우스 소리의 비밀을 밝히고자 여러 주장을 제기한 과학자들 → (다) 소빙하기가 스트라디바리우스 음색에 영향을 미친 근거(1): 소빙하기 시기에 생성된 밀도가 높은 목재 → (마) 소빙하기가 스트라디바리우스 음색에 영향을 미친 근거(2): 스트라디바리우스와 비슷한 시기에 같은 재료로 제작된 유명 현악기' 순으로 연결되어야 한다.

62 문제해결능력　　　　　　　　　정답 ⑤

제시된 조건에 따르면 벽에 낙서한 사람은 D라는 B의 진술과 벽에 낙서한 사람은 D가 아니라는 C의 진술이 서로 모순되므로 B와 C 중 1명의 진술이 거짓임을 알 수 있다. 먼저 B의 진술이 진실인 경우 C의 진술은 거짓이며, C의 진술이 모두 진실이라는 A의 진술도 거짓이다. 이때, 3명의 진술은 모두 진실이라는 조건에 의해 D와 E의 진술도 진실이어야 하지만, D의 진술은 모두 거짓이라는 E의 진술이 거짓이 되어 조건에 모순된다. 다음으로 B의 진술이 거짓인 경우 C의 진술

이 진실이고, C의 진술은 모두 진실이라는 A의 진술도 진실이다. 이때, B의 진술에 따라 B는 벽에 낙서한 사람을 보았으므로 B는 벽에 낙서한 사람을 보지 못했다는 D의 진술은 거짓이며, D의 진술은 모두 거짓이라는 E의 진술은 진실이다. 따라서 A의 진술에서 벽에 낙서한 사람은 B가 아니고, B와 C의 진술에서 벽에 낙서한 사람은 D가 아니며, D의 진술에서 벽에 낙서한 사람은 A가 아니고, E의 진술에서 벽에 낙서한 사람은 C가 아님을 알 수 있으므로 아파트 벽에 낙서한 사람은 E이다.

63 의사소통능력　　　　　　　　　정답 ⑤

• 잊힐만도 한데(X) → 잊힐 만도 한데(O)
한글 맞춤법 제42항에 따르면 의존 명사는 띄어 쓴다. 따라서 의존 명사로 사용된 '만'은 띄어 써야 하므로 '잊힐 만도 한데'라고 써야 한다.

오답 체크
①, ③ 조사로 사용된 '만'은 붙여 써야 한다.
②, ④ 의존 명사로 사용된 '만'은 띄어 써야 한다.

64 의사소통능력　　　　　　　　　정답 ④

지문은 친구들이 마라톤 대회에 나간다고 하자 덩달아 동참하기로 했다가 후회했다는 내용의 글이다. 따라서 줏대 없이 남의 의견에 따라 움직인다는 의미의 '부화뇌동(附和雷同)'이다.

오답 체크
① 고진감래(苦盡甘來): 쓴 것이 다하면 단 것이 온다는 뜻으로, 고생 끝에 즐거움이 옴을 이르는 말
② 근묵자흑(近墨者黑): 먹을 가까이하면 사람은 검어진다는 뜻으로, 나쁜 사람과 가까이 지내면 나쁜 버릇에 물들기 쉬움을 이르는 말
③ 자중지란(自中之亂): 같은 편끼리 하는 싸움
⑤ 전전긍긍(戰戰兢兢): 몹시 두려워서 벌벌 떨며 조심함

65 수리능력　　　　　　　　　　　정답 ④

b. 신규 구인 인원수가 가장 많은 2019년과 가장 적은 2016년의 신규 구인 인원수 차이는 1,779-1,225=554천 명이므로 옳은 설명이다.
d. 2020년 취업률은 (853/2,881)×100≒29.6%, 2017년 취업률은 (702/2,755)×100≒25.5%로 2020년 취업률은 2017년 대비 29.6-25.5≒4.1%p 증가했으므로 옳은 설명이다.

오답 체크
a. 2019년 신규 구직자 수는 전년 대비 감소했지만, 취업자 수는 전년 대비 증가했으므로 옳지 않은 설명이다.
c. 취업자 수가 가장 적은 2018년의 구인 배수는 1,742/2,560≒0.68배이므로 옳지 않은 설명이다.

66 문제해결능력   정답 ②

제시된 조건에 따르면 홀수 중 두 번째로 큰 숫자 뒤에 적혀 있는 알파벳은 B이므로 홀수 1, 3, 5 중 두 번째로 큰 3 뒤에 B가 적혀 있다. 또한, 짝수 뒤에 적혀 있는 알파벳은 A, E, F이므로 짝수인 2, 4, 6 뒤에는 각각 A 또는 E 또는 F가 적혀 있고, 홀수인 1, 5 뒤에는 각각 C 또는 D가 적혀 있다. 이때, D가 적혀 있는 카드는 E와 F가 적혀 있는 카드 사이에 있으며, 가장 큰 숫자인 6 뒤에 적혀 있는 알파벳은 F가 아니므로 1 뒤에 C가 적혀 있고, 5 뒤에 D가 적혀 있으며, 6 뒤에는 E가 적혀 있음을 알 수 있다. 이에 따라 A는 2 뒤에 적혀 있지 않으므로 2 뒤에는 F가 적혀 있고, 4 뒤에는 A가 적혀 있다.

앞면	1	2	3	4	5	6
뒷면	C	F	B	A	D	E

따라서 4와 5 뒤에 적혀 있는 알파벳은 순서대로 A, D이다.

67 의사소통능력   정답 ①

'특이사항'에 따르면 회의에 필요한 자료를 정리하는 것은 회의를 시작하기 전까지 완료하여야 한다.
따라서 3/5(화) 12시에 진행되는 법무팀과의 협업 회의에 참석하기 전에 '근로계약서 검토 시 활용되는 법령 등을 정리하여 인사총무팀과 법무팀 팀원 모두에게 해당 내용을 전달하는 업무'를 제일 먼저 완료하는 것이 가장 적절하다.

68 의사소통능력   정답 ②

밑줄 친 단어는 무더운 여름을 잘 버틸 수 있었다는 의미로 쓰였으므로 어려움이나 고비 따위를 겪어 지나게 한다는 의미의 ②가 적절하다.

오답 체크

① 물건, 권리, 책임, 일 따위를 맡기다
③ 종이, 책장 따위를 젖히다
④ 일정한 시간, 시기, 범위 따위에서 벗어나 지나게 하다
⑤ 높은 부분의 위를 지나가게 하다

69 문제해결능력   정답 ⑤

제시된 조건에 따르면 A는 여자이고, 여자는 서로 이웃하여 앉지 않았으므로 A의 양옆에는 남자만 앉았다. 또한, 남자는 4명 중 1명만 떨어져 앉았으므로 A의 오른쪽으로 첫 번째, 두 번째, 세 번째 자리에는 모두 남자가 앉았거나 A의 왼쪽으로 첫 번째, 두 번째, 세 번째 자리에는 모두 남자가 앉았다. 이때, A는 E와 정면으로 마주 보는 자리에 앉았으므로 E는 남자임을 알 수 있다. 또한, C와 E 사이에는 1명이 앉았으므로 C가 앉는 위치에 따라 가능한 경우는 다음과 같다.

경우 1. C가 A의 오른쪽 첫 번째 자리에 앉았을 경우

경우 2. C가 A의 왼쪽 첫 번째 자리에 앉았을 경우

따라서 C는 남자이므로 항상 거짓인 설명이다.

오답 체크

① C는 A의 오른쪽 또는 왼쪽 첫 번째 자리에 앉았으므로 항상 참인 설명이다.
② B와 D는 정면으로 마주 보고 앉았거나 서로 이웃하여 앉았으므로 항상 거짓인 설명은 아니다.
③ B는 남자이고, F는 남자 또는 여자이므로 항상 거짓인 설명은 아니다.
④ F의 양옆에는 B와 E가 앉았거나 C와 E가 앉았고, B, C, E는 모두 남자이므로 항상 참인 설명이다.

70 문제해결능력   정답 ⑤

김 팀장은 근무지와 50km 떨어진 K 시로 출장을 다녀왔으므로 교통비, 일비, 숙박비, 식비에 대한 여비를 지급받을 수 있다. 김 팀장은 A 공사의 홈페이지에서 기차 왕복 티켓을 결제하였으므로 김 팀장이 지급받은 교통비는 실비인 $2 \times 30,000 = 60,000$원이다. 이때, 김 팀장은 출장 도중 임원으로 승진하여 출장 시작일부터 출장 종료일까지 변경된 임원 기준에 따라 여비를 지급받게 되므로 출장기간인 3박 4일 동안 김 팀장이 지급받은 숙박비는 실비 $3 \times 80,000 = 240,000$원이고 일비는 $4 \times 30,000 = 120,000$원, 식비는 $4 \times 25,000 = 100,000$원이다.
따라서 김 팀장이 출장 전후 지급받은 국내여비 총액은 $60,000 + 240,000 + 120,000 + 100,000 = 520,000$원이다.

공기업 취업의 모든 것, 해커스공기업

public.Hackers.com

6회 기출동형모의고사

정답

p.228

01	③	문제해결능력	21	②	문제해결능력	41	②	수리능력	61	④	자원관리능력
02	⑤	자원관리능력	22	④	조직이해능력	42	②	수리능력	62	⑤	조직이해능력
03	②	의사소통능력	23	④	의사소통능력	43	④	수리능력	63	③	자원관리능력
04	⑤	문제해결능력	24	②	자원관리능력	44	③	수리능력	64	①	수리능력
05	③	수리능력	25	②	문제해결능력	45	②	수리능력	65	⑤	문제해결능력
06	④	조직이해능력	26	④	의사소통능력	46	②	조직이해능력	66	①	문제해결능력
07	④	의사소통능력	27	①	문제해결능력	47	①	의사소통능력	67	⑤	의사소통능력
08	③	의사소통능력	28	①	의사소통능력	48	⑤	의사소통능력	68	①	의사소통능력
09	③	문제해결능력	29	①	수리능력	49	②	수리능력	69	③	의사소통능력
10	③	수리능력	30	③	의사소통능력	50	④	자원관리능력	70	③	문제해결능력
11	③	수리능력	31	②	문제해결능력	51	④	의사소통능력			
12	⑤	문제해결능력	32	④	의사소통능력	52	②	수리능력			
13	①	의사소통능력	33	③	조직이해능력	53	⑤	문제해결능력			
14	④	자원관리능력	34	③	자원관리능력	54	①	의사소통능력			
15	⑤	조직이해능력	35	②	문제해결능력	55	②	문제해결능력			
16	①	수리능력	36	①	수리능력	56	③	의사소통능력			
17	③	문제해결능력	37	①	문제해결능력	57	④	의사소통능력			
18	②	자원관리능력	38	③	조직이해능력	58	⑤	자원관리능력			
19	⑤	조직이해능력	39	③	의사소통능력	59	②	수리능력			
20	⑤	수리능력	40	④	수리능력	60	①	문제해결능력			

취약 영역 분석표

영역별로 맞힌 개수와 정답률을 적고 나서 취약한 영역이 무엇인지 파악해 보세요.
정답률이 60% 미만인 취약한 영역은 틀린 문제를 다시 풀어보면서 확실히 극복하세요.

영역	의사소통능력	수리능력	문제해결능력	자원관리능력	조직이해능력	TOTAL
맞힌 개수	/19	/17	/17	/9	/8	/70
정답률	%	%	%	%	%	%

※ 정답률(%) = (맞힌 개수/전체 개수) × 100

해설

01 문제해결능력
정답 ③

주관성은 비판적 사고를 개발하기 위한 태도에 해당하지 않는다.

 알아보기

비판적 사고를 개발하기 위한 태도

지적 호기심	여러 가지 다양한 질문이나 문제에 대한 해답을 탐색하고 사건의 원인과 설명을 구하기 위하여 '누가, 언제, 어디서, 무엇을, 어떻게, 왜' 등에 관한 질문을 제기하는 태도
객관성	결론에 도달하는 데 감정적, 주관적 요소를 배제하고 경험적 증거나 타당한 논증을 근거로 하는 태도
개방성	편견이나 선입견에 의한 결정을 내리지 않는 태도
융통성	특정한 신념의 지배를 받는 고정성, 독단적 태도, 경직성을 배척하는 태도
지적 회의성	적절한 결론이 제시되지 않는 한 결론을 참이라고 받아들이지 않는 태도
지적 정직성	어떤 진술이 자신의 신념과 대치되는 것이라도 충분한 증거가 있으면 그것을 진실로 받아들이는 태도
체계성	결론에 이르기까지 논리적 일관성을 유지하는 태도
지속성	쟁점의 해답을 얻을 때까지 끈질기게 탐색하는 인내심을 갖는 태도
결단성	증거가 타당할 때는 결론을 맺는 태도
다른 관점에 대한 존중	내가 틀릴 수 있으며 내가 거절한 아이디어가 옳을 수 있다는 것을 기꺼이 받아들이는 태도

02 자원관리능력
정답 ⑤

업무를 효율적으로 수행하기 위해서는 필요한 정보를, 필요한 때에 사용해야 하므로 정리되어 있지 않은 번잡한 책상은 직장에서 발생할 수 있는 시간낭비 요인에 해당한다.
따라서 시간낭비 요인으로 가장 적절하지 않은 것은 '책상 정리'이다.

[오답 체크]

①, ②, ③, ④는 모두 시간낭비 요인에 해당한다.

03 의사소통능력
정답 ②

익숙치(X) → 익숙지(O)
- 한글 맞춤법 제40항에 따라 어간의 끝음절 '하'가 아주 줄 적에는 준 대로 적는다.

04 문제해결능력
정답 ⑤

제시된 자료에 따르면 입찰 참가자 A~D는 각각 필요차량 조건이 충족되지 않으면 입찰서를 제출하지 않는다.
A의 경우, 전자자산처분시스템에 등록되어 입찰 참가자격을 만족한다. 이때, A의 필요차량은 배기량이 3,000cc 이상이고 운행거리가 40,000km 이하이므로 매각대상 차량 중 A의 필요차량 조건을 만족하는 차량은 존재하지 않는다. 이에 따라 A는 입찰서를 제출하지 않는다.
B의 경우, 전자자산처분시스템에 등록되지 않아 입찰 참가자격을 만족하지 못하므로 입찰서를 제출하지 못한다.
C의 경우, 전자자산처분시스템에 등록되어 입찰 참가자격을 만족한다. 이때, C의 필요차량은 배기량이 2,500cc 이상이고 운행거리가 50,000km 이하이므로 '가' 차량이 C의 필요차량 조건을 만족한다. 또한, '가' 차량 입찰예정금액의 5/100인 $4,000,000 \times 0.05 = 200,000$원 이상 보유하고 있으므로 C는 '가' 차량에 입찰서를 제출한다.
D의 경우, 전자자산처분시스템에 등록되어 입찰 참가자격을 만족한다. 이때, D의 필요차량은 배기량이 3,800cc 이상이고 운행거리가 95,000km 이하이므로 '다' 차량이 D의 필요차량 조건을 만족한다. 또한, '다' 차량 입찰예정금액의 5/100인 $3,000,000 \times 0.05 = 150,000$원 이상 보유하고 있으므로 D는 '다' 차량에 입찰서를 제출한다.
따라서 입찰서를 제출하는 참가자는 C와 D이다.

05 수리능력
정답 ③

2012년 충청도 아동 인구수는 $3,050 + 3,946 = 6,996$백 명, 전라도 아동 인구수는 $3,591 + 3,490 = 7,081$백 명이므로 옳지 않은 설명이다.

[오답 체크]

① 세종특별자치시를 제외한 모든 지역의 아동 인구수는 매년 감소하여 2011년의 아동 인구수가 가장 많으므로 옳은 설명이다.
② 2015년 급식 지원을 받는 아동 인구수는 3,501백 명으로 2015년 전체 아동 인구의 5%인 $89,618 \times 0.05 = 4,480.9$백 명보다 적으므로 옳은 설명이다.
④ 2013년 급식 지원 아동 인구수는 전년 대비 $\{(4,380 - 4,161) / 4,380\} \times 100 = 5\%$ 감소했으므로 옳은 설명이다.
⑤ 급식 지원 아동 인구수가 처음으로 4,000백 명 이하가 된 2014년에 아동 인구수가 5,000백 명 이상인 지역은 서울특별시, 부산광역시, 인천광역시, 경기도, 경상남도이므로 옳은 설명이다.

06 조직이해능력
정답 ④

농협은 2017년 1월에 기업과 기관·단체의 정기인사로 인한 또 하나의 마을 만들기 운동의 공백기 방지를 위해 명예이장 재정비 방안을 마련하였으므로 적절하지 않은 설명이다.

07 의사소통능력 　　　　　　　　정답 ④

이 글은 조선 시대 초기, 중기, 후기, 말기에 따라 바뀐 영모화 화풍과 변해 온 역사를 설명하는 내용이므로 이 글의 주제로 가장 적절한 것은 ④이다.

오답 체크

① 영모화의 기원 및 등장 배경에 대해서는 서술하고 있지만, 글 전체를 포괄할 수 없으므로 적절하지 않은 내용이다.
② 조선 시대 영모화의 대표 작품과 화가에 대해서는 서술하고 있지만, 글 전체를 포괄할 수 없으므로 적절하지 않은 내용이다.
③ 고려 시대에 영모화가 유행한 이유에 대해서는 다루고 있지 않으므로 적절하지 않은 내용이다.
⑤ 수묵몰골풍이 현대 미술에 끼치는 영향력에 대해서는 다루고 있지 않으므로 적절하지 않은 내용이다.

08 의사소통능력 　　　　　　　　정답 ③

3문단에서 조선 중기(1550~1700)의 영모화는 음영 부위를 짙고 옅은 먹으로 물들여 양감을 강조하고, 흑백 대비의 양식화 현상이 두드러진 화풍이 주류로 자리 잡았다고 하였으므로 1600년대 영모화가 세밀한 붓놀림과 화려한 색감을 특성으로 하는 화풍이 유행한 것은 아님을 알 수 있다.

오답 체크

① 5문단에서 조선 말기 정통화 분야에서의 화단 정체 현상으로 영모화 또한 크게 성행하지 못했다고 하였으므로 적절한 내용이다.
② 2문단에서 영모화는 삼국 시대부터 그려졌으나, 조선 시대와 함께 전성기를 맞이했다고 하였으므로 적절한 내용이다.
④ 1문단에서 원래 영모화는 새 그림만을 가리켰으나, 현재는 화조화와 동물화 모두를 일컫는다고 하였으므로 적절한 내용이다.
⑤ 4문단에서 정선의 〈국일한묘〉는 수준 높은 사실성을 보인다고 하였으므로 적절한 내용이다.

09 문제해결능력 　　　　　　　　정답 ③

제시된 조건에 따르면 나무 사이의 거리는 2m, 3m, 4m, 5m 중 하나이며, 나무 사이의 거리는 모두 다르므로 서라가 가장 오른쪽에 심은 나무와 가장 왼쪽에 심은 나무의 거리는 2+3+4+5=14m이다. 이때, 소나무와 벚나무 사이의 거리는 12m이므로 소나무와 벚나무 사이에 2그루의 나무를 심었고, 은행나무와 전나무 사이의 거리는 10m이므로 은행나무와 전나무 사이에도 2그루의 나무를 심었음을 알 수 있다. 이에 따라 잣나무를 세 번째에 심었음을 알 수 있다. 또한, 은행나무 바로 오른쪽에 소나무를 심었고, 잣나무와 전나무 사이의 거리가 3m이므로 잣나무와 전나무는 이웃하여 심겨 있고 은행나무를 가장 왼쪽에 심은 것을 알 수 있다. 이에 따라 5그루의 나무를 심은 순서는 다음과 같다.

첫 번째	두 번째	세 번째	네 번째	다섯 번째
은행나무	소나무	잣나무	전나무	벚나무

이때, 소나무와 벚나무 사이의 거리가 12m이므로 은행나무와 소나무의 거리는 2m이고, 은행나무와 전나무 사이의 거리가 10m이므로 전나무와 벚나무 사이의 거리는 4m이다. 또한, 잣나무와 전나무 사이의 거리는 3m이고 나무 사이의 거리는 모두 다르므로 소나무와 잣나무 사이의 거리는 5m가 된다. 따라서 은행나무와 잣나무 사이의 거리는 2+5=7m이므로 항상 옳지 않은 설명이다.

오답 체크

① 전나무를 네 번째에, 벚나무를 다섯 번째에 심었으므로 항상 옳은 설명이다.
② 소나무와 은행나무 사이의 거리는 2m이므로 항상 옳은 설명이다.
④ 벚나무를 다섯 번째에, 잣나무를 세 번째에 심었으므로 항상 옳은 설명이다.
⑤ 전나무와 소나무 사이의 거리는 3+5=8m이므로 항상 옳은 설명이다.

10 수리능력 　　　　　　　　정답 ③

정가=원가×(1+이익률)임을 적용하여 구한다.
다이어리 1개의 원가를 x라고 하면
현준이가 책정한 정가는 $x \times (1+0.25)=1.25x$이고, 미지가 책정한 정가는 현준이가 책정한 정가보다 20% 더 높으므로 $1.25x \times 1.2=1.5x$이다.
이때 미지가 다이어리를 1,000개 판매하고 남은 이익이 400만 원이므로
$1,000 \times (1.5x-x)=4,000,000 \rightarrow 500x=4,000,000$
$\rightarrow x=8,000$
따라서 다이어리 1개의 원가는 8,000원이다.

11 수리능력 　　　　　　　　정답 ③

이자=원금×$\frac{이자율}{100}$임을 적용하여 구한다.
은행의 연이율을 x라고 하면
$11 \leq 200 \times \frac{x}{100} < 12 \rightarrow 11 \leq 2x < 12 \rightarrow 5.5 \leq x < 6$
따라서 은행의 연이율은 최소 5.5%이다.

12 문제해결능력 　　　　　　　　정답 ⑤

위협 요소인 국내 공장 설립 관련 정부의 과도한 규제를 회피하고 약점 요소인 높은 가격대로 인한 소비자 부담을 최소화하고자 인건비가 낮은 해외 부지에서 저가 라인을 신규 런칭하여 가격으로 인한 소비자 부담을 완화하는 WT(약점-위협) 전략에 해당한다.

오답 체크

① 강점 요소인 국내 스마트폰 소비자 선호도 1위를 활용해 위협 요소인 대규모 신규 스마트폰 회사 출범에 대응하는 ST(강점-위협) 전략에 해당한다.
② 강점 요소인 전문성 있는 인공지능 인재를 통해 기회 요소인 인공지능 연관 수익 발생 가능성을 적극 활용하는 SO(강점-기회) 전략에 해당한다.

③ 강점 요소인 5G 모델 라인업 확충을 완료했다는 점을 활용해 글로벌 경기 둔화로 인한 스마트폰 신규 수요 감소에 대응하는 ST(강점-위협) 전략에 해당한다.
④ 약점 요소인 높은 가격대로 인한 소비자 부담 증가를 기회 요소인 베트남과의 FTA 체결을 통해 부자재 납품 공장을 설립함으로써 해결하는 WO(약점-기회) 전략에 해당한다.

13 의사소통능력 　　　　　　　정답 ①

2문단에서 전자상품권 제공 지역에서 아동수당을 지급받는 대상자의 경우 아동 1인당 40만 원 상당의 아동돌봄쿠폰이 현재 사용하고 있는 아이행복카드나 국민행복카드에 포인트 형태로 자동 지급되어 읍면동 주민센터나 카드사 영업점 등에 직접 방문하여 신청할 필요가 없다고 하였으므로, 3월 말 아동수당 지급 대상자인 김 씨 부부가 전자상품권 제공 지역의 거주민이라면 거주하는 지역의 주민센터 또는 카드사 영업점에 직접 방문하지 않아도 됨을 알 수 있다.

[오답 체크]
② 4문단에서 경기도 성남시, 충남 아산시를 포함한 9개 지방자치단체에서는 각 지역에서 사용하는 전자화폐방식에 따라 신청방법과 지급시기가 다르며, 안내에 따라 온라인 또는 방문 신청을 진행해야 한다고 하였으므로 적절한 내용이다.
③ 3문단에서 전자상품권은 백화점, 대형마트, 온라인 쇼핑몰, 유흥업소와 같은 일부 매장에서는 사용할 수 없다고 하였으므로 적절한 내용이다.
④ 4문단에서 경북 안동시는 종이상품권을 지급하는 지역으로 신청자에게 40만 원의 지역사랑상품권을 지급하며, 대상자가 읍면동 주민센터에 방문하여 본인 확인과 신청서 제출을 거치면 바로 상품권을 받을 수 있다고 하였으므로 적절한 내용이다.
⑤ 2문단에서 카드를 2개 이상 사용하는 경우 최근 사용내역이 있는 카드에 포인트가 우선 지급된다고 하였으므로 적절한 내용이다.

14 자원관리능력 　　　　　　　정답 ④

제시된 자료에 따르면 중고 자동차 구매 가격은 다음과 같다.

차량 종류	차량색	연식	차량 가격	부가세
쿠페	검은색	2019년	31,340,000원	3,760,800원
세단	남색	2017년	24,680,000원	3,702,000원
SUV	회색	2020년	41,720,000원	3,754,800원
세단	흰색	2016년	22,560,000원	3,835,200원
쿠페	회색	2018년	29,560,000원	3,842,800원

따라서 구매할 중고 자동차의 부가세는 3,702,000원이다.

15 조직이해능력 　　　　　　　정답 ⑤

민츠버그의 조직유형 중 기계적 관료제는 안정적이고 단순한 환경에서 나타나므로 가장 적절하지 않다.

알아보기

민츠버그(Mintzberg)의 5가지 조직유형 분류: 조직구성에 반드시 필요한 핵심 부문, 조직활동을 관리하는 조정기제, 조직구성에 영향을 미치는 상황요인(환경, 기술, 규모 등의 변수)을 기준으로 조직유형을 분류하였으며, 조직의 여러 부문을 종합적으로 파악할 수 있다는 점에서 객관성이 높음

조직유형		단순 구조	기계적 관료제	전문적 관료제	사업 부제	임시 체제
핵심 부문		최고 관리층	기술 구조	작업계층	중간 관리층	지원참모
조정기제		직접 감독	작업과정 표준화	작업기술 표준화	산출물 표준화	상호 조절
상황 요인	규모	소규모	대규모	다양	대규모	다양
	기술 체계	단순하고 비규제적	덜 복잡하고 규제적	복잡하고 규제적	덜 복잡하고 규제적	매우 복잡하고 가변적
	환경	단순/ 불안정	단순/ 안정	복잡/ 안정	단순/ 안정	복잡/ 불안정

16 수리능력 　　　　　　　정답 ①

제시된 각 숫자 간의 값이 +2, +2, -5로 반복되므로 빈칸에 들어갈 알맞은 숫자는 '1'이다.

17 문제해결능력 　　　　　　　정답 ③

제시된 조건에 따르면 을 또는 병이 가장 빠르다는 갑의 진술과 자신보다 빠른 사람은 없다는 정의 진술이 모순되므로 2명 중 1명은 거짓을 말했음을 알 수 있다.
먼저 갑의 진술만 거짓인 경우 정의 진술은 참이 되어 정이 1등이므로 자신보다 느린 사람이 최소 3명이라는 병의 진술도 거짓이 되며 거짓을 말한 사람은 1명이라는 조건에 모순된다. 정의 진술만 거짓인 경우 거짓을 말한 사람은 1명이라는 조건에 의해 병의 진술은 참이 되어 병이 1등이고 을 또는 병이 가장 빠르다는 갑의 진술도 참이 된다. 이때, 을의 진술도 참이 되므로 달리기가 가장 느린 사람은 갑이다. 이에 따라 갑, 을, 병, 정 4명의 달리기 순위가 높은 사람부터 나열하면 '병-을-정-갑' 또는 '병-정-을-갑'이 된다.
따라서 을이 2등일 때, 정은 3등이므로 옳은 설명이다.

[오답 체크]
① 거짓을 말한 사람은 정이므로 항상 옳지 않은 설명이다.
② 을보다 빠른 사람은 병과 정으로 2명일 수도 있으므로 항상 옳은 설명은 아니다.
④ 병보다 빠른 사람은 없으므로 항상 옳지 않은 설명이다.
⑤ 정이 2등일 경우 갑은 4등이므로 항상 옳은 설명은 아니다.

빠른 문제 풀이 Tip

모순되는 두 진술을 토대로 해당 진술이 참인 경우와 거짓인 경우로 나누어 풀이하면 문제 풀이 시간을 단축할 수 있다.

18 자원관리능력 정답 ②

자원관리계획을 수립하는 과정은 '필요한 자원의 종류와 양 확인 → 이용 가능한 자원 수집 → 자원 활용 계획 수립 → 계획대로 수행'이다.

따라서 시설계획처의 시설 설비 업무에 대한 자원관리계획 수립 과정으로 가장 적절한 것은 'ⓒ 시설 설비에 필요한 자원의 종류 및 수량 확인 → ㉠ 이용 가능한 장비 및 시설 관련 자원 수집 → ㉣ 장비 및 시설 관련 자원 활용 계획 수립 → ㉡ 계획에 따라 시설 설비 업무 수행'이다.

19 조직이해능력 정답 ⑤

자동차업체가 도심에서 기습적으로 단체 드라이빙을 벌이며 제품을 홍보한 것은 특정 기간, 특정 장소에서 불특정 다수의 고객을 대상으로 불시에 이벤트를 벌이는 게릴라 마케팅 기법에 해당하므로 가장 적절하지 않다.

 알아보기

넛지 마케팅: 메시지를 직접적으로 전달하지 않으면서도 의도한 방향으로 사람들의 행동을 유도하는 마케팅 전략
디마케팅: 기업이 자사 제품에 대한 고객의 수요를 의도적으로 줄임으로써 적절한 수요를 창출하거나 수익에 도움이 되지 않는 고객을 배제하는 마케팅 전략
인디케이터 마케팅: 제품에 부착된 표시기를 통해 제품의 사용·교체 시기 등을 알려줌으로써 소비자에게 긍정적인 반응을 끌어내는 마케팅 전략
데카르트 마케팅: 기술을 의미하는 'Tech'와 예술을 의미하는 'Art'의 합성어로, 첨단 기술 제품에 예술을 접목하거나 예술가와 협업하는 일종의 감성 마케팅 전략
노이즈 마케팅: 고의로 자신들의 상품을 구설에 오르게 하여 소비자들의 이목을 집중시키고 판매를 늘리는 마케팅 전략

20 수리능력 정답 ⑤

평균 $=\frac{\text{변량의 총합임}}{\text{변량의 개수}}$을 적용하여 구한다.

A 기업의 평균 점수는 $\frac{50+95+80+90+85}{5}=80$점이며, B 기업의 평균 점수가 85점임에 따라 5가지 평가 점수의 총합은 $85\times5=425$점이므로 윤리성 점수는 $425-(100+90+95+85)=55$점이다. 또한, C 기업의 평균 점수는 $\frac{90+85+65+60+100}{5}=80$점이며, D 기업의 평균 점수가 80점임에 따라 5가지 평가 점수의 총합은 $80\times5=400$점이므로 투명성 점수는 $400-(75+90+95+50)=90$점이고, E 기업의 평균 점수는 $\frac{85+95+90+100+80}{5}=90$점이다. 이때, 각 공사의 최종 점수는 최고점을 받은 항목과 최저점을 받은 항목을 제외한 나머지 3개 항목의 평균 점수로 구한다. 이에 따라 A~E 기업의 평균 점수와 최종 점수는 다음과 같다.

구분	A 기업	B 기업	C 기업	D 기업	E 기업
평균 점수	80점	85점	80점	80점	90점
최종 점수	(80+90 +85)/3 =85점	(90+95 +85)/3 =90점	(90+85 +65)/3 =80점	(75+90 +90)/3 =85점	(85+95 +90)/3 =90점

따라서 평균 점수와 최종 점수가 동일한 공사는 C 기업과 E 기업이다.

21 문제해결능력 정답 ②

내년에 진행할 수 있는 사업은 A~G 7개이고, 동시에 진행할 수 있는 사업은 최대 2개이므로 총 $12\times2=24$개월이 소요되는 사업을 진행할 수 있다.

A~G 7개 사업을 모두 진행할 경우 $4+5+5+6+4+3+7=34$개월이 소요되므로 진행할 수 없다. A~G 중 6개 사업을 진행할 경우 사업소요 기간이 7개월로 가장 긴 G 사업을 제외하더라도 $4+5+5+6+4+3=27$개월이므로 6개 사업도 진행할 수 없다. A~G 중 5개 사업을 진행할 경우 5개 사업소요 기간의 합이 24개월 이하인 사업 기간의 경우는 (7개월, 6개월, 4개월, 4개월, 3개월), (7개월, 5개월, 5개월, 4개월, 3개월), (7개월, 5개월, 4개월, 4개월, 3개월), (6개월, 5개월, 5개월, 4개월, 4개월), (6개월, 5개월, 5개월, 4개월, 3개월), (6개월, 5개월, 4개월, 4개월, 3개월), (5개월, 5개월, 4개월, 4개월, 3개월)이다. 이때 (7개월, 6개월, 4개월, 4개월, 3개월), (6개월, 5개월, 5개월, 4개월, 4개월)의 경우 사업소요 기간 합의 조합이 적어도 하나는 13개월 이상으로 구성되어 12개월을 초과하므로 진행할 수 없다. 이에 따라 가능한 경우는 총 5가지이며, 사업소요 기간이 동일할 경우 더 저렴한 사업으로 선정했을 때 총 기간당 단가는 다음과 같다.

구분	사업 구성	총 기간당 단가
7개월, 5개월, 5개월, 4개월, 3개월	G, B, C, E, F	(108+100+90+72+48) /(7+5+5+4+3) ≒17.42백만 원
7개월, 5개월, 4개월, 4개월, 3개월	G, C, A, E, F	(108+90+76+72+48) /(7+5+4+4+3) ≒17.13백만 원
6개월, 5개월, 5개월, 4개월, 3개월	D, B, C, E, F	(126+100+90+72+48) /(6+5+5+4+3) ≒18.96백만 원
6개월, 5개월, 4개월, 4개월, 3개월	D, C, A, E, F	(126+90+76+72+48) /(6+5+4+4+3) ≒18.73백만 원
5개월, 5개월, 4개월, 4개월, 3개월	B, C, A, E, F	(100+90+76+72+48) /(5+5+4+4+3) ≒18.38백만 원

따라서 총 기간당 단가가 가장 저렴한 G, C, A, E, F 5개의 사업을 진행하므로 귀하가 선정할 내년 추경예산은 $108+90+76+72+48=394$백만 원이다.

22 조직이해능력　　　　　　　　정답 ④

지유: 커뮤니케이션 브랜드의 색상 시스템 중 초록색은 순수한 자연을 세상에 널리 전하는 농협의 건강한 이미지를 표현하고, 노란색은 풍요로운 생활의 중심, 근원이 되는 농협의 이미지를 계승하므로 가장 적절하지 않다.

23 의사소통능력　　　　　　　　정답 ④

이 글은 플라스틱 쓰레기가 전 세계적으로 문제시되고 있는 가운데, 최근 이러한 플라스틱 쓰레기를 분해하여 완전한 재활용을 가능하게 하는 효소가 발견되었음을 설명하는 글이므로 우리나라는 밀웜을 통한 플라스틱 분해 기술 연구와 더불어 생분해 플라스틱 개발을 통해 관련 시장을 선점하기 위해 노력하고 있다는 내용의 (라)는 삭제되어야 한다.

24 자원관리능력　　　　　　　　정답 ②

제시된 자료에 따르면 진후민 씨의 월급은 10,000,000원이고, 과세표준은 1년 계약 금액인 120,000,000원으로 월근로소득세는 {15,900,000 + (120,000,000 - 88,000,000) × 0.35} / 12 ≒ 2,258,333.3원이므로 원 단위 절사하면 2,258,333원이다. 국민연금은 월급의 4.5%인 10,000,000 × 0.045 = 450,000원 중 국민연금의 근로자 최대 부담액인 218,700원을 납부하고, 건강보험료는 월급의 3.23%인 10,000,000 × 0.0323 = 323,000원을 납부한다. 또한, 장기요양보험료는 건강보험료의 10%인 323,000 × 0.1 = 32,300원을 납부하고, 고용보험료는 월급의 0.8%인 10,000,000 × 0.008 = 80,000원을 납부한다. 산재보험료는 회사에서 전액 납부하므로 진후민 씨는 납부하지 않는다. 이에 따라 진후민 씨가 한 달에 받는 월급의 실수령액은 10,000,000 - (2,258,333 + 218,700 + 323,000 + 32,300 + 80,000) = 7,087,667원이다.
따라서 진후민 씨가 석 달 동안 받는 월급의 실수령액은 3 × 7,087,667 = 21,263,001원이다.

25 문제해결능력　　　　　　　　정답 ②

주어진 명제가 참일 때, 그 명제의 '대우'만이 참인 것을 알 수 있다.
따라서 '손재주가 뛰어나지 못한 사람은 기계를 잘 활용하지 못한다.'는 첫 번째 명제의 '대우'이므로 항상 참인 문장이다.

26 의사소통능력　　　　　　　　정답 ④

제시된 한자성어 금상첨화(錦上添花)와 설상가상(雪上加霜)은 각각 좋은 일 위에 또 좋은 일이 더하여짐과 난처한 일이나 불행한 일이 잇따라 일어남을 뜻하므로 반대관계이다. 따라서 즐거운 일이 다하면 슬픈 일이 닥쳐온다는 의미의 흥진비래(興盡悲來)와 반대관계인 한자성어는 쓴 것이 다하면 단 것이 온다는 의미의 '고진감래(苦盡甘來)'가 적절하다.

27 문제해결능력　　　　　　　　정답 ①

제시된 조건에 따르면 '로봇 3'은 로봇 5에게 사진촬영 기능이 있는 것이 확실하다고 진술하고 있으나 '로봇 5'는 자신은 사진촬영 기능이 없다고 진술하고 있다. 로봇 3과 로봇 5의 진술이 서로 모순이므로 둘 중 하나의 진술은 거짓이고, 로봇 1, 로봇 2, 로봇 4의 진술은 모두 진실이다. '로봇 1'은 자신 또는 로봇 4에게 사진촬영 기능이 있다고 진술하였고, '로봇 4'는 자신과 로봇 2에게는 사진촬영 기능이 없다고 진술하였으므로 두 진술에 따라 사진촬영 기능이 있는 로봇은 '로봇 1'이다.

28 의사소통능력　　　　　　　　정답 ①

제시된 한자어는 부지런히 일한다는 의미의 '근로'이고, 반대 의미의 한자어는 하던 일을 멈추고 잠깐 쉰다는 의미의 '休息(쉴 휴, 쉴 식)'이다.

29 수리능력　　　　　　　　정답 ①

제시된 각 문자를 알파벳 순서에 따라 숫자로 변경한다.
　E　F　H　(ㄴ)　T　J
　5　6　8　12　20　36
각 숫자 간의 값이 $+2^0$, $+2^1$, $+2^2$ …으로 변화하므로 빈칸에 들어갈 알맞은 문자는 숫자 12에 해당하는 'L'이다.

30 의사소통능력　　　　　　　　정답 ③

한글 맞춤법 제51항에 따라 부사의 끝음절이 분명히 '이'로만 나는 것은 '-이'로 적고, '히'로만 나거나 '이나 히'로 나는 것은 '-히'로 적어야 하므로 '가지런히'로 고쳐 쓰는 것이 가장 적절하다.

⑤ '쯤'은 '알맞은 한도, 그만큼가량'을 더하는 접미사이며, '즈음'은 '일이 어찌 될 무렵'의 뜻을 나타내는 의존 명사이므로 '즈음'이 적절하다.

31 문제해결능력 정답 ②

세 번째 명제의 대우와 두 번째 명제를 차례로 결합하면 다음과 같다.
- 세 번째 명제(대우): 날씨가 따뜻해지면 봄이 온다.
- 두 번째 명제: 봄이 오면 벚꽃이 핀다.
- 결론: 날씨가 따뜻해지면 벚꽃이 핀다.

32 의사소통능력 정답 ④

빈칸이 있는 문장에서 새로운 도전을 피하고 안정에 초점을 둔다고 하였으므로 어떤 목표로 뜻이 쏠리어 향한다는 의미의 ④가 적절하다.

오답 체크

① 유지(維持): 어떤 상태나 상황을 그대로 보존하거나 변함없이 계속하여 지탱함
② 편중(偏重): 한쪽으로 치우침
③ 지양(止揚): 더 높은 단계로 오르기 위하여 어떠한 것을 하지 아니함
⑤ 편향(偏向): 한쪽으로 치우침

33 조직이해능력 정답 ③

몽골에는 농협의 국외 사무소가 설치되어 있지 않으므로 적절하지 않다.

더 알아보기

- 농협의 국외 사무소: 미국, 중국, 베트남, 인도네시아, 인도, 미얀마, 일본, 프랑스, 영국, 튀르키예, 싱가포르, 캄보디아, 호주, 벨기에 총 14개국에 37개소가 설치되어 있음

34 자원관리능력 정답 ③

제시된 방안에 따르면 3조의 인원은 10명으로 동일하므로 1조와 2조의 인원에 따른 총 프로그램 비용을 비교한다.
1조가 30명, 2조가 20명인 〈1안〉을 선택할 경우, 1조의 비용은 {(18,000 + 3,000) × 30 × 0.95} + {(25,000 × 25) + (23,000 × 5)} = 1,338,500원이고, 2조의 비용은 (15,000 × 20) + (18,000 × 20 × 0.95) = 642,000원이므로 총 1,338,500 + 642,000 = 1,980,500원이다. 1조가 20명, 2조가 30명인 〈2안〉을 선택할 경우, 1조의 비용은 {(18,000 + 3,000) × 20 × 0.95} + (25,000 × 20) = 899,000원이고, 2조의 비용은 {(15,000 × 25) + (13,000 × 5)} + (18,000 × 30 × 0.95) = 953,000원이므로 총 899,000 + 953,000 = 1,852,000원이다.
따라서 둘 중 비용이 더 적게 드는 방안은 〈2안〉이고, 다른 방안을 선택했을 때와의 비용 차이는 1,980,500 − 1,852,000 = 128,500원이다.

35 문제해결능력 정답 ②

제시된 자료에 따르면 서 주임이 미리 예매해 놓은 10시 20분 출발 승차권은 12,300원으로 승차일 1일 전에 취소하면 승차권 1장당 승차권 요금의 10%의 수수료 12,300 × 0.1 = 1,230원이 발생한다. 이때, 오후 2시 이후의 승차권 요금은 8,500원과 12,300원 두 종류로 10시 20분 출발 승차권을 취소하고 8,500원의 승차권으로 다시 예매하면 승차권 1장당 8,500 + 1,230 = 9,730원의 비용이 발생하므로 4매 모두 승차권을 취소하고 다시 예매하는 것이 가장 저렴하다. 이에 따라 서 주임과 가족들은 함께 14:40, 16:30에 출발하는 직행버스를 이용할 수 있다. 또한, 여행 마지막 날 최대한 여행지에서 늦게 출발하고 승차권이 8,500원인 직행버스는 19:10에 출발하는 직행버스이지만, 이 버스를 탈 경우에는 ●●시 터미널에 오후 9시 20분에 도착하므로 이보다 더 빠른 15:20에 출발하는 직행버스를 이용해야 한다.

36 수리능력 정답 ①

ⓒ 탈지분유 소비량의 전년 대비 증감 추이는 2019년부터 '증가, 감소, 증가, 감소' 형태를 띠고 있으며, 이와 정반대의 '감소, 증가, 감소, 증가' 형태를 띠고 있는 D가 조제분유이다.
ⓔ, ⓐ 매년 버터와 연유 소비량의 합이 조제분유 소비량을 넘지 못하므로 매년 조제분유 소비량보다 낮은 수치를 기록한 B와 E가 각각 버터와 연유 중 하나이고, 2022년 B와 E의 소비량의 전년 대비 증가율을 비교하면 B가 {(1,728 − 1,611) / 1,611} × 100 ≒ 7.3%, E가 {(10,446 − 9,800) / 9,800} × 100 ≒ 6.6%이므로 B가 연유, E가 버터이다.
ⓜ 발효유 소비량은 3년 연속 증가하였으므로 2020년, 2021년, 2022년 소비량이 모두 전년 대비 증가한 C가 발효유이다.
ⓒ 2021년 소비량이 3년 전 대비 증가한 유제품은 A, 탈지분유, C, E지만 C는 발효유, E는 버터이므로 A가 치즈이다.
따라서 A는 치즈, B는 연유, C는 발효유, D는 조제분유, E는 버터이다.

37 문제해결능력 정답 ①

제시된 조건에 따르면 a 도시와 d 도시 간의 거리가 가장 멀고, b 도시와 c 도시 사이의 정확히 중간에 위치한 도시가 있으며, a 도시는 b 도시의 왼쪽에 위치하지 않는다. 이에 따라 5개의 도시가 좌우로 일직선상에 위치할 경우는 왼쪽부터 'd − b 또는 c − e − b 또는 c − a'이다.
① e 도시를 기준으로 볼 때, b 도시와 c 도시는 항상 좌우로 같은 거리에 위치하므로 결론 A는 옳으며, d 도시에서 거리가 가장 가까운 도시는 b 도시 또는 c 도시이므로 결론 B는 옳은지 그른지 파악할 수 없다.

38 조직이해능력 정답 ③

농협의 심벌마크에서 '농'자의 'ㄴ'을 변형한 [V]꼴은 싹과 벼를 의미하고, '업'자의 'ㅇ'을 변형한 [V]꼴 아랫부분은 협동 단결을, '협'자의 'ㅎ'을 변형한 마크 전체는 농가 경제의 발전을 상징한다.

따라서 A에는 '싹과 벼', B에는 '협동 단결', C에는 '농가 경제의 발전'이 들어가야 한다.

39 의사소통능력 정답 ③

3문단에서 브랜드를 모르는 상태에서 콜라를 마셨을 때 어느 브랜드의 콜라인지 상관없이 전두엽이 활성화되었으며, 유명 브랜드의 콜라를 보여주며 콜라를 마시게 했을 때 뇌에서 전두엽 외에 측좌핵 등 쾌감 관장 영역도 활성화되었다고 하였으므로 유명 브랜드 제품 소비자의 뇌에서 전두엽의 작용이 중단되는 것은 아님을 알 수 있다.

오답 체크

① 4문단에서 사람의 뇌가 특정 브랜드를 매력적으로 느낀다는 신호를 받으면 곧장 뇌의 브랜드 보상 예견 경험을 자극하여 도파민 분비를 유도하는 유명 브랜드의 효과는 소비자가 선택할 수 있는 대안이 많을수록 유의미하게 작용한다고 하였으므로 적절한 내용이다.
② 5문단에서 특정 브랜드에 대한 신체 외부로부터의 자극과 신체 내부에서 발원한 감정 신호가 함께 나타날 때마다 뇌가 그 신호들을 연결해서 신경 브랜드 네트워크를 활성화한다고 하였으므로 적절한 내용이다.
④ 6문단에서 유명 브랜드는 덜 매력적인 브랜드보다 뇌에서 신경 브랜드 네트워크가 활성화되어 기억, 감정, 의사결정 등을 관할하는 뇌 영역에 폭넓게 영향을 미치고 소비자들로부터 더 수월하게 호감을 얻게 된다고 하였으므로 적절한 내용이다.
⑤ 1문단에서 유명 브랜드의 로고가 붙은 제품을 그렇지 않은 제품보다 월등히 비싸게 판매해도 소비자들은 흔쾌히 구매한다고 하였으며, 이처럼 소비자들은 특정 제품을 평가할 때 직접적인 경험보다 브랜드 평판에 의존하는 경향을 보인다고 하였으므로 적절한 내용이다.

40 수리능력 정답 ④

마지막 문장을 확인하면, 이틀 동안 세 항공사의 비행기가 동시에 이륙하는 횟수를 찾는 것이므로 최소공배수를 이용하여 문제를 풀어야 함을 알 수 있다.

10분, 15분, 18분의 최소공배수는 90분이므로 세 항공사의 비행기는 90분마다 동시에 이륙하고, 하루는 $24 \times 60 = 1,440$분이므로 하루 동안 동시에 이륙하는 횟수는 $1,440 \div 90 = 16$회이다. 이때, 새벽 2시부터 4시 사이에 동시에 이륙하는 횟수는 $120 \div 90 ≒ 1.3$이므로 1회이다. 따라서 새벽 2시부터 4시 사이에 비행기가 이륙하지 못하는 세 항공사의 비행기가 이틀 동안 동시에 이륙하는 횟수는 $(16-1) \times 2 = 30$회이므로 정답은 ④가 된다.

41 수리능력 정답 ②

어떤 사건 A가 일어날 확률을 p라고 할 때, 사건 A가 일어나지 않을 확률은 $1-p$임을 적용하여 구한다.

R 씨가 팀 회의에 참석하지 못하고 그다음 주에 또다시 참석하지 못할 확률이 $\frac{1}{2}$이므로, R 씨가 팀 회의에 참석하지 못하고 그다음 주에 참석할 확률은 $1-\frac{1}{2}=\frac{1}{2}$이다. R 씨가 지난주 팀 회의에 참석하지 못했을 때, 이번 주와 다음 주 모두 참석할 확률은 $\frac{1}{2} \times \frac{3}{4}=\frac{3}{8}$이고, 이번 주에는 참석하지 못하고 다음 주에 참석할 확률은 $\frac{1}{2} \times \frac{1}{2}=\frac{1}{4}$이다.

따라서 R 씨가 지난주 월요일 팀 회의에 참석하지 못했다면 다음 주 월요일 팀 회의에 참석할 확률은 $\frac{3}{8}+\frac{1}{4}=\frac{5}{8}$이다.

42 수리능력 정답 ②

서로 다른 n개에서 순서를 고려하지 않고 r개를 뽑는 경우의 수인 $_nC_r=\frac{n!}{r!(n-r)!}$임을 적용하여 구한다.

은영이는 1, 3, 5가 적혀 있는 카드를 뽑았으므로 카드 숫자의 합은 $1+3+5=9$이며, 한 명씩 차례대로 카드를 한 번에 3장씩 뽑은 후 다시 제자리에 두므로 수진이가 카드를 뽑는 전체 경우의 수는 $_9C_3=\frac{9!}{3!6!}=\frac{9 \times 8 \times 7}{3 \times 2 \times 1}=84$가지이다. 이때 은영이가 뽑은 카드 숫자의 합이 수진이가 뽑은 카드 숫자의 합보다 작을 경우의 수는 전체 경우의 수에서 수진이가 뽑은 카드 숫자의 합이 은영이가 뽑은 카드 숫자의 합보다 작거나 같은 경우의 수를 뺀 값이다. 이에 따라 수진이가 뽑은 카드 숫자의 합이 은영이가 뽑은 카드 숫자의 합인 9보다 작거나 같을 경우는 (1, 2, 3), (1, 2, 4), (1, 2, 5), (1, 2, 6), (1, 3, 4), (1, 3, 5), (2, 3, 4)로 총 7가지이다.

따라서 은영이가 뽑은 카드 숫자의 합이 수진이가 뽑은 카드 숫자의 합보다 작을 경우의 수는 $84-7=77$가지이다.

43 수리능력 정답 ④

수익 = (판매가 - 원가) × 판매개수임을 적용하여 구한다.

판매가를 x, 전년도 원가를 y, 올해 원가를 z, 전년도 판매개수를 n이라고 하면

전년도 수익은 총 매출액의 30%이므로 $(x-y)n=0.3xn \rightarrow x-y=0.3x \rightarrow y=0.7x$이고

올해의 수익은 전년도 수익과 같아야 하므로 $(x-z)0.6n=0.3xn \rightarrow 0.6x-0.6z=0.3x \rightarrow z=0.5x$이다.

따라서 전년도와 같은 수익을 남기기 위해서는 올해 원가는 전년도 원가의 $\frac{5}{7}$배가 되어야 한다.

44 수리능력 정답 ③

작업량＝시간당 작업량×시간임을 적용하여 구한다.
전체 일의 양을 1이라고 하면
갑이 혼자 청소하는 데 걸리는 시간은 5시간이므로 갑이 1시간 동안 할 수 있는 일의 양은 $\frac{1}{5}$이고,
을이 혼자 청소하는 데 걸리는 시간을 x라고 하면 을이 1시간 동안 할 수 있는 일의 양은 $\frac{1}{x}$이다.
처음 3시간 동안은 갑과 을이 같이 청소하고, 그 후 20분 동안은 갑이 혼자 청소하여 청소가 끝났으므로
$(\frac{1}{5}+\frac{1}{x})\times3+\frac{1}{5}\times\frac{20}{60}=1 \rightarrow \frac{3}{5}+\frac{3}{x}+\frac{1}{15}=1 \rightarrow \frac{3}{x}=\frac{1}{3}$
$\rightarrow x=9$
따라서 A 건물을 을이 혼자 청소하는 데 걸리는 시간은 9시간이다.

45 수리능력 정답 ②

해당 연도 세금＝(해당 연도 총소득액－해당 연도 소득공제액)×해당 연도 세율임을 적용하여 구한다.
임규의 작년 총소득액은 3,400만 원, 소득공제액은 800만 원, 세율은 20%이므로 임규가 작년에 낸 세금은 (3,400－800)×0.2＝520만 원이며, 임규의 올해 총소득액은 작년 대비 30% 증가하여 3,400×(1+0.3)＝4,420만 원, 소득공제액은 작년 대비 45% 증가하여 800×(1+0.45)＝1,160만 원, 세율은 작년 대비 25% 증가하여 20×(1+0.25)＝25%이므로 임규가 올해에 낸 세금은 (4,420－1,160)×0.25＝815만 원이다.
따라서 임규가 올해에 낸 세금과 작년에 낸 세금의 차이는 8,150,000－5,200,000＝2,950,000원이다.

46 조직이해능력 정답 ②

조직이 일차적으로 수행해야 할 과업인 운영목표에는 조직 전체의 성과, 자원, 시장, 인력개발, 혁신과 변화, 생산성에 관한 목표가 포함되므로 '시간'이 가장 적절하지 않다.

47 의사소통능력 정답 ①

밑줄 친 부분은 태도나 성질이 부드럽고 친절하다는 의미로 쓰였으므로 마음씨가 부드럽고 상냥하다는 의미의 ①이 적절하다.

> **오답 체크**
> ② 박한: 마음 씀이나 태도가 너그럽지 못하고 쌀쌀하다
> ③ 익살맞은: 남을 웃기려고 일부러 우스운 말이나 행동을 하는 태도가 있다
> ④ 공평한: 어느 쪽으로도 치우치지 않고 고르다
> ⑤ 옹졸한: 성품이 너그럽지 못하고 생각이 좁다

48 의사소통능력 정답 ⑤

수에즈 운하의 구조가 지중해 생태계에 미치는 영향에 대해서는 확인할 수 없다.

> **오답 체크**
> ①은 2문단, ②는 1문단, ③은 3문단, ④는 2문단에서 확인할 수 있는 내용이다.

49 수리능력 정답 ②

지연: 2010년부터 2015년까지 밭농업 기계화율은 매년 60% 미만이고, 60%의 1.5배는 90%이다. 이때 벼농업 기계화율은 매년 90% 이상이므로 옳은 설명이다.
성호: 2015년 농업 기계 보유 대수에서 경운기 보유 대수가 차지하는 비중은 (598／1,173)×100≒51.0%로 2010년의 비중인 (698／1,320)×100≒52.9%보다 줄었으므로 옳은 설명이다.

> **오답 체크**
> 주은: 2014년 트랙터 보유 대수는 전년 대비 줄었으므로 옳지 않은 설명이다.
> 준필: 벼농업과 밭농업의 기계화율이 모두 전년 대비 변함없는 해는 2011년과 2015년이며, 2015년의 콤바인 보유 대수만 전년 대비 늘어났으므로 옳지 않은 설명이다.

50 자원관리능력 정답 ④

정기회의는 1시간 동안 진행되고, 모든 팀원이 참석할 수 있어야 하므로 4월 마지막 주 금요일에 모든 팀원의 스케줄이 비는 15:00~16:00 또는 16:00~17:00에 진행되어야 한다. 하지만 정기회의를 15:00~16:00에 진행할 경우 한국보다 7시간 느린 독일 시차를 고려하면 독일 시각은 08:00~09:00로 이는 독일 협력업체의 업무 시간인 09:00~16:00에 포함되지 않는다. 이에 따라 정기회의는 독일 시각으로 09:00~10:00인 16:00~17:00에 진행되어야 한다. 또한, 정기회의를 진행할 회의실은 예약이 가능하고, 화상 카메라와 인터넷을 사용할 수 있어야 하므로 4 회의실만 예약할 수 있다.
따라서 D 사원이 기술개발 1팀에 전달할 4월 정기회의 시간과 예약한 회의실은 각각 16:00~17:00, 4 회의실이다.

51 의사소통능력 정답 ④

보냈다뿐이지(X) → 보냈다 뿐이지(O)
• 한글 맞춤법 제42항에 따라 의존 명사는 띄어 쓴다.

> **오답 체크**
> ①, ③의 '뿐'은 의존 명사로 사용되었으므로 띄어 쓰고, ②, ⑤의 '뿐'은 조사로 사용되었으므로 앞말에 붙여 쓴다.

52 수리능력   정답 ②

세 번째 항부터 제시된 각 숫자는 '앞의 두 숫자의 합−1'이라는 규칙이 적용되므로 빈칸에 들어갈 알맞은 숫자는 '21'이다.

53 문제해결능력   정답 ⑤

기부를 하는 어떤 사람은 봉사활동을 하므로, 기부를 하는 모든 사람이 마음이 따뜻한 사람이라면 기부와 봉사활동을 하는 어떤 사람은 마음이 따뜻한 사람이다.
따라서 '기부를 하는 모든 사람은 마음이 따뜻한 사람이다.'가 타당한 전제이다.

54 의사소통능력   정답 ①

제시된 지문은 같거나 유사한 효용을 가지고 있어 서로 대체할 수 있는 관계에 있는 재화인 대체재에 대한 설명이다. 따라서 제시된 경제 용어와 관련 있는 속담은 적당한 것이 없을 때 그와 비슷한 것으로 대신하는 경우를 이르는 의미의 ①이다.

알아보기

수요의 교차탄력성: 한 재화의 가격 변화가 다른 재화의 수요량에 미치는 영향을 나타내는 수치로, 대체재의 교차탄력성은 양(+), 보완재의 교차탄력성은 음(−)의 값을 갖게 됨

55 문제해결능력   정답 ②

자사 분석에서 저녁 시간대에 매출 비중이 치중되어 있다고 하였고, 경쟁사 분석에서 공격적인 마케팅을 통해 판매 채널을 다각화했다고 하였으므로 G 외식업체가 최근 침체된 매출 문제를 해결하기 위한 전략으로 기존 판매 채널을 적극 활용하여 저녁 시간대의 매출을 극대화하는 것은 적절하지 않다.

56 의사소통능력   정답 ③

이 글은 기존의 피플미터 시청률 집계 방식이 가진 한계점을 극복하기 위해 등장한 통합시청률 집계 방식의 특징과 장점을 설명하는 내용의 글이다.
따라서 기존의 시청률 집계 방식인 피플미터 방식의 특징에 대해 설명한 〈보기〉에 이어질 내용은 '(다) 피플미터 방식의 단점 → (가) 피플미터 방식을 보완할 시청률 집계 방법인 통합시청률 → (라) 통합시청률의 장점 → (나) 통합시청률의 장점이 실제로 나타난 사례' 순으로 연결되어야 한다.

57 의사소통능력   정답 ④

밑줄 친 부분은 훼손될 우려가 있는 문화재를 보호한다는 의미로 쓰였으므로 잘 보호하고 간수하여 남긴다는 의미의 ④가 적절하다.

오답 체크

① 보안하다: 안전을 유지하다
② 보전하다: 온전하게 보호하여 유지하다
③ 보수하다: 보전하여 지키다
⑤ 보증하다: 어떤 사물이나 사람에 대하여 책임지고 틀림이 없음을 증명하다

58 자원관리능력   정답 ⑤

11월 28일(토)에 2조 정호석과 4조 이진기가 근무를 교체할 경우 정호석은 11월 28일(토)에 22시부터 6시까지 근무하고 11월 29일(일)에 14시부터 22시까지 근무하게 되어 근무 간격이 8시간이고, 이진기는 11월 27일(금)에 14시부터 22시까지 근무하고 11월 28일(토)에 6시부터 14시까지 근무하게 되어 근무 간격이 8시간으로 근무 간격은 최소 12시간 이상을 유지해야 한다는 [근무 규정] 3번 항목을 위배하게 되므로 적절하지 않다.

59 수리능력   정답 ②

홀수항에 제시된 각 숫자 간의 값이 +2, +3, +4, …와 같이 +1씩 변화하고, 짝수항에 제시된 각 숫자 간의 값이 ×(−2)로 반복되므로 빈칸에 들어갈 알맞은 숫자는 '7'이다.

60 문제해결능력   정답 ①

제시된 조건에 따르면 미숙이가 합격이면 재준이는 불합격이고, 재준이가 불합격이면 미숙이도 불합격이지만 이는 미숙이가 합격이면 재준이는 불합격이라는 조건에 모순되므로 미숙이는 항상 불합격임을 알 수 있다. 또한, 미숙이가 불합격이면 영숙이도 불합격이고, 재호 또한 불합격이다. 재호가 불합격이면 재준이는 합격이고 재경이는 불합격이다.
따라서 필기시험에 합격한 사람은 재준이다.

61 자원관리능력   정답 ④

제시된 조건에 따르면 R 연구소는 팀별 필요 인원수만큼 S 연구소로부터 업무 지원을 받으며, R 연구소가 필요로 하는 인원수는 총 6명으로 S 연구소의 직원 수와 같아 S 연구소의 모든 직원이 R 연구소에 업무 지원을 나가게 된다. 이에 따라 장 연구원은 R5팀 업무만 지원이 가능하므로 R5팀에 지원을 나가고, 하 연구원은 R1팀, R5팀 업무만 지원이 가능하므로 R1팀에 지원을 나간다. 전 연구원은 R4팀 업무만 지원이 가능하므로 R4팀에 지원을 나가고, R2팀 업무 지원이 가능한 사람은 이 연구원뿐이므로 이 연구원은 R2팀에 지원을 나간다. 이때, 김 연구원이 R3팀에 지원을 나가면, 최 연구원은 R4팀에 지원을 나가고, 김 연구원이 R4팀에 지원을 나가면, 최 연구원은 R3팀에 지원을 나간다.
따라서 S 연구소의 최 연구원이 업무 지원을 나가게 될 가능성이 있는 팀은 R3팀, R4팀이다.

62 조직이해능력 정답 ⑤

제시된 사례는 통상적인 수준을 벗어나 통제할 수 없을 정도로 물가가 상승하는 상태인 '하이퍼인플레이션'과 관련 있다.

오답 체크

① 디플레이션: 통화량이 줄어들어 물가 수준이 지속적으로 하락하고 경제 활동이 침체되는 상태
② 애그플레이션: 지구온난화 및 이상기후로 인한 곡물 생산 감소, 사료용·바이오 연료용 곡물 수요 증가 등으로 인하여 곡물 가격이 상승함에 따라 일반 물가도 상승하고 있는 상태
③ 바이플레이션: 상품가격은 상승하는데 자산가격은 하락하는 것처럼 지역별·제품별·산업별로 디플레이션과 인플레이션이 공존하는 상태
④ 스태그플레이션: 불황기에 물가가 계속 상승하여 경기 침체와 물가 상승이 동시에 일어나고 있는 상태

63 자원관리능력 정답 ③

2차 모델링 모형 제작에 추가로 필요한 재료는 현재 보유하고 있는 재료를 제외한 우드락 10장, 나무 54개, 잔디 20개, 벤치 18개, 사람 모형 10개이다.
따라서 2차 모델링 모형을 제작하기 위해 필요한 추가 재료비는 $(10 \times 850)+(54 \times 2,400)+(20 \times 1,600)+(18 \times 3,200)+(10 \times 400)=231,700$원이다.

64 수리능력 정답 ①

b. 2011년 전체 암 수검자 수는 전년 대비 $\{(8,617-7,118)/7,118\} \times 100 ≒ 21\%$ 증가하였으므로 옳은 설명이다.

오답 체크

a. 전체 암 수검률이 가장 높은 2011년에 수검률이 가장 높은 암종은 유방암이므로 옳지 않은 설명이다.
c. 2007년부터 2013년까지 간암 수검자 수의 합은 $130+141+147+152+206+241+267=1,284$천 명으로 2009년 대장암 수검자 수인 1,210천 명보다 많으므로 옳지 않은 설명이다.
d. 자궁경부암 수검률이 전년 대비 감소한 해는 2009년과 2012년이고, 2009년에 나머지 암종의 수검률은 전년 대비 모두 증가했으나 2012년에 나머지 암종의 수검률은 전년 대비 모두 감소했으므로 옳지 않은 설명이다.

65 문제해결능력 정답 ⑤

제시된 조건에 따르면 부장끼리는 같은 팀이 될 수 없고, A 부장과 D 과장은 같은 팀이 아니므로 A 부장과 B 부장은 각각 C 차장 또는 D 과장과 한 팀이다. 이때, 각 팀은 한 층씩 담당하여 면접에 들어가고, C 차장은 201호에서 지원자 4명의 면접을 보므로 A 부장과 C 차장이 2층의 면접에 들어가면, B 부장과 D 과장은 1층의 면접에 들어가고, B 부장과 C 차장이 2층의 면접에 들어가면, A 부장과 D 과장은 1층의 면접에 들어간다. 또한, 지원자는 총 18명이고 모든 조의 지원자 수는 최소 3명, 최대 7명으로 서로 다르므로 네 개의 조는 각각 3명, 4명, 5명, 6명의 지원자로 이루어져 있다. 이때, 201호에서 면접을 보는 지원자 수는 4명이고 1층과 2층 모두 1호에서 면접을 보는 지원자 수는 2호에서 면접을 보는 지원자 수보다 많으므로 101호의 지원자 수는 6명, 102호의 지원자 수는 5명, 202호의 지원자 수는 3명이다.
따라서 202호에서 면접을 보는 지원자 수는 102호에서 면접을 보는 지원자 수보다 적으므로 항상 옳지 않은 설명이다.

오답 체크

① A 부장이 1층의 면접에 들어가면, A 부장과 C 차장은 같은 팀이 아니므로 항상 옳지 않은 설명은 아니다.
② 102호에서 면접을 보는 지원자 수는 5명이므로 항상 옳은 설명이다.
③ B 부장은 1층 또는 2층의 면접에 들어가므로 항상 옳지 않은 설명은 아니다.
④ A 부장이 1층의 면접에 들어가면, 101호에서 면접을 보는 지원자 수는 6명, 102호에서 면접을 보는 지원자 수는 5명으로 면접을 보는 총 지원자 수는 11명이므로 항상 옳지 않은 설명은 아니다.

66 문제해결능력 정답 ①

제시된 조건에 따르면 4명 모두 세 과목 중에서 영어 점수가 가장 높으며, D의 영어 점수는 80점이다. C의 프랑스어 점수는 D의 영어 점수와 같아 80점이고, C의 영어 점수는 80점을 초과한다. 이때, C의 영어 점수와 A의 프랑스어 점수는 같다.

구분	A	B	C	D
영어			P	80
프랑스어	P	Q	80	
독일어	Q			

따라서 A의 영어 점수는 C의 영어 점수보다 높으므로 항상 옳은 설명이다.

오답 체크

② B와 C의 영어 점수를 비교할 수 없으므로 옳은지 그른지 파악할 수 없다.
③ C의 영어 점수, 독일어 점수를 알 수 없으므로 옳은지 그른지 파악할 수 없다.
④ B의 영어 점수가 80점 미만일 수도 있으므로 항상 옳은 설명은 아니다.
⑤ 주어진 조건만으로 옳은지 그른지 파악할 수 없다.

67 의사소통능력 　　　　　　　　　정답 ⑤

이 글은 탱고가 라틴 아메리카 항구 도시에 살던 구성원들의 문화와 풍습이 합쳐져 탄생하였으며, 오랜 시간 다양한 모습으로 발전하다가 국제적으로 가치를 인정받기에 이르렀다는 내용이므로 이 글의 주제로 가장 적절한 것은 ⑤이다.

① 항구지역 기후가 음악에 미치는 영향에 대해서는 다루고 있지 않으므로 적절하지 않은 내용이다.
② 탱고가 처음에는 바일리 꼰 꼬르떼로 불렸다고 하였지만, 글 전체를 포괄할 수 없으므로 적절하지 않은 내용이다.
③ 20세기 중반에 세계적으로 등장한 매스미디어에 의해 사람들의 취향이 바뀌어 대대로 전승되던 탱고가 잠시 주춤한 시기가 있었다고 하였지만, 글 전체를 포괄할 수 없으므로 적절하지 않은 내용이다.
④ 유럽 탱고인 콘티넨털 탱고가 본래 탱고인 라틴 탱고의 다소 우울하고 격렬한 감성보다 화려하고 귀족적인 느낌이 강했다고 하였지만, 글 전체를 포괄할 수 없으므로 적절하지 않은 내용이다.

68 의사소통능력 　　　　　　　　　정답 ①

제시된 단어 필기구와 학용품은 필기구가 학용품의 일종이므로 포함관계이다.
따라서 그림의 일종인 '수채화'가 들어가야 한다.

69 의사소통능력 　　　　　　　　　정답 ③

이 글은 수요와 공급의 상호작용에 의한 시장 가격의 결정 원리를 제시하고, 정부의 의도적인 가격 규제 정책의 종류와 부작용에 대해 설명하는 글이다.
따라서 시장에서 상품의 가격이 형성되는 원리와 균형 가격의 특징에 대해 설명한 〈보기〉에 이어질 내용은 '(나) 수요와 공급에 영향을 주는 변수에 의한 균형 가격의 변화 → (라) 시장에서 형성된 균형 가격보다 낮게 상한선을 정하고 규제하는 최고가격제 → (가) 시장에서 형성된 균형 가격보다 높게 하한선을 정하고 규제하는 최저가격제 → (다) 가격 규제 정책의 부작용' 순으로 연결되어야 한다.

70 문제해결능력 　　　　　　　　　정답 ③

제시된 조건에 따르면 5명은 모두 전자공학과 학생으로 한 학기 등록금은 500만 원이다. C는 소득 구간이 10구간으로 다자녀 가구 국가장학금을 받지 못하므로 3회차에 등록금 전액의 25%를 납부해야 한다.
따라서 C의 3회차 납부 금액은 $5,000,000 \times 0.25 = 1,250,000$원이므로 경고 메일을 받는 학생은 C이다.

① A는 직전 학기 성적이 3등이며 장학금은 중복 지원이 불가능하므로 성적 우수 장학금만 받을 수 있다. 이에 따라 A의 실 납부 금액은 $500 \times 0.7 = 350$만 원이므로 A의 3회차 납부 금액은 $3,500,000 \times 0.25 = 875,000$원이다.
② B는 소득 구간이 3구간으로 다자녀 가구 국가장학금 250만 원을 받는다. 이에 따라 B의 실 납부 금액은 $500 - 250 = 250$만 원이며, B는 3회차에 4회차 납부 금액도 납부하여 실 납부 금액의 50%를 납부하므로 B의 3회차 납부 금액은 $2,500,000 \times 0.5 = 1,250,000$원이다.
④ D는 소득 구간이 8구간으로 다자녀 가구 국가장학금 150만 원을 받는다. 이에 따라 D의 실 납부 금액은 $500 - 150 = 350$만 원이므로 D의 3회차 납부 금액은 $3,500,000 \times 0.25 = 875,000$원이다.
⑤ E는 소득 구간이 9구간으로 다자녀 가구 국가장학금을 받지 못한다. 이에 따라 E의 실 납부 금액은 500만 원이며, E는 3회차에 4회차 납부 금액도 납부하여 실 납부 금액의 50%를 납부하므로 E의 3회차 납부 금액은 $5,000,000 \times 0.5 = 2,500,000$원이다.

취업교육 1위 해커스 합격생이 말하는

지역농협 최종합격의 비법!

[1위] 한경비즈니스 선정 2020 한국품질만족도 교육(온·오프라인 취업) 부문 1위 해커스

채용 공고 이후 한 달 반 만에
최종합격을 하는 결과를 이끌어냈습니다.

해커스 지역농협 NCS 기본서로 인터넷 강의와 병행하며 공부를 하였습니다.
해커스잡의 인터넷 강의는 지역농협에 맞춘 패키지 강의를 들었는데 **교재에 충실한**
강의로 군더더기 없는 설명과 핵심을 찌르는 강의로 이해도를 매우 높여주는 강의였습니다.
또한 이론에 맞는 예시 문제들과 동형 실전문제, 동형 모의고사 5회 등으로 구성되어 있어
각 지역구에 맞는 문제 수와 시간에 맞는 문제풀이를 할 수 있도록 구성되어 있기에
지역에 상관없이 많은 문제를 풀 수 있었습니다.
필기 시험 합격 후에는 면접 관련 인터넷 강의도 패키지로 들어있어서 면접 하루 전
강의를 보면서 기본적인 면접 복장부터 자세, 시선 등과 같이 기본 사항과 면접 질문
유형에 따른 답변을 포괄적으로 알 수 있어서 면접을 보는 데 큰 도움이 되었습니다.

지역농협 최종합격자
jj*****님 후기 중

해커스 강의와 교재를 통해 공부하셨으면
무난하게 합격할 수 있을 거라 생각합니다.

지역농협 최종합격자
rnr******님 후기 중

지역농협의 경우 강의에서 자기소개서-필기-면접까지 모든 과정을 강의를 통해 배울 수 있어서
사실 경영이나 금융 관련 전공이 아닌데도 불구하고 합격하는 데 강의를 통해
많은 도움을 받았습니다. 일단 자기소개서 강의에서는 내가 어떤 식으로 어필을 해야 할지
방향성을 잡는 데 많은 도움을 받았습니다. 또한 필기 같은 경우는 지역농협이 NCS 기반이다 보니
해커스에서 그 전부터 다른 기업을 준비하면서 들었던 NCS강의와 더불어 지역농협 NCS강의를
수강한 덕분에 무난히 통과했습니다. 면접 또한 강의를 통해 어떻게 진행이 되는지 파악하고
어떻게 나를 어필할지 정하는 데 도움을 받았습니다.
결과적으로 해커스 강의를 선택한 것이 지역농협에 합격하는 길이었습니다.